Colecção que procura reunir tratados sucintos, mas exactos, sobre as várias disciplinas do saber, num equilíbrio entre o rigor académico e a divulgação dos temas junto de um público não tão especializado, mas não menos interessado.

COMPÊNDIO

PSICOLOGIA SOCIAL

TÍTULO ORIGINAL
Psychologie sociale

© Pierre Mardaga, éditeur, Sprimont

TRADUÇÃO
Bertrand Lalardy e Luísa Porto

DESIGN DE CAPA
FBA

DEPÓSITO LEGAL Nº 280944/08

Biblioteca Nacional de Portugal – Catalogação na Publicação
LEYENS, Jacques-Philippe, e outro
Psicologia social / Jacques-Philipp, Vincent
Yzerbyt. - (Compêndio ; 5)
ISBN 978-972-44-1540-6
I – YZERBYT, Vincent
CDU 316.6

PAGINAÇÃO
Gráfica de Coimbra

IMPRESSÃO E ACABAMENTO
Pentaedro, Lda.
para
EDIÇÕES 70, LDA.
Abril de 2021

ISBN: 978-972-44-1540-6
ISBN DA 2ª EDIÇÃO:972-44-1001-3
ISBN DA 1ª EDIÇÃO:972-44-0585-0

Direitos reservados para todos os países de língua portuguesa por
EDIÇÕES 70, Lda.

EDIÇÕES 70, Lda.
LEAP CENTER - Espaço Amoreiras
Rua D. João V, n.º 24, 1.03 - 1250-091 Lisboa / Portugal
Telefs.: 213190240 – Fax: 213190249
e-mail: geral@edicoes70.pt

www.edicoes70.pt

JACQUES-PHILIPPE LEYENS
VINCENT YZERBYT

PSICOLOGIA SOCIAL

Edição revista e aumentada

NOTA A ESTA EDIÇÃO

A primeira edição deste livro data de 1979, ou seja de há 20 anos atrás (*). Durante um tal lapso de tempo muitas coisas acontecem em ciências, mesmo psicológicas. Esta nova edição não é, contudo, uma simples actualização. Alguns capítulos da antiga edição foram agrupados e totalmente refundidos num único capítulo; outros mantiveram o título mas o seu conteúdo e organização são completamente diferentes; por fim, vários capítulos são novos.

Não se tratando, pois, de uma simples actualização nem do sacrifício do antigo pelo novo, foi nossa preocupação apresentar aos estudantes uma recolha organizada das investigações mais fiáveis e mais prometedoras. Ao emoldurar o texto com episódios e exemplos da vida quotidiana, esperamos demonstrar que a óptica experimental que defendemos não termina à porta do laboratório. A psicologia social experimental tem a pretensão de tratar de problemas da sociedade; ficaríamos muito felizes se, para além dos estudantes, tanto os colegas sociólogos, assistentes sociais e psicólogos, tal como o público em geral, encontrassem motivos de interesse neste livro.

Colegas na mesma universidade, ambos professores de psicologia social, partilhamos a tarefa desta nova edição. Vincent Yzerbyt encarregou-se da redacção da segunda parte do livro ao passo que eu me encarreguei das outras secções. Evidentemente que colaborámos nas nossas tarefas, mas respeitando as nossas especificidades; cada um teria gostado de organizar de modo diferente os capítulos escritos pelo outro, por vezes dando-lhes prioridades diferentes. A possibilidade de tais opções é o sinal de que a psicologia ainda não se tornou uma «ortodoxia» e, sem dúvida, nunca o virá a ser.

J.-P. Leyens
V. Yzerbyt

Louvaina-a-Nova,
Julho de 1997

(*) Em Portugal a 1.ª edição data de Janeiro de 1981, integrada na colecção Persona, publicada por Edições 70.

Introdução

Em Junho de 1985, após 17 dias de negociação, o governo americano conseguiu libertar sãos e salvos os seus compatriotas, passageiros de um Boeing 727 TWA, que tinham sido feitos reféns no aeroporto de Beirute. Esperava-se a chegada de um outro Boeing para os recolher mas, em vez disso, foram levados em camiões militares até Damasco. Em linha recta não é muito longe, mas, uma viagem por estrada, em camião militar, no Verão, depois de terem passado tantos dias entre a vida e a morte, não é um passeio idílico. Também na Síria, não é um Boeing que os espera, mas um avião militar que os leva até Francoforte. Decididamente, o conforto dos passageiros não é prioritário; em Francoforte, saem do avião com mantas militares pelas costas e com duas "coisas" nas mãos. Está previsto que passem alguns dias num hospital militar americano para serem "descondicionados" e que voltem aos Estados Unidos, todos juntos, para o 4 de Julho, festa nacional americana. Poucas imagens da chegada a Francoforte são transmitidas pela televisão americana. Em seguida a uma conferência de imprensa do porta-voz dos reféns, os jornalistas não têm autorização para os contactar e, finalmente, em vez do regresso triunfal à pátria, cada um é convidado a continuar a viagem interrompida ou a regressar a casa discretamente.

Porquê todos aqueles transbordos até Francoforte? Porquê um hospital de "descondicionamento"? Porquê a discrição americana sobre as imagens da chegada a Francoforte? Porquê a interrupção dos encontros com a imprensa? Porquê a anulação do retorno triunfal? A resposta a estas perguntas está nas duas "coisas" que os reféns tinham nas mãos quando saíram do avião militar: cravos, a flor-símbolo do Líbano, e o Alcorão.

Sem dúvida que o Governo americano foi prevenido de que os reféns, em Beirute, "sofriam" de uma síndroma de Estocolmo. Daí os transbordos e o hospital. Procurava-se fazer passar tempo para cansar ainda mais os passageiros a fim de os tornar mais receptivos a uma outra influência, interrogá-los e fazê-los voltar à razão nacional. Em vão! Como se pôde ver nas imagens, como foi proclamado pelo porta-voz e como prova o regresso escamoteado.

A síndroma de Estocolmo é uma relação recíproca entre raptores e reféns. Resulta da extrema tensão que ambas as partes sofrem, pois ambas estão em perigo de vida. A expressão foi criada após um rapto num Banco de Estocolmo. No momento em que ia ser preso, um homem que tinha tentado assaltar o banco fez reféns três empregadas. Depois de vários dias, entregou-se às autoridades mas, na altura do processo, nenhuma empregada aceitou testemunhar contra ele e uma delas casou-se com ele.

Essa relação recíproca entre reféns e raptores, que também existe entre negociadores e raptores, é hoje em dia bem conhecida; as autoridades responsáveis pelo desenlace de um rapto fazem tudo para a facilitar e os raptores profissionais tudo fazem para a evitar. Propõem-se, ou recusam-se, linhas telefónicas em vez de megafones; servem-se refeições para preparar e comer em conjunto ou separadamente; procura-se organizar tudo para favorecer, ou impedir, as interacções. Se se instalar a síndroma, vidas humanas serão, provavelmente, salvaguardadas. O exemplo mais pungente dessa possibilidade aconteceu num comboio parado em pleno campo, na Holanda. O comboio tinha sido feito refém por independentistas das Ilhas Molucas que ameaçavam matar uma pessoa por dia se as suas reivindicações não fossem satisfeitas. No dia da primeira execução, Gerhart Vaders foi designado. Pediu para deixar à família uma carta que ditou ao chefe dos raptores. Outra pessoa foi executada e não ele.

O OBJECTO DA PSICOLOGIA SOCIAL

A captura de reféns e a síndroma de Estocolmo resumem de forma interessante os fenómenos que a psicologia social estuda. O mais evidente é a importância e o estatuto particular que assume o outro. Num sequestro, quando a vida do refém está por um fio (ou a vida de outras pessoas, no caso dos negociadores), as pessoas chegam a ligar-se ao outro, a amá-lo até, ainda que ele seja a pessoa que as vai matar.

A psicologia social interessa-se pelo outro de um triplo ponto de vista: o seu conhecimento, as influências recíprocas entre um e o outro, e as interacções sociais. Primeiro, o conhecimento do outro. Para os passageiros americanos do voo TWA, os piratas do ar que operavam no Médio Oriente só podiam ser terroristas, assassinos que queriam tirar partido dos *media*. Durante o sequestro, as suas impressões sobre os sequestradores mudaram manifestamente, bem como as suas explicações dos actos terroristas. No comboio na Holanda, o refém a executar que ditou a carta para a família deixou de ser um "meio de pressão" para se tornar numa pessoa capaz de sentimentos de amor conjugal e paterno. Como acham que esse homem explicou a reviravolta do chefe dos sequestradores? A quê ou a quem atribuiu a sua sorte?

Um sequestro tira a sua razão de ser do desejo de influência. Os sequestradores querem persuadir alguém, uma empresa ou um governo, a ceder às suas reivindicações. Os negociadores querem convencer os sequestradores a não agravar a sua situação. Os reféns procuram conquistar os seus carcereiros. Cada um recorre a ameaças, sedução, choro ou promessas para atingir os seus objectivos. Como já sabemos, a influência aumentará muito com a síndroma de Estocolmo. Com efeito, nascemos dependentes dos outros e toda a nossa vida social se vai passar em interdependência.

A percepção e a influência sociais passam por interacções entre indivíduos ou entre grupos. Uma facção armada está em conflito com um governo. Os negociadores que representam uma autoridade superior tentam gerir o conflito de modo a salvar a vida dos reféns. Sequestradores e reféns são obrigados a interagir, nem que seja para resolver os problemas de alimentação ou de higiene. As pessoas amam-se ou odeiam-se e os seus sentimentos exprimem-se em interacções.

O NASCIMENTO DA PSICOLOGIA SOCIAL

Até um não conformista concordará em que não é muito nobre o nascimento da psicologia social. Não se sabe exactamente de quem nasceu, nem quando, nem onde. Para alguns, terá nascido americana, no ano 1908, quando o sociólogo Ross publicou *Social Psychology* e o psicólogo Mac Dougall publicou *Introduction to Social Psychology*. Mas essa convicção assenta, pelo menos, em dois erros. Primeiro, Mac Dougall era mais britânico do que americano e ainda não tinha emigrado para Harvard na altura da publicação do seu livro. E, segundo, a palavra psicologia social aparece muito antes de 1908, principalmente em França e em Itália. O sociólogo Gabriel Tarde tinha publicado em 1898 o seu *Etudes de Psychologie sociale*. Em 1902, Paolo Orano tinha escrito *Psicologia sociale*, e muitos anos antes, em 1864, Carlo Cattaneo tinha intitulado um dos seus trabalhos: *Dell'antitesi come metodo di psicologia sociale*.

Do que não há dúvidas, é de que a psicologia social é filha bastarda: na sua linha hereditária encontram-se nomeadamente a filosofia, a biologia ligada à teoria evolucionista de Darwin, a psicologia experimental, a sociologia e a psicologia criminal (Di Giacomo). O que nos pode tranquilizar é ela não estar em decadência e também não sofrer de hemofilia, o que lhe será de muita utilidade nas ocasiões em que, mais ou menos severamente, é atacada.

As primeiras experiências de psicologia social datam da mesma época, o fim do século XIX, mas também delas não há reconhecimento oficial. Confirmando a tese do nascimento americano, algumas pessoas propõem o nome de Triplett que, em 1898, publicou uma experiência sobre o que, mais tarde, viria a chamar-se a facilitação social. Triplett pedia às crianças para enrolarem o mais depressa possível carretos de cana de pesca. Num caso, as crianças trabalhavam sozinhas, noutros estavam duas a duas na mesma sala. Os resultados eram melhores no segundo caso. O que quer dizer que a presença de outrem tem influência no comportamento motor e, neste caso, uma influência benéfica.

Segundo outros autores, a primeira experiência teve lugar em França quando, em 1894, Binet e Henri estudaram a sugestibilidade. Apresentaram a crianças de idades diferentes uma linha-padrão de 4 cm que elas tinham de reencontrar no meio de

várias outras linhas. Quando a criança respondia, o experimentador perguntava-
-lhe: "Tens a certeza? Não será antes a outra?" Numa outra variante da experiência,
os desempenhos de grupos de crianças eram comparados com os de crianças testadas
individualmente. Binet e Henri verificaram que os grupos dão mais respostas
correctas do que as pessoas isoladas, que a sugestibilidade diminui com a idade e
que as crianças que acertam logo à primeira são menos influenciáveis do que as
outras. Esse paradigma de comparação das linhas tornar-se-á um dos mais famosos,
como poderão verificar nos capítulos 1 e 7.

A psicologia social tem cerca de cem anos de existência e a sua juventude suscita
dúvidas. Por que razão foi preciso esperar pelo início do século XX para ver aparecer
as primeiras experimentações em psicologia social? Isso não se deve a dificuldades
metodológicas: as medidas das primeiras experiências eram rudimentares e
simplistas. Também não é por falta de interesse pelos problemas de psicologia
social: a sua importância é tal que, na Bíblia, sete dos dez Mandamentos de Deus
lhe dizem respeito (não matarás, não roubarás, não tomarás a mulher do próximo,
etc.). As mesmas preocupações estão presentes no código de Hamurabi (1792-1750
a. J.C.).

Esse atraso da experimentação relativamente à preocupação pode ser explicado
pela existência de prescrições morais, religiosas e políticas que tornavam a
experimentação desnecessária. De facto, numa cultura em que se queima na fogueira
quem emite uma opinião contra a autoridade, não se vê porque se estudariam as
razões que levam alguém a desviar ou a blasfemar. No entanto, uma vez as
instituições abaladas e desacreditadas, a previsão dos comportamentos que elas
prescreviam torna-se difícil e a explicação da transgressão, como, aliás, da não-
-transgressão, torna-se problemática. É então que a experimentação ganha sentido
(Zajonc, 1958).

Mas essa explicação não convence, por muito interessante que seja. Em primeiro
lugar, a existência de prescrições morais ou religiosas não é sinónimo de obediência
nem, portanto, de raridade dos fenómenos que elas tentam combater. Com efeito,
não se percebe qual seria a utilidade de prescrever a honestidade, por exemplo,
onde não existisse a desonestidade. O facto de sete dos dez Mandamentos de Deus
dizerem respeito a interacções sociais é suficiente para demonstrar que a crença em
Deus, só por si, não resolve todos os problemas da relação com os outros.

Além disso, muitos problemas existiam que não eram regulados nem pela política,
nem pela religião, nem pela moral. Problemas que davam origem a especulações
requintadas e controversas que muitas pessoas resolviam, sem dúvida, pela sua
própria experiência. Mas não há registo de qualquer experiência científica a esse
propósito. É o caso, por exemplo, da controvérsia entre Platão e Aristóteles sobre o
efeito catártico do espectáculo de tragédias, dos conselhos de Aristóteles sobre
como escrever e encenar uma tragédia, ou como construir um discurso capaz de
convencer os ouvintes. Todos esses problemas eram reais; eram debatidos, mas foi

preciso esperar o século XX para que fossem submetidos à prova experimental. Porquê então essa longa espera? Confessamos não ter resposta satisfatória para essa questão. Resta-nos a consolação de que uma questão sem resposta é uma questão em aberto.

Já chamámos a atenção para que foram várias as correntes de pesquisa que contribuíram para o nascimento da psicologia social. Poder-se-ia juntar a essas correntes a Psicologia das Multidões, dignificada por Gustave Lebon (1895; ver Moscovici, 1981). Sem que haja relação de causalidade entre os dois fenómenos, o estudo das multidões conquistará os meios políticos sem alcançar sucesso nos círculos científicos, enquanto a psicologia social invadirá os laboratórios e se tornará numa psicologia social psicológica. Com isto queremos significar que as explicações avançadas pela psicologia social se situam essencialmente ao nível individual. O que poderia levar a pensar que a psicologia social não passa de um tipo particular de psicologia diferencial: da mesma maneira que existe, por exemplo, uma psicologia das diferenças sexuais ou intelectuais, haveria também uma psicologia do indivíduo em confronto, ou não, com outros indivíduos. O primeiro capítulo irá responder a esta questão.

Capítulo 1
O outro e a sociabilidade

Os romancistas abordam frequentemente realidades profundas. Quando o fazem com arte, os seus livros tornam-se clássicos. É o caso de duas versões de Robinson Crusoe, por Daniel Defoe e por Michel Tournier. Que faz o herói de Defoe quando descobre que está sozinho na sua ilha, longe de qualquer rota marítima, sem esperança de ser socorrido? Escreve um diário de bordo! Temos de reconhecer que se trata de uma actividade eminentemente social mas completamente desadequada à situação em causa. Para evitar afundar-se na degradação física e moral, o Robinson de Tournier faz uma coisa ainda mais estranha: redige um Código Penal! É incrível, pois para que pode servir um código penal numa sociedade em que o legislador é o único infractor possível? Com efeito, Defoe e Tournier (só por si, o título da sua versão já tem que se lhe diga: *Vendredi ou les limbes du Pacifique*) [*Sexta-feira ou os limbos do Pacífico*] dão-nos a demonstração romanceada de que, para continuar a ser um ser humano, Robinson precisa de um outro, qualquer que ele seja, ainda que no papel. Um Robinson que nunca tivesse conhecido os seus semelhantes não pertenceria ao género humano; seria capaz de injuriar mas não de se irritar, de franzir as sobrancelhas mas não de reflectir, de olhar para o céu mas não de sonhar com a partenogénese.

Neste capítulo abordaremos quatro aspectos: 1) o estatuto particular do outro em psicologia social, a partir das pesquisas sobre a facilitação social; 2) a necessidade vital do outro para o bem-estar físico e mental das crianças e dos adultos; 3) o quase automatismo do processo de comparação social e de algumas das suas consequências; e 4) a sociabilidade como equilíbrio das semelhanças e das diferenças entre o próprio e o outro.

O OUTRO PORTADOR DE SIGNIFICADOS:
A FACILITAÇÃO SOCIAL

Já fizemos alusão às experiências de Triplett que mostraram que a presença de co-actores melhora o desempenho motriz das pessoas. Alguns anos depois, graças a uma observação puramente acidental, Meumann (1904) vai aumentar o interesse por este tipo de fenómenos. Este investigador interessa-se pelo esforço muscular e pede aos seus estudantes para irem até ao limite das suas possibilidades físicas em tarefas simples como segurar um peso apenas com um dedo, durante um tempo determinado. Numa altura em que Meumann passa por acaso no laboratório onde se exercita um dos estudantes, apercebe-se de que o desempenho melhora após a sua chegada. Em vez de acusar o estudante de não ter dado o máximo do seu esforço enquanto estava sozinho, Meumann coloca a hipótese de que a presença de um outro passivo e já não só a de um co-actor, é suficiente para melhorar os desempenhos motores.

Podemos imaginar o entusiasmo que estas observações provocaram numa psicologia social nascente. A presença de outro em situação de observador ou de co-actor tem um efeito benéfico. Baptizou-se o fenómeno: Facilitação Social. As pesquisas posteriores mostraram que a influência não se limitava aos desempenhos motores; os desempenhos intelectuais também eram afectados. Acreditava-se então que a observação dos movimentos de outra pessoa e um sentimento latente de rivalidade eram a base da facilitação social.

O fenómeno parecia ser muito geral pois foi também observado nos animais, por exemplo as formigas. Chen (1937), da Universidade de Pequim, mediu o tempo que uma, duas ou três formigas fechadas num frasco esperam antes de começarem a cavar na areia, assim como a quantidade de areia que elas movimentam. Duas ou três formigas começam a trabalhar cerca de seis vezes mais cedo do que uma sozinha; e cada uma delas extrai mais do triplo da quantidade deslocada por uma formiga isolada. Se também aqui se pode falar de facilitação social, é, no entanto, difícil invocar uma rivalidade entre formigas. Não foi este o único problema com que depararam os primeiros estudos da facilitação social.

Infelizmente para os pioneiros da psicologia social, as pesquisas posteriores mostraram também que a presença de outrem tem um efeito nocivo em certas condições que os investigadores da época não conseguiam especificar. É assim que se é verdade que as pessoas resolvem mais problemas matemáticos ou lógicos em situação de observação ou de co-acção, é também verdade que elas cometem mais erros. Facilitação ou deterioração social? A diferença não é justificada por mudanças nos procedimentos já que o mesmo investigador obtém, por vezes, os dois tipos de resultados.

Como acontece muitas vezes quando um problema demora a encontrar uma solução, a facilitação foi sendo pouco a pouco esquecida, até à altura em que, nos anos 60, Zajonc (1967) decidiu escrever uma introdução à psicologia social na qual descrevia os primórdios das pesquisas nesse domínio. Confrontado com o fenómeno da facilitação, tentou arranjar uma solução. Zajonc (1965) parte da verificação de que, nas tarefas utilizadas para pôr em evidência um efeito positivo ou negativo da presença do outro, existe uma competição de respostas, isto é, uma resposta não pode ser dada ao mesmo tempo que outra. No caso de problemas de matemática, por exemplo, o facto de se dar uma solução exclui qualquer outra solução. Sendo essa competição um dado à partida, haverá, portanto, uma hierarquia de respostas possíveis, consoante a sua probabilidade de aparecerem: algumas respostas, dominantes, terão mais hipóteses de aparecer do que outras, subordinadas. Ora sabe-se desde os trabalhos da escola behaviorista de Hull que a probabilidade da resposta dominante é maior em situação de activação fisiológica. Esta activação pode resultar da motivação do sujeito, motivação que, pensa Zajonc, pode ser desencadeada pelas situações de observação e de co-acção.

Que sucede à facilitação social, neste raciocínio? A assistência e a co-acção aumentam a motivação que, por sua vez, aumenta a probabilidade de aparecimento da resposta dominante. Portanto, se a resposta dominante é correcta, haverá de facto facilitação social enquanto se a resposta dominante é errada, haverá deterioração social. Dito de outra forma, o público e a co-acção facilitam o desempenho, mas prejudicam a aquisição; têm um efeito negativo no início da aprendizagem, quando ainda não se dominam bem as respostas certas (aquisição), e têm posteriormente um efeito positivo quando já há bom domínio das respostas certas (desempenho). Os amadores de teatro conhecem bem este fenómeno: a presença do público perturba os primeiros ensaios (quando ainda não se domina o texto), mas ajuda os actores no momento do ensaio geral e das representações (quando, espera-se, já existe um bom domínio do texto).

Sem dúvida e necessariamente, a hipótese de Zajonc baseia-se num raciocínio *a posteriori*. Com efeito, ao ler os seus predecessores, Zajonc avaliou as respostas em dominantes e subordinadas. A fim de completar a sua demonstração, Zajonc tem então de criar tarefas *ad hoc*, tarefas que põem ou não em jogo a motivação e que implicam competições entre as respostas das quais se sabe, com segurança, quais são dominantes.

TUBO DIREITO   LABIRINTO EM FORMA DE CRUZ

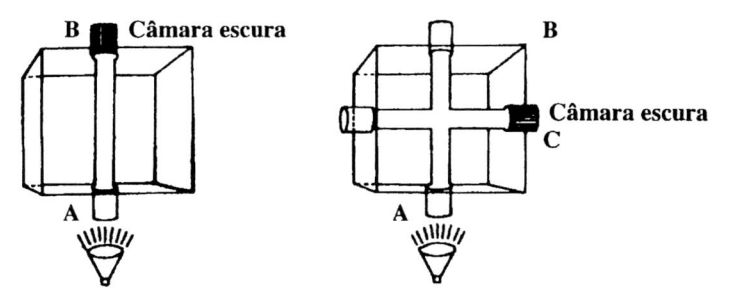

Figura 1.1 - Esquema do material experimental utilizado por Zajonc e colaboradores (1969).

Além disso, Zajonc quer mostrar que o importante é a simples presença de outrem como co-actor ou observador. Isto significa que ele tem de abolir qualquer situação de observação ou de co-acção que possa fornecer indícios ou reforços sociais susceptíveis de provocar uma facilitação ou uma deterioração social. Para isso utiliza animais já que eles, "sem dúvida, não se preocupam com façanhas nem coragens vãs e não têm pátria a defender nem reputação a manter" (Zajonc, 1967).

Uma das experiências foi feita com baratas que, como se sabe, detestam a luz e se refugiam sempre longe de qualquer fonte luminosa; a sua resposta dominante frente à luz está, portanto, bem estabelecida (Zajonc *e outros*, 1969). Numa situação experimental, Zajonc e os seus colaboradores põem uma barata na extremidade (A) de um tubo direito onde acendem uma lâmpada: a reacção da barata é afastar-se o mais possível dessa luz, isto é, alcançar a outra extremidade (B) onde, aliás, encontra uma pequena câmara escura. Em situação experimental, a resposta dominante é, portanto, correcta, nestas condições. Numa segunda situação experimental, pelo contrário, o tubo direito é substituído por um labirinto em forma de cruz. Quando a lâmpada se acende em (A), a reacção da barata continua a ser a de se dirigir para a extremidade (B) mas, desta vez, a resposta é errada: (B) está iluminada já que a câmara escura se situa na extremidade do tubo transversal direito (C) do labirinto (ver desenho 1.1).

Os autores comparam o tempo que as baratas, testadas individualmente, levam até encontrar a câmara escura, nas duas situações. Como era de esperar, o desempenho é mais rápido no tubo do que no labirinto. O que acontecerá se confrontarmos as baratas, aos pares e não isoladamente, com essas duas situações? De acordo com a teoria, a co-acção aumenta a probabilidade de aparecimento das respostas dominantes; no caso do tubo, a resposta dominante é correcta enquanto no caso do labirinto ela é errada. A hipótese será portanto que os pares serão mais rápidos a encontrar a solução correcta do que uma barata isolada, no tubo direito, e menos rápidos no labirinto. É exactamente o que acontece.

Utilizando paredes transparentes para o tubo e para o labirinto e pondo baratas espectadoras ao longo do percurso, Zajonc *et al.* puderam também testar os efeitos da assistência. Os efeitos são semelhantes aos da co-acção; em relação à situação individual, a assistência aumenta a velocidade no tubo e diminui-a no labirinto.

Com tais experiências, de notável engenho, que quer Zajonc mostrar-nos? Em primeiro lugar, que é à pura e simples presença do outro que se devem os efeitos. Uma substância química capaz de desencadear um aumento da actividade cortico--suprarrenal e, portanto, de aumentar a motivação, teria os mesmos efeitos. Por outras palavras, o outro não tem nenhuma especificidade. É um simples acidente de localização num determinado momento. Em segundo lugar, para Zajonc, a facilitação social é inata, não aprendida.

Vejamos primeiro a qualidade de ser inata que é muito simples de resolver. Já em 1932, Harlow mostrou que ratos criados em isolamento social não manifestam facilitação social quando ingerem alimentos em situação de co-acção, seja em relação à situação de ingestão em solitário, seja em relação a ratos criados com congéneres. No entanto, como verificaram outros investigadores, a facilitação social aprende--se muito depressa, pelo menos no que respeita à ingestão de alimentos.

Será suficiente a simples presença do outro? Suponha que foi treinado para responder bem a uma tarefa intelectual, de tal maneira que a sua resposta dominante seja correcta. Em comparação com o seu desempenho em situação de isolamento, quando vai dar provas de facilitação? Quando está a ser observado por peritos nessa tarefa? Quando está em presença de pessoas que têm dificuldade em avaliar o seu desempenho? Quando há um gravador a funcionar para que especialistas o possam avaliar mais tarde? Se, como Zajonc afirma, o factor determinante é a simples presença do outro, dever-se-ia verificar um melhor desempenho quer na presença de peritos, quer na de não-peritos. Não é esse o caso: são os peritos e o gravador que fazem mais efeito (Henghy e Glass, 1968). Porquê? A resposta mais imediata é que o rendimento superior se deve ao medo da avaliação em situação de assistência. Na mesma ordem de ideias, os efeitos obtidos em co-acção estariam associados a uma competição implícita.

Mas já encontrou baratas com medo de serem avaliadas? A explicação da facilitação social deve poder explicar tanto os resultados das experiências com animais, como os das experiências com seres humanos. Cottrell (1972) dá-nos essa explicação global. Segundo este autor, a presença do outro é inicialmente neutra mas vem a perder gradualmente a sua neutralidade devido à experiência que o sujeito adquire no decurso das interacções com diversas pessoas em situações variadas. Recompensas, censuras, castigos, etc., são muitas vezes administrados pelo outro ou na sua presença. Associada à antecipação de acontecimentos positivos e negativos, a presença do outro seria então suficiente para aumentar o nível de motivação. Sejamos claros: não seria a presença em si mesma a responsável pela facilitação social, mas a antecipação positiva ou negativa de que ela seria o símbolo. Se um espectador com os olhos vendados não dá azo a antecipações pertinentes para a situação em que eu me encontro, não haverá facilitação (Cottrell *et al.*, 1968). Por outro lado, se eu tiver a certeza absoluta de que, faça o que fizer, serei recompensado, estarei provavelmente menos motivado para um bom desempenho do que se souber por experiência que a recompensa está dependente do resultado que eu conseguir. Há fortes possibilidades de que esse raciocínio seja também válido para os animais. Um ratinho criado em isolamento e colocado frente a uma manjedoura com os seus congéneres, não se precipitará para a comida. Pelo menos nos primeiros tempos, pois depressa aprenderá que, se não se precipitar, nada terá para comer.

O outro nunca é neutro para nós; é sempre portador de um significado. É precisamente na medida em que actuo em função do outro como portador dos significados que lhe atribuo que se pode verdadeiramente falar numa psicologia social.

Parece-nos que o percurso das pesquisas sobre a facilitação social ilustra tanto as dificuldades da psicologia social em afirmar a sua especificidade como o que pode ser uma verdadeira abordagem psico-social em que o outro não é redutível a uma simples substância química ou a uma simples organização anátomo-fisiológica. O outro existe numa relação de necessidade comigo enquanto sujeito que baseio a minha identidade na sua existência real, imaginada ou simbólica.

A NECESSIDADE VITAL DO OUTRO

Foi Henri Wallon (1946), o célebre psicólogo de crianças, quem escreveu: "O indivíduo é eminentemente um ser social. É-o, não em consequência de contingências exteriores, mas por necessidade íntima. É social geneticamente." Esta é uma afirmação que, passados mais de cinquenta anos, ainda não foi comprovada. Mantém-se, no entanto, como desafio, menos egoísta do que o de Pascal sobre a existência de Deus, mas mais útil para a compreensão do que nos acontece antes do eventual encontro no Além. Concordemos ou não com Wallon, os factos que se seguem são perturbadores.

Algumas horas apenas após o nascimento, o recém-nascido é capaz de discriminar verdadeiros choros humanos de choros sintetizados no computador. Os choros "sintéticos" tinham as mesmas características físicas dos primeiros, porém os adultos podiam identificá--los facilmente como não-humanos (Sagi e Hoffman, 1976). Isto não é a demonstração de que a criança é geneticamente social, pois a experiência foi realizada com bebés de 34 horas que, portanto, já tinham tido ocasião de se ouvir chorar uns aos outros. Podemos imaginar uma maternidade onde fosse possível fazer essa pesquisa nos minutos que se seguem ao nascimento, mas mesmo isso não seria uma prova. Mais importante, do nosso ponto de vista, é o facto de, desde o nascimento, a criança ser capaz de responder de maneira diferente a estímulos sociais e não-sociais.

Alguns etnólogos consideram, aliás, que o choro da criança é um meio de comunicação que, na origem das espécies, tinha uma função social eminentemente importante. Com efeito, nas sociedades agrícolas que viviam na savana, os adultos tinham que deixar as crianças sozinhas enquanto trabalhavam. O choro assinalava-lhes, de longe, a existência de um perigo para a criança. Nesta óptica, é razoável pensar que o choro deu lugar a outros sistemas de comunicação, tanto mais rapidamente quanto mais eficazes se tornavam. Foi essa a hipótese testada por Ainsworth e colegas (1974); mostraram que quanto menos adequadas eram as reacções das mães ao choro dos seus bebés, isto é, quanto mais incoerentes de umas vezes para outras, mais as crianças tinham tendência para chorar e menos rapidamente passavam ao sorriso, considerado um meio mais desenvolvido de comunicação.

Sem dúvida, é nas grandes catástrofes, naturais ou provocadas pelo homem, que melhor se pode apreciar a importância vital do outro. No início da Segunda Guerra Mundial, prevendo o bombardeamento das suas grandes cidades pelos Alemães, o governo inglês organizou um plano de evacuação das crianças em idade escolar e das crianças mais pequenas (estas acompanhadas pelas mães), para o campo. Muito controversa, essa estratégia deu lugar a numerosas avaliações de curto e médio prazo. Se os primeiros efeitos foram anódinos, antes de começarem os bombardeamentos e quando a estada no campo podia ser comparada a um campo de férias, já o mesmo não se passou mais tarde quando os bombardeamentos tiveram lugar e a eles se juntaram as reacções de medo, os rumores alarmantes, as notícias de mortos e feridos. Verificou-se então que as crianças mais perturbadas eram aquelas que tinham sido evacuadas, sobretudo nos casos em que estavam acompanhadas por uma mãe insegura (Carey-Trefzer, 1947). Isto não significa que o *stress* objectivo não tenha importância, mas simplesmente que ele não é o mais importante. Provou-se que as crianças palestinianas dos territórios ocupados por Israel foram vítimas de muito mais *stress* objectivo do que as crianças israelitas da mesma idade e que a sua saúde mental foi mais afectada. No entanto, Punamaki (1987) mostrou que as crianças palestinianas da Cisjordânia e de Gaza sofreram tanto menos com a ocupação militar quanto mais as mães eram social e politicamente activas, crentes e com bom suporte social. O que estes estudos mostram é que não é tanto a gravidade da situação que perturba as crianças como as reacções de quem as rodeia ou, ainda pior, a ausência de companhia (ver Leyens e Mahjoub, 1995).

Toda a gente se recorda das imagens terríveis dos orfanatos romenos. Quais poderão ser as consequências de uma estada naquele inferno quando se sabe, por outro lado, que uma habitação confortável e uma boa alimentação não impedem a síndroma de hospitalismo nas crianças pequenas (Spitz, 1945)? Esta síndroma caracteriza-se pelos seguintes problemas: taxas de morbilidade e de doença mais elevadas do que o normal, atraso no desenvolvimento intelectual e no crescimento físico, relações sociais perturbadas, seja no sentido da apatia, seja no de uma procura desenfreada de atenção e amor. O que está em causa não é a quantidade de cuidados que os bebés recebem. A carência de estimulação perceptiva, se tem algum efeito, não é suficiente para explicar as perturbações (Casler, 1965). Do que as crianças sofrem é da falta de um bom substituto materno; nos orfanatos pós-guerra (ou pós- -ditadura), onde infelizmente não faltam os hóspedes, falta pessoal experimentado que não confunda vitaminas e higiene com afecto. Para que o desenvolvimento intelectual das crianças não seja afectado, não se exige aos enfermeiros ou enfermeiras que sejam Einstein; pensionistas mais idosas, débeis mas carinhosas, a quem se atribui a responsabilidade de alguns órfãos, cumprem perfeitamente a sua função e os seus protegidos não sofrem de qualquer atraso intelectual (Skeels, 1965).

Nos seus estudos sobre a relação afectiva, o psiquiatra e psicanalista inglês Bowlby (1969) interessou-se particularmente pelos efeitos da separação, como no caso de hospitalizações prolongadas e repetidas. Muitas vezes, as crianças desenvolvem a seguinte sequência de reacções: no início, a tristeza e o desespero são dominantes; aparecem, a seguir, a ira e as invectivas contra os pais. Estes podem dar-se por felizes enquanto ainda é tempo! Com efeito, pouco a pouco, o desespero e a fúria darão lugar à apatia e à indiferença. Após as observações de Bowlby, podemos explicar melhor esses fenómenos. As crianças que são levadas regularmente ao hospital porque, por exemplo, são gravemente asmáticas, têm a impressão de que, façam o que fizerem, o seu destino é inelutável; serão abandonadas. Por outras palavras, aprendem a impotência (*learned helplessness*) e a única reacção de protecção que lhes resta é a apatia.

Esse fenómeno de impotência adquirida foi posto em evidência por Seligman (1975), nomeadamente com cães. Vejamos, brevemente, em que consiste a demonstração. Os cães, suspensos por uma cinta, recebem um choque eléctrico após um sinal qualquer, excepto se, entretanto, tiverem feito um movimento muito particular como, por exemplo, inclinar a cabeça para a esquerda, o que muito rapidamente aprendem a fazer. Outros cães, em idêntica situação, não têm a mesma sorte: ao sinal anunciador do choque eléctrico, gesticulam em todas as direcções, o que de nada lhes serve pois o choque acontece sempre. Num segundo tempo, cada cão está dentro de um dos dois compartimentos de uma jaula de arame. O sinal, já conhecido, aparece e, se o cão não saltar para o outro compartimento, apanha um choque nas patas por intermédio do chão de arame. Os cães do primeiro grupo que aprenderam a evitar os choques inclinando a cabeça para a esquerda, descobrem rapidamente a solução salvadora; não é o caso dos outros que gritam, choramingam e se encolhem num canto do compartimento não isolado; bem se pode empurrá-los para o outro compartimento que eles já não aprendem. Com modificações fáceis de imaginar, o mesmo tipo de experiências foi efectuado com pessoas; ainda que mais difícil de obter, a reacção de impotência também se manifesta. Aliás, ela foi invocada para explicar doenças psíquicas como a depressão: as pessoas deprimidas teriam perdido o sentimento de poder controlar aquilo que lhes acontece (ver Ric, 1996).

As crianças colocadas em instituições hospitalares vivenciariam, então, um sentimento de impotência adquirida: façam o que fizerem, ninguém virá antes da hora do jantar; quer chorem ou façam birra, os pais vão-se embora. Por razões evidentes, a investigação sistemática das condições extremas de isolamento social não foi efectuada com pessoas mas com animais. Os estudos mais famosos a este propósito devem-se a Harlow (Harlow & Harlow; 1965). Limitar-nos-emos a referir alguns dos seus resultados.

Harlow demonstrou nomeadamente que, se um macaco rhesus jovem não tiver um bom substituto materno, ainda que seja uma boneca imóvel do tamanho de um macaco adulto, será incapaz de se tornar independente. O dispositivo experimental é o seguinte: alguns dias depois do nascimento, o jovem macaco é afastado da mãe e dos seus irmãos e irmãs, para ser criado só, tendo por única companhia duas bonecas de arame, uma das quais coberta de tecido. Verifica-se que o macaco se liga muito mais à "mãe lã" do que à "mãe arame", isto é, passa muito mais tempo com aquela do que com esta. Quando, mais tarde, se introduz um objecto estranho na jaula, por exemplo um ursinho de pelúcia que toca tambor, entra em pânico. Se a "mãe lã" está presente na jaula nessa altura, ele refugia-se nos seus "braços". Se não houver nenhuma mãe, ou apenas a "mãe arame" estiver presente, ele irá encolher-se num canto da jaula depois de ter percorrido freneticamente os bordos, batendo com os flancos e a cabeça; ficará encolhido no seu canto. O macaco com a "mãe lã" recompõe-se e em breve irá tocar nos objectos desconhecidos e até aí assustadores. Por outras palavras, a relação, ou a dependência, permite a independência.

A "mãe lã" não pode, no entanto, fazer milagres e quando, depois de vários meses, se junta o macaco aos seus congéneres, ele apresenta um comportamento social perturbado. Reage agressivamente em má altura, automutila-se, mostra-se inquieto, agitado e mau sedutor. No caso de uma fêmea, dificilmente aceitará a cópula e tratará desajeitadamente a sua prole. Face a esses resultados, Harlow intensificou os seus estudos sobre o isolamento; que os amigos dos animais passem directamente para o parágrafo seguinte. Alguns macacos serão completamente isolados numa espécie de cubas que não permitem nenhum contacto, ainda que longínquo, com os seus congéneres; aí ficarão durante períodos variáveis que podem ir até um ano. Dos que assim foram isolados desde a mais tenra idade e saem, um ano mais tarde, para serem colocados numa colónia com outros macacos rhesus, Harlow e Suomi (1971) dizem que são "vegetais semianimados".

Durante muito tempo, estes investigadores vão julgar que os défices observados são irrecuperáveis pois, uma vez na colónia, os macacos inicialmente isolados fazem muito poucos progressos. Esta crença caiu, no entanto, por terra no dia em que os "vegetais semianimados" não foram postos em presença de outros macacos quaisquer, mas de macacos mais jovens do que eles. Com efeito, macacos de 3 meses revelaram-se óptimos terapeutas para isolados de 6 meses (Suomi *et al.*, 1972) e outros, com 4 meses, revelaram-se da mesma forma eficazes com isolados de 12 meses (Harlow e Novak, 1973). Portanto, o outro é importante, mas não um outro qualquer.

As crianças não são as únicas que sofrem com a falta do outro. Até os eremitas estão sujeitos a perturbações devidas à solidão, e a sua saudade do outro é tão comum que se lhe deu um nome: a acedia. Uma das maneiras mais eficazes para "meter na ordem" uma criança turbulenta é o velho método do "vai para o canto"; privada durante um bocado do contacto com os outros, a criança "que não faz caso do que lhe dizem" tornará a ser sensível à aprovação e à desaprovação social (Gewirtz e Baer, 1958). Os adultos turbulentos, esses, vão para a cadeia, o que é nitidamente menos eficaz do que "o canto", pois a taxa de recidiva é extremamente elevada. Talvez porque a cadeia, longe de isolar, constitua um caldo de má cultura. Pelo menos, foi essa a opinião defendida por alguns quakers bem intencionados e, no século XIX, alguns países adoptaram o seu sistema. Um deles foi a Bélgica, que construiu cadeias cuja arquitectura não permitia aos presos contactarem uns com os outros. O resultado não foi o que se esperava: com efeito, em consequência do *stress* devido ao isolamento, o número de doenças psicossomáticas aumentou consideravelmente e todos os meios se tornaram bons para a comunicação entre presos: não havia um cano que não fosse portador de um código qualquer.

As intenções que estiveram na base dos famosos campos de lavagem ao cérebro durante a guerra da Coreia eram menos altruístas do que as dos Quakers, mas os resultados esperados eram sem dúvida idênticos. Tratava-se de isolar os presos o mais possível, ficando a propaganda como o único verdadeiro estímulo social. A esperança dos teóricos desses campos era tornar os presos particularmente permeáveis às ideias dos carcereiros. Parece que esses campos marcaram mais a imaginação do que lavaram os cérebros; no entanto, é interessante verificar como as pessoas mais resistentes à influência foram as que tinham uma forte ligação aos valores familiares e religiosos; por outras palavras, aquelas que tinham interiorizado um outro que amavam e respeitavam (McGuire, 1969).

ANSIEDADE, GREGARIDADE E COMPARAÇÃO SOCIAL

Os investigadores inspiraram-se nos campos de lavagem ao cérebro para levar a cabo experiências de privação sensorial e perceptiva. Durante essas experiências, privam-se as pessoas de qualquer sensação ou percepção visual, táctil, auditiva, etc., e analisa-se o seu comportamento após vários dias dessa dieta. O salário é generoso mas a situação extremamente penosa. Apesar de todos os seus esforços, Schachter (1959) não conseguiu que os seus sujeitos se mantivessem em estado de privação durante tempo suficiente. Interroga-se então sobre a relação entre ansiedade e gregaridade. Talvez a situação de privação seja ansiógena e por isso leva ao abandono? Esta ideia de uma relação entre ansiedade e afiliação está na base de um programa de pesquisa absolutamente fascinante. Vejamos o cenário de uma das primeiras experiências.

Estudantes, voluntárias, foram reunidas em grupos de cinco a oito para um estudo científico num laboratório onde encontravam o doutor Gregor Zilstein, do Serviço de Neurologia e de Psiquiatria da Faculdade de Medicina. O doutor Zilstein usava um avental branco e tinha um estetoscópio, parcialmente visível, no bolso. Ao apresentar-se, avisava-as de que iam participar num estudo sobre as reacções a choques eléctricos e insistia sobre a importância e o interesse dessas pesquisas. Para as necessidades da verificação experimental era importante que algumas estudantes sentissem muita ansiedade enquanto as outras se mantinham serenas, na perspectiva do que as esperava. A diferença de ansiedade foi induzida pelas instruções dadas pelo doutor Zilstein. Vejamos como actuou para provocar uma forte ansiedade:

"O que vamos pedir a cada uma de vocês é muito simples. Queremos dar-vos uma série de choques eléctricos. Faço questão de ser honesto convosco e dizer exactamente o que vos espera. Os choques vão magoar. Vão ser dolorosos. Como podem imaginar, se, numa pesquisa deste tipo, queremos descobrir nem que seja só um bocadinho que possa ajudar a humanidade, é preciso que os choques sejam intensos. Está previsto colocar-vos um eléctrodo na mão, ligar-vos a uma máquina como esta (Zilstein indica *gadgets* eléctricos atrás dele), dar-vos uma série de choques eléctricos e registar medidas tais como o vosso pulso, a pressão sanguínea, etc. Mais uma vez, quero ser honesto convosco e prevenir-vos de que esses choques serão muito dolorosos mas, claro, não provocarão danos permanentes."

Na situação de baixa ansiedade, pelo contrário, as instruções foram as seguintes:

"Pedi-vos a todas para virem aqui hoje para participarem numa experiência que tem a ver com os efeitos dos choques eléctricos. Quero acrescentar de imediato: não se deixem impressionar pelo termo choque; estou até convencido de que a experiência será agradável. O que desejamos que cada uma faça é muito simples. Queremos dar a cada uma de vocês uma série de choques eléctricos muito leves. Posso assegurar que aquilo que vão sentir não será de maneira nenhuma doloroso. Assemelhar-se-á mais a cócegas ou comichão do que a qualquer coisa desagradável. Vamos colocar-vos um eléctrodo na mão, dar-vos uma série de choques muito leves e medir o vosso pulso, a pressão sanguínea, medidas a que, tenho a certeza, todas estão habituadas, das visitas ao médico de família."

Acontece que, acabadas as instruções, a sala de experiências não está disponível. É preciso esperar um bocado e, para que essa espera se efectue nas melhores condições, o doutor Zilstein entrega a cada rapariga um questionário em que é convidada a dizer se prefere esperar sozinha ou em grupo, ou se isso lhe é indiferente. Nessa experiência, nunca foi dado um único choque; Schachter estava apenas interessado nas respostas ao questionário. Poderia a ansiedade, induzida pelas instruções do doutor Zilstein, levar as jovens a preferir a gregaridade? Foi efectivamente o que aconteceu. 63% das pessoas em situação de grande ansiedade escolheram ficar à espera em grupo, o que apenas foi escolhido por 33% das outras.

Coloca-se agora a questão do porquê. Talvez as pessoas em situação de grande ansiedade queiram juntar-se para se porem de acordo e negociar a intensidade dos choques com o famoso doutor Zilstein? Noutra experiência, Schachter dá a possibilidade de esperar em grupo mas deixa claro que é proibida qualquer comunicação verbal entre as pessoas. Apesar disso, elas escolhem a solução colectiva. Talvez estas jovens nunca tenham esperado a sua vez à porta de um examinador e imaginem que a espera em grupo diminui a ansiedade? Um aluno de Schachter, Wrightsman (1960), mostra-lhes que não é assim: depois de lhes prometer uma injecção hipodérmica, põe-nas à espera, sozinhas ou em grupo, e esta última modalidade não lhes alivia a ansiedade mais do que a primeira. Querem distrair-se, mudar de ideias? Não podendo oferecer-lhes Veneza antes de as matar, Schachter propõe-lhes que esperem com um grupo de pessoas que não vão receber choques eléctricos. Desta vez, elas escolhem esperar sozinhas. Schachter não conclui que o que as raparigas querem é mesmo ver Veneza, mas antes que a miséria gosta de uma companhia miserável. Por outras palavras, a ansiedade provoca um desejo de estar com outros, mas não com quaisquer outros.

Chegado a este ponto, Schachter já não tem mais ideias. O que motivará as pessoas ansiosas a procurar a companhia do outro? Acontece que Festinger (1954), o antigo chefe de Schachter, acabava de enunciar uma teoria segundo a qual, na ausência de referentes objectivos no mundo físico, as pessoas teriam tendência a comparar as suas opiniões e aptidões com as de outrem. Estender-se-ia a comparação social à área das emoções? Será que estas jovens que nunca receberam choques eléctricos, que estão numa incerteza total sobre o que as espera – à parte o facto de que vai doer –, querem comparar, nem que seja de um modo não verbal, a sua ansiedade com a das suas camaradas? Uma série de experiências é então imaginada para testar esta hipótese. Faz-se crer às pessoas que é possível medir a sua emotividade com máquinas psicofisiológicas e, consoante as experiências e as situações experimentais, dá-se-lhes informações apenas sobre o seu próprio grau de emoção, sobre o dos outros sujeitos ou sobre o seu e o dos outros; as informações são precisas ou são imperfeitas (a agulha que supostamente mede a ansiedade indica claramente um grau de emotividade ou treme). De acordo com a teoria da comparação social, a vontade de esperar em grupo diminui nitidamente quando as informações são precisas e respeitam simultaneamente à emoção sentida pelo próprio sujeito e pelas outras pessoas na mesma situação. Portanto, o importante não é o nível de emoção próprio, nem o dos outros, mas sim a comparação possível entre os dois (Gerard, 1963; Gerard e Rabbie, 1961).

Longe de nós a ideia de que a explicação da gregaridade reside apenas na necessidade de comparação social. Quando, depois de um terramoto, de um descarrilamento de comboio, ou de um atentado, os sobreviventes se precipitam para o telefone para falar com as suas famílias e os amigos, não é provavelmente para comparar as emoções. O outro permite-lhes confiarem-se e serem reconfortados; existem hoje muitos livros sobre o suporte social. No entanto, a comparação social é um processo vital no nosso funcionamento. Neste sentido, é interessante que, na sua experiência, Wrightsman não tenha descoberto que a gregaridade diminui ainda mais a ansiedade; o que poderia ter acontecido, pois o outro serve muitas vezes para reconfortar. Se Wrightsman tivesse encontrado esse resultado, toda a gente teria ficado satisfeita com aquela explicação e a importância da comparação social não seria evidenciada.

A comparação social é um processo em que as pessoas entram de um modo quase automático (Gilbert e outros, 1995) e que utilizam para diversos fins: sentirem--se confiantes nas suas opiniões, avaliar o que é possível, aumentar a auto-estima, vacinar-se contra a influência, etc. Fundamentalmente, a comparação com os outros permite a cada um definir-se como sujeito ao mesmo tempo único e semelhante ao outro.

SEMELHANTES NA DIFERENÇA

Esta noção de comparação social que institui uma diferença entre o eu e o outro, tanto pela semelhança como pela divergência, é absolutamente essencial para o que entendemos por sociabilidade. Porém, antes de passar a desenvolver esse aspecto, gostaríamos ainda de resumir estudos em que as pessoas não são capazes de esperar em grupo. Quando é que o Inferno são os outros?

No contexto de estudos americanos que tinham em vista os voos espaciais, Altman et al. (1971) imaginaram locais completamente fechados muito particulares. Dois ou três recrutas militares são encerrados durante várias semanas num espaço confinado; eles conhecem ou não a duração exacta da sua estada, essa duração é respeitada ou não, a instalação e as fontes de estímulo exterior são manipuladas, etc. Em resumo, trata-se de descobrir as condições que favorecem a coabitação harmoniosa numa equipa de nave espacial. Em vez de examinar essas condições, vamos limitar-nos a pôr em contraste os comportamentos característicos das tripulações com sucesso e os das que acabam por "desertar". Verifica--se, desde o início, que os que virão a ser bem sucedidos se preocupam em estabelecer relações de coesão ao mesmo tempo que criam territórios individuais: "esta é a minha cadeira", "este é o meu lado na mesa", "fico com a cama de cima". Os desertores, esses, dão a impressão de estarem convencidos de que vão ter êxito; portanto, não vale a pena perder tempo com relações sociais e, menos ainda, discutir sobre problemas de propriedade. Porém, quando o mal-estar se instala, verifica-se uma corrida desenfreada à territorialidade mas, como aconteceu à lebre da fábula, é tarde de mais. A nossa interpretação destes resultados não é provavelmente a mais ortodoxa, mas não será normal falar de inferno? Na nossa opinião, o que torna o outro infernal é ele não ser um "socius" ao mesmo tempo semelhante e diferente, não ser um alter ego.

O investigador que melhor evidenciou essa procura simultânea de semelhança e de alteridade foi Jean-Paul Codol. A vida em sociedade requer uma semelhança básica entre as pessoas. Como viver se não posso imaginar que os outros pensam como eu, que sinto as mesmas emoções que eles, que eles têm as mesmas aspirações que eu (Asch, 1952)? Não se trata apenas de desejos. É uma necessidade fundamental para que a vida colectiva seja possível. A par desta necessidade fundamental existem, naturalmente, uma gratificação associada à semelhança e uma incitação a comportar--se, comover-se e julgar como os outros, mas isso não passa de consequências. Acontece o mesmo com a diferenciação que também dá azo a comportamentos afectivamente investidos. São estes comportamentos afectivamente investidos o que os psicólogos sociais estudam.

Nesta óptica, como é possível que uma pessoa afirme, ao mesmo tempo, o seu conformismo com as regras de um grupo e a sua singularidade em relação aos membros desse mesmo grupo? Pelo fenómeno de "conformidade superior de si", dirá Codol (1975), um fenómeno mais conhecido pelo nome de "efeito PIP" (as iniciais da expressão *Primus Inter Pares*, isto é, o primeiro entre os seus pares). Suponhamos que a norma partilhada num grupo é a de generosidade e que se pergunta a cada elemento se ele é mais ou menos generoso do que os outros; a resposta maioritária é: "Sou mais generoso do que os outros". Por outras palavras, a pessoa afirma a sua identidade pessoal através da pertença ao grupo. Afirmação que é inútil quando se pede a um dos elementos para se comparar com um outro determinado: neste caso, ambos os indivíduos são claramente diferentes e, então, ele não precisa de recorrer ao efeito PIP.

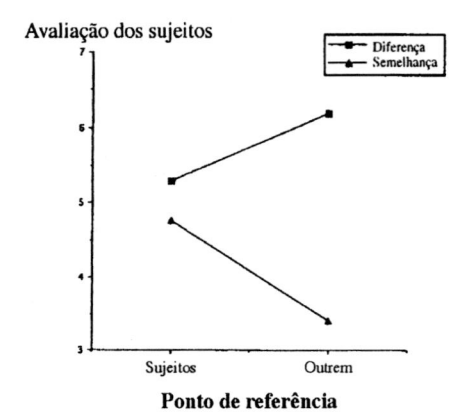

Figura 1.2 - Avaliação da diferença e da semelhança entre si e outrem em função do ponto de referência.

Não restam dúvidas de que a acentuação da identidade ou da pertença varia com as situações e as influências culturais. Algumas sociedades insistirão sobretudo na individualidade dos seus membros. É o caso, por exemplo, dos esquimós, que têm de caçar e pescar sozinhos em territórios muito grandes onde não é possível acumular muita comida ao mesmo tempo. Outras sociedades, pelo contrário, acentuarão a pertença ao grupo: trata-se nomeadamente daquelas cuja economia de subsistência se baseia na colheita, na ceifa e no celeiro colectivos; em sociedades deste tipo, evidentemente, cada membro tem de se conformar à colectividade sob pena de a pôr em perigo. Os Temne da Serra Leoa pertencem a uma cultura deste tipo. Esta hipótese de uma relação entre tipo de socialização e economia de subsistência, enunciada por Barry et al. (1959), foi testada por Berry (1967), que aplicou um teste de conformismo a Esquimós da ilha de Baffin e a Temnes. Apresentava a cada adulto uma folha de papel onde estavam desenhadas uma linha modelo e oito outras linhas de vários tamanhos. Pedia-lhes para indicarem qual dessas oito linhas tinha o mesmo tamanho da linha modelo. O investigador também os informava de que a maioria dos outros elementos tinha escolhido tal linha como sendo a linha correcta. Com efeito, três em cada quatro vezes, a escolha que se dizia ter sido a da maioria, era errada. Embora as amostras Temne e Esquimós tenham sido aparelhadas quanto à acuidade visual, nível de instrução e contactos com a civilização ocidental, as suas respostas foram muito diferentes. Podendo o conformismo variar de 0 (ausência de conformismo) até 15 (conformismo total), os Temne obtiveram 8,9 enquanto os Esquimós apenas 2,6. Em comparação, os Escoceses situam-se em 3,9. "Não se procurou interrogar os sujeitos sobre as suas reacções ao teste, mas um Temne (de Mayola) fez espontaneamente o seguinte comentário: "Quando o povo Temne fez uma escolha, todos temos de aceitar a decisão – é o que chamamos a cooperação". (...) Os Esquimós, por outro lado, ainda que silenciosos, sorriam calmamente e, com ar de conhecedores, indicavam uma linha próxima da certa." (Berry, 1967, p. 417).

Em muitas das suas experiências, Codol (1988) não se limitava a perguntar aos seus sujeitos se tinham, mais ou menos do que os outros, a característica X ou Z, mas também apresentava-lhes a resposta "tanto como os outros" que, aliás, era muitas vezes escolhida. Modificando ligeiramente a pergunta, mas não a essência do problema, pode-se assim perguntar às pessoas em que medida são diferentes ("mais" ou "menos") dos outros, ou são semelhantes. Foi o que fez Codol, mas invertendo, para outros sujeitos, o enunciado da pergunta: "Em que medida os outros são diferentes de si (ou semelhantes a si)?" Esta inversão provoca uma mudança de ponto de referência. No primeiro caso ("..., você é semelhante aos outros?"), o outro serve como referente; no segundo caso ("..., os outros são semelhantes a si?"), é a pessoa que responde que é a referência à qual os outros são comparados. Os resultados deste tipo de estudo são extremamente instrutivos e figuram no gráfico 1.2. Antes de mais, vê-se que a dimensão "diferença" é acentuada em relação à da semelhança. Conhecendo os resultados obtidos por Berry com os Escoceses, isso era previsível; as nossas sociedades ocidentais parecem privilegiar a alteridade, de preferência à semelhança. Muito mais interessante é a assimetria nas opiniões em função do ponto de referência: as pessoas acham-se mais diferentes dos outros do que acham os outros diferentes de si. Reciprocamente, acham-se menos semelhantes aos outros do que acham os outros semelhantes a si. De novo, encontramos neste fenómeno de assimetria uma manifestação de afirmação da identidade que não dispensa a pertença a um grupo: somos, ao mesmo tempo, diferentes dos outros e, também, modelos.

Parece-nos claro que a entidade valorizada nesta assimetria é o nosso "eu", a nossa pessoa, mas que essa valorização só pode vir do outro (Leyens, 1990). Uma pesquisa de Kwiatkowska (1984, citada em Jarymowicz, 1989) é disso bem elucidativa; mostra que para as pessoas "normais" é importante diferenciar-se dos outros precisamente nos traços que se considera serem os mais típicos de si próprios; é natural, dir-me-ão, senão de que seria feita a tipicidade? Como se a tipicidade tivesse necessariamente de se conjugar no modo da diferença. Não é essa com efeito a opinião de pessoas que, recentemente e de súbito, ficaram inválidas: essas pessoas, pelo contrário, acham-se muito semelhantes às outras pelas características que acham muito típicas em si. Também aqui, o valor que se atribui a si próprio passa pelos outros.

Em conclusão, a sociabilidade constitui um equilíbrio entre identidade pessoal e pertença a um grupo, entre semelhanças e diferenças (ver também Markus e Kunda, 1986). Um grupo sem indivíduos singulares é uma abstracção, da mesma maneira que um indivíduo único sem relação com os outros não é um ser humano. Esse equilíbrio não é fixo de uma vez para sempre. Varia de acordo com as culturas e, dentro destas, consoante as situações. Pessoalmente, quando damos aulas, gostamos de nos singularizar em relação aos nossos colegas, detestaríamos ser um professor qualquer. Pelo contrário, quando fazemos compras, somos um consumidor como qualquer outro e isso não tem importância desde que encontremos os produtos que procuramos... mas dá-nos muito gozo quando a empregada da caixa nos reconhece.

Este capítulo, consagrado à nossa relação com o outro e à perspectiva que dela tem a psicologia social, acaba com o que irá tornar-se um *leitmotiv* ao longo deste livro: o poder das situações! A psicologia social não se interessa por uma pessoa e por um outro determinados. Ela interessa-se sobretudo pela flexibilidade das pessoas em função das situações. Flexibilidade que se manifesta nas percepções, nas estratégias de influência e também nas interacções.

PRIMEIRA PARTE
A PERCEPÇÃO DO OUTRO

Nos anos 70, o psicólogo americano Davis Rosenhan apresentou-se em vários hospitais psiquiátricos e pediu para ser admitido porque, dizia, há várias semanas que ouvia vozes que lhe falavam de "vazio", de "oco". Alguns dos seus amigos fizeram o mesmo. No total, foram pedidas doze admissões em doze hospitais diferentes. Todas foram aceites, onze com o diagnóstico de esquizofrenia e uma com o de psicose maníaco-depressiva. Convém notar que Rosenhan tinha escolhido intencionalmente aquilo que as vozes diziam pois, na literatura especializada, não há referência a psicose existencial como se podia pensar pelo conteúdo das alucinações auditivas. Depois de serem admitidos no hospital, os pseudo-doentes comportavam-se normalmente, diziam que já não ouviam as vozes e pediam que os deixassem sair.

O tempo de internamento variou entre 7 e 52 dias, com uma média de 19 dias, e todos saíram com um diagnóstico de esquizofrenia ou de psicose maníaco-depressiva "em remissão". Durante a sua estada no hospital, os pseudodoentes passavam o tempo a anotar o que observavam: o tempo (ínfimo) que duravam os encontros com o médico, o número (astronómico) de medicamentos que recebiam, etc. Estas anotações reforçavam, para o pessoal do hospital, a ideia de anormalidade. Uma única categoria de pessoas não se deixou enganar: os verdadeiros doentes que diziam: "Vocês não são doentes a sério; são jornalistas ou professores".

É escusado dizer que Rosenhan (1973, 1975) provocou muito celeuma quando deu a conhecer os seus resultados. Ainda hoje, as suas pesquisas constituem matéria sensível para os psiquiatras. Uma das reacções mais frequentes era: "no nosso hospital, um erro desses não seria possível". Rosenhan propôs, então, a um hospital que descobrisse os pseudodoentes que lhe ia mandar nos próximos meses. Findo o prazo, Rosenhan reuniu-se com a equipa. Esta tinha descoberto um certo número de pseudodoentes. Nem todos concordavam na identidade desses pseudodoentes mas todos tinham observados alguns. O que era surpreendente, pois Rosenhan não tinha mandado ninguém.

Como é possível que profissionais do diagnóstico se enganem desta maneira, enquanto os verdadeiros doentes mentais não se deixam enganar?

<h1>Capítulo 2
A formação de impressões</h1>

A qualquer momento, voluntária ou involuntariamente, somos invadidos por informações de várias origens: informações provenientes dos nossos sentidos (aquilo que vemos à nossa volta, na televisão ou nos jornais, aquilo que ouvimos nas salas de aulas ou no café da esquina, etc.); informações armazenadas na memória que vêm à superfície, como a madalena de Proust; informações que provocamos com o raciocínio, ou que surgem quando falamos. A **cognição** tem como objecto a gestão dessas informações; consiste em receber, seleccionar, memorizar, transformar e organizar as informações, em construir representações da realidade, elaborar saberes e comunicá-los. Faz intervir a percepção, a memória, o pensamento, a linguagem, tudo processos que se influenciam reciprocamente.

A CATEGORIZAÇÃO

Somos constantemente confrontados com um verdadeiro maremoto de informações. Apesar de a nossa capacidade de gestão ser muito limitada, nem temos a impressão de elas nos submergirem, nem de termos de nos privar de informações. Para isso, dispomos de um conjunto de estratégias das quais a mais fundamental é a categorização. De que se trata? Uma vez confrontados com uma informação nova, temos de a identificar, isto é, compará-la com outras já conhecidas e classificá-la numa categoria. Esta operação seria muito simples se todas as categorias se definissem por uma série de elementos suficientes (se os elementos X estão presentes, trata-se da categoria A) e necessários (se os elementos X estão ausentes, não se trata da categoria A). Por exemplo, para pertencer à categoria dos "quadrados", é necessário e suficiente ter quatro segmentos de recta de comprimento igual, unidos por um ângulo recto. No entanto, a maior parte das categorias não procedem por elementos necessários e suficientes. Será suficiente e necessário não se ser casado para se ser solteiro? Não! Posso ser divorciado, por exemplo, ou viver com uma amiga há muito tempo...

Se digo "solteiro", em que pensa? No Papa, na sua sobrinha? Consoante a teoria da sua preferência, os psicólogos sociais são de opinião que você pensa em pessoas definidas que eles chamam **exemplares** (também chamadas **instâncias**), ou numa ideia abstracta que eles chamam **esquema** e em que sobressai um **protótipo** que seria o melhor exemplar da categoria, um exemplar tão bom que não existe enquanto tal (o solteirão com cheiro a charuto frio e a meias sujas). Se funciono por exemplares, isso significa que, quando encontro uma pessoa que pode ser solteira, a comparo com todas as pessoas solteiras que conheço e de quem me lembro. Se funciono por esquemas, isso quer dizer que comparo a pessoa encontrada com o meu protótipo de solteiro e que o grau de prototipicidade define a pertença à categoria. A preferência por uma ou outra dessas teorias não deixa de ter consequências. O funcionamento por exemplares implica que eu corrija constantemente o conteúdo das minhas categorias, no que estou dependente da minha maior ou menor memória. Pelo contrário, o funcionamento por esquemas supõe que sou relativamente conservador ao nível das minhas categorias; uma vez estabelecidas, dificilmente as mudarei: por exemplo, darei atenção às meias e negligenciarei o facto de a pessoa não ser fumadora.

Procedendo por exemplares ou por esquemas, a que somos nós sensíveis na definição das nossas categorias? Uma primeira resposta é evidente. Somos sensíveis à **semelhança** das características. Quase todas as aves cantam e voam, têm asas e penas. Todas as pessoas extrovertidas não têm, em geral, dificuldade em animar uma conversa ou em contar anedotas. O critério de semelhança é um critério de realidade. São os elementos físicos (asas) ou os comportamentos (dizer piadas) que condicionam a pertença a tal ou tal categoria de preferência a outra. No entanto, a semelhança não é suficientemente impositiva nem suficientemente abrangente para constituir o único critério de categorização. Pensem numa ave e num extrovertido. Pertencem claramente a duas categorias distintas embora partilhem uma infinidade de semelhanças: ambos têm glóbulos e pesam mais de 5 gramas. Por outro lado, o que é que um relâmpago e um trovão, um garfo e uma sertã têm em comum, a não ser uma relação de causalidade no primeiro caso e de funcionalidade no segundo? O que têm em comum uma piscina e um Rolls Royce a não ser o facto de serem sinais de riqueza?

Entra na mesma categoria o que é coerente. **Esta coerência** é ditada pelas nossas **"teorias ingénuas do mundo"** (Medin e Murphy, 1985). Medin (1989) defende que nós insuflamos uma **essência** nas categorias de objectos naturais como as aves. A essência das aves, por exemplo, seria um código genético que lhes permite voar e cantar. Rothbart e Taylor (1992) defendem a mesma ideia no que respeita às categorias sociais. A essência seria o cimento que une e justifica todos os estereótipos. Por essência, a personalidade do extrovertido é ser sociável, o que explicaria a sua familiaridade, a sua espontaneidade, a sua firmeza e sabe-se lá mais o quê (Yzerbyt e Schadron, 1996).

A categorização tem várias **funções**: simplificação, conservação do que é aprendido, direcção da acção, ordem e significado.

A primeira e mais evidente deduz-se directamente daquilo que foi dito atrás: trata-se de uma simplificação das informações. Em vez de apreciarmos cada objecto ou informação separadamente, podemos recorrer a categorias cujo número é muito menor. Dizer, de manhã, que fomos acordados pelos pardais é muito mais simples do que referir os melros, os chapins azuis, os tordos, etc. Outra vantagem da função simplificadora da categorização é que provavelmente, à noite, vai-se lembrar de que foi acordado pelos pardais e, entre eles, vai descobrir os chapins azuis. Em qualquer caso, as hipóteses de se recordar são maiores do que se fosse preciso lembrar-se de tudo o que contribuiu para o despertar e tudo o que aconteceu durante o dia.

A segunda função da categorização consiste em evitar pôr em causa a aprendizagem do passado de cada vez que há confronto com uma informação nova. Mesmo que nunca tenha visto uma ave toda vermelha, o facto de possuir o conceito de ave permitirá que o seu conhecimento sobre animais com asas não seja perturbado da primeira vez que vir um cardinal (*cardinalis cardinalis*).

A terceira função da categorização é servir de guia para a acção. Se possui uma única categoria para designar os cogumelos, é preferível nunca comer nenhum seja qual for a sua forma ou cor.

Por fim, a função, provavelmente principal, da categorização é pôr ordem no ambiente que nos rodeia e dar-lhe um sentido. Com efeito, da mesma maneira que relacionamos os objectos e as informações, também, na nossa mente, as categorias não existem independentemente umas das outras. As nossas categorias organizam o conhecimento que temos do universo e permitem-nos passar para além do simples amontoado de informações com que somos confrontados. Neste sentido, o essencialismo de que damos prova serve nomeadamente para alicerçar a nossa rede de categorias. Cada categoria tem a sua justificação teórica que a liga, com as suas semelhanças e as suas diferenças, às outras categorias, num todo coerente.

A PERSONALIDADE COMO CATEGORIA PRIVILEGIADA

Experimente dar dez respostas diferentes à pergunta "quem sou eu?". É muito provável que, depois de indicar algumas variáveis demográficas e características físicas (rapaz, estudante, moreno, etc.), comece a referir traços de personalidade (simpático, tímido, etc.). Várias pesquisas demonstraram que a categoria dos traços de personalidade é a mais utilizada para descrever alguém. Aliás, essa propensão para recorrer à personalidade aumenta com a familiaridade. Quando encontra pela primeira vez alguém que não toma parte na conversa, talvez tenha tendência a descrever o seu comportamento, uma vez que não sabe se a sua não participação se deve à timidez ou à presunção. Mas, depois de ter encontrado essa pessoa em várias situações, já terá decidido se ela é, de facto, tímida, ou se é tão presunçosa que não se mistura com as pessoas vulgares (Park, 1986).

As explicações do comportamento referido à pessoa e à personalidade, em vez de ao acaso ou às circunstâncias, são tão privilegiadas na cultura ocidental que se fala de **norma de internalidade** (Beauvois, 1995). Vejamos um item de um questionário imaginado por Nicole Dubois (1994), onde se encontra um enunciado e duas soluções, uma externa e outra interna: "quando, durante a aula, as crianças conversam com o colega do lado, 1) algumas dizem: é porque o meu colega tem sempre qualquer coisa para contar; 2) outras dizem: é porque sou muito faladora". As crianças das escolas primárias testadas por Dubois tinham que escolher, para cada item, uma das soluções. A algumas das crianças fez-se crer que era a sua professora quem lhes fazia aquelas perguntas a que se esperava que respondessem de maneira a ficarem bem vistas. Outras tinham de responder de modo a darem de si mesmas uma má imagem. Os resultados são muito claros: quando querem dar de si a imagem de um "diabrete", as crianças dão duas vezes mais respostas internas (por exemplo, "sou faladora" em vez de "é o meu vizinho") do que quando se trata de dar uma má imagem de si próprias.

A importância da personalidade aparece também ao nível do vocabulário. Que saibamos, nunca ninguém contou o número de traços de personalidade existentes no vocabulário francês, mas Allport e Odbert (1936) fizeram-no para o vocabulário inglês e chegaram a mais de 18 000 palavras! Vejamos uma última ilustração do peso da personalidade na maneira de ser ocidental. Jim Uleman (1989) fez decorar, por estudantes americanos, uma série de frases do tipo: "A secretária adivinha a meio da novela policial quem é o assassino". Após uma leitura das frases feita pelo experimentador, os participantes tinham de recordar o mais fielmente possível o maior número de frases. Para alguns participantes essa tarefa era facilitada mediante um índice específico para cada frase; consoante as situações experimentais, esse índice consistia num traço de personalidade potencialmente sugerido por cada frase (por exemplo, inteligente) ou num substantivo alheio à personalidade mas semanticamente ligado ao conteúdo de cada uma das frases (por exemplo, máquina de escrever). Verificou-se que os resultados eram significativamente melhores nos casos em que a lembrança era indiciada por um traço de personalidade.

As pesquisas descritas nos parágrafos precedentes foram todas realizadas no contexto da cultura ocidental. Sem dúvida, a importância da personalidade varia consoante as culturas. Ela não é a mesma, por exemplo, entre os Japoneses e os Índios. Lembre-se das experiências de Codol (capítulo 1) sobre a assimetria entre o eu e os outros. Vimos que "eu" era o ponto de referência mais valorizado. Quando se pergunta, a estudantes da Índia, "Em que medida é você semelhante aos outros?" e "Em que medida os outros são semelhantes a si?", obtêm-se resultados completamente diferentes dos obtidos com estudantes franceses ou americanos. Os estudantes indianos têm tendência para se julgarem mais semelhantes aos outros do que para julgarem os outros semelhantes a si (Kitayama *et al.*, 1990). A valorização da pessoa não é, portanto, idêntica em toda a parte. Na cultura oriental, o grupo de pertença domina sobre a pessoa singular (Markus e Kitayama, 1991). Da mesma maneira, se se perguntar a um Japonês "Quem sou eu?", ele indicará quatro vezes menos traços de personalidade do que um Americano (Cousins, 1989).

Não nos atreveremos a tentar esboçar as razões dessas diferenças culturais pelas quais os psicólogos cada vez mais se interessam. Fiquemo-nos pela sociedade ocidental e vejamos como é que as pessoas organizam os seus conhecimentos sobre a personalidade. O conceito de **teorias implícitas de personalidade** é central. Designa crenças gerais sobre a frequência de um traço (todos os directores de empresa são capitalistas), a sua variabilidade (todos os directores de empresas privadas são capitalistas, e os das empresas públicas não), e a sua relação com outros traços (os capitalistas são inteligentes mas egoístas). O facto de se lhes chamar "implícitas" não significa de maneira nenhuma que essas teorias sejam inconscientes mas tão-somente que quem as defende não é capaz de as expor de maneira formal e que elas não têm nenhum critério objectivo de validade (Leyens, 1983).

A vida quotidiana exige o recurso a teorias implícitas. Testar todas as hipóteses possíveis de cada vez que se encontra uma pessoa seria o cúmulo da ineficácia e é quase certo que toda a gente procuraria evitar esse maníaco dos testes de hipóteses, se ele existisse. Em vez de testar o recém-chegado, julgamo-lo pelo seu aspecto. A relação entre físico e psíquico corresponde de facto a uma das teorias implícitas de personalidade melhor fundamentadas. Como prova, vejamos um resumo de uma pesquisa de Chapman e Chapman (1967).

À época, "o desenho de uma pessoa" era um dos mais populares testes de personalidade nos Estados Unidos. Alguém desenhava uma personagem e supunha-se que o psicólogo era capaz de perceber a personalidade desse alguém pelas características do desenho. Apresso-me a dizer que, apesar da sua popularidade, tal teste não tem nenhuma validade. Os Chapman perguntaram a vários psicólogos que utilizavam aquele teste quais as características do desenho que eram sintomáticas de diferentes perturbações de comportamento. Vamos apenas examinar uma dessas perturbações: estar preocupado com o facto de ser inteligente. A resposta foi: uma cabeça grande. Os Chapman fizeram as mesmas perguntas aos seus estudantes que não conheciam o teste. As respostas foram idênticas às dos psicólogos. Depois, de novo com estudantes, os Chapman distribuíram uma série de desenhos, cada um deles com uma perturbação de comportamento anotada num canto. Tinham feito de maneira a que não houvesse nenhuma correlação entre os desenhos e as perturbações. Isto é, quando a perturbação "preocupação ao nível da inteligência" aparecia num canto, um terço dos desenhos mostravam uma cabeça grande, um terço uma média e o último terço uma pequena… Inútil! Quando se perguntou aos estudantes qual era a característica sintomática de uma preocupação ao nível da inteligência, responderam: uma cabeça grande. Os dois investigadores foram ainda mais longe: desta vez, fizeram com que existisse uma correlação perfeitamente negativa entre as perturbações e as características do desenho. Em todos os casos, a "preocupação ao nível da inteligência" figurava num desenho com uma cabeça pequena. Apesar disso, os estudantes continuaram a responder em função da sua teoria implícita. Até hoje, ninguém descobriu a maneira de fazer desaparecer aquilo a que se chamou uma **ilusão de correlação**. Pode-se concluir que os fisiognomonistas são charlatães que fazem por dinheiro exactamente o mesmo que toda a gente faz gratuitamente. Podemos da mesma maneira dizer que embora o recurso às teorias implícitas seja obrigatório, e expeditivo, ele comporta, no entanto, um preço: é que as teorias não estão ao abrigo do erro, ainda que habitualmente dêem bons resultados.

As teorias implícitas constroem-se a partir da experiência vivida e da cultura ambiente. Algumas teorias implícitas são portanto específicas das pessoas que as defendem, mas outras são largamente partilhadas. A pesquisa dos Chapman ilustra uma dessas teorias partilhadas. É evidente que as interacções sociais seriam por demais caóticas se as pessoas não partilhassem algumas teorias implícitas. Foi assim que se descobriu que as pessoas funcionam tranquilamente com uma teoria que inclui duas dimensões, a inteligência e a sociabilidade, cada uma com um pólo positivo e um pólo negativo (Rosenberg e Sedlack, 1972). Os teóricos da personalidade, por sua vez, demonstraram a existência de cinco importantes factores comuns a todas as descrições da personalidade. Sem dúvida, esses cinco importantes factores e as duas dimensões das teorias implícitas de personalidade estão relacionados entre si: os factores "extroversão-introversão", "simpático-antipático" e "estável-instável emocionalmente" evocam a dimensão de sociabilidade, enquanto que os factores "consciencioso-negligente" e "aberto-limitado" evocam a dimensão de inteligência.

É assim que, sem darmos conta, nos passeamos com uma matriz de traços de personalidade na cabeça. Em qualquer momento, com uma flexibilidade surpreendente, podemos pô-la em acção. Por vezes, procedemos por simples **associações** ou correlações: "o 'bon-vivant' é extrovertido". Podemos também funcionar por **dimensão**: "tudo o que é socialmente positivo se opõe ao que é socialmente negativo e isso não tem (quase) nada a ver com a inteligência". Funcionamos também por amálgamas de traços positivos e negativos que correspondem a **tipos** de personalidade: "sociável e egocêntrico" ou "criativo e preguiçoso" não são associações evidentes, excepto se pensarmos em 'stars' ou artistas (Anderson e Sedikides, 1991). Esses tipos de personalidade, com as suas misturas de traços positivos e negativos, correspondem bastante bem ao conteúdo dos **estereótipos** que constituem uma classe particular de teorias implícitas de personalidade. Na verdade, os estereótipos são as crenças partilhadas por um grupo sobre as características de personalidade (e, em menor medida, de comportamento) de um grupo no seu conjunto.

Teorias implícitas e estereótipos formam o essencial daquilo a que se chama a **informação categorial**. Evocam, sob a forma de atributos de personalidade, as expectativas que habitualmente as pessoas têm em relação a categorias sociais como os Franceses, os introvertidos, os psicólogos ou os Magrebinos. Como é que essa informação categorial intervém quando as pessoas formam uma impressão sobre alguém? É do que vamos tratar em seguida.

PRIORIDADE À INFORMAÇÃO CATEGORIAL: ASCH

Para estudar como se formam as impressões, como a do "jovem quadro dinâmico" ou do "andrógino", seguiremos o itinerário intelectual de Solomon Asch (1946), um psicólogo gestaltista que ainda hoje é considerado um dos maiores teóricos da percepção social.

Asch prosseguia um triplo objectivo. Antes de mais, como bom gestaltista que era, queria saber se, a partir de alguns elementos díspares da personalidade de um indivíduo fictício, as pessoas eram capazes de, sobre ele, construir uma impressão coerente. Em segundo lugar, queria mostrar que alguns desses elementos díspares poderiam ter um estatuto especial no sentido em que organizariam a impressão geral. Chamou traços centrais a essas informações. Por fim, interrogava-se sobre a direcção da influência dos traços; na sua opinião, os primeiros traços de que se toma conhecimento deveriam imprimir uma direcção à organização da impressão. Em termos técnicos, punha a hipótese de um **efeito de primazia,** mais do que de **recência**.

Numa das suas numerosas experiências, forneceu aos seus sujeitos a seguinte lista de traços de personalidade: "inteligente, habilidoso, trabalhador, caloroso, determinado, prático, prudente". Previne-os de que esses traços dizem respeito a uma pessoa fictícia, que lhes pede que descrevam em algumas frases. Em seguida, pede-lhes que respondam a um questionário composto de uma lista de traços de personalidade; devem dizer, por exemplo, se a pessoa em causa é generosa ou não, se tem bom carácter ou não, se é forte ou não, etc.

Os participantes não têm dificuldade nenhuma em satisfazer os pedidos de Asch. Vejamos aliás uma descrição típica da personagem fictícia tal como foi dada por um deles:

"Uma pessoa que acredita na justeza de várias coisas, que quer que os outros tenham em conta o seu ponto de vista, que seria sincera numa discussão e desejaria que o seu ponto de vista fosse aceite."

As inferências obtidas pelo questionário de traços anónimos figuram no quadro 2.1. É evidente que o personagem fictício aparece com um aspecto favorável. É generoso, honesto, sociável, tem bom carácter e até tem aspecto agradável. A primeira pergunta de Asch está, portanto, respondida (ver também Asch e Zukier, 1984).

Para testar a sua segunda questão relativa ao estatuto especial de certas informações, uma parte dos sujeitos receberá a lista de traços já citada; para outros, o termo caloroso é trocado por frio, bem educado ou ríspido. Consoante, na lista, aparece calorosa ou fria, a impressão geral muda completamente, como se pode ver pela descrição seguinte de uma pessoa fria:

"Uma pessoa cheia de ambição e de talento que não permitiria que nada nem ninguém a impedisse de atingir os seus objectivos. O importante é o seu ponto de vista; está decidida a não ceder, aconteça o que acontecer."

No caso dessa pessoa fria, as inferências também mudam (ver quadro 2.1). Agora, ela é bastante antipática: egoísta, mau carácter, pouco humana, mas, no entanto, honesta.

Por outras palavras, um único traço chega para mudar a impressão geral. O que não acontece quando bem educado é substituído por ríspido. Asch dirá que, ao contrário de bem educado e ríspido, frio e caloroso constituem **traços centrais** porque têm a capacidade de, sozinhos, mudar a impressão geral. Se nos referimos às teorias implícitas de personalidade, é fácil perceber por que é que alguns traços têm tanto peso na percepção do outro. Lembre-se de que as pessoas funcionam com duas dimensões, uma relativa à sociabilidade e outra à inteligência. Ora, o que sabe do personagem fictício de Asch? Ele situa-se sem dúvida na extremidade positiva da dimensão inteligência (é "inteligente, habilidoso, trabalhador, etc."), mas no que diz respeito à sua sociabilidade, apenas sabe que é caloroso ou frio, bem educado ou ríspido. Bem educado e ríspido não dão muita informação no plano da sociabilidade e, portanto, dão poucos indícios suplementares sobre o personagem fictício. O que não é o caso de caloroso e frio, que estão situados nos pólos extremos da sociabilidade. Quando do que se trata é de tomar posição sobre a sociabilidade do personagem, os sujeitos escolherão naturalmente os traços que correspondem à sua grande sociabilidade (generosidade, bom carácter, sociável), ou à sua sociabilidade medíocre (egoísta, mau carácter, a-social) e manterão a sua opinião no que respeita aos traços que têm a ver tanto com a sociabilidade como com a inteligência (ser honesto). E fica assim resolvida a segunda questão de Asch. Os traços centrais organizam a percepção porque têm um peso informativo importante.

Para resolver a terceira questão, Asch propõe a alguns dos seus sujeitos a seguinte lista de traços de personalidade: "inteligente, trabalhador, impulsivo, crítico, teimoso, invejoso". Tal como nas vezes precedentes, pede-lhes para escreverem em poucas palavras o que pensam dessa pessoa e para responderem ao mesmo questionário de inferências que já conhecemos. A outros sujeitos, apresenta exactamente a mesma lista de traços, mas na ordem inversa. Como se pode verificar no quadro 2.1, manifesta-se claramente um efeito de primazia pois o primeiro indivíduo (inteligente e... invejoso) é considerado muito mais simpático do que o segundo (invejoso e... inteligente).

Quadro 2.1 – Inferência de traços em função do tipo de lista apresentada aos sujeitos (em percentagens).

	Tipo de lista			
	"caloroso"	"frio"	"inteligente"	"invejoso"
1. generoso	91	8	24	10
2. bem comportado	65	25	18	17
3. feliz	90	34	32	5
4. bem disposto	94	17	18	0
5. com humor	77	13	52	21
6. sociável	91	38	56	27
7. popular	84	28	35	14
8. confiável	94	99	84	91
9. importante	88	99	85	90
10. humano	86	31	36	21
11. sedutor	77	69	74	35

Quadro 2.1. (continuação)			
12. persistente	100	97	82	87
13. sério	100	99	97	100
14. moderado	77	89	64	9
15. altruísta	69	18	6	5
16. imaginativo	51	19	26	14
17. forte	98	95	94	73
18. honesto	98	94	80	79

O efeito de primazia deve-se a que são os primeiros traços que dão a tonalidade e indicam como devem ser entendidos os seguintes. Uma pessoa é "inteligente, trabalhadora, com os diabos, é deveras uma boa pessoa, espontânea e não ingénua, é fantástica, dá continuidade às suas ideias, mas é invejosa... ninguém é perfeito". A outra é "invejosa, que péssima qualidade, tacanha, nunca está de acordo, agressiva, trabalhadora e inteligente, meu Deus, como é cretina!". Como mostrou Brown (1986), as pessoas procuram a **coerência avaliativa**; é essa coerência que as fará dizer, por exemplo, que Eltsine é grosseiro e feio e não grosseiro mas feio; pelo contrário, dir-se-á com facilidade que Serge Gainsbourg era inteligente mas feio. Por outras palavras, a utilização espontânea que as pessoas fazem de "e" e de "mas" estabelece aquilo que se espera em função da coerência avaliativa. Uma outra maneira de respeitar essa coerência é brincar com o sentido das palavras que, aliás, a isso se prestam muito bem: um Holandês considera-se eventualmente trabalhador e poupado mas não, de certeza, laborioso e avarento. É a diferença entre o aspecto **denotativo** ou descritivo e o aspecto **conotativo** ou avaliativo (Peabody, 1967). Na medida do possível, o que fazem os sujeitos de Asch é, portanto, "brincar com o sentido das palavras", apoiando-se no primeiro traço de personalidade fornecido. Este tem um peso informativo particularmente importante na medida em que quando dele se toma conhecimento, ele é a única característica conhecida da pessoa fictícia.

As experiências de Asch são interessantes de vários pontos de vista. Antes de mais, mostram que somos rápidos a apanhar os indícios particularmente informativos (os primeiros traços e os traços centrais) e que sobre eles construímos imediatamente uma impressão geral sobre o outro. Construímos imediatamente uma teoria sobre o outro, teoria que comandará a nossa apropriação das informações posteriores. Uma vez uma teoria instalada, muito coerente, é extremamente difícil modificá-la. Em segundo lugar, essas experiências sugerem que tratamos a informação respeitante ao outro **"em directo"** (*on line*) mais do que "em diferido". Por outras palavras, fazemos um juízo sobre o outro, de imediato, à medida que recebemos as informações, sem esperar tê-las recebido todas para definir a nossa opinião. A memória das características definidas intervém pouco na impressão que temos dos outros.

Os estudantes, de uma forma geral, apaixonam-se pelas experiências de Asch, até ao momento em que se apercebem das suas implicações. Aparecem então reacções deste género: "Não é possível que se remeta alguém imediatamente para uma categoria e se avalie tudo em função dela. Não somos cegos, nem mesquinhos, damos atenção àquilo que a pessoa realmente é". O psicólogo experimental Norman Anderson (1981) teve a mesma reacção que os estudantes.

PRIORIDADE À INFORMAÇÃO INDIVIDUALIZANTE : ANDERSON

O que preocupa Anderson é conhecer a álgebra mental que as pessoas utilizam quando têm de integrar informações com valências diferentes. Anderson não se interessa, portanto, pelas impressões em si mesmas, mas pensa que os traços de personalidade são um excelente material na medida em que variam em positividade e em negatividade. Anderson vai então pedir a muitos estudantes que pontuem um grande número de traços de personalidade de maneira a obter para cada um um índice de favorabilidade. A outros estudantes, Anderson dará séries de perfis, à maneira de Asch, pedindo-lhes que os analisem e atribuam a cada um uma pontuação global de simpatia. Em seguida, compara esta avaliação global com as avaliações individuais dos traços que constituem o perfil.

Quadro 2.2 – Modelo por adição e por média

Atributos	Favorabilidade	Ponderação Arquivista	Ponderação Manequim
JEAN			
Inteligente	10	10 x 10	10 x 11
Trabalhador	9	9 x 10	9 x 1
Motivado	9	9 x 10	9 x 6
Simpático	10	10 x 1	10 x 1
Adição	38	290	166
Média (A/4)	9.5	72.5	41.5
LEON			
Inteligente	10	10 x 10	10 x 1
Trabalhador	9	9 x 10	9 x 1
Motivado	9	9 x 10	9 x 6
Simpático	10	10 x 1	10 x 1
Bonito	4	4 x 1	4 x 10
Atlético	4	4 x 1	4 x 10
Adição	48	300	266
Média (A/6)	8	50	44.3

Vê-se imediatamente que o pressuposto de partida de Anderson é diferente do de Asch. Para Anderson, cada traço tem uma pontuação imutável de favorabilidade qualquer que seja o contexto; por exemplo, que o traço em causa seja associado ao de trabalhador ou ao de oportunista, ele manterá a mesma valência. Uma primeira forma de verificar a integração dos traços individuais na pontuação de simpatia é calcular a soma das valências de cada um dos traços que compõem o perfil. Mas, segundo Anderson, o raciocínio não se pode limitar a uma simples adição; com efeito, é pouco provável que as pessoas sejam mais favoráveis para com alguém de quem tenham muitas informações muito ligeiramente positivas do que para com alguém de quem apenas têm algumas informações, mas extremamente positivas. Ora, como se vê pelo exemplo do quadro 2.2, isso está implícito no **modelo por adição**.

Esse inconveniente é evitado através de um **modelo por média**: o que interessa não é a simples soma dos traços individuais mas a média das suas pontuações. Após um impressionante conjunto de pesquisas, Anderson demonstrará que as pessoas funcionam mais seguindo um modelo por média do que por soma. Esta descoberta tem implicações evidentes quando se trata de recomendar alguém para um emprego, por exemplo. O modelo por média ensina que mais vale ser selectivo do que exaustivo! Ou seja, deve-se dizer que o candidato é "inteligente, trabalhador, motivado e simpático" e negligenciar o facto de ele ser "bonito e atlético". Embora positivas, estas duas últimas qualidades diminuirão a média geral.

Mas, tal como o modelo por adição, o modelo por média é incapaz de exprimir o efeito de primazia encontrado tanto nas pesquisas de Asch como nas de Anderson. Anderson dá do efeito de primazia uma explicação totalmente diferente da de Asch. Para ele, não está em causa a reestruturação cognitiva. Atribui o fenómeno a uma simples diminuição da atenção e, realmente, o efeito de primazia desaparece quando os traços são apresentados apenas com a indicação de serem memorizados em vez de com eles se fazer um retrato coerente. Para ter em conta tanto a ordem das informações como o contexto da avaliação, Anderson propõe que se atribua uma **ponderação** a cada índice de favorabilidade. No exemplo atrás citado, se o emprego fosse para manequins masculinos em vez de para arquivistas, a favorabilidade de "bonito e atlético" teria sido muito fortemente ponderada.

Imagine agora que está de bom humor no momento em que avalia o grau de simpatia de alguém. Ou que já teve alguma interacção com essa pessoa e que o resultado foi catastrófico. Vai avaliar da mesma maneira? É pouco provável. Anderson propôs então a inclusão de uma impressão inicial no modelo por si criado. Este traduz-se na equação seguinte:

avaliação global $= p_0 f_0 + Spf + p_0 + Sp$
em que f_0 = impressão inicial
Spf = soma das pontuações ponderadas de favorabilidade dos traços
p_0 = ponderação da impressão inicial
Sp= soma das ponderações dos traços

O modelo de Anderson é tão geral quanto engenhoso. No entanto, temos de confessar que ele não nos convence muito. Antes de mais, é impensável que um traço não mude de significado em função do contexto. Para além disso, a introdução de uma impressão inicial e de ponderações que só são conhecidas *a posteriori*, aparece como uma forma enviesada de ter em conta, apesar de tudo, as expectativas e as hipóteses das pessoas. Finalmente, acredita que os seres humanos sejam limitados a ponto de não conseguirem prestar tanta atenção à sétima informação como à primeira? É verdade que os sujeitos de Anderson prestaram menos atenção aos traços situados no fim dos perfis do que aos do início. Mas lembre-se de que Anderson não lhes dava apenas um perfil, dava-lhes uma pilha inteira deles!

Durante anos, os adeptos de Asch e de Anderson vão opor-se. É evidente que as pessoas têm tanto em conta a informação categorial – das teorias – como a informação individualizante – dos dados. A dificuldade está em especificar as condições que favorecem uma abordagem ou a outra.

MODELO DO *CONTINUUM*

Por ocasião de uma festa, você entrevê o psicólogo experimental Renniks. Para si, assim como para muitas das suas amigas, todos os psicólogos experimentais são pessoas aborrecidas, rígidas e conservadoras. Você evita Renniks e acaba a festa convencida de que ele é aborrecido, rígido e fascista. Suponhamos agora que Renniks se sentou à sua mesa; você é obrigada a dar atenção ao que ele diz, ainda que só faça "hum...hum" de vez em quando. Ele fala das suas pesquisas, insiste na importância da regularidade nos estudos e mostra-se mais do que céptico no que diz respeito às últimas manifestações de estudantes; é muito provável que você mantenha o seu estereótipo. Pelo contrário, se Renniks aborda a questão do desemprego, evoca a última canção de um grupo de *rock* conhecido e a convida para dançar, você começará a hesitar: "É um demagogo", ou "Lembra-me Jérôme Savary que, com mais de cinquenta anos, casou com uma miúda de 18", ou ainda "É parecido comigo, nunca consigo ser eu própria numa festa". Outro cenário: Renniks não só fala do desemprego e sabe muito de música contemporânea, como também é espirituoso, interessa-se pelos mesmos lazeres que você e critica consigo o hiato entre os cursos e os problemas da sociedade. Os seus estereótipos sobre os psicólogos experimentais ficam mesmo abalados e você não pensará em referi-los quando uma amiga que estava noutra mesa lhe perguntar, no fim da noite, "E Renniks, que tal?"

Nessa sequência imaginada, você passou por várias etapas ilustradas na figura 2.3. Aí podemos ver que a passagem de uma etapa para outra depende de três factores: a sua **motivação**, as suas capacidades de **atenção** e as **informações** recolhidas sobre Renniks. Essa sequência e seus elementos corresponde ao modelo chamado do *continuum*, desenvolvido por Fiske e Neuberg (1990). O *continuum* vai de uma opinião estritamente categorial que tem a primazia, a uma opinião específica que intervém apenas em condições bem definidas. O modelo de Fiske e Neuberg não é o único existente (Brewer, 1988; Kruglanski, 1989), mas é o que nos vai permitir abordar facilmente a literatura.

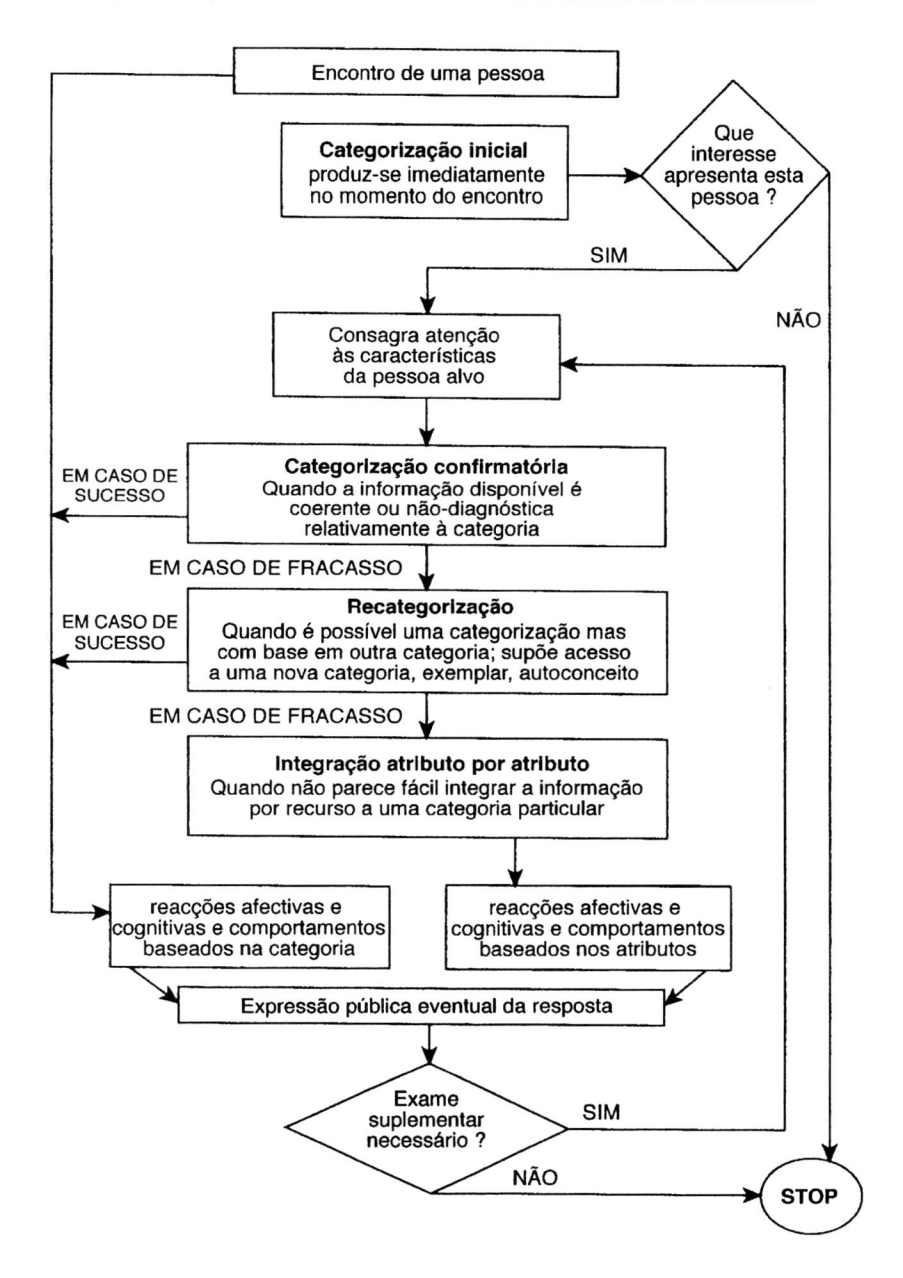

Figura 2.3 – Representação esquemática do Modelo do Continuum.

A categorização inicial

Quando as pessoas encontram ou ouvem falar de alguém, a sua primeira reacção será categorizar esse alguém: uma mulher, um *skinhead*. Não o farão necessariamente de forma consciente; a reacção será espontânea, quase automática. É nesse sentido que apontam as pesquisas de Jim Uleman, apresentadas precedentemente neste capítulo. Mas há mais.

Vejamos uma experiência realizada por Patricia Devine (1989). Para começar, verificou que os estudantes americanos brancos não racistas não aderiam aos estereótipos sobre os Negros, mas conheciam os seus conteúdos tão bem como os estudantes racistas. Um dos atributos mais evocados relativamente aos Negros é a sua agressividade. Em seguida, Devine submeteu outros sujeitos, racistas e não racistas, a uma exposição subliminar de 100 palavras. Cada palavra-"isco" era apresentada durante 80 ms e seguida de uma máscara (uma mistura de letras): a essa velocidade, as pessoas não tomam consciência das palavras que vêem. A tarefa era apresentada como um teste de vigilância e os sujeitos deviam dizer se a palavra-"isco" tinha aparecido à esquerda ou à direita de um certo ponto. Num caso, 80 em 100 palavras eram associadas aos Negros: Harlem, gueto, droga, preguiçoso, crime, preto, etc. No outro, apenas 20 palavras-"isco" eram associadas à categoria Negros. Após a exposição subliminar, todos os sujeitos liam uma dúzia de reacções de alguém chamado Donald, de etnia não especificada, face a várias situações. Os comportamentos de Donald eram ambíguos do ponto de vista da agressão. Por exemplo, Donald pede o dinheiro de volta à empregada da caixa logo após a compra, ou recusa pagar o andar enquanto o senhorio não cumprir a promessa de renovar a pintura. Em seguida, os sujeitos da experiência deviam avaliar Donald em várias escalas, algumas das quais tinham a ver com a hostilidade.

Os participantes da primeira situação experimental, com as 80 palavras-"isco" associadas à categoria dos Negros, consideravam Donald mais agressivo do que os da segunda, que só tinham visto 20 palavras relacionadas com os Negros americanos. Mais importante ainda, a apreciação feita pelos não racistas não era diferente da feita pelos racistas. Por outras palavras, quando as pessoas não podem exercer um controlo cognitivo sobre as suas crenças devido ao carácter subliminar da apresentação dos estímulos, deixam-se apanhar na armadilha da categoria e do conteúdo que ouviram repetir desde a infância.

Há fatalismo ou realismo nos resultados desta experiência. A razão e o conhecimento dão lugar aos preconceitos, apesar da melhor boa vontade do mundo. Mas talvez a experiência de Devine seja simples de mais (Gilbert e Hixon, 1991)? Ou talvez a não diferença entre pessoas racistas e não racistas se deva mais ao carácter negativo dos conceitos induzidos pelas palavras-"isco" do que à inevitabilidade da categorização (Lepore e Brown, 1997)?

Por trás de uma pessoa de raça negra "esconde-se" uma miríade de categorias possíveis: uma Senegalesa, uma assistente de um professor, faria melhor em tratar da sua constipação do que em andar para aí a fungar, etc. Na maior parte das vezes, as pessoas não se passeiam com um cartão que as identifica a uma das suas categorias; e, quando o fazem, como por ocasião de um congresso, é para serem reconhecidas como membros dessa categoria e não de outra. Portanto, o que será que orienta a escolha das pessoas quando facilmente categorizam alguém susceptível de ser categorizado de muitas maneiras diferentes?

Um primeiro factor consiste na **saliência** perceptiva: é o que se chama o efeito solo. A única estudante engenheira entre rapazes arrisca-se a ser mais vezes apreciada em função da sua pertença sexual do que por qualquer outra característica (Taylor *et al.*, 1978).

Um segundo factor susceptível de decidir da categorização são os **objectivos** que se prosseguem na altura da categorização. Se, estando doente, vejo uma jovem médica turca, será a categoria "médica" que prenderá a minha atenção e definirá a pessoa (Smith & Zarate, 1990).

Em relação com o factor precedente, a **acessibilidade temporária ou crónica dos conceitos** é também importante (Higgins, 1996). Em determinado momento e de um modo pontual, alguns conceitos podem ser mais acessíveis do que outros. Se estou a acabar de ver o telejornal onde, longamente, foram mostrados motins entre polícias e imigrantes e alguém bate à porta, estarei mais inclinado a categorizar essa pessoa como estrangeiro do que como vendedor. Sem que eu tenha necessariamente tido consciência, a televisão activou em mim um conceito particular que utilizei porque ele ficou particularmente acessível. Esse tipo de influência não é duradoura na medida em que os conceitos acessíveis se renovam constantemente. Alguns conceitos, no entanto, são acessíveis de maneira crónica. As pessoas têm aquilo que Markus (1977) chama esquemas pessoais. Algumas pessoas consideram--se essencialmente honestas; outras, independentes; outras ainda, proletárias. Essas dimensões fazem parte da definição de si próprias e é em função delas que essas pessoas filtram a realidade. É evidente que "o" proletário terá mais tendência a categorizar o mundo em classes sociais do que, por exemplo, alguém para quem só a inteligência é importante.

Posso também categorizar de acordo com o que os psicólogos cognitivos chamam uma **heurística**, isto é, um atalho e, por vezes, um curto-circuito, de raciocínio que me permite economizar tempo e energia embora com o risco de me enganar. Este livro ilustrará diferentes heurísticas; aqui, está em causa a da **representatividade** ou **semelhança** (Tversky, 1977). Suponha que ouve falar de um dos nossos amigos que é baixo, tímido, aprecia a poesia oriental e o esoterismo. Trata-se de um sinólogo ou de um psicólogo? Se respondeu "sinólogo", funcionou de acordo com a heurística da representatividade ou da semelhança. Com efeito, reagiu em função de semelhanças de superfície sem tomar em conta que provavelmente temos muito mais amigos psicólogos do que sinólogos e que podem existir psicólogos que são simultaneamente baixos, tímidos, amadores de poesia oriental e de esoterismo.

Esses diferentes factores explicam muito bem as reacções dos psiquiatras ao pedido de Rosenhan e dos seus amigos: categorizaram-nos como psicóticos, esquizofrénicos, ou maníaco-depressivos. Com efeito, eles trabalham num hospital psiquiátrico, o seu trabalho consiste nomeadamente em fazer diagnósticos, são solicitados por pessoas que pedem uma hospitalização, pessoas que ouvem vozes há várias semanas, pouco importa o que dizem as vozes, é preciso responder ao pedido. A saliência está presente, o objectivo também, a acessibilidade está omnipresente e, finalmente, é a heurística da semelhança que leva a melhor: parece-se imenso com um psicótico habitual, ainda que o que diz ouvir não seja usual.

Confirmação da categoria

Segundo o modelo do *continuum* de Fiske, as pessoas passarão a uma segunda etapa se estiverem suficientemente motivadas e se tiverem capacidades para isso. Se não estiverem motivadas, ou se estiverem motivadas mas incapazes de prestar mais atenção, ficarão pela categoria inicial. Caso contrário, passarão à confirmação. As pessoas são extraordinárias a confirmar as suas expectativas. Também o comportamento se presta bem à confirmação, porque em geral contém uma boa dose de ambiguidade. O mesmo gesto pode ser interpretado como um soco agressivo ou uma pancadinha amigável, consoante parta de um membro de um grupo de quem se espera, ou não, agressividade (Duncan, 1976; Sagar e Schofield, 1980).

Segue-se o resumo de um vasto programa de pesquisas empreendido por Snyder (1984), que mostra a facilidade da confirmação e as suas implicações. O autor pede aos seus sujeitos para verificarem, por ocasião de uma entrevista, se uma pessoa é extrovertida ou, num outro caso, se ela é introvertida. Para tal, pede-lhes que seleccionem com antecedência as perguntas numa lista que põe à sua disposição. Nessa lista, existem perguntas relativas à extroversão (por exemplo, "O que faz para animar uma festa?") e outras relativas à introversão (por exemplo, "O que aprecia no facto de passar uma noite sozinho?"); há ainda outras perguntas que não respeitam nem à introversão nem à extroversão. As pessoas seleccionam as perguntas em função da tarefa que lhes está indicada, isto é, escolhem preferencialmente perguntas extrovertidas para verificar a extroversão e perguntas introvertidas para verificar a introversão.

Se colocarmos as perguntas seleccionadas a pessoas não informadas da experiência, gravarmos as respostas e as dermos a ouvir a avaliadores externos, estes percebem as pessoas em função das perguntas feitas. Por outras palavras, qualquer que seja a verdadeira personalidade das pessoas entrevistadas, aquelas que respondem a perguntas extrovertidas parecem, aos olhos de terceiros, mais extrovertidas do que aquelas que respondem a perguntas introvertidas (Snyder e Swann, 1978). Fazio *et al.* (1981) colocaram, a pessoas não informadas, perguntas só extrovertidas ou só introvertidas; depois de terem respondido, essas pessoas preencheram um questionário de extroversão-introversão e verificou-se que tinham sido influenciadas pelo tipo de perguntas que lhes tinham sido feitas. Por exemplo, se lhes foram feitas perguntas extrovertidas, diziam ser mais extrovertidas. Isso, evidentemente, não lhes transformou a personalidade mas, apesar de tudo, as suas respostas ao questionário eram diferentes das dadas por um grupo de controlo. Estes últimos resultados mostram, portanto, que a confirmação não é inocente. Em alguns casos, leva a uma **auto-realização da profecia**, isto é, transforma uma hipótese em realidade (Darley e Fazio, 1980).

Na vida de todos os dias, terão as pessoas uma grande inclinação para confirmar as suas mais pequenas crenças? Nas experiências de Snyder, os sujeitos não eram livres de formular eles próprios as suas perguntas. Por outro lado, as perguntas a seleccionar não eram umas quaisquer. Os psicólogos chamam-lhes perguntas enviesadas no sentido em que pressupõem a extroversão ou a introversão. A pergunta "O que faz para animar uma festa?" pressupõe não só que se vai a uma festa mas, para além disso, que se vai animá-la. Não é o tipo de pergunta que as próprias pessoas formulam antes de irem a uma entrevista; neste caso, inventam perguntas chamadas diagnósticas a que se responde por sim ou não (por exemplo, "É tímido?") ou perguntas que testam em simultaneidade as duas hipóteses (por exemplo, "É mais do tipo sociável ou discreto?"). Ou seja, quando se lhes dá a possibilidade de serem o mais racionais possível, as pessoas mostram-se capazes de o ser e não procuram confirmar a sua hipótese de qualquer maneira (Trope e Liberman, 1996).

Até agora, demos uma imagem negativa da estratégia de confirmação: é estúpida e irracional, pode levar a erros e a deformações da realidade. Isso é apenas verdade na medida em que a hipótese não seja correcta ou que não haja razões para acreditar que o seja. Se a entrevista acontecer de facto, se as pessoas puderem fazer as perguntas que quiserem, se descobrirem que a pessoa entrevistada é claramente extrovertida, não será normal que façam perguntas enviesadas no sentido da extroversão? Até na opinião de terceiros, as perguntas de confirmação feitas nessas circunstâncias parecem mais informativas e, aliás, são as pessoas socialmente mais competentes que as utilizam com maior frequência (Dardenne e Leyens, 1995). Se, face a alguém que insiste em afirmar-se extrovertido, você faz a pergunta "É tímido?", o que acha que essa pessoa e os observadores vão pensar dos seus talentos de empatia? Com efeito, a não-procura de confirmação pode ter um resultado desastroso quando a hipótese está correcta, tal como ilustra a seguinte história verídica que se passou com um jovem casal. Por ocasião de exames médicos de rotina, é diagnosticado que a mulher é seropositiva. Qual poderá ser a causa, uma vez que ambos os cônjuges dizem nunca ter tido relações com outras pessoas e a mulher nunca ter recebido transfusões sanguíneas? O marido faz exames e verifica-se que não é seropositivo. É fácil de imaginar o ambiente de suspeita no casal. O marido chega mesmo a tentar o suicídio. Afinal, virá a provar-se que a seropositividade da mulher foi um erro de diagnóstico. Mas, durante um ano, o casal tinha confiado no parecer dos médicos, em vez de procurar confirmar a sua própria hipótese!

Novamente, o processo de confirmação permite perceber melhor aquilo que se passou no estudo dos pseudodoentes de Rosenhan. Estes tinham recebido instruções para dizer a verdade durante a entrevista de admissão, excepto no que respeitava às vozes. Assim, um dos pseudodoentes confessou que, quando criança, se sentia mais próximo da mãe do que do pai mas que, na adolescência, a tendência se tinha invertido. A relação com a esposa era excelente, discutiam pouco e os filhos só raras vezes tinham sido castigados. No relatório psiquiátrico, aquela descrição transforma-se em falta de estabilidade afectiva, tentativas falhadas de controlo emocional e uma ambivalência considerável nas relações com os amigos. Que mais se pode dizer de um psicótico? Mais tarde, durante a hospitalização, os psiquiatras quase não vêem os doentes, mas confirmam o seu prévio diagnóstico e interpretam a insistência dos pseudodoentes em querer sair da instituição como um sinal de agitação. Quanto às enfermeiras que vêem os doentes um pouco mais, os comportamentos de anotação sistemática deviam, de facto, parecer bizarros.

As subcategorias e os subtipos

Como reagimos quando deparamos com uma informação que não condiz com a nossa hipótese? Eis-me frente a um homem que me garantem ter feito a tropa quando os Beatles ainda eram crianças, que assobia uma música da moda, veste à maneira *grunge* e que ilustra o seu discurso com as expressões recentemente em voga. O que faço ao meu estereótipo do idoso?

Como vimos no início deste capítulo, somos extremamente flexíveis na organização dos traços de personalidade e também a manter as nossas teorias implícitas de personalidade e os nossos estereótipos. Uma das formas de o conseguir é pelo recurso a **subcategorias**. Em geral, não temos uma ideia completamente uniforme sobre uma dada categoria. Entre as pessoas idosas, distinguimos habitualmente várias categorias: os idosos deficientes e doentes, os reformados e as pessoas com experiência que assumem lugares importantes na sociedade (Brewer *et al.*, 1981). Estas subcategorias partilham atributos comuns mas também têm atributos que as distinguem. Quando a categoria geral é activada, essas subcategorias ficam na sombra, mas podem aparecer à luz do dia motivadas por informações específicas.

A par dessas subcategorias, temos também **subtipos** (Maurer *et al.*, 1995): os velhos bonitos, por exemplo. Estes subtipos diferem das subcategorias na medida em que não fazem bem parte da categoria geral, a não ser como excepções. São esses subtipos que tornam possível encaixar uma informação contraditória. De certa forma, os psiquiatras que deram alta aos pseudodoentes com o diagnóstico "em remissão" utilizaram um subtipo. Na verdade, tal diagnóstico – tão optimista –, é raríssimo, sobretudo depois de uma média de só 19 dias de hospitalização.

Se as subcategorias e os subtipos não nos convêm, ainda podemos recorrer a **recategorizações**. Pode ser que o sexagenário descrito atrás me faça lembrar Dali, ou Gainsbourg; classificá-lo-ei na categoria dos génios artísticos que têm obrigação de se distinguir das pessoas vulgares e, se não for génio nem artista, é pelo menos uma pessoa que se distingue. Ou posso ainda compadecer-me do sexagenário que me faz lembrar eu próprio quando estou deprimido. Torna-se então o protótipo da pessoa que não vive bem consigo própria. Como vemos, no momento em que me propunha encarar o sexagenário como uma pessoa específica, dei meia volta e, afinal, arranjei-lhe uma categoria à medida: não há dúvida, o homem tinha que se tratar!

A especificidade individual

No modelo do *continuum* de Fiske, as etapas posteriores à categorização inicial dependem, como dissemos, da motivação dos sujeitos e das suas possibilidades de atenção. Em várias experiências, Fiske arranja as coisas com os seus colaboradores de maneira a que as informações individualizadas não correspondam à hipótese inicial. Fazendo variar a motivação dos sujeitos, avalia a que informações e em que condições as pessoas vão prestar atenção. Fiske induziu tradicionalmente a motivação, fazendo de maneira a que o destino dos avaliadores esteja dependente do seu alvo de percepção.

Numa experiência de Erber e Fiske (1984; exp. 1), por exemplo, pares de sujeitos (um avaliador e um alvo) têm de efectuar uma tarefa criativa; serão atribuídos prémios importantes, seja à melhor produção de grupo (dependência), seja à melhor produção individual (independência). Antes de iniciar a tarefa, os sujeitos são informados sobre avaliações feitas por pares do alvo. Metade dessas avaliações são coerentes com a ideia de criatividade, enquanto a outra metade é incoerente. Sem que eles dêem por isso, o experimentador mede o tempo que os avaliadores gastam a ler as avaliações incoerentes e as coerentes. Como mostra a figura 2.4, a atenção dada aos dois tipos de avaliações está de acordo com as expectativas dos autores. Quando as informações são coerentes, a atenção não difere, qualquer que seja o grau de dependência. Quando, pelo contrário, as avaliações são incoerentes com a criatividade, a atenção é mais importante no caso de dependência do que no de independência.

Veremos adiante que há vários modos de motivar as pessoas. Aqui, o que nos interessa é perceber que o alvo é individualizado pela atribuição de disposições individuais. Os sujeitos não se contentarão em ficar pelos comportamentos que leram sobre o alvo; atribuir-lhe-ão traços de personalidade: dinâmica, imaginativa, ou incompetente e aborrecida, consoante os casos. Apesar da individualização, volta--se assim a uma espécie de categorização. É inevitável: os sujeitos procuram explicar os comportamentos do alvo; tentam dar um sentido àquilo que ouviram e leram. Para isso, não recorrem necessariamente a uma categoria grosseira, "de série", mas tentam criar uma "à medida". Os comportamentos descrevem; os traços de personalidade dão a impressão de explicar.

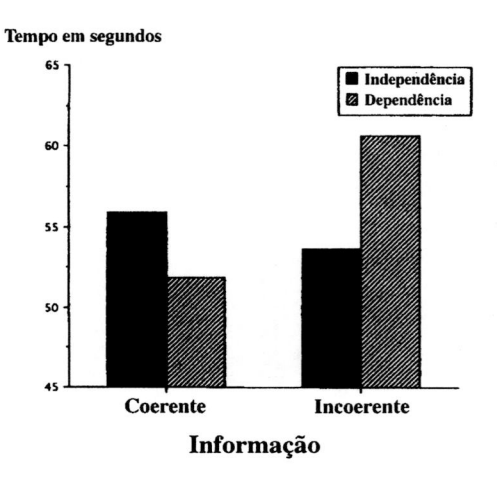

Figura 2.4 – *Tempo consagrado ao exame das informações consoante o seu grau de coerência e o nível de dependência (em segundos).*

Apesar da motivação e da atenção requeridas pela **individualização**, esta não é necessariamente mais exacta do que uma categorização mais abrangente. Veremos, aliás, mais adiante neste capítulo, exemplos de erros por excesso de individualização. O que não implica que a individualização, que particulariza uma pessoa, não seja geralmente considerada uma melhor resposta do que a categorização simples que trata todos os membros de um grupo como equivalentes. Esse sentimento de superioridade fica a dever-se ao valor atribuído às diferenças relativamente às semelhanças e, também, à conotação negativa que têm muitos estereótipos.

Nos parágrafos precedentes, comentámos o modelo do *continuum,* passando em revista alguns processos fundamentais da formação de impressões: a categorização mais ou menos espontânea, o processo de confirmação e a resistência à informação contraditória. Nas três secções seguintes, vamos examinar mais especificamente o papel de três ingredientes essenciais a essa formação de impressões: a motivação, a atenção e as informações individualizadas.

OS INGREDIENTES DA FORMAÇÃO DE IMPRESSÕES

A motivação

Quando as pessoas estão motivadas para tomarem em conta as várias informações que lhes chegam, podem escolher entre diferentes estratégias. Distinguiremos duas delas. Uma estratégia poderia ser chamada **suficiência** e a outra **necessidade** (Lewicka, 1988). A estratégia da suficiência faz prevalecer as informações de confirmação. Foi sem dúvida a estratégia adoptada pelos psiquiatras na experiência de Rosenhan. Já a estratégia de necessidade dá uma importância particular às informações infirmatórias e é sobretudo utilizada em situação de perigo (por exemplo, o erro pode sair-lhe caro, as pessoas vão pensar mal de si, garantem-lhe que existe uma boa resposta, etc.).

Suponhamos que você era um dos sujeitos da seguinte experiência de Ditto e Lopez (1992). O experimentador deixa-o sozinho para realizar um teste de saliva destinado a medir a sua quantidade de TAA, uma enzima – a tioamina acetilase – cuja falta no corpo pode, a longo prazo, provocar perturbações pancreáticas. Você realiza o teste e, consoante a situação experimental em que se encontra, ele revela que tem TAA ou falta dela. Consoante o resultado, a sua reacção será completamente diferente. Se tiver TAA, adopta a estratégia de suficiência e, aliás, na experiência original, apenas 4 sujeitos em 22 repetiram o teste. Se não tiver TAA, repete o teste (13 em 25 sujeitos na experiência) adoptando todo o tipo de tácticas susceptível de, na sua opinião, mudar o resultado: pousar a lingueta na língua, cuspir na lingueta, soprar sobre a lingueta, etc. Em resumo, adopta uma estratégia de necessidade.

A lógica e a precisão recomendariam que se utilizassem as duas estratégias em todas as situações (por exemplo, se tiver "TAA", não se contentar com uma única prova e, se não tiver, não recorrer a comportamentos supersticiosos com a esperança de a fazer aparecer). No entanto, também o pragmatismo tem a sua lógica. Recorrer às duas estratégias sai caro e, muitas vezes, na vida quotidiana, é inútil. Geralmente, as pessoas contentam-se com uma das estratégias, consoante o que está em jogo. Ambas têm vantagens e inconvenientes. Vimos atrás como a procura desenfreada de confirmação se pode revelar desastrosa, bem assim, aliás, como a não procura (lembre-se do caso da esposa que se julgava seropositiva). A experiência seguinte ilustra a estratégia de suficiência e mostra que ela não é necessariamente desprovida de "racionalidade".

Sanitioso *et al.* convenceram os participantes de uma das suas experiências que quer a extroversão, quer a introversão eram factores de previsão do êxito académico. Quando em seguida pediram a esses participantes para descreverem a sua personalidade, verificaram que essas descrições tinham sido influenciadas pelo *feed-back* que eles esperavam receber. Os que acreditavam, por exemplo, que a extroversão era um factor de previsão do sucesso, descreviam-se como ligeiramente mais extrovertidos do que normalmente. Manifestamente há um "erro" nos raciocínios destes sujeitos. Com efeito, a introversão ou a extroversão deveriam ser independentes do *feed-back*. No entanto, é preciso não concluir depressa de mais que esses sujeitos deformaram a sua "verdadeira" personalidade na esperança de verem os seus resultados universitários conformarem-se à sua "nova" personalidade. Quando tiveram que recordar episódios da sua vida relativos à dimensão introversão--extroversão, eles lembraram-se, em primeiro lugar, de episódios de introversão quando era a introversão que permitia prever o êxito, e de episódios de extroversão se era esta que o permitia prever. Esse acesso privilegiado ao pólo que permite prever o êxito pode ter inflectido a auto-avaliação quanto à sua "verdadeira" extroversão ou introversão. Em suma, as auto-avaliações talvez não estivessem tão erradas como se podia pensar à primeira vista.

A atenção

Nem sempre a motivação é suficiente para se construir uma impressão satisfatória de alguém. Como verificámos pela experiência de Erber e Fiske atrás resumida, a atenção ou as capacidades cognitivas também têm o seu papel. Invertamos a situação. Sabendo o que já sabemos sobre os estereótipos, não poderemos colocar a hipótese de que se tivermos um estereótipo fiável em relação a uma pessoa, empregaremos os recursos cognitivos noutras tarefas que não a formação de impressões? Eis o resumo de uma experiência que mostra que o recurso ao estereótipo permite dar atenção a outras informações para além do alvo estereotipado (Macrae *et al.*, 1994).

Os participantes vêem num ecrã de computador um nome (por exemplo, John), seguido de 10 traços de personalidade, cada um apresentado durante cerca de 3 segundos. Devem construir a sua impressão sobre John e sobre três outras pessoas, também caracterizadas cada uma por 10 traços, ao mesmo tempo que ouvem atentamente uma gravação sobre a geografia e a economia da Indonésia. Para metade dos participantes, aparecem no ecrã apenas os nomes e os traços. Para a outra metade, cada nome está associado a uma categoria diferente (por exemplo, John é um *skinhead*), que corresponde a metade dos traços associados a esse nome (por exemplo, rebelde, agressivo, perigoso), sendo os outros traços não adequados a essa categoria (por exemplo, com sorte, curioso, modesto). Uma vez todo o material apresentado, o que se pede aos participantes não é que dêem a sua impressão sobre os alvos, mas que façam um teste de recordação dos vários traços de cada um dos alvos, bem como um teste de escolhas múltiplas sobre a Indonésia. Em conformidade com a hipótese, os participantes que foram ajudados pela explicitação da categoria recordarão mais traços estereotípicos (mas não traços não-estereotípicos) e darão mais respostas certas sobre a Indonésia do que os que não foram informados sobre a categoria.

Por outras palavras, quando recebemos uma caldeirada de informações relativas a uma pessoa, temos alguma dificuldade em formar uma impressão sobre ela e, *a fortiori*, em concentrarmo-nos numa tarefa completamente diferente. Pelo contrário, quando dispomos de uma "etiqueta" adequada para uma parte das informações, a dificuldade diminui a ponto de nos permitir dar atenção a outra coisa. Aliás, é bem provável que ao vermos aparecer uma categoria como "skinhead", façamos espontaneamente associações que são confirmadas pela aparição dos traços estereotípicos.

Do que ficou dito, concluiu-se muitas vezes que a confirmação de um estereótipo não exige esforço. O que é errado (Yzerbyt *et al.*, 1966). Da mesma maneira que podemos fazer esforços para afastar uma visão estereotipada, também podemos cansar-nos a confirmar um estereótipo, a fazer corresponder a informação individualizada à categoria inicial. Não é verdade que Le Pen se esforça muito por manter as caricaturas?

Em conclusão, repousar num estereótipo é económico, enquanto tomar em conta informações individualizadas exige recursos, tanto para afastar o estereótipo como para o conservar. Esta última observação faz-nos naturalmente considerar a importância das informações.

As informações

Como vimos a propósito da controvérsia entre Asch e Anderson, o julgamento social consiste em combinar de forma equilibrada informações categoriais e informações individualizadas. No entanto, antes de combinar as informações é necessário reparar nelas. Quando analisámos o modelo do *continuum,* vimos que as pessoas não têm muita dificuldade em aperceber-se da informação categorial. Cor da pele, pertença sexual, língua, deficiência física, modo de vestir, etc., são características frequentemente associadas a categorias sociais. São facilmente percebidas e desempenham o papel de informações categoriais, dando imediatamente lugar a interferências e a expectativas.

As informações individualizadas, por sua vez, serão tão mais facilmente tomadas em conta quanto mais forem **preponderantes** e **diagnósticas**. As informações preponderantes retêm a atenção e as informações diagnósticas fornecem esclarecimentos válidos. Já Asch se tinha apercebido da existência de dois tipos de informações individualizadas privilegiadas:
a) *os traços centrais* e
b) *as primeiras informações.* As primeiras informações a respeito de um desconhecido são, por definição, preponderantes e diagnósticas pois até aí nada sabíamos sobre ele. Por outro lado, os traços centrais são preponderantes e diagnósticos de uma dimensão sobre a qual nenhum esclarecimento tinha sido previamente fornecido.
c) *A informação concreta, figurada,* é também fácil de aperceber. "A morte de milhares de soldados soviéticos é uma estatística, a morte de um soldado soviético é uma tragédia", dizia Estaline. Uma imagem é mais persuasiva do que um quadro com números. Ao lado da média, há o desvio-padrão; o caso único não tem excepção. É por isso que uma linguagem metafórica tem mais impacto do que uma linguagem abstracta (Nisbett e Ross, 1980).
d) *As características raras* também são privilegiadas. São raras as informações polarizadas (por exemplo: deslumbrante ou completamente apagado). A capacidade de diagnóstico depende, no entanto, do domínio a que se aplica. Os traços negativos são particularmente informativos no domínio da moralidade, na medida em que acontece a todas as pessoas (até a um pedófilo) serem generosas, mas nem todas as pessoas são pedófilas. Inversamente, os traços positivos são sobretudo diagnósticos no que diz respeito às capacidades: são raros os génios, mas também eles cometem erros. Para além do seu carácter extremo em alguns domínios, a negatividade é em geral mais diagnóstica do que a positividade. É um efeito da raridade, pois o vocabulário tem mais termos positivos do que negativos. É também uma consequência do perigo possível que uma informação negativa representa. Saber que um contabilista é honesto não será talvez suficiente para o contratar. Mas saber,

pelo contrário, que ele cometeu uma desonestidade, fará, de certeza, com que não o contrate (Peeters e Czapinski, 1990); (Reeder e Brewer, 1979; Skowronski e Carlston, 1989).

e) Por fim, *as características incoerentes* relativamente ao que se espera, tendo por base boatos, inferências ou observações, são também preponderantes e deveriam portanto reter também a atenção (Srul e Wyer, 1989).

Acabámos de passar em revista as informações individualizadas que têm mais hipóteses de serem tomadas em conta aquando de um raciocínio. Isso não quer dizer, evidentemente, que elas são as únicas disponíveis e com um papel na formulação de um juízo. A questão passa a ser, então, a do equilíbrio entre informações categoriais e individualizadas. Para isso, os psicólogos sociais regTam a informação individualizada em função da sua capacidade diagnóstica. Há, em primeiro lugar, as **informações diagnósticas** cujo conteúdo é directamente pertinente para a formulação de um juízo e que podem ser **coerentes ou não** com as expectativas. Há também as **informações pseudodiagnósticas**: o seu conteúdo costuma ser útil para conhecer alguém (por exemplo, a inteligência) mas não é de modo nenhum diagnóstico para o julgamento em questão (por exemplo, a pontualidade). Vêm depois as **informações não-pertinentes**: o seu conteúdo não só é não-diagnóstico como também é trivial (por exemplo, a cor dos olhos para avaliar a pontualidade).

Qual será o peso relativo das informações diagnósticas conformes com a informação categorial e o das informações diagnósticas que contradizem as expectativas suscitadas pela informação categorial? Vimos já como, por um lado, as pessoas são hábeis a interpretar uma informação individualizada ambígua no sentido das suas hipóteses. Por outro lado, é óbvio que continuam a existir informações incongruentes como pano de fundo. Como conciliar essa aparente contradição (Stangor e McMillan, 1992; Rojahn e Pettigrew, 1992)? De forma pragmática. Se as pessoas são motivadas para tratar a informação da maneira mais correcta possível, se têm de resolver as eventuais incoerências na altura em que elas se apresentam e se as expectativas não são todo-poderosas, as informações individualizadas incoerentes do ponto de vista da informação categorial receberão um estatuto particular e serão particularmente bem memorizadas. Pelo contrário, se as expectativas são muito fortes ou se o tratamento não exige esforços especiais, o que for recuperado pela memória sê-lo-á no sentido da informação categorial, quanto mais não seja porque as pessoas reconstroem um conteúdo concordante com as suas hipóteses.

Qual será, então, o peso das informações não-diagnósticas, sejam elas pseudo-diagnósticas ou não-pertinentes? Normalmente, esse peso deveria ser nulo, já que a informação é vazia do ponto de vista do julgamento. No entanto...

Propôs-se a algumas pessoas que indicassem qual a solução que um jurista ou um professor de matemática escolheria face a um problema de computador. Cada solução foi pré-testada como sendo estereotípica de um grupo e contra-estereotípica do outro grupo (por exemplo, consultar o manual de instruções ou dar uma forte pancada no aparelho). Sem surpresas, os sujeitos escolhem a solução estereotípica de cada grupo. Noutra situação experimental, o jurista ou o professor de matemática é apresentado como tendo 40 anos, casado e com dois filhos. Numa terceira situação experimental, a mesma informação é dada em vídeo, por um actor que se apresenta como jurista ou matemático. Os resultados da segunda experiência são menos estereotípicos do que os da primeira e os da terceira são completamente não estereotípicos (Denhaerinck *et al.*, 1989).

Muitos psicólogos cognitivistas serão da opinião de que as pessoas da segunda e da terceira experiências cometeram um erro, de certa forma paradoxal, pois não tiveram em conta o estereótipo, a pertença categorial diagnóstica, e foram influenciadas por uma informação sem nenhum valor (Tversky e Kahneman, 1983; mas ver Gigerenzer, 1991). Esse "erro" chama-se a **diluição do estereótipo** (Nisbett *et al.*, 1981) e não corresponde à diminuição de um estereótipo mas à diminuição da sua expressão em consequência da presença de informações individualizadas pseudodiagnósticas ou não-pertinentes. Esse fenómeno foi classicamente explicado pela heurística da semelhança: a informação individualizada não-diagnóstica diminuiria a semelhança com o protótipo. Se tudo o que eu sei de uma pessoa é que ela é um físico, a totalidade da minha informação estará contida no protótipo do físico; se souber, para além disso, que se chama Albert, é baixo, tem bigode e redigiu um contrato de casamento que põe a esposa ao nível de uma subempregada doméstica, apenas um quinto da minha informação passará a corresponder ao protótipo. Albert deixaria de ser um verdadeiro físico típico. Vamos ver imediatamente o que há a dizer sobre esta explicação.

A JULGABILIDADE SOCIAL

Os parágrafos precedentes talvez tenham associado demasiadamente a percepção do outro com a resolução de um problema intelectual cuja solução depende da energia investida (a motivação) e do talento (as capacidades cognitivas). Esta perspectiva está em vias de ser ultrapassada.

Recordemos antes de mais que não há uma verdade única na percepção do outro. Há apenas consensos mais ou menos partilhados. Não há, portanto, validade objectiva, mas uma validação social. Para além de que nada assegura que o julgamento individualizado de um alvo seja mais "exacto" do que um estereótipo. Também não é certo que "a verdade" facilite as interacções sociais; se tiver dúvidas, basta que imagine a resposta que dá um rapaz apaixonado (mas não cego) à namorada que lhe pergunta se é a mulher mais bonita do mundo.

Um bom julgamento social

Mais do que de verdade ou exactidão, preferimos falar de adequação nos julgamentos sociais e propomo-nos tomar em conta quatro níveis (Leyens *et al.*, 1994).

O primeiro nível é o da **realidade objectiva**. É aquele a que as pessoas se referem quando dizem que têm razão. No entanto, se nos mantivermos nesse nível, haverá poucas coisas a dizer no que diz respeito ao outro. De acordo, quem joga futebol muito bem deve ser um futebolista, mas quem abusa sexualmente de crianças é um pedófilo, um doente, um imoral, um perverso, um monstro, ou tudo isso ao mesmo tempo?

O segundo nível é **cultural**. Cada cultura e cada época têm as suas normas sobre o que é um julgamento apropriado e sobre as condições da sua expressão. Nos Estados Unidos, durante os anos trinta, por exemplo, os estereótipos negativos sobre os Negros apareciam mais quando os inquéritos eram preenchidos com identificação do que quando eram anónimos (Katz e Braly, 1935). Nessa época, ficava bem denegrir os "Negros". A moda actual da linguagem "pc" (*politically correct*) atesta a mudança dessa norma. O nível cultural também contribui para a validação social do julgamento. Se não houvesse normas relativas ao julgamento, as pessoas estariam constantemente indecisas. De acordo com a teoria da julgabilidade social que vamos expor, as informações intervêm ao nível da impressão de que temos o direito de exprimir uma opinião, de que o alvo pode ser julgado. Vejamos uma experiência que se tornou um clássico da literatura.

> Um grupo de pessoas vê um vídeo que mostra uma menina, Hannah. Esta aparecia perto da escola e no seu bairro. Em metade dos casos, era óbvio que Hannah pertencia a um meio desfavorecido: a escola estava deteriorada e o bairro tinha mau aspecto. Na outra metade dos casos, a escola era esplêndida e moderna e o bairro cheio de residências ricas: Hannah era manifestamente de um meio privilegiado. Depois do vídeo, as pessoas tiveram que avaliar a inteligência de Hannah e calcular o ano, do ensino primário, que frequentava. Não se verificou nenhuma diferença entre os dois grupos. Outras pessoas viram o mesmo vídeo, mas seguido de um outro em que Hannah fazia um teste de inteligência. A tarefa e o desempenho tinham sido pré-testados de maneira a que fosse impossível dizer se Hannah respondia bem ou mal. Quando avaliaram o nível escolar, as pessoas deste grupo acharam que a Hannah rica estava mais adiantada do que a Hannah pobre. Não se pode dizer que estas pessoas exprimiam apenas um estereótipo; com efeito, a sua percepção do segundo vídeo foi completamente diferente consoante a riqueza de Hannah. No caso da Hannah rica, o teste foi entendido como mais difícil, e o desempenho como superior, em relação ao da Hannah pobre.

A inexistência de diferenças entre a Hannah pobre e a Hannah rica após o primeiro vídeo pode eventualmente interpretar-se em termos de diluição do estereótipo. Mas como entender então o aparecimento de uma diferença, no sentido estereotipado, depois dos dois vídeos? Por construção experimental, a informação contida no segundo vídeo era não-diagnóstica. Segundo Darley e Gross (1983), os autores dessa experiência, as pessoas não responderam de acordo com os estereótipos, nas situações em que apenas se via Hannah frente à escola e no bairro porque isso seria julgar uma pessoa com base exclusivamente na sua pertença categorial. As normas da cultura actual são tais que, numa situação dessas, as pessoas não se sentem em posição de julgar. Também segundo Darley e Gross, é necessária uma informação individualizada, ainda que ambígua, como foi o teste de inteligência, para fazer aparecer o estereótipo, porque possibilita a sua interpretação em conformidade.

E se o teste de inteligência fosse lá posto apenas para sugerir aos sujeitos que já têm informação diagnóstica e, portanto, já podem julgar? Para ilustrar a plausibilidade desta hipótese, o ideal seria fazer acreditar às pessoas que tinham recebido informação quando na realidade não a receberam. Eis como foi resolvido este difícil desafio (Yzerbyt *et al.*, 1994).

Os sujeitos participavam numa experiência de percepção social que simula a vida real em que recebemos algumas informações sobre uma dada pessoa, somos levados a fazer tarefas que não têm nada a ver com a impressão sobre essa pessoa, voltamos à pessoa do início, etc. Todos os participantes começavam por ouvir o início de uma entrevista com o senhor Henrion. As informações não tinham qualquer importância, excepto a profissão, que era, consoante as situações, arquivista (ligada à introversão) ou comediante (associada à extroversão). Todos os participantes efectuavam depois uma tarefa de audição dicótica: uma mensagem diferente é dada em cada ouvido e a pessoa tem de dizer em voz alta o que ouve num dos ouvidos. O que essa tarefa tem de particular é que as pessoas têm a consciência de ouvir qualquer coisa no outro ouvido, mas são incapazes de dizer o que ouvem. Os textos ditos em cada ouvido não tinham nada a ver com Henrion. Depois da tarefa, metade dos participantes tiveram que preencher questionários de introversão/ /extroversão sobre Henrion, respondendo "certo", "errado" ou "não sei", aos vários itens. A maior parte destas respostas foram "não sei". À outra metade dos participantes fez-se crer que tinham recebido informação sobre Henrion durante a audição dicótica e pediu- -se-lhes que preenchessem os questionários. Desta vez, os participantes responderam "certo" ou "errado" aos itens que mostravam Henrion como introvertido ou extrovertido, consoante ele era arquivista ou comediante. Por outras palavras, os participantes da experiência tiveram a impressão de serem informados sobre Henrion e, portanto, julgaram- no. O mais notável nessa experiência foi que os participantes estavam convencidos de que não tinham julgado em função dos seus estereótipos e tinham dificuldade em acreditar que não tinham recebido nenhuma informação suplementar sobre Henrion.

Na vida de todos os dias, muitos indícios nos fazem acreditar que estamos em posição de julgar. O estatuto é um desses indícios e os publicitários sabem-no bem. Quantas pessoas acreditam que Eric Cantona é um perito em filosofia? Quantos cirurgiões do cérebro não se julgam mais inteligentes do que os ortopedistas? Não é verdade que os psicólogos que estudam os processos mentais superiores se apropriam do "núcleo duro" da ciência psicológica (Caetano *et al.*, 1996; ver Yzerbyt e Schadron, 1996)?

De acordo com a definição que delas demos, também as informações pseudo- diagnósticas deveriam provocar uma ilusão de informação. O seu conteúdo é inútil mas dá a impressão de ser informativo. Deste ponto de vista, o facto de realizar um teste de inteligência, ainda que ambíguo, na experiência de Darley e Gross, tem, com certeza, consequências quando se trata de julgar as capacidades intelectuais. Já no caso das informações não-pertinentes, como as da experiência com os juristas e os professores de matemática confrontados com um problema de computador, o processo é completamente diferente. Aqui não há nenhuma informação válida, a não ser a individualização do alvo. Por conseguinte, há julgamento e assiste-se a uma diluição do estereótipo. A explicação do fenómeno é, no entanto, muito diferente da da heurística da semelhança (Yzerbyt *et al*, no prelo).

O terceiro nível de adequação do julgamento é o da **integridade pessoal** e o da **integridade social**. As pessoas não são masoquistas. É necessário que os seus julgamentos não as prejudiquem, nem ao seu grupo de pertença. É uma questão de sobrevivência. Este nível será especialmente ilustrado no capítulo 11, quando forem examinadas as relações entre grupos.

O quarto e último nível é o da **teoria**. Os julgamentos explicam o mundo, dão--lhe sentido e guiam a acção. Qualificar alguém como agressivo é mais do que uma verificação. É uma explicação "teórica" do seu comportamento. Nesse sentido, não há diferença fundamental entre julgamento individualizado e julgamento estereotípico. É uma questão de grau de generalidade. Um não existe sem o outro. É impossível particularizar sem categorias prévias e é impossível generalizar sem pressupor a singularidade. Assim, acusar os estereótipos porque escondem a realidade, como durante muito tempo fizeram alguns psicólogos, é acusar o funcionamento normal. Estereotipar é não só uma obrigação, mas uma utilidade. O conteúdo do estereótipo, pelo contrário, não é obrigatório. Portanto, o estereótipo é inevitável mas o seu conteúdo não o é. No capítulo seguinte, vamos ilustrar esse nível em especial.

Capítulo 3
A atribuição causal

Recorde as experiências de Rosenhan nos hospitais psiquiátricos. De cada vez que conseguiam encontrar um médico, os pseudodoentes pediam para sair do hospital ou para beneficiar de privilégios. A cena era mais ou menos esta:
– "Bom dia Doutor X. Pode-me dizer quando vou ter direito a sair?"
– "Bom dia David. Como está?"

Como Rosenhan mostrou numa outra pesquisa, se quiser que, num hospital, lhe respondam às suas perguntas, mesmo às mais anódinas, não deixe perceber logo de início que procura o anexo psiquiátrico. Pergunte, de preferência, pelo serviço de medicina interna. A jovem, encarregada por Rosenhan de fazer perguntas anódinas a médicos de um hospital universitário, talvez só viesse visitar um doente, buscar o namorado que era um estagiário de psiquiatria ou de medicina interna? A simples menção "psiquiátrico" funcionava como um estigma que lhe era imediatamente associado. De forma semelhante, mais vale passar por alguém que procura emprego do que por doente. Um comportamento que parece bem adaptado por parte de quem procura emprego, torna-se insano se vem de um doente, pelo menos quando é avaliado por psicólogos e psiquiatras com formação analítica (Langer e Abelson, 1974). Neste capítulo veremos como as pessoas fazem para explicar o comportamento de outrem ou até o seu próprio.

Na vida quotidiana, raramente nos contentamos com a simples descrição do comportamento de alguém que encontramos ou de quem ouvimos falar; procedemos imediatamente a inferências que os psicólogos sociais chamam **atribuições causais**. Não nos limitamos a verificar que um ocasional vizinho de mesa não para de rir e que exagera a servir-se de batatas fritas: consideramo-lo um comilão, mais glutão do que apreciador de boa comida. Esse processo de inferência consiste então em utilizar uma dada informação para suscitar um suplemento que lhe está associado por uma causalidade de tipo indutivo. Por outras palavras, poder-se-ia dizer do processo de atribuição que ele constitui a atitude científica do homem comum no sentido em que a procura causal que ele realiza consiste em encontrar a estrutura estável, permanente, não imediatamente perceptível (por exemplo, ser um "ponto") que está na base de comportamentos particulares, variáveis, imediatamente percebidos (por exemplo, rir muito). Essa procura não se limita ao outro (**hetero--atribuição**) mas pode também aplicar-se a si próprio (**auto-atribuição**); é assim que, por exemplo, nos imputamos traços de agressividade e de sentimentalismo porque verificamos que nos irritamos facilmente e que a desgraça dos outros nos leva muitas vezes às lágrimas.

A distinção entre a atribuição causal e os fenómenos considerados no capítulo precedente sobre a formação de impressões é um pouco arbitrária. Por um lado, quando as pessoas têm que formar uma impressão sobre alguém a partir de informações incoerentes com as suas expectativas, tentam justificar a incoerência e fazem depender o seu julgamento da explicação encontrada. Por outro lado, ter a impressão de que uma pessoa é, por exemplo, psicótica, equivale a atribuir uma causa, uma doença, às perturbações de comportamento. Portanto, os fenómenos estudados sobrepõem-se em grande parte. A grande diferença reside nas questões que a propósito deles os psicólogos se colocam. No capítulo precedente, tratava-se sobretudo de perceber como é que as pessoas integram as informações categoriais e as individualizadas. Neste, veremos como elas escolhem uma causa entre uma gama possível que vai desde causas estáveis, que permitem prever os comportamentos futuros, até causas flutuantes que pouco permitem prever para o futuro. Na formação de impressões, o equilíbrio a atingir situa-se entre as informações categoriais e as individualizadas; na atribuição causal, o equilíbrio situa-se algures entre as causas atribuídas às disposições internas das pessoas, as causas estáveis, e as causas que provêm do ambiente, as causas instáveis.

AS TEORIAS DA ATRIBUIÇÃO

Ao contrário do que alegam alguns empiristas ingleses, Michotte (1946) defende que as pessoas têm uma impressão directa da causalidade física, mesmo que ela objectivamente não exista. Pense num desenho animado: o herói empurra o mau até o fazer cair. Manifestamente, não há causalidade objectiva implicada entre as personagens. Tudo resulta da velocidade, da amplitude e da justaposição dos desenhos e, no entanto, vemos uma causa. Michotte mostrou essa percepção de causalidade, não a partir de personagens de desenhos animados, mas de figuras geométricas, pequenos quadrados pretos e vermelhos. A ideia será retomada por Heider e Simmel (1944, ver figura 3.1), que vão criar figuras geométricas com formas e tamanhos diferentes que se movem num ecrã, em aparente desordem. As pessoas que observavam esses movimentos antropomorfizavam a situação, davam intenções às formas (por exemplo: o triângulo grande persegue o triângulo pequeno que se refugia atrás da porta) e explicavam os movimentos em termos de causalidade (por exemplo: o triângulo pequeno tem medo).

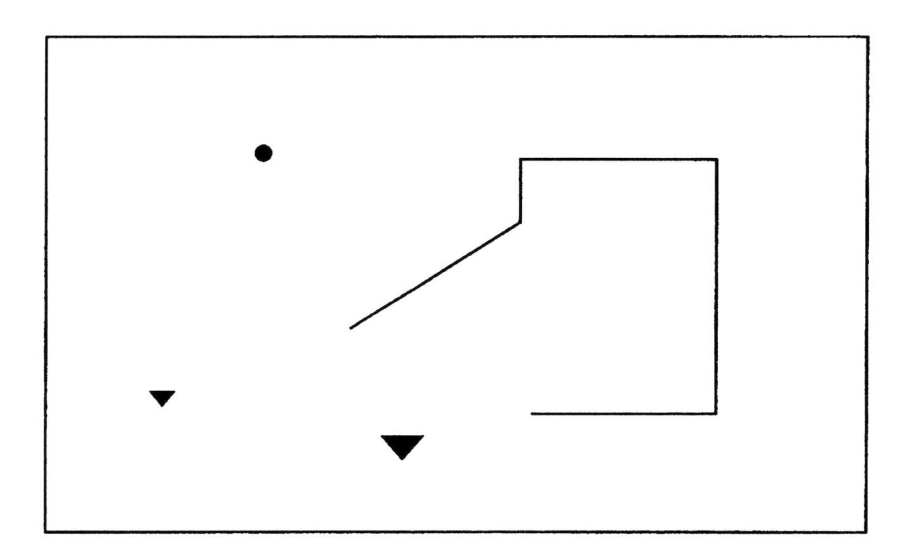

Figura 3.1 – Exemplo do material utilizado por Heidel e Simmel.

Não será que nas interacções humanas as pessoas reagem da mesma maneira que reagem às formas geométricas? Não aplicarão os mesmos princípios? Para Heider, a resposta a estas perguntas não deixa dúvidas, o que o leva a conceber o objecto científico dos psicólogos sociais como sendo o estudo da psicologia ingénua das pessoas. Com efeito, se os psicólogos querem entender os comportamentos das pessoas, têm de entender a psicologia ingénua que lhes está na base. Em 1958, a publicação de *The psychology of interpersonal relations*, o livro mais vezes citado em psicologia social, desencadeou uma imensidão de proposições teóricas e de pesquisas empíricas.

Diferentemente da maioria dos autores de manuais, não desenvolveremos neste texto as teorias tal como foram propostas após Heider (ver Deschamps e Clémence, 1987), mas como as conhecemos hoje.

A herança de Kelley (1967)

Eis uma série de factos: para festejar o seu aniversário de casamento, Osime e a mulher vão ver o filme *Le Maître de musique*, depois de terem estado no restaurante e exagerado um pouco no vinho. No fim do filme, ele exclama: "*Le Maître de musique* é uma obra-prima". A que atribuir a sua emoção? Há três grandes categorias de causas possíveis: a pessoa que sente a emoção, o estímulo que a desencadeou e as circunstâncias. Aliás, essas várias causas podem combinar-se entre si, como no caso de um filme que causa um efeito particular numa pessoa, em função das circunstâncias.

Segundo Kelley (1967), a causa da exclamação "*Le Maître de musique* é uma obra-prima!" pode ser encontrada tendo em conta três fontes de informação: 1) as pessoas, ao que chama a dimensão do **consenso**: será Osime o único a sentir uma admiração sem limites, ou será que os outros espectadores também partilham a sua opinião? 2) os estímulos, ou a dimensão de **distinguibilidade**: será que Osime tem o hábito de classificar todos os filmes de obra-prima? 3) as circunstâncias, ou a **consistência** no tempo e/ou nas situações: se ele voltar a ver o filme sem ter bebido, ou sem a mulher, continuará a afirmar que é uma obra-prima?

Imagine que lhe dizem:
– "Osime considerou *Le Maître de musique* uma obra-prima;
– Toda a gente considera este filme uma obra-prima;
– Osime não considerou *Pocahontas* uma obra-prima.
– Osime considerou *Le Maître de Musique* uma obra-prima, todas as vezes que o viu."

Há grandes hipóteses de que você atribua a emoção de Osime ao filme *Le Maître de musique* de Gérard Corbiau. O processo parece fácil com efeito e, no entanto, os psicólogos não estão de acordo sobre a forma como presumivelmente você funcionou. Para começar, a informação consensual é utilizada para inferir qualquer coisa ao nível do estímulo ("Se toda a gente o considera uma obra-prima, o filme deve ser excelente") ou ao nível da pessoa ("Se ele é o único que fala em obra-prima, Osime não será especial")? Da mesma maneira, a distinguibilidade intervém com inferências ao nível da pessoa ("Se Osime não é capaz de distinguir, então é um caso") ou do estímulo ("Se Osime marca a diferença é porque há qualquer coisa nesse filme").

Alguns psicólogos acham que é preciso referenciar as condições suficientes e necessárias para que um acontecimento se dê; é o **método** dito **das diferenças** de Mill (e.g., Hewstone e Jaspars, 1987; Fosterling, 1989). Recordemos que um factor é suficiente se a sua presença corresponde à presença do acontecimento, e que é necessário se a sua ausência coincide com a falta do acontecimento. No exemplo precedente, de Osime, o factor suficiente e necessário é o filme "*Le Maître de musique*", pois Osime fala em obra-prima quando o vê e não quando não o vê. Nesse exemplo, se a distinguibilidade fosse baixa, não haveria qualquer factor suficiente e necessário. Com efeito, o acontecimento (falar em obra-prima) nunca teria estado ausente, nem em Osime, nem nos outros, nem no tempo. Ou seja, nesse caso, se as pessoas seguissem o método das diferenças, não fariam qualquer atribuição (para a lista das previsões resultantes do método das diferenças, ver Hilton *et al.*, 1995). Por outras palavras, o mesmo é dizer que se você ouvir que Osime está constantemente a classificar filmes como obra-prima, você não fará, sobre ele, qualquer atribuição. Será que não faz mesmo?

Outros psicólogos seguem o **método dos acordos** de Mill (e.g., Orvis *et al.*, 1975; Medcof, 1990). Prevêem que um forte consenso dá lugar a uma atribuição ao estímulo já que de cada vez que o efeito acontece (classificar de obra-prima), o estímulo está presente. Da mesma maneira, prevêem que uma baixa distinguibilidade leva a uma atribuição pessoal já que de cada vez que o efeito está presente, a pessoa também está. As previsões feitas pelo método dos acordos correspondem por vezes às do método das diferenças, como é o caso do primeiro exemplo citado, mas, em outros casos, elas são completamente diferentes.

O que fazem, na realidade, as pessoas? Seguem o método das diferenças ou o dos acordos? A resposta parece depender do tipo de atribuição (Hilton *et al.*, 1995). Se se trata de explicar um acontecimento pela sua causa (é o factor X que faz Osime exclamar obra-prima), as pessoas recorrerão aos dois métodos. Pelo contrário, se se trata de atribuir uma disposição ao actor (Osime é um fanático de cinema) ou ao alvo da acção (*Le Maître de musique* é um filme fascinante), privilegiarão o método dos acordos (mas ver Van Overwalle, 1997). O problema de recorrer apenas ao método dos acordos é que não se procuram contra-exemplos, isto é, situações em que o acontecimento estudado não está presente. As pessoas contentam-se com aquilo que está presente, correndo o risco de ver correlações onde não as há. O facto de toda a gente ficar feliz quando ganha o primeiro prémio na lotaria significa que o mundo está cheio de pessoas felizes? Se todos os estudantes passam no exame de psicologia social, quer dizer que os estudos universitários são fáceis?

A ausência de informação sobre contra-exemplos não parece incomodar grandemente as pessoas. Muitas vezes, preenchem a informação que falta com crenças; pressupõem aquilo que é ou não normal na situação em questão (Hilton e Slugoski, 1986). Se a única coisa que sabem de Osime é que ele classifica de obra--prima todos os filmes que vê, concluirão que ele é um fanático de cinema pois não é normal que Osime seja de tal modo selectivo que só vá ver obras-primas.

Evidentemente, o facto de podermos funcionar com poucas informações, sem contra-exemplos hipotéticos, por exemplo, é muito útil, mas pode levar a enganos e a que se tome o hábito pelo monge.

Os esquemas causais

Kelley (1972) tinha consciência de que as pessoas atribuem uma causa a um acontecimento com base em poucas informações. Para tal, recorreriam a esquemas causais correspondentes a crenças sobre a causa dos acontecimentos. Kelley propõe uma série de esquemas de que os dois mais famosos são o **esquema das causas suficientes múltiplas** (SSM) e o **esquema das condições necessárias múltiplas** (SNM). O SSM aplica-se nos casos em que um efeito pode ser devido a vários factores isolados ou conjuntos ("Jeanne espera um filho porque desejava um bebé e/ou não tomava a pílula"). O SNM, por sua vez, aplica-se quando são necessárias várias condições para a produção do efeito ("Jeanne espera sêxtuplos porque desejava filhos e seguiu um tratamento médico"). Como os exemplos deixam perceber, recorreremos mais vezes a um SNM do que a um SSM para explicar acontecimentos raros e extremos, enquanto o inverso será mais frequente para acontecimentos banais.

O SSM põe em jogo **o princípio de subtracção**: na medida em que várias causas são possíveis, o papel de uma causa determinada será reduzido se outras causas possíveis estiverem presentes: se soubermos que Jeanne desejava um filho, o facto de não tomar a pílula perde valor causal. O SSM e o SNM são ambos capazes de activar **o princípio de aumento**, isto é, o papel de uma dada causa aumenta em presença de uma causa que deveria inibir o efeito: se as pessoas com quem Jeanne convive insistiam para que ela tomasse a pílula, ou se o tratamento médico era muito doloroso, somos levados a concluir que Jeanne queria mesmo ter filhos.

Tal como no capítulo precedente, vemos aparecer em força a ideia de esquemas (Kelley, 1983; Lalljee e Abelson, 1983; mas ver Fiedler, 1981) ou estruturas causais. Segundo alguns psicólogos, nós dispomos de numerosas estruturas (causais) de conhecimento, de tal maneira que ao ler um texto ou ver um acontecimento, a causa nos seria imediatamente acessível e seria muito mais concreta do que uma atribuição em termos de pessoa, de entidade ou de circunstâncias. Tomemos como exemplo a anedota seguinte (Read, 1987).

Sébastien e Stéphanie dançam juntos até que Sébastien pisa o pé de Stéphanie que grita: "Imbecil! Não tens mesmo cuidado nenhum! Não há ninguém como tu para magoar os outros." Esta anedota contém os ingredientes habitualmente usados para confirmar os três factores de Kelley: Sébastien pisa todas as pessoas com quem dança (distinguibilidade fraca), fá-lo repetidamente (consistência alta) e as outras pessoas não pisam os seus pares (consenso fraco). A configuração é tal que se espera uma atribuição relativa à pessoa de Sébastien, de acordo com o método das diferenças. Ora, o que é que acontece quando lemos esta anedota? Sébastien e Stéphanie dançam: é uma actividade que implica proximidade física, coordenação motora e talvez um romance. Sébastien pisa Stéphanie: isso magoa, não é habitual, provavelmente não o fez de propósito, é um desastrado. A atribuição disposicional "Sébastien é desastrado" é muito concreta. E é reforçada quando Stéphanie se zanga, insinuando que Sébastien costuma fazer sempre o mesmo; é realmente um desajeitado! Em outros termos, as atribuições que se fazem na base de esquemas que implicam teorias ingénuas são muito mais ricas e completas do que sugeria o modelo original de Kelley (1967).

Uma das estruturas de conhecimento mais estudadas é o **script**, isto é, uma sequência de acontecimentos previsível, tanto pelos actores como pelos observadores dessa sequência. Toda a gente conhece a sequência de acções que constitui o script do restaurante, um dos mais populares scripts desse tipo de literatura (Abelson, 1976). É fácil dizer o que leva uma pessoa a ser apanhada numa sequência dessas: estava com fome ou queria festejar um acontecimento gastronomicamente. Mas tal sequência introduz imediatamente factores culturais. Conhecer a sequência, bem como os factores culturais, permite responder facilmente ao "porquê" da entrada de uma pessoa no restaurante. Se se vai a um restaurante em Portugal, é porque se tem fome, nos Estados Unidos é porque não se tem vontade de cozinhar e, na Holanda, é para celebrar com fausto um acontecimento raríssimo.

Não é preciso muito para que um *script* seja activado. Gilovich (1981) pediu a estudantes de ciências políticas para sugerirem uma política de intervenção no caso – fictício – de um pequeno país ameaçado por um poderoso adversário. Algumas palavras distinguiam as situações. Por exemplo, o Presidente dos Estados Unidos, à época, era originário do estado de Nova Iorque (como Roosevelt) ou do Texas (como Johnson); os habitantes do país ameaçado fugiam de carro e de comboio, ou em pequenos barcos; a sala onde eram recebidas as informações chamava-se Churchill ou Dean Rusk. Mesmo para quem não está familiarizado com a política americana, as primeiras palavras evocam a Segunda Guerra Mundial enquanto as segundas evocam o Vietname. De acordo com o *script* activado, vitória *versus* catástrofe, os estudantes americanos recomendaram uma resposta muito mais violenta no primeiro caso do que no segundo.

Se um *script* é perfeito, ele permite que se façam atribuições fáceis, ao mesmo tempo que se faz outra coisa. Vejamos o *script* de um pedido; necessita de três elementos: uma desculpa, o próprio pedido e a sua razão de ser. Se o *script* respeitar a estrutura dos três elementos, o seu conteúdo não terá muita influência. Foi isso que provaram os sujeitos de Langer, Blank e Chanowitz (1978). Numa altura em que estão a fazer fotocópias numa biblioteca, são abordados por alguém que lhes diz: "Desculpe, tenho cinco páginas. Posso utilizar a fotocopiadora porque tenho de fazer fotocópias?" É tão estranho como invulgar! E, no entanto, a quase totalidade dos sujeitos aceitaram. Quase duas vezes mais do que os sujeitos a quem tinha sido dito: "Desculpe, tenho cinco páginas. Posso utilizar a fotocopiadora?" Nos dois casos a informação era a mesma; apenas muda a estrutura e é a ela que os sujeitos reagem.

É evidente que os psiquiatras da pesquisa de Rosenhan responderam a um esquema, provavelmente de causas múltiplas suficientes. Quem pede para ser internado e se queixa de ouvir vozes, só pode estar seriamente doente. A insistência dos pseudodoentes em querer sair do hospital também deve fazer parte de um *script;* raros devem ser os doentes que pedem mais medicamentos, a pretexto de que a sua loucura se agrava. Por fim, as reticências em manter uma conversa com alguém que procura o anexo psiquiátrico devem também, provavelmente, pertencer a um *script:* "É como da outra vez; começa por perguntar pelo serviço psiquiátrico e depois faz-me ouvir toda a lista das queixas".

A inferência correspondente

Na vida de todos os dias, é extremamente útil distinguir entre um comportamento devido a causas "internas" do actor ou a causas "externas", circunstanciais. No primeiro caso, será possível prever o comportamento futuro da pessoa. No segundo, isso será muito difícil. Foi a esse problema que se dedicaram Jones e Davis (1965) na sua teoria da **inferência correspondente**. Quiseram ver como é que as pessoas fazem para, a partir de um único comportamento, inferir uma intenção e, portanto, uma disposição pessoal do actor. Na prática, o problema é do domínio da psicologia ingénua: não é verdade que muitas vezes explicamos um comportamento de maneira tautológica dizendo, por exemplo, que alguém efectuou um acto agressivo porque é uma pessoa agressiva?

Suponhamos que você quer, a qualquer preço, usar o casaco novo do seu irmão mais novo. Há três estratégias possíveis. Inventa uma história incrível, com mentiras capazes de assustar um fantasma, mas que você debita na maior das calmas. Ou então, negoceia semanas a fio com uma subtileza que qualquer diplomata da ONU aprovaria. Terceira estratégia: dá uns socos ao seu irmão e leva o casaco. Suponhamos também que escolhe a terceira solução. Qual será a inferência que se deduz sobre si, de acordo com o modelo da inferência correspondente?

O modelo original de Kelley funcionava sobre o princípio da **covariação**; quer se utilizasse o método das diferenças ou o dos acordos o que se pretendia era fazer variar as informações e os seus efeitos. É impossível aplicar aqui esse princípio, pois temos um único comportamento. O princípio é o da **subtracção**; eliminam-se as causas menos prováveis de um comportamento para poder decidir que havia intenção e disposição. O modelo baseia-se em dois postulados. Antes de mais, o actor deve ser capaz de realizar o acto. A sua realização não se pode dever ao acaso, senão como inferir uma intenção? No nosso exemplo, é difícil imaginar que você seja uma pessoa sem força física. Depois, o actor deve conhecer as consequências do seu acto. Mais uma vez, se não conhece as consequências, como se pode atribuir--lhe uma intenção?

Escolheu os socos? Com certeza que diremos de si que é agressivo. Se tivesse escolhido a confabulação, não concluiríamos necessariamente que é esperto. Porquê? Diz-nos o modelo que os observadores do comportamento procuram os **efeitos não comuns** desse comportamento. A dor física é específica da estratégia do soco, enquanto o facto de levar o irmão na conversa e de se armar em esperto é comum aos conversadores e aos diplomatas. Newtson (1974) verificou que as pessoas têm tanto mais certezas sobre a inferência dos efeitos quanto mais específicos eles são.

Suponhamos agora que você interpela duramente alguém que, sem vergonha, acaba de o ultrapassar na fila de espera da pastelaria. Já não dizemos que você é agressivo. O **efeito**, aqui, é **comummente desejável**. A sua reacção é, por assim dizer, esperada; a maioria das pessoas faria a mesma coisa nas mesmas circunstâncias. Pelo contrário, faríamos com certeza uma inferência se você pedisse desculpa por não se ter retirado do seu lugar na fila.

Vejamos uma verificação experimental do que acabamos de dizer. Dá-se a ouvir, a um grupo de pessoas, gravações de entrevistas efectuadas com a intenção de contratar tripulantes de submarino e astronautas. De acordo com a introdução do psicólogo encarregado das entrevistas, é óbvio para todas as pessoas, sujeitos da experiência e candidatos, que as qualidades requeridas para viver num submarino são a extroversão e uma disposição para a gregaridade, enquanto a introversão e a independência devem caracterizar os bons astronautas. Das respostas às perguntas do entrevistador, verifica-se que alguns candidatos se adaptam ao papel esperado enquanto outros se desviam dele (aparecendo candidatos astronautas extrovertidos e tripulantes de submarino introvertidos). A tarefa dos sujeitos é avaliar em que medida cada candidato é realmente conformista e de tipo afiliativo, ou seja, possui as qualidades requeridas para viver num submarino.

A figura 3.2 apresenta os resultados da afiliação; os do conformismo são muito semelhantes; todos confirmam exactamente as hipóteses. As atribuições são mais polarizadas no caso em que o candidato se desvia do papel que seria de esperar que adoptasse numa situação de entrevista que tem em vista um contrato profissional. O astronauta que, espontaneamente e apesar do aviso do psicólogo, não consegue refrear a sua extroversão, é avaliado como o mais afiliativo e o mais conformista. Por sua vez, o tripulante de submarino introvertido é considerado como o menos afiliativo e o menos conforme pois, também ele, transgride a expectativa social. Em relação a ambos, os participantes não hesitam em fazer atribuições de personalidade. O que não acontece nos outros dois casos que correspondem ao papel esperado. Nestes, os participantes respondem de um modo mitigado, não tomam posição. A que se deve, afinal, a introversão do astronauta ou a extroversão do tripulante? À sua verdadeira personalidade ou às condições da entrevista (lembre-se do esquema das causas múltiplas suficientes)? Sabemos bem que cada um de nós está pronto a apresentar-se sob o seu melhor ângulo – o que o interlocutor espera – quando está em jogo um contrato profissional. Esta experiência, de Jones *et al.* (1961), mostra bem como as pessoas hesitam em fazer atribuições quando o comportamento é "comumente desejável", mas são muito mais ousadas quando o comportamento é inesperado.

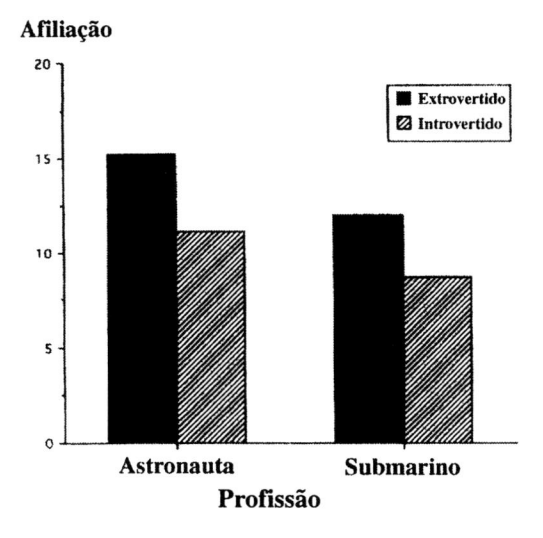

Figura 3.2 – *Julgamentos de afiliação em função da profissão e do comportamento do entrevistado.*

Favorabilidade atribuída

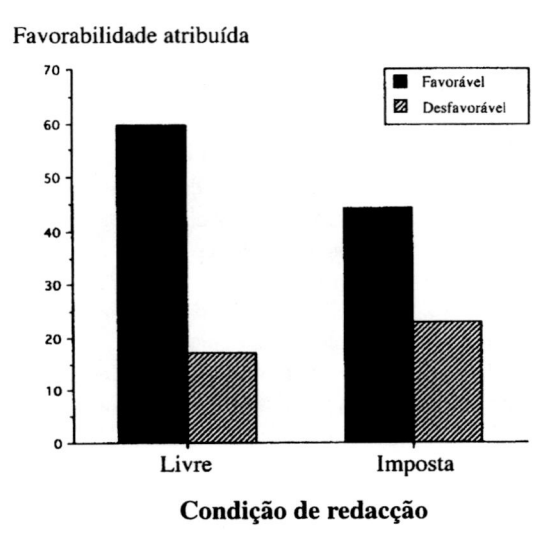

Figura 3.3 – Atitude atribuída em função da escolha do autor e da favorabilidade do texto.

O erro fundamental

À partida, Jones e Davis tinham definido também como postulado que o actor devia ser livre de realizar o acto. Com efeito, como inferir uma intenção ou uma disposição se o autor é obrigado a fazer o que faz? Como para a maior parte das suas outras ideias, os autores também quiseram verificar este postulado.

Imagine a situação seguinte. Nos anos sessenta, é pedido a estudantes americanos – para quem, sabe-se, Fidel Castro é o diabo – que julguem a submissão castrista de uma outra pessoa, a partir da dissertação que ela acaba de redigir sobre o regime cubano. Consoante as condições da experiência, os estudantes são avisados de que vão ler um ensaio a favor ou contra Castro e que a orientação desse ensaio foi, nalguns casos, escolhida pelo autor e, noutros, imposta pelo investigador. Atendendo a que todos os estudantes acreditam que toda a América está contra Castro, não é de admirar que julguem as dissertações anti-castristas como realmente anticastristas, sejam elas espontâneas ou não. Não é também de admirar que considerem um ensaio espontaneamente redigido em favor de Castro como reflectindo efectivamente uma inclinação pró-castrista – há excêntricos em todo o lado, até na América. O que é muito mais estranho da parte de pessoas convencidas de que toda a gente partilha do seu ponto de vista anti-Castro, é que vejam numa dissertação favorável a Castro, mas imposta pelo experimentador, o reflexo da verdadeira orientação do seu autor. Neste último caso, é verdade que os participantes não inferem para o autor da dissertação uma atitude tão pró-castrista como quando a escolha é livre; no entanto, e é isto que interessa, a diferença entre as duas condições impostas é significativa, embora devesse ser nula, pois havia uma imposição (ver a figura 3.3).

Por outras palavras e contrariamente ao postulado de Jones e Davis, as pessoas inferem uma disposição pessoal mesmo quando o autor do comportamento agiu sob coacção. Jones e Harris (1967) começaram por pensar que esse resultado se devia a que a dissertação pró--castrista era de tão boa qualidade que só um comunista americano teria sido capaz de a redigir. Mas não. Foram feitas muitas experiências, com ensaios cujos argumentos eram fornecidos pelo experimentador, sobre temas tão controversos como a legalização da marijuana, o casamento dos homossexuais, o aborto ou a eutanásia (Jones, 1990); apesar da falta de criatividade e da divisão de opiniões na população, face aos temas em causa, as pessoas inferem uma atitude correspondente à posição adoptada no ensaio. Snyder e Jones (1974) obrigaram os seus sujeitos a escrever uma dissertação contra as suas opiniões pessoais, após o que deviam julgar a dissertação de um outro colega que, como eles, tinha obedecido às ordens do investigador. Mais uma vez, a atitude atribuída correspondia ao ponto de vista que aparecia no papel. No nosso laboratório, um de nós (VY) pediu a pessoas para ordenarem a outros estudantes que escrevessem uma dissertação defendendo um ponto de vista; depois, fez julgar as dissertações dos últimos pelos primeiros. O resultado habitual verificou-se: embora fossem eles próprios quem tinham mandado defender um ponto de vista particular, os participantes foram de opinião que os redactores concordavam previamente com esse ponto de vista.

Estas pesquisas mostram que, nas suas explicações, as pessoas sobrestimam o peso da personalidade e subestimam o da situação. Usa-se, a esse propósito, a expressão de **erro fundamental** (Ross, 1977). O qualificativo "fundamental" significa aqui "extremamente comum". Nos capítulos que se seguem, descobriremos factos assombrosos. Obedecendo a uma ordem dada por um investigador, a quase totalidade das pessoas aceita efectuar uma tarefa que vai privar de emprego um desempregado (ver capítulo 7). Quando várias pessoas desconhecidas presenciam um acidente, são poucas as hipóteses de que uma delas socorra um ferido (ver capítulo 9). Pelos jornais, tomamos conhecimento de situações deste tipo que nos escandalizam porque correspondem a sadismo. No entanto, veremos como a personalidade, contrariamente à situação, não tem muito a ver com esse tipo de reacções.

Como explicar esse erro fundamental (no caso do paradigma de Jones e Harris, fala-se preferencialmente de **viés de sobreatribuição** ou de **viés de correspondência**)? O mecanismo mais vezes invocado é o da **heurística de ancoragem e de ajustamento**. Para o compreendermos, vamos seguir o modelo dos 3 C (Caracterização, Categorização e Correcção) de Dan Gilbert (1989). Num primeiro tempo, haverá uma categorização de um comportamento (Octave escreve a favor de Castro) seguida, num segundo tempo, de uma caracterização do autor desse comportamento (Octave é pró-castrista). Essas duas primeiras etapas correspondem à ancoragem: a etiqueta aposta ao comportamento reflecte-se na personalidade do autor. Virá em seguida a correcção, isto é, o ajustamento (Octave escreveu a favor de Castro, mas não tinha liberdade de escolha; talvez não seja assim tão pró-castrista?). O ajustamento seria no entanto insuficiente e daí o erro fundamental. A insuficiência resultaria de que, na vida de todos os dias, as pessoas não têm a motivação necessária, ou não dispõem dos recursos suficientes, para levarem a correcção até ao extremo. Avaliam os outros ao mesmo tempo que fazem dezenas de outras coisas.

Há uma certa elegância nos suportes empíricos de Gilbert. Repare. Todos os sujeitos visionam um vídeo mudo de uma mulher jovem durante uma entrevista. Metade do grupo apenas visiona o vídeo enquanto a outra metade tem também que memorizar as legendas que resumem o conteúdo da entrevista. Consoante os casos, tal conteúdo diz respeito às férias ou aos fantasmas sexuais da jovem. Em todos os casos, ela manifesta claramente um comportamento ansioso e, finalmente, as pessoas do grupo têm de avaliar em que medida ela tem uma personalidade ansiosa. A categorização e a caracterização são fáceis: o comportamento é ansioso e, portanto, a pessoa é ansiosa. Esse julgamento deveria, no entanto, ser matizado, ou corrigido, em função do conteúdo da entrevista. Não será normal que uma pessoa forçada a revelar os seus fantasmas sexuais demonstre alguma ansiedade? Isso não significa que seja ansiosa por natureza. Com efeito, as pessoas que apenas visionam o filme, julgam a personalidade da jovem que é forçada a contar os seus fantasmas sexuais como menos ansiosa do que a da jovem que fala das suas viagens. Os resultados mostram no entanto que a correcção exige recursos cognitivos. Quando estes não estão disponíveis, por causa da necessidade de memorizar as legendas, a correcção faz-se em muito menor grau; ao contrário do que seria de esperar, a memorização não contribui para centrar a atenção sobre o carácter embaraçoso do conteúdo da entrevista (Gilbert *et al.*, 1988; exp. 1).

Gilbert *et al.* (1988; exp. 2) também reproduziram o paradigma de Jones e Harris. Os sujeitos tinham que ver e ouvir o vídeo de uma pessoa que foi obrigada a tomar posição sobre um problema qualquer. O viés clássico volta a aparecer. Antes de verem o vídeo, outros sujeitos são informados que terão também de falar. Esta informação ocupa-lhes a mente e a correcção é ainda mais fraca.

Gilbert parte do princípio de que a inferência se faz espontaneamente ao nível da pessoa e, por conseguinte, que o viés de sobreatribuição seria sempre um erro fundamental. Na verdade, é fácil imaginar experiências em que a situação prevalece sobre a personalidade (Webster, 1993). Veremos mais adiante que se a Maria, uma pessoa que você conhece vagamente, atropelou uma criança com o seu carro de luxo, você não hesita em chamar-lhe irresponsável. No entanto, advogaria com o mesmo vigor e a mesma convicção as circunstâncias atenuantes se fosse você próprio que, com o seu carro, tivesse atropelado uma criança.

Este ponto introduz um elemento novo na explicação do fenómeno, complementar do primeiro, que são as **regras de conversação**. Normalmente, as pessoas que conversam adoptam um princípio de cooperação mútua: esforçam-se por dar informações em quantidade suficiente, as melhores e mais convenientes para o seu ponto de vista, sem fazer confusões, e esperam a mesma atitude por parte do seu interlocutor. Se lhe disserem que tal experiência é sobre a percepção de outrem, você procurará dizer qualquer coisa sobre essa pessoa. Pelo contrário, se o estudo é apresentado como sendo um teste das exigências experimentais (situacionais) susceptíveis de induzir certos comportamentos, você achará, *a priori,* que é verdade e provavelmente convence-se de que, realmente, o comportamento reflecte menos a pessoa do seu autor do que as engenhosas pressões experimentais. Não vimos, no capítulo precedente, que somos excelentes a confirmar as nossas hipóteses? Portanto, o cenário da experiência orienta o tipo de resposta a dar, até a não resposta. Lembre--se da experiência de Jones *et al.* (1961) com os astronautas e os tripulantes de submarino. Os sujeitos não tomavam posição sobre o astronauta independente e o tripulante extrovertido. Com efeito, a apresentação podia fazer supor que os candidatos se apresentariam na entrevista de forma a serem contratados, chegando até a mascarar a sua verdadeira personalidade. Assim, as pessoas não tomavam posição nesse caso duvidoso (ver também Fein *et al.,* 1990).

Há um terceiro elemento de explicação para o viés de sobreatribuição. Em todas as pesquisas sobre ele, o estudo é apresentado como tendo a ver com a percepção de outrem, como um teste em que interessa mostrar habilidades clínicas para investigar a personalidade de uma outra pessoa. Por outro lado, nas teorias ingénuas veiculadas pela nossa cultura, os temas controversos (o casamento dos homossexuais, a legalização da eutanásia, etc.) podem ser explicados pela personalidade. As pessoas acham que ser a favor ou contra a eutanásia é uma questão de personalidade. Há portanto adequação entre o pedido do investigador e o material que ele fornece aos sujeitos para que eles tomam uma decisão. Leyens *et al.* (1996) mostraram que é essa **adequação** (*applicability*) que permite que as pessoas se sintam em posição de formular um juízo. As pessoas julgam quando dispõem de uma teoria apropriada. Isto é fácil de demonstrar quando não se dá nenhuma dissertação aos sujeitos da experiência.

Numa primeira situação, os participantes acreditam estar a participar numa experiência sobre a personalidade em que terão de avaliar uma pessoa que foi obrigada a escrever uma dissertação a favor ou contra a eutanásia. Essa pessoa, por sua vez, passou por várias provas de personalidade de que se faz circular um modelo virgem, sem respostas. Nesta situação, o conceito em causa, a personalidade, é aplicável ao tema da dissertação; os estudantes de Louvain-la-Neuve acreditam, com efeito, que a posição sobre a eutanásia depende da personalidade das pessoas. Uma vez que há adequação, os participantes sentem--se em posição de julgar e pensam que a opinião do redactor a propósito da eutanásia corresponde à posição adoptada na dissertação. Numa segunda situação, os participantes acreditam que o redactor, obrigado a escrever a favor ou contra a eutanásia, participou num exame de admissão à Universidade e então distribui-se-lhes uma folha, outra vez sem nenhuma resposta, mas em que figuram várias perguntas sobre o *curriculum* escolar. Desta vez, o conceito em causa não é aplicável pois, para os estudantes, o facto de se ser a favor ou contra a eutanásia não depende do tipo de escolaridade. Quando se lhes pergunta qual será a verdadeira opinião do redactor a propósito da eutanásia, respondem no meio da escala, significando que não sabem pronunciar-se. Obtém-se o mesmo resultado quando nenhum conceito é induzido.

O carácter "verdadeiramente fundamental" do erro fundamental aparece quando é dada aos participantes uma dissertação rica. Mesmo que a tarefa diga respeito à personalidade e a dissertação a um problema técnico, completamente alheio à personalidade, as pessoas julgarão espontaneamente em termos de personalidade (excepto se foram avisadas para terem cuidado: Corneille *et al.*, 1997). A riqueza da dissertação, apesar da sua incongruência, levará as pessoas a descobrir uma adequação. Por outras palavras, é fácil convencermo-nos de que temos uma informação apropriada sobre a personalidade de outrem. Lembre-se da experiência da audição dicótica resumida no capítulo precedente: basta que as pessoas acreditem ter recebido informação, para que emitam um julgamento (Yzerbyt *et al.*, 1994).

De onde nos vem essa propensão para pôr em causa a personalidade? Uma primeira resposta já foi fornecida no capítulo precedente. Na nossa cultura, a personalidade é uma categoria privilegiada e o individualismo, um valor preponderante. Existem outras culturas com outros valores (Miller, 1984). Uma segunda resposta, em correlação com a primeira, provém da concepção que a nossa cultura ocidental tem da personalidade como sendo uma estrutura estável no tempo. Apesar de ter sido muitas vezes demonstrado que as mesmas pessoas têm comportamentos diferentes em situações diferentes, imaginamos a personalidade como dada de uma vez por todas e pensamos que, conhecendo-a, podemos prever o comportamento de alguém em qualquer circunstância (Leyens, 1983). Dito de outro modo, recorrer à personalidade dá-nos uma **ilusão de controlo**.

Uma experiência já antiga de Miller *et al.* (1978) evidencia claramente essa ilusão de controlo. Alguns dos participantes assistem passivamente a um jogo muitas vezes utilizado em psicologia social, o dilema do preso, que pode ser jogado de maneira cooperativa ou competitiva (ver capítulo 11). Outros participantes jogam de verdade contra um parceiro "A", cúmplice do experimentador, que joga de maneira cooperativa ou competitiva. Outros ainda observam o jogo, sabendo que, depois, terão de defrontar "A". Outros, por fim, só são avisados de que irão encontrar "A" no momento de preencher um questionário. Neste, um item pergunta: "Com base no comportamento que observou, em que medida acha possível descrever a personalidade de 'A' a uma pessoa que nunca o encontrou?" Entre os quatro tipos de participantes que tomaram parte na experiência (os observadores, os actores, os futuros actores e os informados no último momento), apenas os primeiros são reticentes a julgar a personalidade de A. Com efeito, são eles os únicos que podem ficar indiferentes à situação e não a procurar controlar ou explicar, pois não vão ser confrontados com "A".

Muitas vezes a situação faz variar os papéis e confundimos papel e personalidade. É essa a razão da nossa tendência para achar que os empregados que nos ajudam a experimentar sapatos são particularmente bem educados, pacientes e obedientes! Confusão que se pode produzir mesmo quando dela somos as vítimas. Humphrey (1985) dividiu arbitrariamente os seus sujeitos em líderes que tinham, nomeadamente, que tomar decisões e ditar cartas, e executantes que, por exemplo, tinham que fazer arrumações alfabéticas e transcrever documentos em três exemplares. Ao cabo de algumas horas, todos tiveram de responder ao mesmo questionário. Tanto os líderes como os executantes atribuíram mais qualidades de chefia aos primeiros do que aos últimos e auguraram-lhes um futuro mais brilhante.

Como vemos, o erro fundamental não é apenas o efeito de simples heurística, de uma vulgar abreviação do raciocínio. Bem pelo contrário, o erro fundamental atesta a vontade das pessoas em compreender o meio em que vivem, de lhe darem um sentido a fim de poderem melhor interagir. Evidentemente, vontade não é sinónimo de exactidão.

Ao longo deste livro, vamos continuar a encontrar o erro fundamental. Já fizemos alusão à obediência cega que leva a actos aparentemente sádicos (capítulo 7) e à não-assistência a pessoas em perigo (capítulo 9). O erro fundamental também intervém quando aceitamos comportarmo-nos de forma contrária às nossas atitudes originais: este hiato provoca tensão porque atribuímos a causa do comportamento mais a nós próprios do que à situação (capítulo 5). Também o encontramos nas relações entre grupos: é "evidente" que os outros são agressivos, enquanto nós apenas reagimos à sua agressividade (capítulo 11).

Que outra coisa podiam fazer os psiquiatras de Rosenhan, senão aceitar o seu pedido de admissão na instituição psiquiátrica e fazer um diagnóstico de psicose? Recusar a admissão com o pretexto de que as vozes falavam uma língua diferente da dos livros? Aceitar admiti-los sem diagnóstico, "por razões desconhecidas"? Afinal, na mudança do diagnóstico "esquizofrenia" para o de "esquizofrenia em remissão", podemos apreciar uma heurística de ancoragem e ajustamento (insuficiente). Os psicólogos e os psiquiatras dinâmicos de Langer e Abelson são as próprias vítimas, exemplares, das regras de conversação: o investigador pede-lhes para examinarem um doente; logo, este não pode ser senão pior do que uma pessoa à procura de emprego. Em todos os casos, as cobaias de Rosenhan, de Langer e de Abelson procuram dar um sentido à situação em que se encontram. Acontece que trabalham numa situação eminentemente psicologizante. Não será normal que psicologisem?

Actor-observador

No seu modelo geral da atribuição, Kelley (1965) não estabelece a diferença entre **observador** e **actor**. Esta equivalência é defendida ainda com mais vigor por Bem (1972) que, como bom discípulo que é do behaviorista radical Skinner, parte da ideia deste último de que aprendemos a identificar os nossos estados internos a partir da comunidade verbal, isto é, os outros observadores que nos rodeiam e com quem comunicamos. Só somos capazes de dizer que "temos uma enxaqueca" porque os outros nos ensinaram a expressão e os sintomas. Essa é a razão por que, segundo Bem, funcionamos connosco próprios de forma como a comunidade verbal, exterior a nós, nos condicionou; actores, seremos sempre observadores do nosso próprio comportamento.

E, no entanto, o actor não é uma cópia do observador. Para começar, actor e observador não dispõem da mesma quantidade de informações. O actor sabe o esforço que investe, conhece o seu comportamento anterior e está eventualmente consciente do efeito que quer produzir; o que nem sempre é o caso do observador. Por outro lado, o que é importante aos olhos do actor não o é necessariamente aos do observador: é assim que o actor dará mais atenção ao contexto, à situação, enquanto o observador concentra o seu interesse no comportamento do actor.

A essa diferença quantitativa acresce um tratamento diferente da informação: actor e observador, cada um assimila a informação do seu ponto de vista pessoal, tanto mais quanto a pertinência da informação disponível não for a mesma para um e para o outro (Jones e Nisbett, 1972). O actor compararia a sua acção actual com o que fez anteriormente, em circunstâncias diferentes. Será portanto levado a fazer atribuições situacionais. O observador, por sua vez, compararia o comportamento do actor com aquilo que julga que ele próprio ou outros fariam. Irá portanto privilegiar atribuições disposicionais. Se regressarmos ao modelo de Kelley, vemos que o actor tem em conta a dimensão da distinguibilidade (e da consistência) enquanto o observador tem sobretudo em conta a dimensão do consenso; ambos seguem o método dos acordos de Mill.

Várias experiências confirmam essa diferença entre actor e observador. Quando temos de preencher um questionário de personalidade sobre nós próprios e sobre outras pessoas, recorremos à categoria "depende da situação" mais para nós próprios do que para os outros. Essa resposta não corresponde, no entanto, a uma táctica para manter intacta a auto-estima. De forma semelhante, quando se trata de justificar a escolha dos nossos estudos, falamos e escrevemos mais em termos situacionais, factuais, do que quando temos que justificar a escolha dos estudos da nossa melhor amiga, caso em que as nossas descrições são mais disposicionais. Além disso, quando nos colocarmos no lugar da nossa melhor amiga para justificar as nossas próprias escolhas, agimos então como observador (Nisbett *et al.,* 1973).

Estes últimos resultados indicam que uma mudança de perspectiva pode alterar o tipo de atribuições. Frank e Gilovich (1989) provocaram um encontro de duas pessoas. Três semanas mais tarde, as mesmas pessoas deviam relembrar o facto e imaginá-lo. Na maioria, adoptavam espontaneamente o seu ponto de vista de actor e faziam atribuições situacionais; uma minoria adoptava a perspectiva de observador e tinha tendência para fazer atribuições disposicionais. Numa segunda experiência, os investigadores induziram a perspectiva a adoptar no momento da reconstituição. De acordo com as expectativas, as pessoas levadas a adoptar o ponto de vista do actor fizeram mais atribuições situacionais do que disposicionais e o inverso aconteceu no caso das pessoas a quem tinha sido induzido o ponto de vista do observador.

A linguagem é um excelente modo de suscitar algumas atribuições em vez de outras; é o **viés linguístico**. Isso pode ser feito e faz-se muitas vezes de maneira inconsciente. Semin e Fiedler (1991) distinguem nomeadamente quatro tipos de termos: os verbos descritivos de acção (por exemplo, beijar), os verbos interpretativos de acção (seduzir), os verbos de estado (amar) e os adjectivos (apaixonado). Estes termos variam quanto ao grau de abstracção e de inferência causal que implicam: beijar é muito mais concreto do que amar ou apaixonado e estes dois últimos termos suscitam mais uma inferência atributiva do que a palavra beijar. É portanto possível que a diferença actor-observador apareça ao nível das palavras utilizadas. Foi isso que, de facto, observaram Semin e Fiedler (1989, exp. 1) quando pediram aos seus sujeitos que descrevessem acontecimentos adoptando o ponto de vista do actor ou do observador. O observador utiliza mais termos abstractos do que o actor. É, também, possível que actor e observador percebam diferentemente uma pergunta como: "Por que escolheu estudar psicologia?" O actor perceberá provavelmente que se lhe pede para justificar o porquê dessa escolha e não de outra e, portanto, não fará atribuição disposicional. Pelo contrário, o observador poderá julgar que se lhe põe a pergunta relativamente a uma pessoa determinada e, portanto, visará mais essa pessoa do que outras e fará atribuições disposicionais (McGill, 1989).

Numa revisão do assunto, Watson (1982) interrogou-se sobre se a diferença entre actor e observador se deve sobretudo às atribuições disposicionais, às atribuições situacionais, ou a ambas. Verifica que actores e observadores utilizam mais atribuições disposicionais do que situacionais – o que está de acordo com o erro fundamental. São as atribuições situacionais que marcam a diferença ao serem mais utilizadas pelos actores do que pelos observadores.

O que é de admirar, nomeadamente nas pesquisas de Rosenhan, é que os psiquiatras se enganam quanto aos pseudodoentes, enquanto os verdadeiros doentes descobrem a fraude. Não se poderia argumentar que os psiquiatras estão, mais do que os doentes, no papel de observadores em relação aos pseudodoentes? Em qualquer dos casos, eles dispõem de menos informações e têm de as sintetizar de maneira abstracta. Isto é, mesmo que consideremos os psiquiatras e os verdadeiros doentes como sendo todos observadores, os pontos de vista são necessariamente diferentes: os psiquiatras comparam os pseudodoentes com as pessoas que não pedem para ser hospitalizadas e aceitam-nos como doentes; os verdadeiros doentes comparam-se aos pseudodoentes e detectam a normalidade destes últimos.

Ilusão de controlo

Ao introduzir este capítulo, dissemos que a atribuição se resume muitas vezes a uma escolha entre causalidade interna e causalidade externa. As agências de publicidade conhecem bem as implicações das causalidades interna e externa. Pense nas "câmaras escondidas": faz-se parar uma pessoa numa loja e pergunta-se-lhe o que pensa dos colchões X ou da lixívia Y. O telespectador que vê essa sequência publicitária tem todas as razões para acreditar na validade da resposta: foi dada de modo imprevisto, pela primeira pessoa que ia a passar e que, ao que parece, ignorava que estava a ser filmada e, aparentemente, não actuou com a perspectiva de uma qualquer recompensa em dinheiro. O que não é o caso dos actores profissionais cujas finanças dependem do número de vezes que aparecem no ecrã a elogiar um produto.

Sendo um facto que as imputações de causalidade externa ou interna se baseiam, em grande parte, nas pressões do meio envolvente, elas deverão ser particularmente visíveis nas áreas que implicam assimetrias de poder. Ou seja, é mais provável que se considere que responde a uma causalidade interna uma pessoa com estatuto elevado que aceita satisfazer um pedido, do que outra pessoa com estatuto mais modesto. Na nossa cultura, isso é facilmente compreensível: acreditamos que uma pessoa prestigiada, detentora de algum poder, tem mais possibilidades e liberdade de acção do que outra; se ela acede ao que lhe é pedido, é porque efectivamente concorda (Thibaut e Riecken, 1955).

Haverá algum domínio em que se façam sentir mais as assimetrias de poder do que o das relações de trabalho no nosso modo ocidental de produção? Imagine uma pessoa que executa uma tarefa razoavelmente desagradável pela quantia de 100 000 escudos e uma outra que recebe 1000 escudos pelo mesmo trabalho. É de prever que, no primeiro caso, atribuiremos a aceitação do trabalho à remuneração enquanto, no segundo caso, pensamos que a pessoa faz essa tarefa porque a quer mesmo fazer. Em consequência, julgaremos que a tarefa é menos desagradável para este segundo trabalhador do que para o primeiro, já que aceitou realizá-la, apesar da fraca compensação financeira. Aliás, é provável que as atribuições não parem aí. Sabemos que, por vários motivos, os trabalhadores estrangeiros aceitam cumprir tarefas que repugnam aos trabalhadores autóctones e, muitas vezes, por um salário menor do que estes julgariam aceitável. Pergunta cínica: porque é que haveríamos de aumentar a remuneração dos trabalhadores estrangeiros, já que de acordo com o nosso raciocínio indutivo, eles gostam do que fazem? Porque este raciocínio comporta um erro fundamental, pois se centra nas pessoas, ignorando as condições sociais do trabalho.

Introduzir erradamente uma causalidade interna, é ser vítima de uma **ilusão de controlo**. Os exemplos são numerosos.

Um sujeito no papel de superior devia supervisionar o trabalho de dois supostos subordinados que, na realidade, eram cúmplices do experimentador. De acordo com as instruções recebidas, o supervisor controlava nove vezes o subordinado A e apenas duas vezes o subordinado B. Embora no fim as produções de A e de B fossem absolutamente comparáveis, o sujeito supervisor dizia ter mais confiança em B do que em A. Para além disso, quando o supervisor ficou livre de controlar quem e quando queria, continuou a vigiar mais o trabalho de A do que o de B. O indivíduo B beneficiou de uma atribuição de causalidade interna enquanto A sofreu uma atribuição de causalidade externa (Strickland, 1958).

Parece assim que quanto mais vezes se exerce um controlo, mais facilmente se terá tendência para depreciar o trabalho de quem é controlado. Há fortes hipóteses de essa reacção levar a um círculo vicioso: quanto mais frequente é o controlo, mais importante é a depreciação, mais aumenta a passividade entre os subordinados e mais se faz sentir, entre as autoridades, a necessidade de controlar.

Kruglanski (1970) retomou esta problemática e desenvolveu-a. Quando, como na primeira experiência, o supervisor verifica que o trabalho feito é equivalente tanto do ponto de vista da qualidade como do da quantidade, verificam-se os primeiros resultados: o subordinado que foi controlado mais vezes é depreciado em relação ao outro. O inverso acontece quando o supervisor ignora se há equivalência de qualidade. Na dúvida, o supervisor parte do princípio de que o seu controlo tem um efeito de melhoramento e, de novo, atribui uma causalidade externa ao subordinado que foi mais frequentemente vigiado. O subordinado menos frequentemente controlado beneficia de uma atribuição de causalidade interna. Por conseguinte, a longo prazo, é provável que se verifique o círculo vicioso referido precedentemente.

A ilusão de controlo é particularmente notável nas perturbações do comportamento e nas doenças que são acontecimentos a propósito dos quais as pessoas gostam de acreditar que podem mudar o rumo das coisas e dominar o seu destino. Davison *et al.* (1973) trataram pessoas com insónia prescrevendo-lhes um poderoso sonífero, o respeito de um horário para dormir e o recurso a técnicas de relaxamento. O tratamento teve efeitos benéficos em todos os sujeitos e a parte médica foi interrompida: parou-se com o medicamento mas pediu-se a cada um para continuar com as técnicas de relaxamento e o respeito pelo horário para dormir. Além disso, Davison e os seus colegas fizeram acreditar, a alguns participantes, que o sonífero tomado até então não passava de um placebo. De acordo com as expectativas, aconteceu que os participantes que julgavam ter tomado um placebo melhoraram a sua insónia, a longo prazo, mais do que os outros. Com efeito, aqueles que continuavam a acreditar, com toda a razão, que tinham tomado um sonífero, atribuíam as melhorias ao medicamento; quando este foi suprimido, não havia razão nenhuma para que as perturbações da insónia não voltassem. Aqueles que acreditavam ter tomado um placebo só podiam atribuir as melhoras às técnicas de relaxamento e ao horário rigoroso, duas coisas que continuaram a poder dominar, pelo que continuaram a dormir melhor.

Não é necessário que a ilusão de controlo seja induzida por um investigador. As pessoas são perfeitamente capazes de se enganarem a si próprias. O cancro da mama é uma doença particularmente stressante. Para além dos danos corporais, há o fantasma da recaída e da degradação. Muitas mulheres lutam contra essa perspectiva informando-se o máximo sobre a doença. Livros, revistas, internet e conversas de café, tudo serve para o efeito. O conhecimento enciclopédico não muda em nada o estado físico, mas permite prever melhor o que se passa e, sobretudo, faz com que se viva melhor, porque dá uma ilusão de controlo. O cancro tinha provocado a perda do controlo; o conhecimento da doença dá a impressão de o retomar (Taylor, 1983).

A ilusão do controlo manifesta-se também em circunstâncias muito menos trágicas, até cómicas. O que há de mais oposto ao controlo do que um jogo de azar? E, no entanto, o acaso não elimina a ilusão de controlo. O jogador que quer um número pequeno lança o dado devagar; o que deseja um resultado alto lança-o com força. Langer (1975) também verificou que se arriscam mais apostas maiores face a um parceiro tímido do que face a um parceiro confiante, como se a aparência deste tivesse alguma influência nos resultados de um jogo em que só a sorte conta. Da mesma maneira, quando se escolhe o bilhete de lotaria, tem-se menos propensão a separar-se dele, ainda que seja por troca com outro bilhete que objectivamente oferece mais hipóteses de ganhar, do que quando o bilhete não foi escolhido pelo próprio, etc. Ou ainda, como mostraram Ayeroff e Abelson (1976), numa acção de telepatia acreditar-se-á ter recebido ou emitido correctamente mais símbolos representados em cartas quando se pôde escolher os símbolos, baralhar as cartas e discutir a estratégia de comunicação telepática.

Estas últimas experiências demonstram finalmente que os factores susceptíveis de influenciar o resultado de um jogo de competência (competição, familiaridade, escolha, implicação), se presentes num jogo de azar, induzem os jogadores a confundir competência com sorte, isto é, a iludirem-se sobre as suas capacidades de controlo. Se vier a ser organizador de jogos de azar, disfarce-os de concursos e distribua primeiros prémios em vez de ganhos excepcionais.

Atribuições defensivas

O futebol não é um jogo de azar e, no entanto, já ouviu com atenção os comentários dos jogadores depois de um jogo? Eles variam muito consoante se o resultado é uma vitória ("estou cada vez mais em forma", "a equipa está no ponto") ou uma derrota ("o terreno estava muito encharcado", "é impossível ganhar sozinho"). Estas **atribuições defensivas** servem para proteger a auto-estima das pessoas que as enunciam. Não é de admirar, portanto, que tenham sobretudo sido estudadas a propósito de êxitos e de fracassos. A este propósito, os psicólogos sociais (Weiner, 1985) distinguiram as causas consoante o seu grau de internalidade e de estabilidade. Por exemplo, uma causa estável e interna de um êxito (ou de um insucesso) é a inteligência (ou a estupidez); uma causa estável e externa será a inteligência do professor; uma causa instável e interna será a motivação; por fim, a sorte será uma causa instável e externa.

Do ponto de vista das atribuições defensivas, são particularmente interessantes as diferenças culturais consoante os papéis. Sabe-se que os homens explicam os êxitos pela sua inteligência – uma causa interna e estável – e os fracassos por causas instáveis – a falta de esforço, ou o azar. Os mesmos homens explicam os êxitos femininos por causas instáveis – a sorte, ou então muito trabalho – e os fracassos das mulheres pela falta de capacidade – uma causa interna e estável. Esta auto--valorização nas atribuições é, muitas vezes, chamada **atribuição de auto-complacência**. Ora, verifica-se que as mulheres têm tendência para reproduzir o discurso masculino. Por outras palavras, não adoptam as atribuições de auto-complacência e denigrem-se a si próprias (Lorenzi-Cioldi, 1988; ver no entanto Sousa e Leyens, 1987).

Paradoxalmente, este descrédito pode servir a auto-estima; é por isso, aliás, que preferimos não distinguir entre atribuições de defesa e de autocomplacência. Ao adoptarem um discurso machista, não estarão as mulheres a dizer: "Não é culpa nossa; não somos responsáveis por sermos mulheres"? A mulher que foi violada e que diz: "Foi por minha culpa" também faz uma atribuição defensiva, ao acrescentar "não tinha nada de ir por aquele atalho" ou "não devia ter vestido um vestido tão justo" (Janoff-Bulman, 1979). Convencendo-se da sua responsabilidade sobre essas causas, protege a sua auto-estima: a violação ficou a dever-se a negligências que não se voltarão a reproduzir. Ilusão, mas ilusão reconfortante! Nada garante que um outro itinerário, ou uns *jeans,* mudem alguma coisa, a não ser a ousadia de voltar a sair de casa. Taylor (1989) desenvolveu magnificamente o tema das "ilusões positivas" no caso de doentes incuráveis. Provavelmente, cada um de nós conhece pessoas que atribuem a sua doença a um pecadito pequeno (por exemplo, beber café descafeinado) e as melhorias a um pormenor (trocar o café por sumo de laranja).

O processo das atribuições defensivas instala-se muitas vezes antes mesmo de o desempenho ser avaliado e até antes de ele ser efectuado. Face a uma tarefa que é considerada difícil de alcançar pelos membros de um grupo definido, qualquer dos seus membros se sentirá mais como um elemento desse grupo estigmatizado do que como uma individualidade. Tal desindividualização vai reforçar o sentimento de pertença ao grupo, levar a estratégias de autolimitação, induzir uma ansiedade perturbadora e diminuir o desempenho.

Steele e Anderson (1995) apresentaram uma tarefa verbal difícil a estudantes americanos brancos e negros muito dotados. Consoante os casos, o objectivo da tarefa era perceber os processos cognitivos, ou avaliar e comparar a inteligência. Apesar de tanto Brancos como Negros desempenharem bem e de maneira equivalente a tarefa-processo, o desempenho dos Negros diminuía em situação de avaliação e o dos Brancos tinha tendência para aumentar (ver figura 3.4). Noutra experiência, os participantes tinham de responder a uma série de perguntas antes de, como julgavam, efectuarem a tarefa-processo ou de avaliação. Algumas questões consistiam em palavras; tinham sido construídas de modo a poderem, ou não, ser completadas em termos de raça e classe social (por exemplo: MI..... (minoria em vez de ministro), ou ainda, de incompetência (por exemplo: ...ERIOR (inferior em vez de superior). Outras perguntas tinham a ver com o evitamento dos estereótipos; por exemplo, os participantes deviam dizer em que medida apreciavam *rap,* ou era opcional a indicação da raça de pertença. Por fim, algumas perguntas mediam as estratégias de auto-limitação (por exemplo, quantas horas tinham os participantes dormido na noite precedente?). Na tarefa-processo, não diagnóstica da inteligência, em nenhum tipo de perguntas aparece qualquer diferença entre estudantes brancos e negros. Na situação diagnóstica, todas as diferenças são significativas. Neste caso, os Brancos respondem como todos os participantes do outro grupo enquanto os Negros respondem mais em termos raciais e em termos de incompetência. Dizem mal do *rap* que, no entanto, tem a ver com a sua etnia e dizem ter dormido apenas 5 horas. A reacção à menção da raça é muito sintomática; na situação de avaliação, apenas 25% dos Negros indicaram a sua raça enquanto 100% dos outros participantes o fizeram.

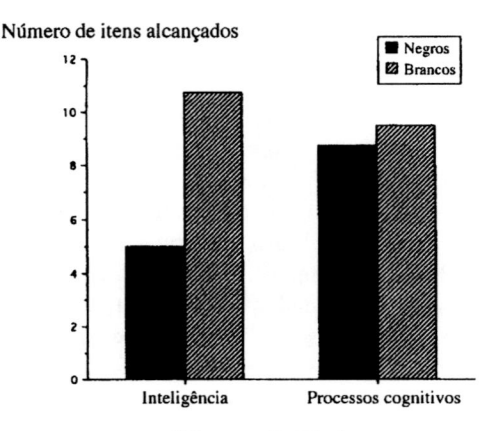

Diagnosticidade

Figura 3.4 – Número de itens alcançados em função da diagnosticidade da tarefa e da raça do sujeito.

O que vale para os Negros americanos também vale para outros grupos. A relação entre sucesso escolar e estatuto sócio-económico não é apenas um estereótipo. As crianças de classes sociais privilegiadas têm mais hipóteses de sucesso na escola e na universidade do que as de classes menos favorecidas. Não é, portanto, de admirar que os mesmos resultados sejam encontrados em estudantes franceses quando em vez da origem étnica se tem em conta a origem sócio-económica (Croizet e Claire, no prelo; ver também Monteil, 1989).

Para um membro de um grupo desfavorecido, um meio de escapar ao estigma é convencer-se de que não foi avaliado sobre o seu valor pessoal, mas a partir da imagem negativa associada ao seu grupo de pertença (Crocker e Major, 1989). No entanto, para que este processo tenha lugar, é preciso que assente sobre uma teoria adequada aos olhos das pessoas implicadas. As mulheres, por exemplo, têm fama de serem menos eficazes do que os homens em matemática e em informática. Na ideia de todas as pessoas, incluindo as mulheres, essa inferioridade é genética. Se as levarmos a crer que a diferença é social, em vez de inata, os fenómenos tradicionais não aparecem... e as mulheres demonstram ser tão capazes como os homens.

Vimos portanto, ao longo deste capítulo, que as pessoas não ficam passivas face aos acontecimentos. Procuram explicações e, estas, para serem convincentes, têm de basear-se em convicções profundas. Esta actividade atributiva pode levar a comportamentos aparentemente prejudiciais, como seja a diminuição do desempenho nos membros de grupos estigmatizados. Apesar de tudo, um hiato entre as crenças e os comportamentos não seria mais prejudicial? E se as crenças mudassem?

SEGUNDA PARTE
INFLUÊNCIA SOCIAL

Quem teve a sorte, em Março de 1997, de ver o cometa Hale-Bopp, assistiu a um espectáculo feérico. Para os adeptos de *Heaven's Gate*, a "Porta do Paraíso", foi simplesmente o sinal da grande partida. Dois dias depois do solstício da Primavera, as autoridades de San Diego, Califórnia, descobriram o suicídio colectivo: 17 homens e 21 mulheres envenenados e asfixiados. Cada "viajante" tinha os seus documentos e algum dinheiro. Ao pé de cada cama, uma mala estava cuidadosamente preparada. Alguns corpos masculinos apresentavam marcas de castração. Apesar da emoção suscitada pela notícia, este drama não constituía uma surpresa. Desde há vários anos que os membros daquela seita multiplicavam os apelos. O guru, um tipo chamado "Do", até dispunha de um *site* na internet. O interesse era garantir a mais ampla difusão da sua mensagem. Missão cumprida, pelo menos de maneira póstuma: no quarto de hora que se seguiu à notícia do drama, aquele endereço electrónico teve mais de 900 000 consultas.

Esta tragédia está longe de ser única. Em 1978, mais de 900 adeptos da seita *People's Temple,* do Reverendo Jones, aceitaram beber uma bebida à base de morangos, cheia de tranquilizantes, analgésicos e uma dose letal de cianeto. Mais recentemente, o FBI americano confrontou-se com a obstinação suicidária dos Davidianos de Waco. No Japão, um guru comandou atentados com gás letal no metro de Tóquio. Na altura em que escrevemos este livro, a Ordem do Templo Solar ainda está debaixo das atenções. E não é sem razão! Em Outubro de 1994, 53 corpos, entre os quais os de dois gurus, o Belga Luc Jouret e o septuagenário Jo Di Mambro, foram encontrados nas vilas suíças de Cheiry e de Granges-sur-Salvan, e na pequena vila canadiana de Morin Heights, no Quebec. Em Dezembro de 1995, na serra do Vercors, e em Março de 1996, em Saint-Casimir, no Quebec, novos atentados-suicídios levaram outros 21 adeptos. Esses membros encontraram a morte de livre vontade ou pela força? Um polícia belga dirá: "Não conheço ninguém que se tenha suicidado com sete balas na cabeça e tenha depois enfiado a cabeça num saco de plástico onde não se vê nenhum buraco de bala." Em vários países, foram criadas comissões parlamentares. Em França, a morte de uma criança levou à inculpação dos pais que, membros de uma seita, se tinham oposto à vacinação obrigatória. A Alemanha opõe-se à Igreja da Cientologia, apesar duma vigorosa campanha de apoio realizada por estrelas de Hollywood, adeptas da seita. Quase todos os dias, os *media* contam os feitos de grupúsculos religiosos, cada um mais fanático do que os outros. E entretanto, os discípulos da *Unification Church,* de Sun Myung Moon, continuam a manifestar uma fidelidade total ao seu líder carismático. E que dizer dos adeptos de *Hare Krishna*? A lista é bem mais comprida...

O que se passará para que pessoas normalmente constituídas renunciem às suas antigas crenças e adoptem novos modos de pensamento aparentemente aberrantes? Por que meios asseguram os gurus a colaboração dos seus adeptos, a ponto de lhes extorquirem a fortuna ou os levarem a matar os filhos? Verdadeiro cenário catastrófico da relação social, o fenómeno das seitas interpela os psicólogos sociais. Como veremos nesta segunda parte, nele se encontram todos os ingredientes da influência social. No entanto, e aí reside a particularidade do fenómeno sectário, a exacerbação dos mecanismos de influência é nelas tão forte que o adepto tem uma grande dificuldade, muitas vezes insuperável, para se subtrair ao movimento de aspiração que o leva à ruína total.

Capítulo 4
Atitudes e persuasão

Você passeia num centro comercial. Como sempre, os saldos conseguiram atraí-lo a esse templo do consumo. Um jovem interpela-o. Adepto da Igreja de Cientologia, propõe-lhe que responda gratuitamente a um teste de personalidade e, dessa forma, fique a saber mais sobre as razões profundas que o impedem de melhor se realizar na vida profissional, social e afectiva. Você não consegue afastar-se dele sem antes aceitar uma documentação pormenorizada sobre a obra de Ron Hubbard, o fundador do movimento. A caminho do parque de estacionamento, um militante do Greenpeace incita-o a assinar uma petição. Mais tarde, no início da noite, o telejornal dá muito tempo de antena ao primeiro-ministro, que defende uma série de medidas que qualifica de difíceis mas necessárias para estimular a economia e reduzir o desemprego. Apesar das más notícias do mundo e de uma série interminável de anúncios, você espera pacientemente. Por fim, o seu programa desportivo preferido começa. Nesse mesmo momento, a campainha toca. O seu vizinho vem propor-lhe, em primeira mão, que compre o seu carro usado...

Por muito diferentes que sejam, todos esses acontecimentos estão contudo associados a um aspecto crucial da nossa vida em sociedade: a mudança de atitudes. O que está em causa em todos eles é instaurar, reforçar ou modificar atitudes. As atitudes fascinam os psicólogos sociais. Para alguns, elas constituem o principal objecto da disciplina. Mas, na realidade, o que é uma atitude? Existem centenas de definições na literatura. O fio visível comum é que uma atitude reenvia a uma representação mental que condensa a nossa avaliação sobre um objecto. Na medida em que corresponde a uma avaliação, uma atitude pode, portanto, ser positiva, neutra ou negativa. Também varia em intensidade, indo de uma tímida tomada de posição até às reacções mais violentas. As pessoas têm atitudes a propósito de imensas coisas. Pode ser sobre outras pessoas, como o seu melhor amigo, um colega de trabalho ou o primeiro-ministro do país. Também podem ser objectos muito concretos, como um carro, um relatório de fim de curso ou um cozinhado. Enfim, por vezes, algumas atitudes respeitam a conceitos abstractos como a solidariedade, a economia de mercado ou a democracia.

AS ATITUDES

Apesar da sua imensa popularidade, o conceito de atitude continua difícil de definir. A principal razão é que se trata de um constructo psicológico, isto é, uma realidade hipotética que os psicólogos sociais usam para as suas explicações. Não obstante as tentativas de reificação, falar de atitude é, antes de mais, uma forma cómoda de resumir um potencial. A atitude não é algo fixo nas profundidades da nossa mente mas tem mais a ver com as tendências do nosso comportamento. É isso mesmo que está em jogo: mudar as atitudes permite modificar o comportamento.

O que é uma atitude?

As atitudes são úteis em todos os tipos de situações e preenchem um conjunto de funções (Katz, 1960; Smith, Bruner e White, 1956). Dão-nos um certo conhecimento do mundo. Têm também um carácter instrumental, na medida em que nos evitam alguns desgostos e garantem vantagens. Por fim, as nossas atitudes permitem-nos comunicar os nossos valores a quem nos rodeia. Por todas essas excelentes razões, elas são da máxima importância para nós próprios e para os outros. Mas, para que os psicólogos sociais possam explorar a noção de atitude nas suas explicações, é indispensável que a possam aprender de modo positivo. À primeira vista, medir uma atitude parece ser anódino. Mas é, afinal, o mais espantoso dos desafios. Com efeito, se a atitude é essa abstracção que se esconde nos meandros do indivíduo, qual será o estratagema para a desvendar? A resposta é, ao mesmo tempo, simples e complexa. Simples, porque, na medida em que é a atitude que guia o comportamento das pessoas, basta observar a maneira como elas reagem em relação a um objecto atitudinal, para avaliar a direcção e a intensidade da atitude subjacente. Complexa, porque, como veremos mais adiante, a relação entre a atitude e as respostas observáveis dos indivíduos é mais caótica do que parece.

Os psicólogos sociais que querem medir as atitudes podem optar entre várias estratégias. Em todos os casos, terão que tomar em conta uma resposta avaliativa face ao objecto atitudinal. Seja qual for o problema por que se interessa o investigador, é muito provável que ele queira sondar as reacções, os sentimentos e as opiniões de várias pessoas, com a ajuda de uma escala de atitudes. O mais frequente é que as pessoas entrevistadas tenham de indicar o seu grau de acordo com uma série de enunciados relativos ao objecto atitudinal. Assim, se quiser saber até que ponto os estudantes do seu curso de psicologia social são a favor da ecologia, pode passar-lhes um questionário em que pergunta se são contra ou a favor da introdução de um imposto sobre a energia fóssil, se participam ou não num sistema de recolha colectiva dos lixos, etc. Se seguir escrupulosamente as recomendações feitas pelos inventores desses vários instrumentos, obterá medidas de excelente qualidade (Himmelfarb, 1993).

Mas as escalas de atitudes não são uma panaceia. A suspeita quanto à sinceridade das respostas levou alguns investigadores a construir instrumentos baseados nas respostas fisiológicas das pessoas. Imagine que um psicólogo americano quer sondar os estereótipos dos seus estudantes Brancos relativamente aos Negros. É bem provável que eles, pelo menos os que forem racistas, queiram disfarçar as suas verdadeiras atitudes e conformar-se com as normas de tolerância e de humanismo de quem os rodeia. As reacções fisiológicas, na medida em que estão nitidamente menos submetidas ao controlo consciente das pessoas entrevistadas, podem dar melhores indicações do que as respostas a um questionário (Cacioppo e Petty, 1979).

Uma abordagem mais insólita consiste em convencer os inquiridos de que se dispõe de um detector de mentiras e, portanto, lhes é inútil dissimular os seus verdadeiros sentimentos relativamente ao objecto atitudinal. Mesmo que o investigador não tenha nenhum meio efectivo para descobrir uma mentira eventual, o simples facto de as pessoas que respondem acreditarem que ele o tem, é, muitas vezes, suficiente para aumentar a sinceridade das suas respostas (Roese e Jamieson, 1993). Entre outras técnicas mais sofisticadas, algumas utilizam medidas de tempo de reacção. A ideia é centrar-se na associação cognitiva mais ou menos importante entre termos positivos ou negativos e o objecto atitudinal. Retomando o exemplo dos participantes americanos de raça branca e das suas atitudes em relação aos seus compatriotas negros, podemos escrever, depois do termo Negro ou Branco, adjectivos positivos e negativos e pedir aos participantes para dizerem, o mais rapidamente possível, se um adjectivo se aplica aos Negros ou aos Brancos. Os resultados deste tipo de teste revelam preconceitos que os participantes nem sempre estão dispostos a revelar em questionários tradicionais (Dovidio e Gaertner, 1986).

Mas, pensará você, a observação do comportamento das pessoas não será um meio muito mais directo de recolher informações sobre as suas atitudes? Parece óbvio. Por exemplo, pode-se tomar nota de quais os estudantes que colocam caixas de papel velho na rua no dia previsto para a recolha. Este indicador parece um meio óptimo para avaliar o grau de adesão à causa ecológica. É fácil de entender, porém, que os custos ligados a esse trabalho refreiam muitos investigadores. Mas não é esse o problema principal...

O argumento mais importante a favor do conceito de atitude baseia-se na existência de uma relação importante entre a atitude das pessoas e o seu comportamento. Se uma pessoa for favorável à ecologia, provavelmente recupera as pilhas usadas para as depositar nas caixas previstas para o efeito. Mas que concluir do estudo que se segue, feito por Kutner *et al.* (1952), antes da abolição das leis de discriminação racial nos Estados Unidos? Duas mulheres brancas apresentaram-se num restaurante e, pouco depois, juntou-se-lhes uma terceira cliente, desta vez de raça negra. Em cada um dos 11 sítios visitados, as três clientes foram servidas sem nenhum problema. Passado algum tempo, os investigadores contactaram esses mesmos restaurantes, perguntando-lhes se aceitavam marcações para grupos mistos, isto é, mesas de Brancos e Negros. A equipa de pesquisa não recebeu nenhuma resposta, nem nenhuma carta foi devolvida com a indicação de destinatário desconhecido. Contactados pelo telefone, oito dos responsáveis dos restaurantes

responderam que nunca tinham recebido tal carta e a grande maioria tentou, com muita imaginação, fugir à questão dessa marcação, claramente muito embaraçosa. Pelo menos neste caso, as atitudes e o comportamento não parecem muito associados. Uma pesquisa de DeFleur e Westie (1958) fornece um outro exemplo da relação ténue que pode existir entre as atitudes e os comportamentos. No contexto de um curso de sociologia, pediu-se a estudantes de raça branca que preenchessem um questionário de preconceitos raciais. DeFleur e Westie identificaram, assim, os 23 estudantes mais racistas e os 23 menos racistas. Depois, perguntaram-lhes se aceitariam ser fotografados com uma pessoa do outro sexo e de raça negra. O comportamento-alvo é pura e simplesmente a aceitação ou a recusa de assinar uma autorização para várias utilizações da fotografia. Todas as autorizações submetidas aos participantes começam pelas palavras, "Dou a minha autorização para que esta fotografia seja" seguidas das frases seguintes:
– utilizada em experiências de laboratório onde só será vista por sociólogos profissionais
– publicada numa revista técnica lida exclusivamente por sociólogos profissionais
– mostrada a algumas dúzias de estudantes no contexto de uma experiência laboratorial
– mostrada a centenas de estudantes como suporte pedagógico em cursos de sociologia
– publicada na revista da universidade como suporte publicitário de um artigo sobre a pesquisa em curso
– publicada no jornal da terra onde nasci como suporte publicitário de um artigo sobre a pesquisa em curso
– utilizada numa campanha nacional de promoção da integração racial.

Os estudantes devem assinar todas as propostas que consideram aceitáveis. A hipótese é, evidentemente, que os 23 racistas ficarão aquém da resposta média dada pelo conjunto dos 46 participantes, enquanto os 23 não racistas irão para além dessa média. Apesar da selecção de sujeitos extremos na escala de racismo, 5 racistas e 9 não-racistas, isto é, 30 % dos participantes, dão uma resposta comportamental que contradiz de maneira flagrante a sua atitude.

A literatura contém dezenas de exemplos semelhantes a este (ver Wicker, 1969). No entanto, os investigadores demoraram muito tempo a tomar consciência da dimensão do problema. Será que a ligação entre a atitude e o comportamento é tão ténue que é necessário pensar em eliminar o conceito? Uma reacção desse tipo seria exagerada. Muitos estudos, alguns dos quais serão abordados ao longo deste capítulo, atestam que as atitudes referidas num questionário permitem, com efeito, prever os actos das pessoas. Confrontados com a verificação pessimista de Wicker, os psicólogos sociais procuraram identificar as condições em que pode aparecer uma relação efectiva entre atitude e comportamento (Kraus, 1995).

Quando é que a atitude prediz o comportamento?

Muitos resultados decepcionantes sobre a relação entre a atitude e o comportamento são devidos a problemas metodológicos. Fishbein e Ajzen (1974) sustentaram que, apesar da particular atenção que davam à redacção dos questionários atitudinais, eles eram, pelo contrário, muito negligentes quando se trata de medir o comportamento. A definição da atitude refere-se a uma tendência global para a orientação da acção num sentido positivo ou negativo face ao objecto. Para conseguir fazer uma boa predição é necessário, segundo Fishbein e Ajzen, analisar uma gama extensa de comportamentos. Em vez de se contentar com a verificação de quais os estudantes que contribuíram para a última recolha de lixo, será bom que procure também saber se eles votam no partido ecológico, se utilizam papel reciclado, se restituem as pilhas usadas, etc. Em conjunto, essas observações podem dar uma ideia suficientemente exacta do comportamento pró- ou antiecológico dos estudantes, ainda que por si, cada um daqueles actos, só imperfeitamente se relacione com a atitude deles face à ecologia.

Para além destes aspectos teóricos e metodológicos, há outros factores que definem a importância da relação entre atitude e comportamento. Na sua **teoria da acção reflectida**, Fishbein e Ajzen (1975) consideram que essa relação passa pela formulação de uma intenção comportamental. A atitude só influenciará o comportamento se essa intenção estiver presente. Segundo estes autores, a própria atitude integra a avaliação dos custos e dos benefícios do comportamento ("Que é que eu ganho se actuar desta maneira?"). Imagine que está prestes a alugar um apartamento. Uma primeira etapa consiste em analisar as características dos vários apartamentos possíveis. Uma segunda etapa consiste em verificar em que medida cada uma dessas características é uma vantagem ou uma desvantagem. Por exemplo, um dos apartamentos que viu tem uma magnífica mezanine e agrada-lhe o conforto discreto dos seus muitos armários. Outro, exigirá um investimento em mobiliário mas tem uma renda atractiva, etc. Essa avaliação económica condiciona a sua atitude face às várias opções que se lhe apresentam.

As preocupações normativas ("O que é que os outros vão pensar se eu actuar desta forma e será que me importo com a opinião deles?") constituem outro determinante da intenção comportamental. Por outras palavras, não somos insensíveis às reacções potenciais das pessoas que nos rodeiam. Voltemos ao nosso exemplo de aluguer de um andar. Com efeito, é provável que os seus amigos fiquem aborrecidos se você escolher um T1 na outra extremidade da cidade e você, em geral, preocupa-se com as opiniões deles. Os seus pais sempre foram contra os aquecedores a gás, mas você não gosta muito que eles se metam na sua vida. Estas considerações de ordem social vão acrescentar-se à dimensão atitudinal e determinar a sua intenção de alugar este apartamento em vez daquele. Este exemplo muito simples ilustra um dos mais populares modelos na área das atitudes, a teoria da acção reflectida (Ajzen e Fishbein, 1980; Fishbein e Ajzen, 1975).

O modelo referido descreve muito bem como um comportamento pode estar submetido a outros imperativos para além das normas ou das atitudes. As recompensas e as desvantagens podem compensar outras considerações. É óbvio que se os produtos de consumo recicláveis saem mais caros do que os produtos de utilização única, os consumidores pró-ecologia terão muito provavelmente a tentação de abafar as suas simpatias ecológicas. Foi com base neste tipo de raciocínio que os ecologistas belgas conseguiram impor as "eco-taxas": os produtos de utilização única têm taxas mais elevadas. Alguns investigadores assinalaram a preponderância da componente atitudinal em relação à dimensão normativa no comportamento de voto (Ajzen e Fishbein, 1980) e na decisão de amamentar os filhos (Manstead, Profitt e Smart, 1983). Pelo contrário, outros comportamentos como a prática do aborto (Smetana e Adler, 1980), ou o nascimento de outro filho (Vinokur-Kaplan, 1978) serão mais sensíveis às pressões sociais e menos influenciados pela componente atitudinal, ainda que ambos os factores entrem em jogo.

Um outro tipo de limitações tem a ver com o grau de controlo que podemos exercer sobre o comportamento. Com efeito, um estudante pode ser muito favorável ao sucesso num exame; não obstante, há elementos que não consegue controlar (Ajzen, 1991). Há uma dezena de anos, a teoria da acção reflectida foi enriquecida com uma nova componente que permite ter em conta a percepção do controlo sobre o comportamento. De acordo com a **teoria do comportamento planificado** (Ajzen, 1988), a intenção comportamental está também presente no grau de controlo que julgamos exercer sobre esse mesmo comportamento. A percepção do controlo comportamental percebido engloba o conjunto dos factores que intervêm na realização do comportamento e a sua percepção como elementos facilitadores ou como obstáculos. Os resultados da teoria do comportamento planificado são particularmente notáveis nas situações em que os resultados são incertos. Com efeito, ainda que seja muito positiva a atitude de uma pessoa relativamente a determinado acto, é pouco provável que ela o execute se o seu resultado parecer estar condenado ao fracasso. Quantos de nós desistiram de tentar deixar de fumar, só porque as hipóteses de êxito pareciam quase nulas? Nos casos em que a percepção do controlo é realista, é de esperar que a sua capacidade de predizer o comportamento efectivo vá além da intenção comportamental. A figura 4.1 dá uma representação esquemática da teoria do comportamento planificado.

Pediu-se a estudantes universitárias que indicassem a sua atitude quanto a uma perda de peso nas 6 semanas que se seguiam. A fim de tornar possível a medição das suas normas subjectivas, as estudantes entrevistadas tinham também de indicar se pensavam que havia pessoas à sua volta que eram de opinião que elas deviam perder peso, assim como se pensavam que essas pessoas aprovariam ou não uma perda de peso da sua parte. No que respeita à percepção do controlo, as estudantes tinham de avaliar, numa escala de 0 a 100, a probabilidade de conseguirem perder peso, se assim o desejassem, e quais as suas hipóteses de êxito numa tentativa de dieta. Por fim, as estudantes confessavam a sua intenção de perder peso durante as 6 semanas que se seguiam ao inquérito. De acordo com a teoria do comportamento planificado, os dados recolhidos por Schifter e Ajzen (1985) revelam que a atitude, as normas subjectivas e a percepção do controlo comportamental se correlacionam significativamente com a intenção de perder peso. É interessante verificar que a exploração da medida da percepção do controlo permite melhorar a previsão baseada apenas nas normas subjectivas e na atitude. Na verdade, cada uma das três variáveis de previsão contribui, independentemente das outras, para definir a intenção das inquiridas.

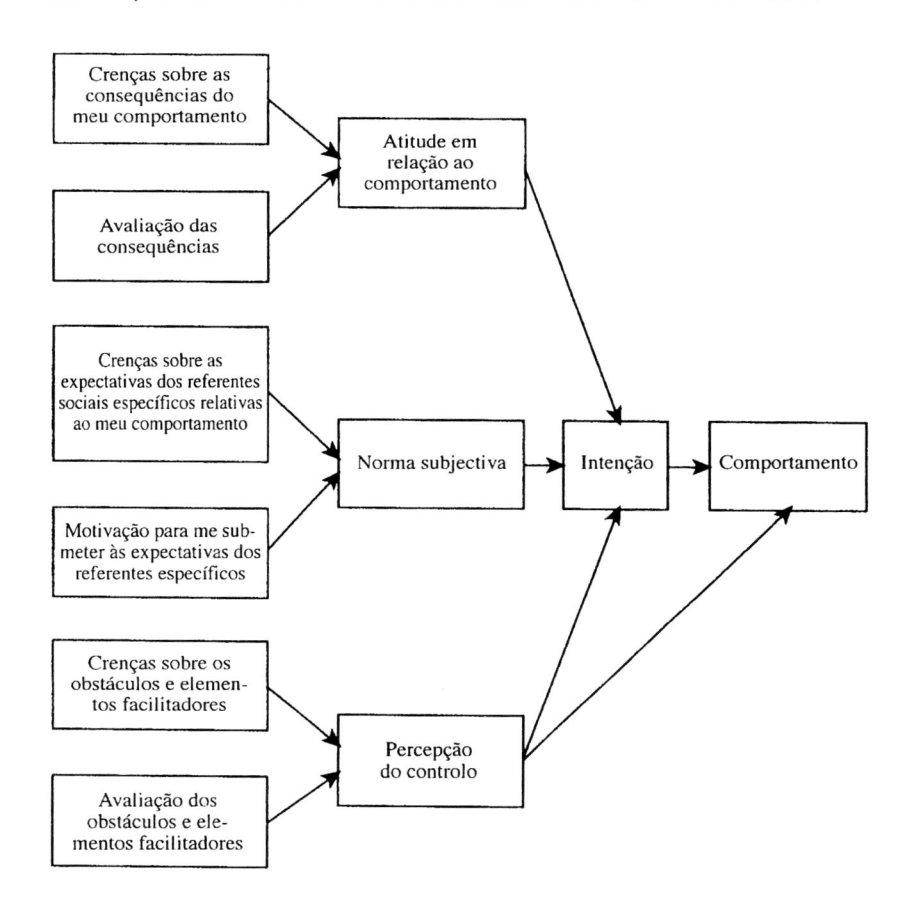

Figura 4.1 – Representação esquemática da Teoria do Comportamento Planificado.

Ao nível do comportamento propriamente dito, os dados mostram que tanto a intenção como a percepção do controlo são elementos de previsão importantes. Estes resultados acentuam tanto a importância da percepção do controlo na previsão da intenção comportamental como a utilidade da sua medição para melhorar a previsão comportamental (Ajzen, 1996; Ajzen e Madden, 1986).

Naturalmente, as pesquisas de Fishbein e Ajzen não dizem apenas respeito aos comportamentos muito gerais. Também deve ser possível predizer um comportamento específico (colocar os jornais fora da porta antes da próxima recolha pelos escuteiros do bairro) se o que nos interessa é uma atitude muito precisa. Para Ajzen e Fishbein (1980), o nível de especificidade de cada medida deve ser adequado à acção, ao alvo, ao contexto e ao tempo. Se a atitude a medir for compatível com o comportamento que se quer predizer, essa correlação pode alcançar um nível aceitável. Se tivermos em conta este factor, o comportamento medido por Kutner *et al.* (1952) está a léguas de distância da atitude proclamada pelos donos dos restaurantes, uma vez que há uma enorme descontinuidade entre o alvo do comportamento, o contexto e o tempo (LaPierre, 1934).

Um exemplo recente confirma a recomendação de Ajzen e Fishbein relativamente ao nível de especificidade. Com efeito, quando Davidson e Jaccard (1979) estudaram a utilização das pílulas contraceptivas durante um período de dois anos, verificaram que a atitude global sobre essas pílulas não tinha nenhuma relação ($r = .08$) com o comportamento. Pelo contrário, a atitude face à utilização da pílula contraceptiva durante os dois anos em questão predizia o comportamento de um modo muito significativo ($r = .57$). Em suma, só é susceptível de exercer um impacto significativo a atitude que corresponde estritamente ao comportamento.

Uma outra chave para o êxito de uma atitude, por assim dizer, é intervir quando o comportamento está pronto a iniciar-se. Uma experiência de Snyder e Swann (1976) mostra claramente que a atitude pode necessitar de uma pequena ajuda para imprimir a sua marca. Para começar, os autores sondaram a atitude dos seus estudantes acerca da discriminação positiva na contratação para um emprego. Em resumo, uma política de contratação que aplica a discriminação positiva, dá preferência, em situação de igual competência, a uma mulher ou a alguém de uma minoria étnica. Duas semanas depois daquela sondagem, os mesmos estudantes tinham que fazer de jurados numa simulação de um processo de discriminação sexual. Antes da instrução do processo, alguns dos participantes eram convidados a, durante alguns minutos, organizarem as suas ideias e conceitos sobre a discriminação positiva. Estes estudantes cujas atitudes tinham sido assim re-actualizadas, foram os únicos a exprimir um veredicto coerente.

Uma outra forma de valorizar as atitudes das pessoas consiste em aumentar o seu grau de autoconsciência. Por exemplo, pôr alguém frente a um espelho pode aumentar a sua autoconsciência e fazer crescer de modo muito significativo a relação entre a atitude e o comportamento. Por razões óbvias, as atitudes serão tanto mais susceptíveis de guiar os comportamentos quanto mais estiverem implicadas numa experiência directa com o objecto atitudinal. Fazio e Zanna (1981) confirmaram este aspecto demonstrando que as atitudes dos seus estudantes acerca das experiências de psicologia permitiam uma melhor predição da sua futura participação no caso dos estudantes que já tinham participado em várias experiências do que no caso dos que apenas tinham lido relatórios de experiências sem nelas terem participado efectivamente. Em suma, as atitudes firmemente estabelecidas que se apoiam numa vasta gama de elementos afectivos e informativos, são mais eficazes na orientação da acção.

Na mesma ordem de ideias, as pesquisas mostram que a evocação frequente de uma atitude aumenta o seu impacto sobre o comportamento. A prazo, podemos imaginar que o acesso de uma atitude se torna quase automático e passa a constituir um hábito. O simples confronto com o objecto atitudinal chega, assim, para desencadear a resposta atitudinal. São muitos os estudos que mostram a importância do hábito na predição do comportamento (Verplanken *et al.*, 1994). Os aspectos atitudinais, normativos ou intencionais, mais recentes, exercerão tanto menos influência quanto mais um hábito estiver firmemente adquirido (Triandis, 1977). Pelo contrário, se a pessoa não tiver uma razão importante para pôr em questão as suas opções fundamentais, os seus comportamentos tenderão a inscrever-se na continuação dos hábitos. Percebe-se assim que o modelo de Fishbein e Ajzen (1975), completado por Ajzen (1988), não exige que cada comportamento seja precedido de um exame minucioso dos elementos ligados às atitudes, às normas ou ao grau de controlo consciente. Para que uma intenção possa aparecer de forma espontânea, é suficiente que, no passado, esses vários aspectos tenham já sido analisados. O comportamento tanto pode basear-se numa análise aprofundada dos aspectos pertinentes como, pelo contrário, derivar da exploração automática de informações espontaneamente activadas (Fazio, 1990). Reencontramos aqui a distinção abordada no capítulo 2, acerca dos modelos de formação de impressão entre processos deliberados e reacções automáticas.

A estrutura das atitudes

Na sua teoria da acção reflectida, Fishbein e Ajzen distinguem a faceta afectiva da atitude da sua componente cognitiva (as crenças comportamentais) e da componente conativa (a intenção comportamental). Ao separar tão nitidamente esses três aspectos, estes autores demarcam-se da maioria dos outros para quem a atitude engloba as três dimensões: conativa, afectiva e cognitiva. Esta concepção "tripartida" do homem atravessou os séculos e marca todo o pensamento ocidental. Não era nas vísceras, coração e cabeça que residiam, para os Gregos, as várias componentes do homem? Alguns autores contemporâneos chegam a ver nisso uma relação com a evolução do nosso cérebro: o cerebelo, o sistema límbico e o córtex (McGuire, 1989).

As pesquisas contemporâneas acerca das componentes das atitudes baseiam-se no modelo hierárquico proposto por Rosenberg e Hovland (1960). Estes defendem que as vertentes cognitiva, afectiva e conativa constituem um primeiro nível de factores que a atitude integra numa construção de segunda ordem. Concretamente, isto significa que as três componentes deveriam estar substancialmente correlacionadas já que todas se referem à mesma atitude. No entanto e na medida em que as três componentes correspondem a realidades psicológicas distintas, as suas avaliações não deveriam ser inteiramente redundantes. Esse modelo tricomponencial foi durante muito tempo objecto de debates puramente teóricos, sendo muito difíceis de avaliar os raros argumentos empíricos (Kothandapani, 1971; Ostrom, 1969). Mais recentemente, graças a meios estatísticos mais eficazes, foi possível a investigadores, como Breckler (1984), tratar do assunto de maneira mais convincente.

A intenção de Breckler (1984) é mostrar que é possível discriminar as três componentes, mesmo que elas estejam fortemente correlacionadas entre si. Os participantes na pesquisa eram confrontados com uma serpente viva enquanto preenchiam um questionário sobre medidas cognitivas, afectivas e conativas. Para avaliar a componente cognitiva, os participantes exprimiam o seu acordo ou desacordo com enunciados do género "as serpentes controlam a população dos roedores" ou "as serpentes atacam tudo o que mexe". Também indicavam em que medida consideravam as serpentes "simpáticas ou cruéis", "limpas ou sujas", etc. A componente afectiva era medida por reacções a frases do tipo "sinto-me ansioso", "sinto-me bem", etc., bem como por uma escala de humor. Também era registada a actividade cardíaca de cada participante. Para avaliar a componente conativa, os participantes reagiam a enunciados do género "grito, mal vejo uma serpente", "gosto de mexer em serpentes", etc. Registava-se ainda a sua propensão para interagir com serpentes. Por fim, os participantes indicavam o grau de desejo de se aproximarem de várias serpentes representadas em diapositivos a cores. As análises estatísticas confirmam que as respostas a esses três grandes conjuntos de perguntas constituem, com efeito, factores separados, ainda que as correlações entre os três sejam importantes.

Esta ideia de que uma atitude pode ser declinada em três modos distintos, ainda que fortemente imbricados, é sobretudo interessante por quem quer modificar as atitudes dos outros. Com efeito, podemos esperar que, agindo sobre um dos três aspectos, se consiga provocar uma mudança considerável nos outros dois. Uma pesquisa, raramente evocada, de Rosenberg (1960), ilustra nitidamente esse fenómeno. Este investigador queria modificar a componente afectiva ao mesmo tempo que minimizava a intervenção dos aspectos cognitivos. Começou por medir as reacções afectivas e as crenças cognitivas relativamente a uma grande série de objectos atitudinais. Depois, hipnotizou todos os participantes e ordenou a metade deles que mudasse radicalmente a sua forma de sentir face a dois objectos. Segundo os participantes, o que estava em causa era reagir mais ou menos favoravelmente do que antes. Novas medidas efectuadas depois da sessão de hipnose confirmaram não haver grandes diferenças nos dois grupos de participantes, no que respeita aos assuntos que não foram abordados na hipnose. Pelo contrário, os participantes convidados a modificar as suas reacções afectivas acerca de alguns objectos atitudinais, não só se conformaram às instruções do ponto de vista da dimensão afectiva, como também modificaram de modo substancial as suas crenças cognitivas. Estas observações de Rosenberg fazem pensar infalivelmente no que se passa em algumas seitas. Graças a um adormecimento subtil da esfera intelectual e a uma radical alteração das referências afectivas, leva-se a pessoa a realizar, ela própria, o ajustamento cognitivo necessário em proveito da mensagem sectária.

É óbvio que a perspectiva tripartida propõe um meio fácil para organizar a enorme multiplicidade de pesquisas sobre a mudança de atitude. Os estudos realizados durante o último meio século ilustram, com efeito, como cada uma das esferas, cognitiva, afectiva e comportamental, pode desencadear a mudança de atitude e, por conseguinte, de comportamentos. Antes de examinar em pormenor as vertentes emocionais e comportamentais, o que faremos no próximo capítulo, vamos dar atenção ao fenómeno de persuasão, isto é, das pesquisas que se focalizaram na vertente cognitiva.

A PERSUASÃO

Paradoxalmente, as guerras desencadeiam, muitas vezes, progressos consideráveis no plano científico. Não é verdade que foram muito festejadas as consequências da II Guerra Mundial ao nível da conquista do espaço? Menos conhecido do grande público, foi também considerável o impacto desse conflito na psicologia social. Com efeito, os Estados Unidos da América gastaram muito dinheiro para perceber melhor os mecanismos de propaganda e utilizá-los em proveito da vitória contra a Alemanha nazi e o Japão. Sob a orientação de Carl Hovland e dos seus colaboradores (1953) da Universidade de Yale, esses estudos e a sua continuação no pós-guerra marcam um período abundante de pesquisas sobre a mudança de atitudes. Ainda que neo-behavioristas, aqueles investigadores construíram as bases de uma verdadeira abordagem cognitiva da mudança de atitudes.

Para Hovland e colaboradores, a situação de mudança de atitudes põe em cena a origem da mensagem, a mensagem propriamente dita, o canal de comunicação e, por fim, a audiência. As pesquisas vão assim tentar verificar o impacto dos factores específicos a cada um daqueles aspectos. São revistos os elementos ligados ao emissor de uma mensagem (a sua credibilidade, semelhança com o receptor, carácter atraente), à natureza da mensagem (a sua tonalidade afectiva e organização interna), ao receptor (a sua inteligência, auto-estima e credulidade) e ao canal de comunicação (o suporte e o contexto geral). Este esquema clássico de "quem diz o quê, a quem e por que meio" é ainda hoje actual e até os modelos contemporâneos da mudança de atitudes que se distinguem por uma vontade de integração mais ambiciosa têm as suas raízes nos esforços da Escola de Yale.

É interessante verificar que as pesquisas sobre a persuasão têm muitos pontos em comum (Eagly e Chaiken, 1993). Em geral, os participantes são confrontados com uma mensagem verbal bastante complexa. Essa mensagem defende um ponto de vista particular, com base numa série de argumentos. Habitualmente, a mensagem é apresentada em contexto de laboratório e atribuída a uma fonte que não está presente, nem é conhecida dos participantes. Na maioria das experiências, a mensagem diz respeito a um objecto atitudinal acerca do qual os participantes têm uma atitude prévia. Na maioria das vezes, os participantes são contra a proposta contida na mensagem. Também do lado das teorias temos uma constante. Os processos cognitivos ocupam um papel central. Fiéis à abordagem cartesiana do entendimento (Gilbert, 1993), os modelos distinguem duas etapas principais: uma primeira fase de recepção da mensagem, seguida de uma fase de análise dos argumentos.

A recepção da mensagem

Segundo McGuire (1968, 1972), a recepção constitui uma etapa crucial da persuasão e engloba ao mesmo tempo a atenção concedida à mensagem e a compreensão das informações que ela contém. Claro que para podermos tratar uma comunicação persuasiva, é preciso, pelo menos, termos reparado nela, ter-lhe prestado atenção. Os prospectos de venda por correspondência ilustram claramente a importância dada aos factores da atenção. Os agentes de publicidade desdobram-se em imaginação para nos obrigar a ver as suas mensagens. Paradoxalmente, o facto de estarmos inundados de informações dá prioridade absoluta a esta etapa da atenção.

Também é muito importante o que diz respeito à compreensão. Captar a atenção da audiência não significa, longe disso, que a mensagem seja bem percebida. É por isso que os adultos apenas percebem 60 a 70% do conteúdo da publicidade televisiva (Jacoby *et al.*, 1980). Por outras palavras, se é verdade que os anúncios publicitários têm mais hipóteses de captar a atenção quando usam os meios audiovisuais, o facto é que correm o risco de uma relativa incompreensão. Embora as mensagens impressas pareçam mais eficazes do ponto de vista da compreensão, nada está adquirido de uma vez por todas.

A fim de influenciar a qualidade da compreensão, alguns autores fizeram variar a inteligibilidade da mensagem. Outros exploraram modalidades de comunicação diferentes para verificar se há umas que facilitam a recepção da informação e outras que a dificultam. Uma experiência de Chaiken e Eagly (1976) combina as duas estratégias. Os participantes eram confrontados com uma mensagem fácil ou difícil de entender, apresentada na forma escrita, auditiva ou visual. A versão simples da mensagem era sobre um litígio entre uma empresa e os seus empregados e utilizava frases relativamente curtas e um vocabulário limitado. A versão complexa incluía frases complicadas e um vocabulário sofisticado. Os resultados atestam que a mensagem complicada é melhor memorizada e mais persuasiva quando apresentada na forma escrita do que na auditiva ou visual. A inteligibilidade da mensagem parece estar directamente implicada, pois um resultado muito diferente é obtido no caso da mensagem simples. Desta vez, a mudança de atitude é máxima no caso da mensagem visual e mínima no da mensagem escrita, embora a compreensão da mensagem seja, no entanto, idêntica, nas três modalidades da apresentação.

Os dados de Chaiken e Eagly acentuam a importância do factor de recepção no caso de uma mensagem complexa. Pelo contrário, quando a mensagem é simples, não será a inteligibilidade que explica as diferenças de eficácia nas várias modalidades de apresentação. Este tipo de resultados sugere que não é só a recepção que influencia a mudança de atitudes. A aceitação da mensagem também intervém.

A aceitação da mensagem

Se quiser influenciar os outros através de uma mensagem persuasiva, tem, antes de mais, de procurar que a sua audiência esteja atenta à mensagem e entenda bem o que você diz. Por outros termos, despertar a curiosidade e produzir uma mensagem compreensível têm o estatuto de condições necessárias. No entanto, a recepção está longe de ser suficiente para provocar uma mudança de atitude. É preciso também que a pessoa a quem você se dirige adira à mensagem, que faça seus os argumentos apresentados na comunicação. Segundo Hovland, quando as pessoas recebem uma mensagem nova verifica-se uma modificação na sua estrutura atitudinal. Esta tese é uma consequência directa da teoria da aprendizagem: as pessoas serão tanto mais susceptíveis de apreender uma mensagem quanto mais ela lhes trouxer benefícios ou evitar consequências lastimáveis.

Com uma certa ironia, foi a acumulação de resultados contraditórios pelos defensores da Escola de Yale que forneceu a McGuire (1969, 1972, 1985) a oportunidade de demonstrar o interesse da sua concepção estocástica. De acordo com este modelo, tanto a recepção como a aceitação contribuem para produzir uma mudança de atitude. Na medida em que alguns factores exercem uma acção distinta sobre cada uma dessas duas componentes, os seus efeitos sobre a mudança de atitudes podem confundir os observadores. É o que se passa no caso da inteligência. Embora a inteligência contribua para o êxito da tentativa de persuasão, ela pode, em outros casos, constituir um obstáculo. McGuire explica facilmente essa cacofonia aparente: a inteligência está positivamente ligada à recepção e negativamente ligada à aceitação. Por outras palavras, as pessoas inteligentes são mais capazes de perceber uma mensagem persuasiva, mas também mais susceptíveis de a contestar. Uma análise sensivelmente idêntica demonstra o papel da auto-estima nas experiências de persuasão (McGuire, 1968; Rhodes e Wood, 1992).

As primeiras concepções do fenómeno persuasivo nada dizem a propósito de um problema que no entanto é muito real. Face a uma mensagem persuasiva, a assistência raramente fica sem reacções. Por outros termos, as pessoas fazem muito mais do que limitar-se a registar as informações. Imagine que um candidato político lhe fala da sua intenção de diminuir os impostos em 15%. No seu espírito, provavelmente, passam várias reflexões. Face a um discurso, as pessoas reagem. Fazem associações com informações que já têm, detectam as fragilidades do raciocínio, apreciam o valor de uma dedução, contestam o conteúdo da conclusão, etc. Sendo assim, por que seria de esperar que as respostas finais fossem apenas influenciadas pelos argumentos contidos na mensagem? Ao contrário, elas deveriam reflectir o impacto das várias ideias em que pensámos durante a comunicação. A importância de tal elaboração cognitiva está totalmente ausente dos estudos inspirados pela teoria da aprendizagem ou pelo modelo dos dois factores de McGuire. Ela constitui, no entanto, um elemento-chave nas actuais concepções da mudança de atitudes.

O exame escrupuloso da mensagem

Durante a campanha presidencial de 1988, o canal público francês Antenne 2 foi violentamente atacado pelos partidos da direita. O problema residia numa fotografia do candidato da esquerda, François Mitterrand, visível durante algumas fracções de segundo durante o genérico do telejornal. Seria uma imagem desse tipo capaz de influenciar a escolha dos eleitores sem que eles disso tivessem consciência?

Sem perda de tempo, a influência subliminal foi acusada de lesar as consciências. Uma vez que não se podia garantir o exercício total da racionalidade, era conveniente proibir esse tipo de método. Trata-se de um acontecimento cheio de ensinamentos. Nomeadamente, ele acentua até que ponto valorizamos a avaliação escrupulosa dos argumentos de uma comunicação persuasiva.

As recentes concepções em matéria de persuasão reflectem bem a importância que se atribui ao trabalho cognitivo da assistência. Greenwald (1968) foi o primeiro a pôr em relevo as reflexões originais da pessoa confrontada com uma mensagem, para além da simples apreensão do conteúdo da comunicação. Para a **abordagem da resposta cognitiva**, nome pelo qual é conhecida esta concepção teórica, o factor determinante da mudança de atitude reside na actividade intelectual do receptor. Quando uma pessoa está face a uma mensagem, começa por fazer um exame crítico dos argumentos. Se o resultado desse trabalho cognitivo for positivo, a pessoa vai tender para a posição que a comunicação persuasiva defende. Pelo contrário, se o resultado do exame se revelar negativo, as propostas da mensagem serão recusadas (Petty *et al.*, 1981b).

O impacto da distracção sobre a persuasão ilustra o valor heurístico dessa concepção. Desde 1964 que Festinger e Maccoby tinham demonstrado que a distracção dos receptores pode aumentar a persuasão. Mais tarde, Osterhouse e Brock (1970) demonstraram o papel mediador da actividade de contra-argumentação do sujeito. Quanto maior é a distracção, maior é a dificuldade dos sujeitos em reagir aos argumentos da mensagem. Segundo Petty *et al.* (1976), a distracção inibe a produção das respostas cognitivas dominantes. Se a maioria das reflexões forem desfavoráveis (como no caso de mensagens mal argumentadas), os sujeitos distraídos são os mais persuadidos. Pelo contrário, se as reflexões forem, maioritariamente, favoráveis (como no caso de mensagens bem argumentadas), a distracção diminui o impacto da mensagem (ver figura 4.2).

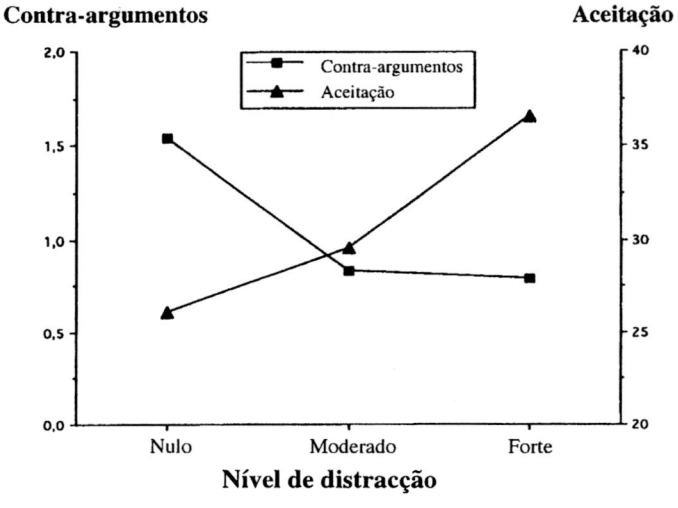

Figura 4.2 – *Número de contra-argumentos e nível de aceitação em função do nível de distracção.*

De acordo com a abordagem da resposta cognitiva, a análise dos elementos contidos na mensagem é o centro do fenómeno de persuasão. A fonte marcará pontos se a pessoa confrontada com a mensagem tiver oportunidade de analisar os argumentos e concluir a seu favor. Não é portanto de admirar que a relação entre a atitude final dos indivíduos e a memória que guardam dos argumentos contidos na mensagem seja muitas vezes limitada. Por sua vez, seria de esperar que as ideias que, durante a difusão da mensagem, vieram ao espírito da pessoa, permitissem prever a mudança de atitude. Por outras palavras, o facto de se analisar cuidadosamente o conteúdo de uma mensagem e examinar de forma sistemática os seus méritos e defeitos é o núcleo do fenómeno da mudança de atitude. Para realçar a importância que conferem a esse processo, os autores falam da **via central** da persuasão (Petty e Cacioppo, 1986) ou de **tratamento sistemático** (Chaiken, 1987). Com o intuito de perceber o trabalho cognitivo realizado durante a apresentação da mensagem, Greenwald (1968) pediu aos seus sujeitos para realizarem, com o máximo cuidado, uma lista de todos os pensamentos que lhes passaram pela cabeça durante a tentativa de persuasão. Essa medida, conhecida por "lista de pensamentos", tornou-se um elemento incontornável de qualquer estudo sobre a persuasão.

O facto de uma mensagem utilizar a via central não nos informa sobre a dimensão da mudança de atitude. Para que uma atitude seja modificada no sentido da mensagem, é preciso que esta suscite uma maioria de pensamentos favoráveis. Pelo contrário, se ela for dominada por pensamentos negativos, a fonte da mensagem assistirá, com surpresa, a um efeito *boomerang:* as pessoas estarão ainda menos convencidas no fim da comunicação. Uma experiência de Petty e Cacioppo (1984) ilustra esse mecanismo. Os participantes, estudantes americanos, tinham de ouvir uma mensagem que defendia a instauração imediata de um exame global no fim do seu *cursus* universitário. Enquanto uma versão da mensagem apenas continha três argumentos, uma outra apresentava nove. Para metade dos participantes, os argumentos eram de pouca qualidade enquanto para o resto do grupo, pelo contrário, os argumentos eram excelentes. Os resultados indicam que os participantes confrontados com bons argumentos se deixaram convencer. A mudança foi tanto mais importante quanto mais foram os argumentos apresentados. Face a argumentos maus, pelo contrário, os participantes não se deixaram influenciar. Pior ainda, a presença de nove argumentos de má qualidade teve como consequência o reforço da oposição dos estudantes à introdução desse novo exame.

Se é com facilidade que aceitamos que as comunicações persuasivas provocam reacções na audiência, é também evidente que não se faz um exame escrupuloso de todas as mensagens. Quantas vezes somos levados a negligenciar os aspectos de conteúdo, para nos basearmos, pelo contrário, nos indícios mais superficiais. O poder dos actuais modelos de persuasão consiste em que eles criam um espaço suficientemente amplo para diferentes modos de tratamento das mensagens persuasivas.

O exame superficial da mensagem

As pessoas não estão sempre em condições de avaliar os méritos da mensagem persuasiva com base nos seus argumentos. Tanto Petty e Cacioppo (1986), com o **modelo da probabilidade da elaboração**, como Chaiken (1987), com o **modelo do tratamento sistemático e heurístico**, têm em conta modos de tratamento menos conscienciosos. Petty e Cacioppo (1986) foram os primeiros a definir as condições em que as pessoas tratam os argumentos da mensagem com profundidade ou, pelo contrário, tendem a limitar-se aos indícios periféricos (ver figura 4.3). Um primeiro factor que aumenta as hipóteses de um exame central é a motivação para analisar os argumentos da mensagem. Por outras palavras, os nossos objectivos têm consequências directas na maneira como abordamos as informações. Quando a motivação é forte, a atitude baseia-se, antes de mais, na argumentação da comunicação. A mudança será assim mais importante quando os argumentos são bons e menos nítida quando os argumentos são de má qualidade.

Esta dimensão da motivação pode tomar várias formas. Imagine um discurso em que o primeiro-ministro põe em relevo a necessidade de reduzir drasticamente o orçamento da educação. Se esse plano de austeridade afectar já o próximo ano escolar, você sentir-se-á motivado para verificar a qualidade dos argumentos do chefe do governo. A sua atenção será nitidamente menor se o discurso for acerca das restrições indispensáveis a fazer nas obras públicas. Em suma, pôr a tónica nas consequências negativas provoca uma preocupação de exactidão por parte do público e, em consequência, um acréscimo de atenção (Kruglanski, 1989; Tetlock, 1985). A implicação pode ser conseguida de formas mais subtis, pondo as pessoas em frente a um espelho, para aumentar a sua autoconsciência, ou utilizando pronomes pessoais ("Você beneficiará de vantagens") em vez de termos genéricos ("As pessoas beneficiarão de vantagens"). O facto de estar só e não em grupo, a avaliar os méritos de uma comunicação, constitui um outro factor susceptível de aumentar a motivação (Petty, Harkins e Williams, 1980). Bem entendido, a própria mensagem, se estiver mal construída e apresentar inconsistências, pode levantar suspeitas, levar a um exame mais minucioso e desencadear um efeito *boomerang*. Por outras palavras, o público é reforçado na sua opinião e denigre ainda mais a posição defendida na mensagem. De um modo geral, qualquer elemento de surpresa pode aumentar a motivação para analisar a mensagem em profundidade.

Uma experiência de Petty *et al.* (1981a) ilustra a maneira como a manipulação dos objectivos pessoais pode orientar as pessoas em direcção a um tratamento central ou, pelo contrário, periférico. Estava em questão instaurar um exame global no fim do *cursus* universitário. Para alguns participantes, a mensagem era de boa qualidade. Para outros, a comunicação era, pelo contrário, de má qualidade. Quando os investigadores evocavam a aplicação imediata da medida, os participantes reagiam de formas muito diferentes conforme a mensagem era boa ou má (ver figura 4.4a). Quando o prazo para a introdução dessa prova suplementar era de dez anos, a qualidade da mensagem deixava de ser importante. Inversamente, o facto de a fonte ser um perito (um professor de pedagogia da Universidade de Princeton) ou não (um aluno da escola secundária) não tinha nenhum efeito nos participantes fortemente implicados (introdução imediata) mas influenciava nitidamente os participantes pouco motivados (introdução diferida) (ver figura 4.4b).

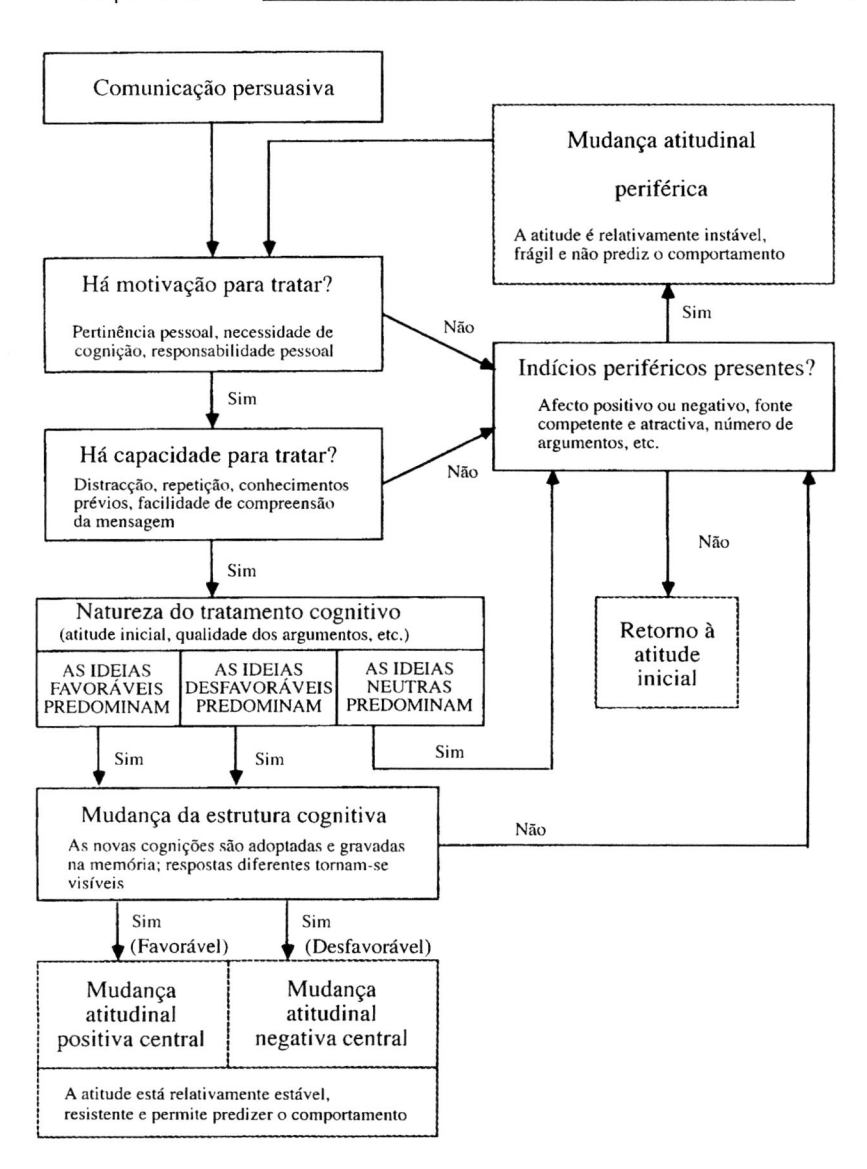

Figura 4.3 – Representação esquemática do Modelo da Probabilidade de Elaboração.

Da mesma maneira que a situação tem um impacto na motivação das pessoas confrontadas com uma mensagem persuasiva, também as características individuais influenciam a inspecção metódica das informações contidas na mensagem. A esse propósito, Cacioppo e Petty (1982) consideram que nem todas as pessoas têm a mesma vontade de se lançar em tarefas de reflexão. Nem toda a gente gosta

Mudança de atitude

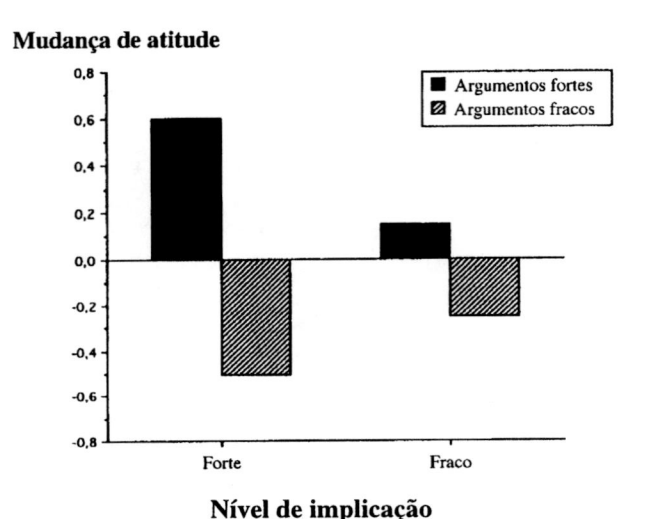

Nível de implicação

Mudança de atitude

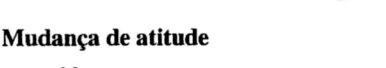

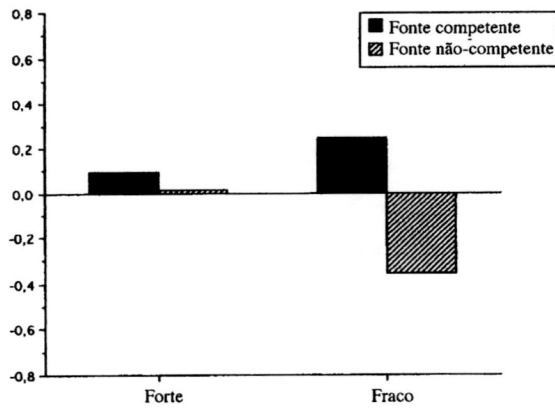

Nível de implicação

Figura 4.4 – Mudança de atitude em função do nível de implicação e (a) da qualidade dos argumentos ou (b) da competência da fonte.

necessariamente do "desporto mental"! Tendo por base uma escala de personalidade, Cacioppo e Petty (1982) avaliaram a **"necessidade de cognição"**, isto é, o grau em que os participantes tinham prazer no trabalho cognitivo, em que procuravam estímulos intelectuais, apreciavam jogos mentais, etc. Como era de esperar, os que manifestavam inclinação para os exercícios intelectuais examinavam com mais facilidade os argumentos de uma mensagem e modificavam a sua atitude de acordo com os méritos da comunicação. No extremo oposto, as pessoas que não tinham tendência para a reflexão hesitavam no investimento intelectual face às várias tentativas de persuasão e tomavam mais em conta os indícios periféricos (Haugtvedt *et al.*, 1992).

A motivação para tratar a mensagem também depende da nossa relação com o objecto atitudinal. A este propósito, recorde as várias funções das atitudes. Instrumentos indispensáveis para a gestão do nosso universo, as atitudes ajudam--nos a determinar as nossas reacções face aos objectos e às pessoas. Garantem-nos um certo número de benefícios e evitam-nos dissabores. Dão-nos um meio para exprimir quem somos, manifestações de identidade que nos permitem situarmo--nos em relação às pessoas que nos rodeiam. A dimensão funcional das atitudes pode ser abordada de dois ângulos diferentes. Uma primeira abordagem consiste em acentuar o facto de alguns objectos reenviarem de modo prioritário a uma função específica. Por exemplo, é muito provável que a sua atenção às perfuradoras ou às serras eléctricas tenha, antes de mais, uma função utilitária (Abelson e Prentice, 1989; Shavitt, 1989). Uma segunda maneira de assumir o carácter funcional das atitudes, e provavelmente a mais pertinente para o nosso propósito, é considerar que existem diferenças entre as pessoas quanto à função deste ou daquele objecto atitudinal (Snyder e DeBono, 1987, 1989). Por outras palavras, as atitudes acerca de um objecto não fazem apelo, necessariamente, à mesma função para todas as pessoas. Uma atitude positiva sobre um carro pode ter uma função instrumental para algumas pessoas e uma função mais social para outras. A eficácia das mensagens persuasivas varia assim consoante os argumentos apelem prioritariamente a uma ou outra função.

Do ponto de vista funcional, o grau de autocontrolo das pessoas constitui uma diferença de personalidade muito interessante. Com efeito, segundo Snyder (1974), as pessoas que manifestam forte autocontrolo são muito conscientes da maneira como os outros as avaliam e preocupam-se com uma boa inserção social. No outro extremo, as pessoas que se caracterizam por fraco autocontrolo preocupam-se sobretudo com a sua própria reacção e não tanto com a adequação social do seu comportamento.

Snyder e DeBono (1985) compararam as reacções de pessoas com forte ou fraco auto-controlo face a anúncios de um café instantâneo. Enquanto um dos *slogans* insistia nas características próprias do produto ("Café Irish Mocha Mint: uma deliciosa mistura de três grandes aromas: café, chocolate e hortelã"), o outro *slogan* estava mais associado à imagem veiculada pelo produto ("Café Irish Mocha Mint: transforme uma noite fresca num serão caloroso com o café Irish Mocha Mint").

Como se previa, os participantes com elevado autocontrolo foram mais sensíveis ao *slogan* orientado para o produto. Ao contrário, os participantes cujo autocontrolo era fraco revelaram-se mais influenciados pelo *slogan* que elogiava os atributos do produto. Em total conformidade com a noção de que a dimensão funcional de um objecto modula a elaboração cognitiva, os participantes de Snyder e DeBono mobilizaram mais e durante mais tempo a atenção no caso do anúncio que correspondia à sua sensibilidade.

Para além da vertente motivação, o modelo da probabilidade da elaboração sugere que as capacidades cognitivas são indispensáveis para que a audiência possa utilizar a via central (ver figura 4.3). Como já vimos, a introdução de elementos de distracção numa mensagem impede o exame minucioso dos argumentos desenvolvidos na comunicação. As fragilidades da argumentação passam então despercebidas. Esta técnica de atirar poeira para os olhos é muito utilizada na publicidade comercial ou na propaganda política. Inversamente, se a mensagem for de boa qualidade, é melhor evitar elementos de distracção que lhe diminuam o impacto.

Há outros meios que permitem assegurar o investimento intelectual dos receptores. Por exemplo, a repetição da mensagem, um discurso mais lento, ou o recurso a um suporte escrito têm como efeito facilitar a avaliação minuciosa do conteúdo. A comunicação pode também incluir questões retóricas que estimulam a reflexão. Ao contrário, constrangimentos de tempo, uma certa dose de excitação fisiológica (como quando se acabou de fazer um exercício físico), ou o recurso a uma mensagem mais complexa tornam o exame mais difícil. Do ponto de vista das diferenças individuais, as pesquisas confirmam também que as pessoas com um nível intelectual elevado votam ao desprezo a via periférica e se empenham na via central. Também o conhecimento prévio do assunto favorece o recurso a um tratamento escrupuloso da mensagem. Em qualquer destes casos, o tratamento pela via central amplifica o impacto dos bons argumentos e diminui o dos maus.

Uma pesquisa de Cacioppo (1979) ilustra de forma, no mínimo, surpreendente, o papel das capacidades intelectuais na análise dos argumentos. No centro das hipóteses deste investigador está a observação solidamente estabelecida de que a aceleração do ritmo cardíaco está associada a um aumento do trabalho cognitivo. Todas as pessoas contactadas por Cacioppo eram portadoras de um *pacemaker* de um tipo particular: regulados para não descerem abaixo das 72 pulsações por minuto, podiam, no entanto, atingir a cadência de 88 pulsações por minuto quando em presença de um íman. Cacioppo pediu aos participantes que lessem duas mensagens contra-atitudinais, uma em situação de ritmo cardíaco *standard* e a outra em situação de ritmo cardíaco acelerado. Como os participantes tinham de usar um avental com um íman colocado ao nível do coração, não podiam ter consciência da manipulação. Em conformidade com as previsões do modelo da probabilidade de elaboração, os participantes desta experiência produziram muito mais contra-argumentos quando o seu ritmo cardíaco estava acelerado.

Quando faltam a motivação ou os recursos cognitivos, uma maneira cómoda de confrontar as mensagens persuasivas consiste em apoiar-se em regras de decisão simples. Segundo Chaiken (1987), nós raciocinamos à base de princípios que já deram as suas provas e nos guiam na vida quotidiana. Essas **heurísticas** são preciosas na medida em que nos evitam investir demasiado tempo e esforço para reflectir em tudo o que temos de fazer. Tais heurísticas são-nos, na realidade, muito familiares. Por exemplo, a regra "Se a fonte da mensagem é especialista no tema em questão, então posso acreditar nela" é uma das mais populares. Uma outra fórmula consagrada afirma que "Se a mensagem é longa, então é verdadeira". Podíamos citar muitas outras como "As estatísticas não mentem", "As pessoas sorridentes são em geral de confiança", ou ainda "A maioria raramente se engana", etc.

Já as pesquisas desenvolvidas pela Escola de Yale acentuavam o impacto dos factores ligados à fonte da mensagem. Por exemplo, sabemos perfeitamente que as estrelas de cinema ou as vedetas do pequeno ecrã que aparecem na publicidade não estão, a bem dizer, habilitadas para elogiar as qualidades dos produtos que promovem. Num trabalho que ficou famoso, Hovland e Weiss (1951) confrontam os seus participantes com quatro mensagens. Cada uma se refere a um problema diferente (por exemplo, a venda de medicamentos antiestamínicos sem receita). Enquanto para metade dos participantes o autor da mensagem é uma fonte altamente credível (no exemplo, uma revista científica considerada), para a outra metade, a origem é pouco credível (no exemplo, um semanário de grande tiragem). A comparação das atitudes dos participantes antes e depois da leitura das mensagens atesta a vantagem da fonte credível. Ainda que os participantes tenham lido todas as mensagens com a mesma atenção, a credibilidade da fonte é um factor considerável.

O modelo de Chaiken (1987) baseia-se na ideia de que as heurísticas podem ser "activadas" na cabeça do receptor, seja de maneira crónica seja, mais simplesmente, pelas circunstâncias do momento.

Roskos-Ewoldsen e Fazio (1992) apresentaram uma mensagem ecologista atribuída a Cousteau, tendo o cuidado de pedir aos participantes para indicarem, previamente, uma ou várias vezes, a sua atitude em relação a Cousteau. A expressão repetida da atitude positiva em relação à fonte provocou mais mudanças de atitude, provavelmente devido à acessibilidade acrescida da regra de decisão segundo a qual "em geral concordamos com as pessoas de quem gostamos". Mais recentemente, Chaiken e colegas (1992) confirmaram o carácter aditivo dos efeitos crónicos e passageiros das heurísticas. Numa fase preliminar, os investigadores identificaram os utilizadores crónicos da regra "quanto mais argumentos uma mensagem contém, melhor ela é", convidando os participantes a exprimirem o seu acordo com essa heurística. Em seguida, de novo no laboratório, os participantes foram convidados a participar em dois estudos. O primeiro dizia respeito aos provérbios. Enquanto metade dos participantes lia uma série de frases destinadas a aumentar a acessibilidade relativa da heurística ("quanto mais malucos, maior o divertimento", "quanto maior o navio, mais longe ele vai"), os outros eram confrontados com frases sem nenhuma relação ("longe dos olhos, longe do coração"). A segunda experiência relacionava-se com a formação da impressão. Os participantes tinham de ouvir uma cassete em que um jovem defendia a criação de um exame global. Pretendia ter duas ou 10 boas razões em defesa do seu ponto de vista. Na realidade, todas as mensagens eram compostas de seis argumentos. Os resultados mostram que os participantes crónicos ficavam mais convencidos quando a mensagem continha, pretensamente, 10 argumentos e não dois. Esse efeito é ainda mais óbvio quando a heurística era previamente activada. Os participantes não crónicos mostravam-se insensíveis ao número de argumentos ainda que tivessem participado na fase de incitação.

Para além das heurísticas de avaliação, há outras estratégias de tratamento periférico que permitem enfrentar uma comunicação persuasiva. Por exemplo, Petty e Cacioppo consideram que somos, por vezes, levados a basear-nos num trabalho de tipo atribucional (Eagly *et al.*, 1978). Se é verdade que um exame atribucional da situação de persuasão é, de facto, pouco exigente em termos cognitivos, ele requer, no entanto, um nível de análise consciente que nem sempre pode ser efectuado. Algumas estratégias são ainda menos onerosas no plano da atenção. Pensamos, evidentemente, nos fenómenos de condicionamento de que iremos tratar no próximo capítulo.

Não deve ser tomada à letra, por muito sedutora que possa ser, a distinção entre os argumentos da mensagem, os indícios periféricos presentes na situação de comunicação e até os determinantes do grau de elaboração. Por exemplo, Petty e Cacioppo lembram que algumas variáveis periféricas são passíveis de incitar as pessoas a tratarem a mensagem de maneira mais ou menos aprofundada (DeBono e Harnish, 1988) e até de assumir o papel de argumentos (Petty e Cacioppo, 1980). Para entender essa multiplicidade de papéis, pense no impacto do carácter atractivo da fonte. À medida que a elaboração aumenta, esse factor tomará o estatuto de indício periférico (é uma pessoa simpática, por isso não vejo porque hei-de contestar o que ela diz), de incitação suplementar à elaboração da mensagem (é uma pessoa simpática, vale a pena ver o que tem para me dizer) ou de argumentos propriamente ditos (a sua beleza mostra claramente que esse cosmético é eficaz).

Mas, pensa você, que importância tem que a mudança de atitude aconteça pela via periférica ou pela via central? O que importa não é que se manifeste uma mudança de atitude, qualquer que seja a estratégia utilizada? Desiluda-se! As pesquisas indicam muito nitidamente que a via utilizada tem consequências directas na duração da mudança.

A diferença de longevidade entre as mudanças baseadas no conteúdo da mensagem e as que são devidas a uma heurística permite explicar o famoso "sleeper effect". Lembre-se da experiência em que Hovland e Weiss (1951) demonstraram o fortíssimo impacto da credibilidade da fonte. Os resultados revelam também o regresso dos participantes à sua atitude anterior, quatro semanas depois da comunicação persuasiva. Por outras palavras, o impacto de uma mensagem que se atribui a uma fonte não especialista dilui-se com o tempo (Pratkanis *et al.*, 1988). Para ver vacilar os recém-convertidos, bastaria portanto dissociar os indícios do conteúdo da mensagem.

Se, face a uma mensagem persuasiva, as pessoas se contentam com um tratamento heurístico, as mudanças provocadas duram pouco. Além disso, a resistência a novas tentativas de influência é limitada. Pelo contrário, as mudanças que se seguem a um tratamento escrupuloso dos argumentos da mensagem persistem por mais tempo, surgem mais rapidamente na mente quando as pessoas são de novo confrontadas com o objecto atitudinal, orientam mais os comportamentos posteriores e resistem mais se forem postas em causa (Haugtvedt & Petty, 1992). A mudança de atitude pela via central apresenta portanto um interesse evidente. Nos capítulos seguintes, teremos a possibilidade de voltar a falar sobre a distinção entre mudanças superficiais e modificações mais profundas quando abordarmos a questão da conformidade.

Resistir às tentativas de influência

Todas as variáveis examinadas até agora têm o efeito de facilitar ou dificultar o exame dos argumentos da mensagem, o que fazem de forma muito objectiva. Vejamos o caso da distracção! Se a tendência das pessoas é para reagirem negativamente aos argumentos da mensagem, a distracção terá o efeito de reduzir o carácter negativo dessa reacção. Acontecerá o inverso nos casos em que a comunicação suscita pensamentos maioritariamente favoráveis. Mas se a objectividade parece desejável, ninguém contestará que temos, muitas vezes, tendência para resistir às tentativas de persuasão. A esse propósito, podem distinguir-se três grandes categorias de situações. Antes de mais, nós raramente somos neutros face às várias comunicações com que somos confrontados. Não é portanto de admirar que façamos um tratamento relativamente enviesado das informações. Em segundo lugar, podemos estar perfeitamente conscientes da intenção persuasiva da fonte. Também neste caso se espera que façamos prova de alguma firmeza. Por fim, é possível prepararmo-nos com antecedência para uma tentativa de persuasão. Podemos aliás interrogarmo-nos sobre a utilidade de nos prevenirmos, imaginando os vários argumentos susceptíveis de serem utilizados para nos desestabilizar e modificar as nossas atitudes.

O modelo de Petty e Cacioppo prevê que a assistência possa tratar as mensagens de maneira parcial. Um primeiro factor importante é o nosso grau de conhecimento sobre o tema abordado na comunicação. É verdade que raramente a nossa sabedoria sobre um tema definido é perfeitamente equilibrada. A nossa informação prévia é muitas vezes enviesada a favor de uma posição, o que terá por efeito orientar-nos para uma direcção determinada. Mas o factor mais susceptível de reforçar a oposição ou a adesão à mensagem será a motivação. Quando ouve um discurso político, a sua posição não é neutra. Se o orador defende medidas anti-sociais, não terá muitas hipóteses de o seduzir. Pelo contrário, você provavelmente entusiasma-se se ele anunciar uma descida espectacular dos impostos.

Outra forma muito eficaz de minimizar o impacto de uma mensagem consiste em anunciar à audiência as intenções da fonte. Quando prevenidas, as pessoas não optam por um exame imparcial dos argumentos, mas, pelo contrário, tendem a defender as suas posições (Freedman e Sears, 1965; Kiesler e Kiesler, 1964). No entanto, não se pode considerar que a adopção de uma postura crítica nos protege de maneira definitiva. Ainda que encaremos a publicidade televisiva com um olhar reprovador, as nossas escolhas alimentares mostram claramente que caímos na armadilha das campanhas de promoção bem conduzidas (Watts e Holt, 1979).

— Psicologia Social

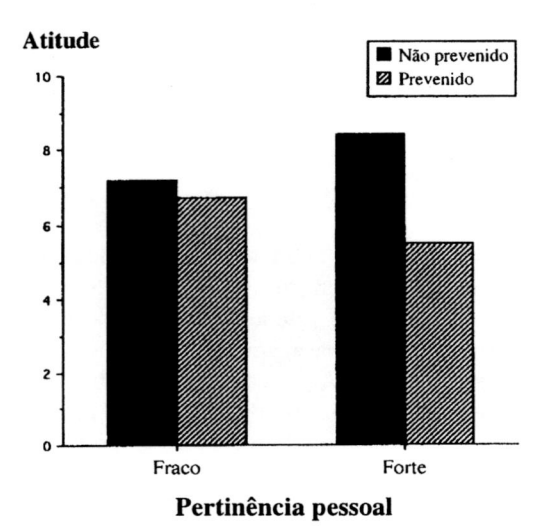

Figura 4.5 – *Atitude em função do grau de pertinência e do de pré-aviso.*

Num trabalho efectuado por Petty e Cacioppo (1979), alguns participantes (o grupo não prevenido) eram informados de que iam ouvir uma gravação sobre um trabalho realizado no contexto de um curso de jornalismo. Aos outros participantes (o grupo prevenido) era dito que o texto visava persuadi-los a modificarem alguns aspectos do regulamento universitário. A mensagem incluía cinco argumentos de qualidade sobre a criação de um exame geral antes da obtenção do diploma. A mudança devia ter lugar no próximo ano (pertinência forte) ou dez anos mais tarde (pertinência fraca). Como mostra a figura 4.5, os participantes pouco afectados não se mostram sensíveis ao aviso. Pelo contrário, quando a mensagem recomenda uma mudança iminente do regulamento, os participantes prevenidos deixam-se convencer nitidamente menos do que os que não suspeitavam de que se tentava mudar a sua atitude.

A última forma de resistência consiste em não esperar o confronto com a comunicação persuasiva. Já que há poucas dúvidas sobre as más intenções de alguns grupos sectários, porquê esperar o momento em que nos confrontam com a sua propaganda? É preferível que se treine a desmontar os argumentos mais usados para apanhar novos adeptos para a rede e constituir uma reserva de respostas para o caso de um encontro imprevisto. Tal como acontece com algumas doenças graves, como o tétano ou a poliomielite, a melhor estratégia consiste em preparar-se com muita antecedência e tomar uma vacina. Todos sabemos que esse primeiro contacto com uma versão enfraquecida da infecção cria anticorpos que nos serão muito úteis quando a doença aparecer. Da mesma maneira, uma boa maneira de enfrentar uma tentativa de persuasão consiste em organizar com antecedência uma bateria de contra-argumentos. É a McGuire (1964) e à sua famosa teoria da **inoculação** que devemos a analogia com o mundo médico.

Foram muitos os investigadores que demostraram a eficácia da estratégia de inoculação. Também se interessaram pelo problema dos jovens que começam a fumar. As observações mostram que a pressão social dos pares é um factor-chave nesse tipo de fenómeno. Os participantes nas pesquisas, rapazes jovens, são "inoculados" com contra-argumentos do tipo "sou mesmo um bananas se só fumo para mostrar que sou capaz de o fazer", e muitos outros (McAlister *et al.*, 1980). Os resultados indicam que em comparação com outros jovens que não beneficiaram daquela fase de inoculação, o risco de se tornarem fumadores é nitidamente reduzido. O mais perturbador é que os efeitos dessa intervenção persistem durante muitos anos. Numa área completamente diferente, algumas crianças foram "inoculadas" contra o tipo de publicidade típica das emissões infantis. Outros estudos mostram a grande flexibilidade dessa técnica e fazem dela uma arma de resistência eficaz à tentação da vida sectária, da droga ou da propaganda política.

Quer se trate de inocular ou de prevenir os alvos de futuras tentativas de persuasão, a ideia central é preparar uma variedade de contra-argumentos que poderão opor--se à mensagem. Percebe-se assim porque é que as atitudes que se baseiam no tratamento aprofundado têm mais hipóteses de resistir a posteriores tentativas de desestabilização. Na medida em que as pessoas construíram um leque de argumentos em favor da sua posição, qualquer objecção subsequente terá muita dificuldade em desmoronar esse edifício.

Este capítulo demonstra a importância do conceito de atitude e o seu papel no nosso comportamento social. Com efeito, na medida em que são relativamente maleáveis, as atitudes permitem o exercício de uma forma de influência mais aceitável do que o constrangimento físico. É evidente que a maneira como analisamos as mensagens que recebemos tem um papel determinante no êxito ou no fracasso da tentativa de persuasão. Os modelos actuais mostram que podemos abordar as comunicações consagrando-lhes pouca atenção e fazendo fé a modos superficiais de tratamento ou, pelo contrário, dispensando-lhes recursos de atenção que nos permitem examinar os seus argumentos escrupulosamente.

O próximo capítulo inscreve-se na sequência deste. Continuaremos a tratar a questão da mudança das atitudes, mas vamos abandonar os aspectos cognitivos. Completando o exame inspirado pela visão tripartida da atitude, procuraremos determinar melhor os antecedentes afectivos e comportamentais dessa mudança.

Capítulo 5
A mudança de atitude

São espantosas as nossas competências em matéria de julgamento social. Os capítulos precedentes fornecem muitos exemplos da nossa capacidade para elaborar descrições pormenorizadas de outras pessoas a partir de poucas informações. Em que se baseiam as nossas reacções aos outros? Quais são as informações que afectam as nossas atitudes em relação às pessoas que nos rodeiam? Uma experiência de Niedenthal e Cantor (1986) sugere que, por vezes, são pormenores anódinos que guiam os nossos sentimentos. Nesse estudo, os participantes observam fotografias de outras pessoas. Cada fotografia é acompanhada de um retrato psicológico mais ou menos favorável. A tarefa consiste em indicar a probabilidade de o retrato psicológico corresponder à pessoa fotografada. Sem que os participantes saibam, as pupilas das pessoas foram retocadas. Umas foram dilatadas, outras contraídas. Os resultados são pouco vulgares. Os participantes consideram a descrição favorável mais provável quando as pupilas estão dilatadas. Inversamente, a contracção das pupilas torna mais verosímil o retrato pouco lisonjeiro. Ou seja, uma modificação mínima das fotografias afecta as avaliações dos observadores. Outro resultado igualmente interessante é que nenhum participante põe em causa o tamanho das pupilas para explicar o seu veredicto.

No capítulo precedente, a análise do tratamento das mensagens persuasivas deixou entre parêntesis o impacto da dimensão afectiva na mudança de atitudes. Neste capítulo vamos considerar um conjunto de estudos que tratam das emoções. São três as grandes linhas de pesquisas que encaram o peso das emoções no processo da mudança das atitudes. A primeira interessa-se pelo condicionamento clássico e pelo investimento afectivo. A segunda diz respeito ao efeito da exposição simples. A última analisa o impacto do humor no tratamento da informação.

Por fim, vamos debruçar-nos sobre essa terceira e última alavanca da mudança das atitudes que são os comportamentos. Com efeito, da mesma forma que se tenta transformar as atitudes das pessoas na esperança de modificar os seus comportamentos, um meio muito seguro de transformar as atitudes consiste em agir sobre o comportamento.

O PODER DAS EMOÇÕES

"United colours of Benetton" é um *slogan* bem conhecido. Ninguém lhe nega o impacto da inconveniência e até do escândalo. Sem dúvida, os anúncios publicitários jogam com as emoções. Na época da comunicação planetária, todos os vendedores exploram em crescendo as mensagens emocionais. O mesmo se passa com as comunicações do governo ou com os anúncios de interesse geral. Quer se trate de segurança rodoviária, de sida ou de droga, as campanhas de prevenção não hesitam em criar situações cómicas ou provocar as ideias pré-concebidas. As seitas fazem o mesmo. Também aí, a dimensão afectiva é a mais importante.

As mensagens persuasivas que apelam para os nossos sentimentos têm um objectivo óbvio. Em vez de nos sobrecarregarem com uma lista interminável de argumentos, preferem suscitar reacções afectivas fortes, na esperança não só de captar a atenção, de dar nas vistas, mas também de mudar as atitudes e o comportamento de forma eficaz.

O condicionamento clássico e o investimento afectivo

Se pensar num perfume, ou em férias, é imediatamente invadido pela saudade. A publicidade a este género de produtos não tem dificuldade nenhuma em despertar em nós emoções positivas. O que surpreende é encontrar esses elementos em mensagens publicitárias que, *a priori*, não têm nenhuma relação com o produto evocado. Mulheres jovens, de sonho, elogiam uma cerveja trapista. Músicas etéreas – diz-se que a música é a memória do coração – acompanham o anúncio da privatização de um banco. A indústria publicitária tem com certeza boas razões para adoptar essa estratégia. O processo psicológico em que baseia a sua política comercial tem um nome: o **condicionamento clássico**.

As pesquisas sobre o condicionamento clássico começaram com Pavlov (1927). Observando cães, aquele fisiologista russo apercebe-se de um fenómeno curioso. A associação repetida de um estímulo alvo (estímulo neutro no início: o som de uma campainha) com outro estímulo (estímulo incondicional: a comida), associado a uma resposta (resposta incondicional: a salivação) tem como resultado que o estímulo neutro se torna condicional e provoca só por si a resposta (resposta condicional). Esta verificação inspirou muitos estudos sobre a mudança de atitudes. Graças a uma associação repetida entre um estímulo neutro e um outro, positivo ou negativo, cria-se uma resposta favorável ou desfavorável ao estímulo neutro. Numa das primeiras pesquisas sobre esse assunto, Razran (1940) mostrou *slogans* políticos quer a estudantes que estavam a comer uma refeição gratuita, quer quando cheiros nauseabundos invadiam o laboratório. O impacto dos *slogans* foi muito mais importante no primeiro caso do que no segundo.

Também Staats e Staats (1958) demonstraram a eficácia da técnica de condicionamento clássico. Alguns participantes tinham de olhar para o nome de um país (estímulo condicional) projectado num ecrã ao mesmo tempo que repetiam uma palavra pronunciada pelo investigador (estímulo incondicional). Tal palavra evocava, ou não, uma reacção afectiva (resposta incondicional). Quatro dos seis países apresentados estavam sistematicamente associados a palavras neutras, um país estava associado a palavras escolhidas capazes de provocar uma reacção positiva (presente, feliz, etc.) e outro país estava associado a palavras que suscitavam uma reacção negativa (fracasso, feio, etc.). No fim da sessão, os participantes avaliavam os seis países numa série de escalas. Como era de prever, o país associado a palavras positivas foi avaliado mais favoravelmente do que o associado a termos negativos. Mais surpreendente ainda, Mullen e colegas (1986) quiseram verificar se os apresentadores dos telejornais influenciam a escolha dos eleitores ao sorrirem mais para um candidato do que para outro. Estes investigadores norte--americanos aperceberam-se de que, ao contrário do que se passava nos canais CBS e NBC, Peter Jennings, o apresentador vedeta do canal ABC, sorria mais quando falava de Ronald Reagan do que quando falava do seu concorrente, Walter Mondale. Inquéritos realizados à boca das urnas revelaram que os telespectadores do ABC tinham votado mais em Reagan do que os telespectadores de CBS e NBC. Para verificar essas conclusões em contexto experimental rigoroso, Copper *et al.* (1991) pediram aos seus participantes, democratas e republicanos, para visionarem uma reportagem televisiva que apresentava um candidato republicano e um candidato democrata durante uma eleição legislativa. Numa primeira situação, o apresentador sorria de cada vez que mencionava o candidato republicano. Numa outra, o sorriso acompanhava o candidato democrata. Por fim, numa terceira situação, o apresentador evitava sorrir. Naturalmente, os participantes preferem votar no seu candidato. No entanto gostaram mais do apresentador que sorria quando evocava o seu favorito. Finalmente, os participantes davam menos importância ao seu candidato e rejeitavam menos o candidato adverso no caso em que o apresentador sublinhava o nome dele com um sorriso.

Quando aprovamos uma pessoa, somos levados a acenar com a cabeça. Quando nos sentimos bem, temos tendência a sorrir. Quando apreciamos qualquer coisa, temos tendência a aproximar-nos. Será possível que também os movimentos musculares que acompanham automaticamente as nossas reacções acerca de alguns objectos sirvam de estímulo incondicional e afectem as nossas respostas em relação a outros objectos? É o que sugerem trabalhos recentes. As pessoas a quem se pede que acenem com a cabeça de cima para baixo, que sorriam ou efectuem um movimento de aproximação na altura em que certos estímulos lhes são apresentados, manifestam uma maior preferência para com esses objectos do que as pessoas convidadas a acenar com a cabeça da esquerda para a direita, franzir as sobrancelhas ou efectuar um movimento de recuo. Evidentemente, os participantes julgam realizar esses movimentos por razões totalmente diferentes das que habitualmente os motivam (Strack *et al.*, 1988; Wells & Petty, 1980).

De acordo com o **modelo de probabilidade de elaboração** evocado no capítulo precedente, a capacidade do condicionamento para mudar as atitudes deverá ser tanto menor quanto mais escrupulosamente as pessoas tratarem a informação. É assim que, se após palavras, ou não-palavras, for dado um choque eléctrico, o condicionamento é melhor com as não-palavras (Cacioppo *et al.*, 1992). Por outras palavras, a partir do momento em que os estímulos, porque conhecidos, desencadeiam um exame crítico por parte do alvo, a influência do condicionamento diminui.

Pense na técnica do investimento (capítulos 2 e 3). Ainda que sejam diferentes, em alguns aspectos, as técnicas de condicionamento clássico e de investimento afectivo (o estímulo neutro é apresentado depois do investimento afectivo enquanto intervém ao mesmo tempo ou antes do estímulo incondicional) existem também semelhanças entre elas. Krosnick e colaboradores (1992) mostraram aos seus participantes nove diapositivos em que se via uma mulher jovem em actividades quotidianas. Antes de cada diapositivo, era mostrada, durante 9 milésimos de segundo, uma fotografia que suscitava uma resposta afectiva positiva (por exemplo, um casal de recém-casados) ou negativa (por exemplo, serpentes). A essa velocidade, as pessoas não têm uma percepção consciente e portanto fala-se de percepção subliminar. Como os autores previam, a avaliação posterior da jovem atesta o impacto das fotografias.

Em suma, o investimento afectivo e o condicionamento clássico são susceptíveis de orientar o comportamento. Estas estratégias são tanto menos eficazes quanto mais o estímulo é conhecido. Também não são capazes de modificar o comportamento quando certas disposições estão presentes na cabeça da pessoa a influenciar. Dessa forma, apresentando de modo subliminar palavras ligadas à competição em vez de palavras neutras, Neuberg (1989) conseguiu aumentar o grau de agressividade dos participantes competitivos, mas não o dos participantes cooperativos. Resultados deste tipo são tranquilizadores pois mostram que a vontade própria domina as influências inconscientes.

A exposição simples

Os habitantes das grandes cidades sofrem relativamente pouco por estarem rodeados de pessoas que não conhecem. Milgram (1970) interessou-se por esse fenómeno a que deu o nome de "desconhecido familiar". As características da vida urbana são de molde a que, sugere Milgram, as mesmas pessoas se cruzam muito mais vezes do que se imagina. Esses encontros repetidos, na rua, nos transportes ou nas lojas, criam um sentimento difuso de familiaridade e simpatia.

A **teoria da exposição simples** é isso que diz: uma maneira muito simples de modificar as atitudes das pessoas consiste em apresentar-lhes o estímulo muitas vezes. Zajonc (1968) confrontou muitas pessoas com sons, sílabas, ideogramas chineses, fotografias de rostos, palavras estrangeiras, etc. Alguns estímulos são apresentados apenas uma vez, outros duas vezes, outros ainda mais vezes. Os dados são extraordinariamente coerentes. Os participantes gostam tanto mais de um estímulo quanto mais vezes o viram ou ouviram. Desde 1910 que Titchener considerava que o reconhecimento de um estímulo produz uma "sensação suave de calor", enquanto a falta de reconhecimento provoca uma "agitação desagradável".

O efeito da exposição simples não depende da consciência que os participantes têm da existência de uma relação entre um estímulo definido e o número de vezes que ele é apresentado. Kunst-Wilson e Zajonc (1980), por exemplo, pediram aos participantes para identificarem os estímulos que lhes tinham sido apresentados de um modo subliminar. Embora eles fossem incapazes de distinguir os novos estímulos dos que já lhes tinham sido apresentados, manifestavam, no entanto, uma preferência por estes últimos.

Segundo Bornstein (1989), que recenseou todas as pesquisas publicadas, o impacto da repetição dos estímulos é tanto maior quanto menos é consciente. O efeito da exposição simples manifesta-se também de maneira muito clara quando a análise dos estímulos é limitada e quando eles são novos, pouco importantes ou desprovidos de sentido. Por outras palavras, a partir do momento em que se faz uma análise mais cuidadosa, como acontece muitas vezes com palavras ou frases, entra em acção um tratamento cognitivo e o efeito de exposição simples dá lugar às reacções cognitivas dominantes.

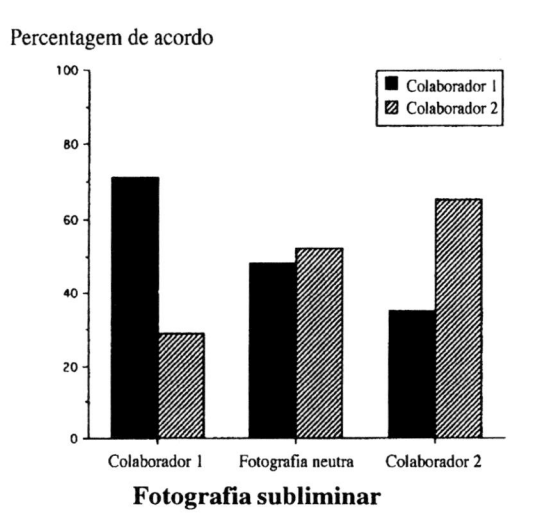

Percentagem de acordo

Fotografia subliminar

Figura 5.1 – Percentagem de acordo com os colaboradores do investigador em função da fotografia subliminar.

Todavia, o efeito de exposição simples está longe de ser insignificante. Bornstein *et al.* (1987) apresentaram aos seus sujeitos, durante 4 milésimos de segundo, a fotografia de uma pessoa. Depois pediram-lhes que trocassem impressões sobre 10 poemas com duas pessoas que eram cúmplices do investigador. Consoante os casos, um ou outro dos cúmplices era a pessoa cuja fotografia os participantes acabavam de ver. Os participantes tinham que adivinhar o sexo do autor de cada um dos poemas. Em sete casos, os dois cúmplices defendiam pontos de vista diferentes e o participante tinha portanto que se pronunciar a favor de um ou do outro. Os resultados indicam que os participantes optaram significativamente mais pelas respostas dadas pelo cúmplice "já encontrado" previamente, do que pelas do colega que nunca tinham "visto" (ver figura 5.1).

O impacto do humor

Voltemos à situação de comunicação persuasiva e examinemos o papel do humor na mudança de atitudes. É possível pôr alguma ordem nas muitas pesquisas que abordaram esta questão, distinguindo entre as situações em que o humor faz parte integrante da mensagem e aquelas em que ele constitui um elemento exterior à comunicação. Podemos interessar-nos, por exemplo, pelo efeito de uma mensagem persuasiva que faz explicitamente apelo a elementos de humor ou de medo. Por exemplo, os *flashes* televisivos sobre segurança rodoviária. Ao contrário, podemos analisar as consequências associadas com o humor da pessoa que recebe a mensagem. As crianças sabem bem que é melhor esperar que os pais estejam de bom humor para lhes fazer certos pedidos.

Antes de nos debruçarmos sobre o conteúdo emocional das mensagens persuasivas, vejamos como o humor da pessoa-alvo afecta a mudança de atitudes. Sabemos que há coisas que nos põem de particular bom humor, como uma boa refeição ou um dia de sol, por exemplo. Para além dos efeitos de condicionamento já evocados, Schwarz e Clore (1988) consideram que as pessoas reagem muitas vezes em função do seu humor do momento. Evidentemente, a causa do bom (ou mau) humor, em geral, não tem a ver com o conteúdo da comunicação. Uma meteorologia favorável pode levar-nos a fazer uma declaração sobre a alegria de viver. Sinclair e colegas (1991) realizaram uma sondagem por telefone sobre a utilidade de um exame global no fim do percurso universitário. Algumas pessoas eram contactadas num belo dia com sol, outras num dia cinzento. Os resultados mostram que as pessoas contactadas no dia de sol são mais concordantes com o entrevistador. A qualidade dos argumentos do entrevistador quase não afecta os resultados. Naturalmente ninguém se admira com o facto de uma embalagem publicitária atraente influenciar o consumo, escolha que, aliás, não tem muitas consequências. As coisas são mais inquietantes se se confirmar que os ambientes acolhedores das comunidades sectárias influenciam as reacções favoráveis dos novos adeptos. Ora, nos casos em que as exigências de análise da informação são modestas, temos tendência a apoiarmo-nos nessa "embalagem" facilmente disponível.

A par do mero papel informativo, o humor influencia também a mobilização dos recursos cognitivos. Segundo Mackie e Worth (1991), as pessoas com humor positivo tratam as mensagens persuasivas de modo superficial. Esse é o perigo principal dos discursos sectários. Mergulhada num ambiente paradisíaco, a pessoa recém--recrutada terá fortes dificuldades em mobilizar o seu sentido crítico para contestar o valor das afirmações do guru.

Enquanto alguns participantes ganhavam um prémio na lotaria, outros tinham de responder a um questionário sobre lotarias. Em seguida, todos eram confrontados com uma mensagem, bastante medíocre ou de boa qualidade, atribuída a uma fonte, especializada ou não. Como previsto, os participantes que tinham ganho a lotaria mostraram-se pouco sensíveis à qualidade dos argumentos e mais atentos ao parecer da fonte. Resultados inversos apareceram nos participantes que apenas tinham respondido ao questionário e cujo humor, portanto, era neutro (Worth & Mackie, 1987; ver também Bless *et al.*, 1990).

Porque é que as pessoas de bom humor têm mais tendência a apoiar-se nos indícios periféricos, como a dimensão da mensagem, o seu carácter científico, etc., do que na qualidade dos argumentos? São duas as principais explicações. Antes de mais, pode estar em causa a motivação. Por exemplo, as pessoas terão tendência, em muitos casos, a evitar fazer algo que as possa deixar de mau humor. Talvez não sintam necessidade de realizar uma análise séria do assunto, uma vez que à sua volta tudo parece indicar que as coisas correm bem, que não há razões para se preocuparem? Como se pensassem "eu estou bem, tudo está bem". Uma leitura completamente diferente consiste em atribuir as culpas à falta de capacidades intelectuais. As pessoas de bom humor não disporiam das capacidades cognitivas suficientes para realizar um exame escrupuloso dos argumentos. Como facilmente pode perceber, tanto a explicação pela motivação como a interpretação cognitiva contêm, cada uma, parte de verdade.

Como já se apercebeu, o humor actua de diversas maneiras. Quando as pessoas não têm muita vontade de pensar na situação, o humor orienta-lhes as reacções agindo pela via periférica. É o que demonstram os estudos sobre o condicionamento, o investimento afectivo e a dimensão informativa do humor. Noutras alturas, o humor positivo leva as pessoas a realizarem uma análise superficial da mensagem enquanto o humor neutro ou negativo favorece um exame aprofundado dos argumentos. Existem outras circunstâncias, quando o humor faz parte integrante da comunicação, em que a probabilidade de elaboração é muito elevada.

Meter medo para convencer

Nada mais fácil do que encontrar exemplos de mensagens que utilizam o medo. Quantos cartazes não vimos, ao longo das auto-estradas, onde aparece o rosto desfigurado de uma condutora que se esqueceu de pôr o cinto? Pense nas sessões de informação sobre os malefícios do tabaco. A mesma estratégia de terror é utilizada contra as pragas do alcoolismo, da droga ou da sida. Também está presente nas campanhas de prevenção do cancro da mama, que mostram imagens, no mínimo, desagradáveis. Será eficaz essa insistência no medo? A resposta é: sim, se não se limitar a meter medo.

Desde 1953 que Hovland e colegas da Escola de Yale perceberam que o sentimento de medo deveria afectar a motivação e a capacidade das pessoas para tratarem uma mensagem persuasiva. Para verificar os efeitos benéficos do medo sobre a mudança de atitudes, Janis e Terwiller (1962) conduziram um estudo que, em muitos aspectos, prefigura as opções teóricas e metodológicas actuais. Numa primeira fase, os participantes deviam imaginar que estavam a fumar um cigarro. Deveriam exprimir todos os pensamentos que lhes passavam pela cabeça. Esse material era codificado de forma a determinar se as pessoas eram a favor ou contra o tabaco. Numa segunda fase, os participantes eram confrontados com uma mensagem, pouco, ou muito, assustadora. No primeiro caso, o investigador explorava noções simultaneamente objectivas e abstractas para indicar que o cancro é a principal consequência do tabagismo. No segundo caso, a mensagem mencionava as mesmas informações, mas detinha-se a descrever com pormenor os sintomas dolorosos, os danos físicos e a importante taxa de mortalidade associados ao cancro do pulmão. Após cada parágrafo, os participantes eram convidados a dizer em voz alta o que pensavam. Estas associações permitiam não só verificar o grau de perturbação emocional da assistência, mas também a natureza, desfavorável ou favorável, das reacções dos participantes. Por fim, uma vez terminada a apresentação, os participantes tinham que se imaginar outra vez a fumar e evocar tudo o que lhes passava pela cabeça. Sem surpresas, a mensagem muito assustadora é a que mais comove a audiência. O que no entanto é mais estranho e está de acordo com os resultados anteriores (Janis & Feshbach, 1953) é que um medo maior não dá azo a mudanças de atitude mais importantes. Pelo contrário, quando a comunicação aposta no medo intenso em vez de moderado, os dados recolhidos durante a apresentação da mensagem revelam mais comentários desfavoráveis e menos observações positivas.

As comunicações persuasivas de medo têm portanto o seu calcanhar de Aquiles. De facto, elas captam a atenção mas arriscam-se também a provocar uma resposta de fuga. A grande maioria das pessoas não aprecia o confronto com realidades muito dolorosas. Uma reacção frequente consiste em minimizar os problemas, contestar os argumentos ou, de maneira mais radical, ignorar a existência do perigo. Sabe-se hoje que, para atingir o objectivo, uma mensagem de medo tem que conseguir muito mais do que limitar-se a assustar a audiência. Deve informar as pessoas das medidas concretas, pormenorizadas e eficazes que podem adoptar para mudar os hábitos (Leventhal, 1970). Informações muito impressionantes sobre a relação entre o tabagismo e o cancro do pulmão podem, evidentemente, contrariar o desejo dos fumadores de continuar no seu vício. O verdadeiro problema é que muitas vezes os fumadores ignoram o que convém fazer, concretamente, para se livrarem desse desejo irresistível de acender um cigarro. Conselhos claros e precisos sobre estratégias de modificação do comportamento aumentam muito nitidamente as hipóteses de acabar com o tabagismo. Mas, até nesse caso, um dos principais obstáculos é a desconfiança que os fumadores têm da eficácia das estratégias propostas. Uma mensagem assustadora deve, portanto, convencer as pessoas da eficácia das soluções que se propõem. A exposição deve acentuar que as recomendações dadas têm todas as hipóteses de ser bem sucedidas.

Os ingredientes que permitem maximizar a eficácia de uma mensagem assustadora estão resumidos na **teoria da motivação para a protecção** (Rogers, 1983). Nesta perspectiva, você estará motivado para a saúde se acreditar que a ameaça é real, que fica em perigo se não fizer nada, que existem comportamentos que permitem reduzir os riscos de modo substancial e que eles estão ao seu alcance. A pesquisa indica que os dois últimos aspectos, a eficácia da resposta e a capacidade para realizar os actos indispensáveis, são extremamente importantes e, por vezes até, suficientes.

Se é verdade que o medo motiva as pessoas para tratarem a informação, também é verdade que os sentimentos negativos podem contribuir de muitas formas para reforçar o impacto de uma mensagem. É o que demonstra uma experiência de Meyerowitz e Chaiken (1987) sobre a prevenção do cancro da mama. Sabe-se que um exame mensal efectuado pela própria mulher favorece o despiste precoce de um tumor canceroso e melhora de modo notável o prognóstico de cura. O único problema parece ser o facto de que muito poucas mulheres se dão ao trabalho de consagrar os 5 minutos necessários àquele teste. Segundo Meyerowitz e Chaiken, os ganhos em saúde devidos a essa prática, elementar, não são provavelmente suficientemente conhecidos pela maioria das pessoas. Então, por que não informar as pessoas do que se arriscam a perder e ver se o poder de convicção aumenta?

Os autores distribuíram a estudantes universitárias prospectos com toda uma série de informações sobre o cancro da mama e sobre a maneira de realizar o exame em casa. Para algumas estudantes, o prospecto continha também seis argumentos expressos quer em termos de ganhos, quer em termos de perdas. Vejamos dois exemplos de argumentos em termos de ganhos: "Realizando estes exames agora, fica a saber melhor o que são seios com boa saúde e, portanto, terá maior capacidade de se aperceber de mudanças menores que podem acontecer com a idade. A pesquisa indica que as mulheres que procedem a exames mamários têm mais hipóteses de verificar tumores em estádios precoces, tumores que, portanto, podem ser tratados mais facilmente." Os mesmos argumentos eram escritos em termos de perdas, desta maneira: "Se não fizer estes exames, não saberá o que são seios com boa saúde e, portanto, não será capaz de notar as mudanças menores que podem acontecer com a idade. A pesquisa indica que as mulheres que não procedem a exames mamários têm menos hipóteses de verificar tumores em estádios precoces, tumores que, portanto, só mais dificilmente podem ser tratados." Apesar da subtileza da manipulação, as diferenças de impacto são enormes. Quatro meses depois da experiência, as mulheres confrontadas com a mensagem expressa em termos de perdas continuam a manifestar mais reacções positivas acerca dos exames mamários. Melhor ainda, este grupo de estudantes refere ter realizado exames com mais frequência do que o grupo de controlo ou do que o grupo confrontado com os argumentos expressos em termos de ganhos. Vê-se assim que as consequências negativas de um comportamento constituem uma incitação maior à mudança de atitudes.

Utilizado numa dose razoável, o medo é, portanto, um aliado de eleição em qualquer processo de mudança de atitudes. O que provavelmente é ainda mais verdade quando a mensagem utiliza a via personalizada do médico. O conselho será então deste tipo: "Nunca desvalorize as consequências do seu desleixo mas tenha a certeza de que o tratamento está ao seu alcance e pode ajudá-la." Muitas vezes, no entanto, os conselhos são letra morta. O que contribui de maneira decisiva para modificar o comportamento de um doente, é o seu compromisso, verbal ou comportamental, de se submeter às instruções do médico. No caso das seitas, é esse contrato comportamental que fará do potencial recruta um verdadeiro refém. A secção seguinte aborda, de modo explícito, o papel do comportamento na mudança de atitudes.

O COMPORTAMENTO

Os acontecimentos que se seguem tiveram lugar durante os anos vinte, em Dallas. Clyde Barrow, um adolescente, vive uma vida normal numa família numerosa como há tantas outras nesse período de crise económica. Naturalmente, de vez em quando falta à escola, mas nada indica que este rapaz irá morrer num tiroteio, numa estrada da Luisiana, alguns anos depois. Nada faz pensar que se tornará um criminoso tão famoso que a ele e à sua companheira de infortúnio, Serge Gainsbourg e Brigitte Bardot, irão dedicar uma canção. Toda a gente conhece a famosa balada de Bonnie and Clyde.

A história de Clyde Barrow é terrivelmente banal. Os arquivos relatam que Clyde usou um carro alugado para ir ter com Anne, a sua namorada. Em consequência de uma briga entre ambos, refugiou-se na casa de uma tia, a 250 quilómetros de Dallas. Alguns dias mais tarde, a empresa de aluguer tentou recuperar o carro. Quando a polícia se apresentou no domicílio da tia, Clyde apanhou um susto e foi esconder-se num bosque. Naquele momento, percebeu provavelmente que a sua vida se tinha alterado. Tinha-se tornado um criminoso. Depois de roubar alguns carros, Clyde convenceu-se de que podia entrar nas mercearias e fugir com a caixa. Em breve, os bancos já não lhe metiam medo. Por fim, os assassínios pareceram-lhe um mal necessário. Esta narrativa assemelha-se provavelmente à de milhares de outros malfeitores. Pouco a pouco, um indivíduo começa a considerar-se como um marginal e justifica os seus actos mudando as suas atitudes.

A teoria da dissonância cognitiva

Como vimos, as situações de persuasão baseiam-se no facto de ser possível modificar o comportamento das pessoas na medida em que conseguir mudar as suas atitudes. A esse propósito, a aventura de Clyde Barrow inverte totalmente os dados do problema. Mostra até que ponto as atitudes são susceptíveis de mudança na sequência de um comportamento. Além disso, sugere que para conseguir impor uma transformação o comportamento tem que se demarcar claramente das atitudes prévias. Estes princípios são o centro da **teoria da dissonância cognitiva** proposta por Festinger (1957). Pode-se dizer, sem risco de erro, que esta teoria fascinou os investigadores. Foi objecto de várias centenas de publicações científicas e provocou debates muito inflamados entre adeptos e adversários. Quatro décadas mais tarde, ela constitui uma referência inevitável na área da mudança de atitudes e continua a mobilizar importantes esforços de pesquisa (Beauvois & Joule, 1996).

A teoria da dissonância cognitiva baseia-se nas relações entre os elementos do nosso sistema cognitivo. Para Festinger, tudo aquilo que sabemos, tudo aquilo em que pensamos, corresponde a um elemento cognitivo, a uma cognição. Além disso, as relações entre esses elementos cognitivos podem ser dissonantes, consonantes ou não pertinentes. Existe uma situação de dissonância de cada vez que as nossas cognições se revelam incoerentes entre si. Tipicamente, um conflito entre o.nosso comportamento e as nossas atitudes leva a uma situação de dissonância. Por exemplo, há dissonância quando se fumam cigarros sabendo que o tabaco é perigoso para a saúde. Segundo Festinger, a pessoa que toma consciência da dissonância sente um mal-estar psicológico e fisiológico. Para voltar ao nosso exemplo inicial, Clyde Barrow viveu com muita dificuldade, sem dúvida, a sua primeira aventura com a polícia. Com efeito, como reconciliar os vários elementos em presença? Por um lado, nunca tinha tido problemas com os representantes da ordem e sempre foi um cidadão honesto. Por outro, sabe que se tornou um ladrão de carros e que fugiu dos agentes que o perseguiam. A dissonância pode ser mais ou menos pronunciada e, portanto, mais ou menos desagradável, a sua importância exprime-se pelo quociente:

$$\frac{\textit{número e importância dos elementos dissonantes}}{\textit{número e importância dos elementos dissonantes + consonantes}}$$

Como o organismo procura normalmente evitar o desprazer, quando uma pessoa é confrontada com uma situação de dissonância cognitiva, tentará restaurar a consonância dentro do seu sistema cognitivo. Há três maneiras diferentes de o fazer. Uma primeira solução consiste em modificar uma das cognições de modo a torná--la consonante com a outra (Clyde entrega-se à polícia). Uma segunda, consiste em acrescentar cognições consonantes de modo a reduzir o impacto da cognição dissonante (Clyde faz a lista de todos os defeitos da sociedade e de todos os abusos policiais). Por fim, pode-se reduzir a dissonância diminuindo a importância da cognição dissonante (Clyde considera fúteis os regulamentos que gerem a vida em sociedade). O golpe de génio de Festinger está em ter percebido que as pessoas têm tendência a modificar a cognição menos resistente. Em muitos casos, sugere Festinger, é mais fácil eliminar a dissonância modificando as atitudes do que modificando o comportamento. Provavelmente Clyde achou mais cómodo pôr em causa a sua opinião sobre os representantes da ordem e da sociedade em geral do que negar o seu comportamento de fuga.

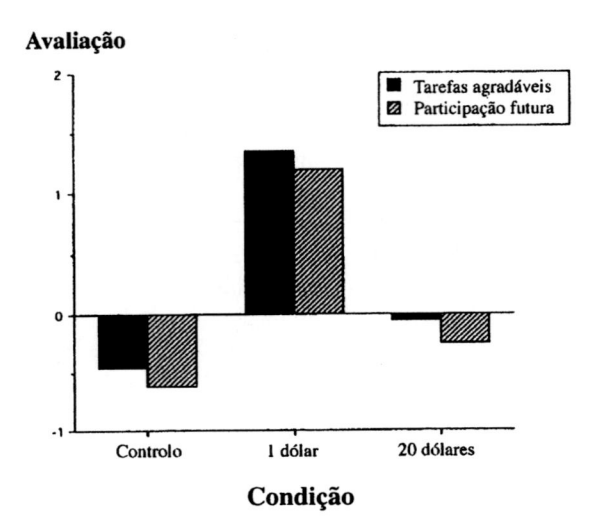

Figura 5.2 – Atitudes face à tarefa consoante as condições experimentais.

Em 1959, Festinger e Carlsmith imaginaram um dos cenários mais conhecidos da pesquisa sobre a dissonância cognitiva. Imagine a condição seguinte: chega ao laboratório onde tem de realizar duas tarefas muito aborrecidas. No fim da experiência, o investigador vem falar consigo, com ar de quem está pouco à vontade. Confessa-lhe que, na verdade, o trabalho comporta duas condições. Naquela em que participou, as pessoas realizam tarefas sem nenhum *a priori*. Na outra, um cúmplice anuncia aos participantes que a experiência contém tarefas muito agradáveis e interessantes. A experiência tem por objectivo a comparação dos resultados das pessoas que receberam informação prévia e das que não a receberam. O problema, explica o investigador, é que o seu colaborador se ausentou e ele não sabe como há-de avisar o próximo participante de que pertence à condição "informação prévia". Pede-lhe que o ajude. Em troca de uma remuneração de 1 dólar, você elogiará o interesse das tarefas ao próximo participante. Depois de ter cumprido essa missão e quando já está a sair do prédio, pedem-lhe ainda para responder a um pequeno inquérito sobre o interesse das experiências em psicologia.

O único objectivo de toda esta encenação é levar os participantes a mentir a propósito da experiência, levá-los a efectuar um acto que contradiz radicalmente as suas opiniões. Segundo Festinger, uma quantia tão reduzida como 1 dólar deveria criar um estado de dissonância importante. Dado o contexto experimental, a única solução para os participantes consiste em modificar a sua atitude inicial a fim de a pôr mais de acordo com o comportamento que acabam de realizar e, dessa maneira, restaurar um estado de consonância. Em comparação com participantes que não foram estimulados a mentir a outro sujeito (fique descansado, tratava-se de um cúmplice) e que portanto disseram aquilo que pensavam sobre as tarefas executadas, os participantes da condição 1 dólar exprimem atitudes muito mais positivas acerca das tarefas e, dessa maneira, confirmam totalmente as expectativas dos autores. A experiência comporta uma terceira condição em que é oferecida a quantia já razoável de 20 dólares. A lógica de Festinger implica que uma quantia tão importante constitua um elemento consonante em favor do comportamento hipócrita. Com efeito, quem recebeu 20 dólares quase não muda a sua atitude a propósito da experiência (ver figura 5.2).

Muitos outros estudos rapidamente confirmaram as propostas contra-intuitivas de Festinger. Todas essas pesquisas apelam à submissão forçada, isto é, levam os participantes a realizar um comportamento oposto às suas convicções. Como na experiência de Festinger e Carlsmith (1959), os participantes têm de efectuar um comportamento que não adoptariam de modo espontâneo. Por exemplo, mostram-se mais convencidos das qualidades nutritivas dos insectos os estudantes que aceitaram comer gafanhotos a mando de um experimentador frio e antipático, em vez de afável e caloroso. Outras pesquisas mostram que as pessoas apreciam tanto mais uma discussão perfeitamente insípida quanto mais dificuldades tiveram em participar nela (Aronson & Mills, 1959).

Pode-se também criar dissonância levando as pessoas a não fazer aquilo que fariam espontaneamente. Colocaram-se algumas crianças frente a um conjunto de brinquedos, dos quais um, muito atraente, lhes estava interdito. Na condição de ameaça importante, a interdição era associada à promessa de represálias enquanto na condição de ameaça fraca, o investigador apenas declarava que não queria que as crianças tocassem no brinquedo. As duas formas de interdição eram suficientes, pois nenhuma criança transgrediu a ordem. Se o facto de não brincar com um brinquedo atraente não é de qualquer forma dissonante quando a ameaça é forte, ele é-o quando a ameaça é mínima. "Não brinquei com o ursinho e, no entanto, podia ter brincado." Em conformidade com a teoria, pode-se esperar que a criança resolva a dissonância desvalorizando o brinquedo. Com efeito, quando as crianças tiveram que reavaliar os brinquedos, o brinquedo proibido foi mais desvalorizado pelas crianças fracamente ameaçadas (Aronson & Carlsmith, 1963; Freeman, 1965). O que mostra que uma ameaça apenas suficiente leva a maior mudança de atitude do que uma ameaça forte!

Um estudo de Staw (1974) mostra que os efeitos da dissonância não se limitam a comportamentos anódinos. Durante a guerra do Vietname, os jovens americanos são chamados a servir a pátria. Entre os estudantes, uma prática banal para ficar no país consiste em alistar-se na reserva dos oficiais. Os contratos são de um ano ou mais. Na Primavera de 1969, o exército anuncia que o serviço de recrutamento passará a utilizar um sistema de tiragem à sorte: os números de 1 a 122 terão uma forte probabilidade de ir combater, ao contrário dos números entre 245 e 366. Sendo os números distribuídos no Inverno de 69, Staw (1974) vai interessar-se pelos estudantes que se alistaram na reserva dos oficiais desde o Outono de 1969. Dito de outra maneira, estes estudantes sabem que vai haver uma tiragem à sorte, mas ainda não conhecem o seu número no momento em que assinam o contrato. Por parte dos reservistas alistados por um ano e como era de esperar, a satisfação é tanto mais forte quanto mais baixo é o número que lhes calha. Graças ao contrato de alistamento, estes estudantes têm todas as hipóteses de escapar ao Vietname. Essa diferença de reacção, fácil de entender, entre os números pequenos e os grandes, inverte-se nos estudantes que, de imediato, se alistaram por mais tempo. Desta vez, os reservistas a quem calha um número alto e que, portanto, têm todas as hipóteses de escapar ao Vietname sem passar pela reserva dos oficiais, devem confrontar-se com uma forte dose de dissonância. Para eles, a única saída é sobreavaliar a sua pertença à reserva dos oficiais. Foi exactamente o que Staw (1974) encontrou, tanto ao plano da satisfação dos reservistas como no do seu desempenho.

A justificação das decisões

Em qualquer decisão, temos de abandonar as vantagens da opção que rejeitamos e assumir as desvantagens da que escolhemos. Assim, não é de admirar que esta situação nos crie alguma dissonância. Um estudo realizado por Brehm (1956) dá uma demonstração brilhante das consequências da dissonância após as decisões. Um grupo de estudantes tinha de avaliar oito aparelhos domésticos. Em seguida, escolhiam um aparelho entre dois que lhes eram propostos. Depois da selecção feita e do aparelho recebido, as estudantes tinham de voltar a avaliar os oito objectos. Em comparação com as estudantes que tinham recebido um dos aparelhos que preferiam, as outras tinham uma tendência nítida para desvalorizar o objecto abandonado e sobrevalorizar o objecto que receberam. Tendência que era tanto mais marcada quanto mais, inicialmente, os aparelhos eram avaliados de maneira semelhante, o que corresponde a uma situação de forte dissonância.

Justificar as nossas decisões é provavelmente um comportamento saudável. Não serve de nada viver com remorsos. Qualquer que seja o emprego que você escolhe, a área de estudos a que se dedica, ou o modelo de carro que compra, o melhor é ficar satisfeito com as suas escolhas. Por assim dizer, o trabalho de redução da dissonância assegura-lhe conforto psicológico. No entanto, esse mecanismo tem um inconveniente considerável: uma vez a decisão tomada, terá pouca tendência para a contestar. Mais grave, terá tendência a encontrar excelentes razões para a explicar. E se essa forma de se comportar fosse um erro, uma má opção?

As condições da dissonância

O início das pesquisas sobre a dissonância cognitiva caracterizou-se por uma certa aura artística. É disso testemunho a famosa frase utilizada por Aronson e outros investigadores, "If you want to be sure, ask Leon". Queriam com isso dizer que a única maneira de saber se uma situação experimental tinha alguma capacidade para criar um estado de dissonância era perguntar ao próprio Festinger. Felizmente, as condições de aparecimento da dissonância estão hoje muito melhor definidas. Na nossa opinião, a formulação teórica mais satisfatória é a de Cooper e Fazio (1984), que se baseia em quatro pontos essenciais.

A condição primordial respeita ao carácter adverso do comportamento. Festinger considerava que a dissonância podia nascer da tomada de consciência da inconsistência entre pensamentos. A pesquisa indica que isso não chega. Assim, Cooper e Worchel (1970) repetiram a experiência de Festinger e Carlsmith (1959), mas acrescentando-lhe uma situação nova na qual o cúmplice tinha que se mostrar muito céptico face às palavras optimistas do participante. Nesse contexto, os participantes não manifestam nenhuma mudança de atitude. Por outros termos, se os nossos actos não tiverem nenhumas consequências desagradáveis, não sentimos qualquer desconforto psicológico. As consequências indesejáveis dos nossos actos são, portanto, mais importantes do que o carácter contra-atitudinal do nosso comportamento.

É o que mostra um trabalho de Scher e Cooper (1989). Os participantes, todos estudantes universitários, eram levados a redigir um texto contra (texto pró-atitudinal) ou a favor (texto contra-atitudinal) de uma proposta de aumento das propinas. Uma parte deles vinha depois a saber que o seu texto – a favor ou contra – levaria à adopção da proposta e os outros, que o seu texto levaria à sua rejeição. Os resultados indicam claramente que a proposta defendida pelas pessoas é pouco importante para a mudança de atitude. O que conta é o facto de os acontecimentos tomarem um rumo não desejável. Condição que parece ser indispensável para criar um estado de dissonância (ver figura 5.3).

A segunda condição não causa muita surpresa. Para que uma pessoa sinta mal--estar em consequência de um acto desprezível, é necessário que assuma a responsabilidade por ele. Para utilizar a terminologia do capítulo 3, tem de fazer uma atribuição interna. Vários são os aspectos da situação que contribuem para acentuar o papel causal da pessoa no desenrolar dos acontecimentos. Antes de mais, a pequena importância da remuneração limita a possibilidade de invocar esse factor para justificar o comportamento. A impressão de ter escolhido livremente também faz com que a pessoa se sinta responsável (Linder *et al.*, 1967). Por outras palavras, o simples facto de se sentir forçado a escrever um texto pode eliminar, pelo menos no plano subjectivo, qualquer sentimento de responsabilidade. Aliás, é isso que aparece na situação de controlo incluída na pesquisa de Scher e Cooper (1989), já evocada. Repetindo uma grande quantidade de outros trabalhos, aqueles autores não observam nenhuma mudança de atitude quando os seus participantes são manifestamente obrigados a tomar partido a favor ou contra o aumento das propinas. Em suma, se você estiver na origem de um acontecimento lastimável, mas tiver a consciência de ter sido obrigado (pela força ou pelo dinheiro) a agir como agiu, há poucas hipóteses de que a sua atitude mude.

A possibilidade de prever o rumo das coisas é outro factor que aumenta a responsabilidade pessoal. Se nada permitia imaginar que as circunstâncias evoluíssem da maneira que evoluíram, ninguém pode, com justiça, censurar o seu comportamento. A noção de responsabilidade pessoal é muito próxima da de empenhamento, mais geral (Kiesler, 1971). Vários aspectos da situação, como o carácter público, repetido, ou difícil, do comportamento, contribuem para reforçar

Atitude

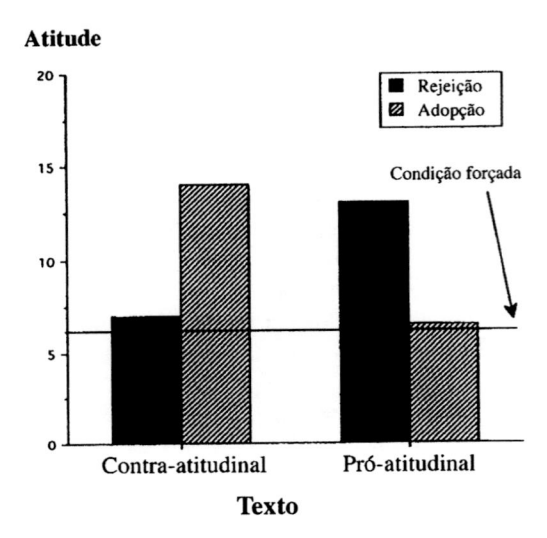

Figura 5.3 – Atitude face ao aumento das propinas em função do tipo de texto e do seu impacto.

o sentimento de empenho nos actos praticados. A presença desses factores constitui elemento fundamental na determinação da responsabilidade (Joule & Beauvois, 1987).

Calder *et al.* (1973) conduziram uma pesquisa directamente decalcada da de Festinger e Carlsmith, manipulando a liberdade e as consequências do comportamento. Em troca de duas horas, ou apenas meia hora, de crédito de experiência, os sujeitos tinham que mentir ao participante seguinte dizendo-lhe que as tarefas eram apaixonantes. O investigador organizava as coisas de tal maneira que os participantes se sentissem livres ou não de colaborar. Além disso, o cúmplice fingia estar convencido (consequências indesejáveis), ou manifestava um claro cepticismo (consequências desejáveis). Como pode imaginar, os resultados confirmam que a atitude dos participantes só muda quando são pouco remunerados, não sofreram pressões explícitas e não ficaram com a impressão de convencer o cúmplice.

Chegamos à terceira condição. Segundo a teoria da dissonância cognitiva, as mudanças de atitude têm lugar porque as pessoas sentem um estado de mal-estar fisiológico e psicológico. Durante muito tempo, os investigadores contentaram-se em postular o papel mediador da dissonância. Posteriormente, algumas pesquisas estabeleceram que a mudança de atitude era reduzida quando se injectava um tranquilizante aos participantes, ou quando eles consumiam álcool. Considerava--se que o tranquilizante e o álcool bloqueavam a activação fisiológica e, portanto, a dissonância. Foi preciso esperar até 1983 para que Croyle e Cooper medissem directamente a activação fisiológica das pessoas enquanto elas redigiam um texto contrário, ou concordante, com as suas atitudes. Todos os participantes tinham eléctrodos que permitiam medir a condução eléctrica cutânea, uma medida muito sensível ao grau de activação fisiológica. A metade dos participantes, o investigador lembrava a sua total liberdade para recusar o pedido. Os outros não tinham escolha. Como era de esperar, apenas manifestaram uma activação fisiológica os que redigiram um texto contra-atitudinal em total liberdade. Sabe-se hoje também que essa activação é sentida como desagradável e que o mal-estar diminui depois da mudança de atitude.

Não é suficiente sentir um estado de dissonância, é necessário, além disso, que ele seja atribuído ao comportamento. Esta quarta e última condição é tanto mais importante quanto facilmente cometemos erros ao tentar etiquetar os nossos estados fisiológicos (Schachter & Singer, 1962). Alguns investigadores conseguiram convencer participantes em experiências de que o seu mal-estar provinha das lâmpadas fluorescentes mal reguladas, da perspectiva de receberem choques eléctricos ou de outros factores. De cada vez que os participantes tinham a oportunidade de descrever o desconforto fisiológico em termos de factores circunstanciais, a sua atitude não mudava.

Podemos interrogar-nos sobre como conseguem os investigadores enganar as pessoas sobre a origem do seu mal-estar. Uma experiência de Zanna e Cooper (1974) é esclarecedora. O investigador informa os participantes de que está a estudar os efeitos de um medicamento sobre a memória. Depois de terem tomado o medicamento, alguns participantes são informados de que ele tem efeitos secundários e provoca um estado de tensão desagradável. A outros, o investigador informa que o medicamento induz uma impressão de calma. Um último grupo não recebe nenhuma informação. Na realidade, todos os participantes recebem um placebo. Enquanto esperam que os efeitos se façam sentir, os participantes são convidados, ou obrigados, a participar num outro estudo que aparentemente não tem ligação nenhuma com o primeiro. Trata-se de escrever uma mensagem contra-atitudinal. Os dados confirmam o papel de um trabalho atribucional correcto na emergência da mudança de atitude. Como mostra a figura 5.4, os participantes obrigados a redigir, continuam a manifestar a sua oposição quaisquer que sejam os efeitos secundários anunciados. O padrão de resultados é muito diferente no caso em que os participantes não sofrem nenhuma pressão explícita para escrever a mensagem contra--atitudinal e confirma o impacto da dissonância. Quando os participantes são confrontados com a dissonância mas não podem atribuir a tensão que sentem a não ser ao seu comportamento recente, isto é, na situação em que não há efeitos secundários, eles operam, de facto, um deslize atitudinal em favor da posição defendida na mensagem. Como previsto, a possibilidade de atribuir a dissonância à droga suprime qualquer mudança de atitude. Melhor ainda, o facto de sentirem mal-estar quando, afinal, o medicamento deveria acalmá-los, tem como consequência a amplificação do deslize em favor da mensagem.

Com a insistência nos quatro elementos que acabamos de pormenorizar, queremos sublinhar o carácter extraordinário das intuições de Festinger. Em suma, este cientista fora do vulgar conseguiu criar uma situação que juntava todos os ingredientes necessários à mudança de atitude: um acto de cujas consequências não gosta, uma

Atitude

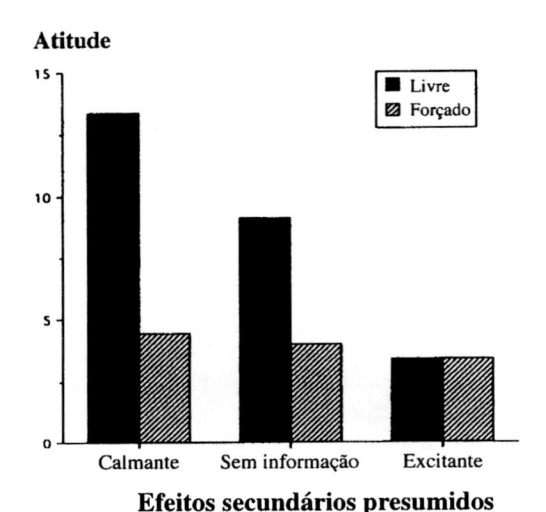

Efeitos secundários presumidos

Figura 5.4 – Atitude face ao tema, em função dos efeitos secundários presumidos e das situações de redacção.

incontestável responsabilidade pessoal e um sentimento de desconforto que só pode ser explicado em referência ao comportamento. Fica a pergunta: mas por que sentimos dissonância? Quais são os motivos que nos criam mal-estar ao tomarmos consciência das consequências desastrosas do nosso comportamento? Esta pergunta não tem propriamente resposta no modelo da dissonância cognitiva proposta por Cooper e Fazio. Como veremos a seguir, a resposta a esta questão está aparentemente relacionada com a imagem que se tem de si próprio.

O motor da dissonância: a auto-imagem

Não é nova a noção de que os comportamentos dissonantes ameaçam a integridade da nossa auto-imagem (Schlenker, 1982). Com efeito, nada mais normal do que sentirmos mal-estar quando cometemos actos contra-atitudinais com consequências negativas. Uma saída possível consiste, como acabamos de ver, em justificar o nosso comportamento. Se defendemos a diminuição do valor das bolsas de estudos, é porque nela acreditamos. Uma reacção deste tipo garante-nos um duplo benefício: fazemos boa figura, tanto aos nossos próprios olhos como aos olhos dos outros.

Segundo a **teoria da auto-afirmação** (Steele, 1988), produz-se um estado de dissonância quando um comportamento nos faz acreditar que somos uma pessoa sem moral. Um acto que não se inscreve na linha das nossas atitudes e que provoca estragos dá-nos um sentimento de absurdo e faz-nos duvidar da nossa competência, da nossa coerência. Em resumo, temos a impressão de que aconteceu qualquer coisa imprópria, inconveniente e temos vontade de voltar a pôr as coisas em ordem.

Uma estratégia que permite restaurar a auto-imagem positiva consiste em modificar as nossas atitudes e adequá-las aos nossos actos.

Do ponto de vista de Steele, a mudança de atitudes não passa de uma maneira, entre outras, de preservarmos a nossa integridade. Se as oportunidades de restaurar a auto--imagem são limitadas em laboratório, elas são muito mais numerosas na vida quotidiana. Isto significa que a mudança de atitudes não será observada tantas vezes quantas seria de esperar. Um trabalho de Steele e Liu (1983) testa directamente esta ideia. Todos os participantes se encontram numa situação típica de dissonância. Aqueles a quem se propõe uma hipótese de reafirmar o seu valor, ainda que por recurso a um meio que nada tem a ver com as atitudes implicadas na experiência, não mudam em nada as suas atitudes.

As explicações em termos de identidade trazem uma nova luz à teoria da dissonância cognitiva. Tornando visível o processo mediador, permitem entender melhor o impacto que um comportamento lastimável tem sobre a mudança de atitudes e revelam-se portanto muito compatíveis com a formulação geral da teoria proposta por Cooper e Fazio.

A teoria da autopercepção

Uma interpretação radicalmente diferente dos resultados obtidos no quadro da teoria da dissonância cognitiva baseia-se nas teorias da atribuição. Segundo Bem (1967; ver o capítulo 3), inferimos as nossas atitudes a partir do nosso comportamento. Se é verdade que às vezes temos acesso a informações rigorosamente privadas, tais indícios são muitas vezes fracos e difusos. Por conseguinte, em tudo o que diz respeito a nós próprios, estamos muitas vezes numa posição comparável à de um observador exterior.

Uma experiência de Salancik e Conway (1975) ilustra como as pessoas utilizam as respostas a um teste, para deduzir a sua atitude face à religião. Os autores manipularam a formulação de uma longa série de perguntas sobre o comportamento. Numa versão do questionário, os itens incluem advérbios como "ocasionalmente" ou "por vezes", etc., de tal modo que a maioria das perguntas leva a uma resposta positiva. Na outra versão, os mesmos itens são pontuados com advérbios como "frequentemente" ou "todos os dias", etc. Neste caso, as perguntas dão azo a respostas negativas. Depois do questionário, os participantes têm que indicar, numa escala, a sua atitude face à religião. Verifica-se que os que foram levados a utilizar principalmente respostas positivas se dizem mais religiosos do que os outros.

Segundo Bem (1972), é este processo de **autopercepção** e não a redução da dissonância que permite explicar os resultados obtidos nas experiências da dissonância cognitiva. Lembre-se da experiência de Festinger e Carlsmith. As pessoas pagas a um dólar, pela sua mentira, são as que manifestam maior mudança de atitudes. Para a teoria da autopercepção, aquela pequena remuneração não constitui uma explicação racional do comportamento. A fim de testar esta conjectura,

Bem tentou reproduzir os resultados da teoria da dissonância cognitiva, mas organizando-a de maneira a excluir a intervenção de um estado de dissonância. Num dos seus muitos trabalhos, forneceu aos participantes descrições muito pormenorizadas do processo experimental construído por Festinger e Carlsmith. Com a ajuda dessas informações, eles tinham que adivinhar a opinião dos participantes da experiência no que respeita à tarefa. Os resultados obtidos correspondem aos de Festinger e Carlsmith. Eliminam, portanto, as noções de dissonância e de motivação na explicação da mudança de atitudes.

Apesar do grande brilho inicial, a teoria da autopercepção parece ter deixado de constituir uma ameaça para os discípulos de Festinger. A principal razão consiste na acumulação de estudos que atestam o papel da activação fisiológica na mudança de atitudes. É um facto que a diferença essencial entre as duas teorias consiste no papel atribuído à activação fisiológica. No entanto, a teoria da autopercepção não deixa de ter interesse. Ela é, aliás, a única que explica uma série de fenómenos interessantes tal como perceber o que acontece quando as atitudes estão em fase de formação ou ainda fracamente instaladas. Com efeito, dificilmente alguém sentirá dissonância face a um comportamento a que não preexiste nenhuma verdadeira atitude. Os efeitos da sobrejustificação, isto é, remunerar exageradamente um comportamento espontâneo, também são explicados pela teoria da autopercepção. Face a estímulos extrínsecos importantes, somos muitas vezes tentados a esquecer as razões pessoais que nos levam a agir.

A teoria da autopercepção parece ser sobretudo adequada à explicação das mudanças de atitudes consecutivas a comportamentos pró-atitudinais. Como já vimos, existem muitas situações (excepcionais) em que um comportamento concordante com as nossas atitudes provoca efeitos desastrosos. No entanto é raro que os actos pró-atitudinais provoquem um estado de dissonância importante. A teoria da autopercepção, pelo contrário, prevê que as pessoas se baseiam nos seus comportamentos para reforçar a sua atitude inicial (Fazio *et al.*, 1977). Essa é provavelmente a razão por que algumas pessoas tanto insistem em fazer-nos realizar comportamentos anódinos. Sem dúvida, contam com o processo de autopercepção para influenciar as nossas atitudes.

As técnicas de manipulação

Com certeza que já lhe aconteceu ser assediado por um vendedor. Foi vítima de que técnica de manipulação? Uma das mais conhecidas técnicas, o *"low-ball"*, tem origem na intuição dos vendedores e podia ser traduzida por "golpe baixo" (Cialdini, 1988). Consiste em obter o acordo para a prática de um comportamento cujo custo real só mais tarde será anunciado. Tipicamente, o cliente é atraído por uma série de propostas aliciantes que desaparecem como que por magia (ou, melhor, por azar) quando ele oficializa a sua vontade de adquirir o produto ou o serviço.

No início dos anos 70, um método famoso para vender carros nos Estados Unidos consistia em aliciar o cliente, propondo-lhe preços muito inferiores ao preço oficial. A redução podia atingir 15%. Quando o cliente estava decidido a comprar o veículo, descobria que, no modelo escolhido, não era possível fazer uma redução dessa importância. Apesar de a redução de preço ser ridícula, menos de 3%, a maioria dos candidatos a compradores mantinham a decisão e assinavam o contrato de venda.

Pallak *et al.* (1980) quiseram verificar se a técnica de *low-ball* podia aumentar a economia de energia. No início do Inverno, utentes do gás natural foram contactados por entrevistadores. Um primeiro grupo de moradores declarou estar pronto a fazer economias, mas o resultado, no fim do Inverno, não foi muito animador. O entrevistador ofereceu, a outros moradores, a publicação posterior do seu nome na imprensa, a título de cidadão consciencioso e preocupado com a economia do consumo de energia. O efeito foi imediato: desde o primeiro mês de consumo que foi possível observar uma economia notável. Os investigadores comunicaram então a esta amostra que não seria possível publicar os seus nomes. Apesar disso, os moradores não retomaram os seus antigos hábitos de consumo.

Cialdini e colaboradores (1975) exploraram uma outra versão do *low-ball* que já não consiste em suprimir vantagens, mas em revelar uma série de inconvenientes, uma vez tomada a decisão. É uma pesquisa que não pode deixar indiferente nenhum psicólogo social. Os investigadores pediram a estudantes para participarem num estudo sobre os processos mentais. Para isso, tinham de se apresentar no laboratório às 7 horas da manhã. Apenas 24% das pessoas contactadas se declararam dispostas a participar. Numa outra situação, os investigadores começavam por perguntar ao estudante se aceitava participar num estudo sobre os processos mentais. Uma vez obtido o acordo, o que aconteceu em 56% dos casos, referiam que a experiência começava às 7 horas da manhã e deixavam os estudantes livres para modificar a sua decisão se assim desejassem. Nenhum mudou a sua decisão e 95% das pessoas apanhadas dessa maneira no *low-ball* foram ao laboratório à hora indicada. Na mesma ordem de ideias, Joule (1987) conseguiu que maior número de estudantes fumadores se abstivessem de fumar durante 18 horas seguidas! Os sujeitos eram convidados a participar numa experiência sobre a concentração dos fumadores; a experiência era efectuada em dois tempos, com 18 horas de intervalo. Num caso, os participantes eram imediatamente informados de que teriam de se abster de fumar entre as duas sessões e, no outro, esse aspecto da experiência só lhes era revelado durante a primeira sessão. Enquanto 4% dos do grupo de controlo se abstiveram efectivamente de fumar, o número ultrapassou 90% no grupo experimental.

Há outras práticas comerciais que lembram a estratégia do *low-ball*. Por exemplo, a técnica do **logro** consiste em iniciar uma acção de venda sabendo perfeitamente que o produto que se propõe não está disponível. Neste caso, o vendedor tem a esperança de que o cliente continuará o movimento desviando-o para outro elemento da mesma gama. Por ocasião de um recente período de saldos, uma grande cadeia belga de supermercados anunciava um televisor de excelente origem, a 50% do preço habitual. Uma verdadeira ocasião! À chegada à loja, o cliente descobria que esse produto já não existia há vários meses. Os vendedores bem tentaram explicar que os prospectos se baseavam em dados falsos, é evidente que se tratava de uma estratégia consciente para trazer o cliente à loja com a intenção de adquirir um novo televisor. Ainda que não saibamos quantas pessoas compraram um televisor de menor qualidade a um preço quase normal, é permitido (e desejável!) duvidar da legalidade da manobra.

O processo de autopercepção, associado à tendência para justificar as nossas decisões, explica também o êxito de uma outra técnica de manipulação conhecida pelo nome de "**pé-na-porta**". Desta vez, um primeiro pedido que se espera que seja aceite sem grande dificuldade serve apenas de pretexto para um segundo, muito mais dispendioso. Tal técnica é particularmente perniciosa na medida em que as decisões relativas ao comportamento inicial são frequentemente tomadas sem qualquer hesitação. Com efeito, não há nada que leve a recusar tomar conta da mala de alguém que tem de ir telefonar, assistir a um curso facultativo, etc. O problema só aparece mais tarde... quando nos enredamos em actos que nunca teríamos espontaneamente realizado.

O nome de pé-na-porta vem de uma experiência conduzida em 1966 por Freedman e Fraser, em bairros residenciais da Califórnia. O investigador apresentava-se no domicílio dos moradores como representante de um grupo associativo cuja ambição era reduzir os desastres de viação. Convidava o dono da casa a instalar no jardim um painel, tão grande como inestético, em que estava escrito "Guie com prudência". Apenas 17% dos moradores aceitaram o pedido. Sem o investigador saber, outros moradores tinham sido contactados duas semanas antes para assinar uma petição exigindo dos políticos medidas conducentes à redução do número de acidentes nas estradas. Dessa vez, 55% dos proprietários contactados aceitaram pôr o painel no seu relvado.

Na nossa opinião, esta estratégia do pé-na-porta explica em grande parte a eficácia de algumas práticas de recrutamento pelas seitas. Não é difícil aceitar perder algum tempo a preencher um questionário para descobrir os pontos fracos da "personalidade". O drama começa quando esta primeira decisão, quase automática, faz apelo a uma reacção mais exigente, depois a outra, etc. De uma forma divertida, Coluche, um cómico francês, põe em cena uma pessoa que, indo à boleia, conseguiu manipular como quis o pobre do condutor.

Como todas as outras técnicas, também as que respeitam à manipulação podem ser postas ao serviço de bons ou de maus objectivos. Podem ser utilizadas para aumentar as dádivas de sangue ou para nos vigarizar na nossa ingenuidade.

Submissão, empenhamento e resistência

Numa análise particularmente aliciante das técnicas de manipulação, Joule e Beauvois (1987) distinguem duas grandes classes de comportamentos ligados à submissão. De um lado, estão os comportamentos que vão contra as nossas atitudes ou opiniões e, do outro, os actos conformes a essas mesmas atitudes e opiniões. É uma perspectiva que muito nos agrada. No primeiro caso, como vimos a propósito da dissonância cognitiva, assiste-se não só a uma mudança das atitudes no sentido dos comportamentos recentemente efectuados, como à realização de novos comportamentos nessa mesma direcção. No segundo caso, e desta vez a lógica inscreve-se na continuação dos estudos de Bem, a realização de actos não problemáticos provoca uma consolidação da atitude e uma estabilização do acto de submissão.

É evidente o interesse de uma abordagem ecuménica. Ela põe em evidência os efeitos paralelos do empenhamento. Quer se trate de actos problemáticos ou não, as suas consequências comportamentais e cognitivas ganharão importância a partir do momento em que fazem aparição os factores de empenhamento (Kiesler, 1971). Um outro interesse desta abordagem é que ela permite distinguir entre os processos mais exigentes no plano cognitivo e os mais superficiais. Na medida em que a dissonância cognitiva tem as suas raízes no choque entre uma visão positiva de si próprio e a realização de actos pouco apresentáveis, a mudança de atitude resulta provavelmente de um trabalho cognitivo intenso. No oposto, a análise dos comportamentos que se inscrevem no prolongamento de posições anteriores fará apelo à mobilização de menos recursos. Pode-se então esperar que a mudança de atitudes induzida por uma ou outra via resista de maneira diferente às tentativas posteriores de desestabilização.

A reactância

Pense em Romeu e Julieta... É uma história que mostra como também o aumento da pressão externa é susceptível de levar a uma diminuição da influência. Com efeito, em certas condições uma pessoa pode ser levada a adoptar um comportamento totalmente oposto àquele que seria de esperar de si. Brehm (1966) deu a esse fenómeno o nome de **reactância**. Segundo este autor, a partir do momento em que as opções comportamentais são limitadas de modo aparentemente arbitrário, as pessoas tentam afirmar a sua liberdade de acção. Foi possível verificar com estudantes uma maior vontade de ler e uma maior convicção de que vão apreciar um livro quando eles acreditam que o livro está reservado a adultos do que quando a sua venda é livre.

Wicklund e Brehm (1976) testaram a hipótese segundo a qual as vítimas de censura restaurariam o seu sentimento de liberdade aproximando-se do ponto de vista censurado. Mediram as atitudes de estudantes do secundário em relação à diminuição da idade para o direito de voto. A opinião da maioria era favorável. Pouco tempo depois, anunciou-se o cancelamento de uma conferência em favor da medida de diminuição. Enquanto metade dos estudantes foi informada de que a reunião era cancelada por motivo de doença, a outra metade foi informada de que tinha havido uma intervenção por parte da organização para proibir o discurso. Neste último caso, os alunos declararam-se mais favoráveis à medida de diminuição. O mesmo resultado não foi obtido com o grupo de estudantes que acreditaram que o orador estava doente.

A publicidade está cheia de exemplos em que, pelo recurso a uma limitação da oferta ("só mais alguns dias de promoção", "stock limitado", etc), se procura reforçar o desejo do consumidor de adquirir um produto. Segundo Cialdini, esta estratégia é compreensível se tivermos em conta a energia que as pessoas estão prontas a investir na contestação das restrições que se lhes impõe. Os pais têm, aliás, um conhecimento intuitivo deste princípio. Há tantas crianças que, inicialmente relutantes, comem rapidamente uma hortaliça que, de repente, o pai ou a mãe "lhe proíbem". Não tenhamos ilusões! Até o efeito de reactância pode ser uma arma ideal para o manipulador habilidoso.

Este capítulo foi consagrado ao estudo de duas importantes dimensões na área da mudança de atitudes: as emoções e o comportamento. Para além da dimensão cognitiva, estudada no capítulo precedente, o manipulador dispõe portanto de uma grande panóplia de meios para modelar as atitudes e, finalmente, os comportamentos das pessoas. Na sua grande maioria, as pesquisas sobre o que se costuma chamar persuasão e manipulação acentuam o papel decisivo dos recursos cognitivos. O indivíduo pode resistir às sereias do ambiente se mobilizar as suas capacidades intelectuais.

Capítulo 6
As normas sociais

No capítulo precedente procurou-se mostrar como as emoções e os comportamentos modificam as nossas atitudes. À persuasão, estratégia mais cognitiva, vieram associar-se dois instrumentos suplementares que visam a mudança das nossas opiniões, sentimentos e comportamentos. Essas diversas técnicas de influência põem sobretudo em evidência a faceta psicológica da mudança. Mas estão longe de esgotar todas as possibilidades. Muitos outros factores orientam as nossas reacções e contribuem para a uniformidade dos nossos comportamentos. Em particular, as ideias, atitudes e acções das pessoas que nos rodeiam exercem uma influência incontestável sobre as nossas próprias opções. Nos três capítulos a seguir, interessar-nos-emos pelos processos que actuam nas interacções sociais. Procuraremos perceber como os encontros com os outros criam regularidades nos nossos comportamentos. Nessa perspectiva, as normas sociais têm um papel crucial. Elas englobam o conjunto de regras e prescrições relativas à maneira de perceber, de pensar, de sentir e de agir. São escalas de referência ou de avaliação que definem a latitude dos comportamentos, atitudes e opiniões permitidas e repreensíveis (Sherif, 1965).

Da mesma maneira que as atitudes, as normas sociais contribuem para orientar o nosso comportamento. Criam ordem e estabilidade e, a partir daí, previsão. Verdadeiro lubrificante social, as normas têm um papel primordial no funcionamento social, pois reduzem a confusão e a incerteza. De facto, a harmonia nas nossas interacções depende directamente de uma aplicação correcta das normas sociais. Somos aliás muito sensíveis aos infractores (Cosmides, 1989). Não lhe é com certeza difícil descobrir o colega que, de cada vez que é preciso pagar o café no escritório se justifica com o facto de ter pedido uma bebida barata. Por vezes, as normas estão explicitamente associadas a castigos ou a recompensas. Se for apanhado a guiar a 180 quilómetros à hora numa auto-estrada belga, terá de pagar algumas centenas de contos. E, no mesmo país, beneficiará de uma redução caso pague os impostos com antecedência.

Para que as normas sejam seguidas de maneira escrupulosa, nem sempre é necessário dar o pau ou a cenoura. A maioria das vezes, estamos convencidos da sua razão de ser. Se viajar no Reino Unido, não hesitará em guiar pela esquerda mesmo que, por falta de hábito, sinta alguma dificuldade em pôr aquela decisão em prática. Algumas normas estão tão inscritas na nossa organização social que nem por um minuto pensamos em infringi-las ou contestá-las. Se for convidado para um aniversário, com certeza que leva um presente. É evidente que agir de acordo com as normas sociais facilita a vida. A imensa maioria das pessoas que o rodeiam comporta-se de maneira semelhante à sua.

Começaremos a nossa abordagem das normas sociais pela análise do fenómeno de imitação. Ainda que a imitação se refira a uma influência que poderíamos qualificar como involuntária, ela contribui no entanto de maneira decisiva para modelar as nossas interacções quotidianas. Na realidade, uma vasta gama de regras sociais é aprendida pela imitação. Como veremos, as condições que favorecem a adopção dos comportamentos pelos modelos são as mesmas que presidem à formação das normas.

A PROVA SOCIAL

A história passa-se durante o congresso do Partido Socialista Francês em Agosto de 1990. Sucedem-se comunicações e discussões. De repente, após uma intervenção muito aplaudida, algumas pessoas da assistência cometem um equívoco fatal. Confundem jornalistas com responsáveis do partido e reclamam-lhes uma remuneração. Estupefactos, os jornalistas descobrem rapidamente o segredo. Aquilo que parecia um entusiasmo sincero pelo discurso de um alto dirigente, não passava de uma encenação. A fim de disfarçar o pouco entusiasmo dos militantes, tinham sido contratados alguns estudantes e desempregados para manifestarem o seu entusiasmo. A demissão do político incriminado foi quase imediata. Sem dúvida, ainda que deplorando o amadorismo do político naquela fraude, não se pode deixar de lhe reconhecer perspicácia no que respeita à natureza humana. Com efeito, ainda que o procedimento de compra de apoiantes ofenda os espíritos democráticos e faça lembrar os mais sinistros tempos da propaganda política, ele inspira-se directamente num fenómeno chamado "claque" que tem a sua origem no espectáculo da arte lírica.

Segundo parece, a prática da claque começou por volta de 1820. Foi nessa altura que dois espectadores regulares da Ópera de Paris, Sauton e Porcher, constituíram uma sociedade comercial conhecida pelo nome de "L'Assurance des Succès Dramatiques". A ideia era garantir aos directores de ópera e outros encenadores a presença de uma audiência que assegurava o sucesso da representação. Para isso, alugavam os serviços de espectadores encarregados de acentuar as actuações dos actores ou dos cantores com risos, "bravo", choros ou "bis". Era um comportamento tão institucionalizado, dizem os historiadores, que tudo se passava às claras. Alguns "chefes de claque" chegaram a fazer carreira durante uma vintena de anos, ocupando sempre os mesmos lugares. Se nas salas de concerto a claque já não é muito praticada, ela continua a usar-se em audiências fictícias na televisão. Em concursos, séries populares e programas de variedades, os realizadores continuam a explorar esse procedimento. Por que deixariam de o fazer? A pesquisa mostra que os "risos fabricados" desencadeiam a hilaridade dos telespectadores, mesmo quando é evidente que são fabricados. Melhor ainda, se assim se pode dizer, as réplicas dos actores beneficiam tanto mais desse estratagema quanto pior é a sua qualidade. Por que esconder que somos muito sensíveis ao comportamento dos outros? A maneira como agem os nossos pais, amigos e vizinhos exerce um impacto enorme sobre os nossos comportamentos. Perceber como os actos dos outros modelam as nossas próprias reacções está no centro dos trabalhos sobre a imitação.

A imitação e a teoria da aprendizagem social

Tema central da psicologia social na opinião dos fundadores da disciplina, a imitação aparece como um processo de influência hoje um pouco abandonado. No plano teórico, verifica-se uma certa indiferença pela imitação que muitas vezes não figura nos textos de introdução à disciplina, sem dúvida porque os investigadores a associam à falta de criatividade. Consideram que copiar os comportamentos dos outros não dignifica as nossas capacidades superiores de análise. No entanto, a imitação continua a ser um factor decisivo em imensos comportamentos. Pense em todas as situações de aprendizagem. Quantos de nós começaram a utilizar um computador pela leitura cuidadosa das instruções ou por tentativas e erros? Na realidade, a imensa maioria dos utilizadores da informática moderna contentou-se em observar a maneira de fazer de outra pessoa antes de entrar na idade da electrónica. Como demonstra o exemplo do computador, as vantagens da imitação ao nível da aprendizagem são evidentes. A imitação é particularmente eficaz quando, espontaneamente, há poucas hipóteses de acertar.

Tal como na claque, a imitação facilita a expressão de toda uma série de comportamentos. Na sua opinião, por que é que Tide, Ariel e outras marcas nos continuam a mostrar donas de casas que escolhem entre duas embalagens de detergente vulgar e um único pacote daquela que garante o "branco mais branco"? Por que é que será tão importante que os grupos *pop* fabricados por medida atinjam rapidamente o cume dos *hit-parades*? Quando se quer convencer os espectadores de que os diálogos são engraçados, ou os consumidores de que um produto justifica a compra, o princípio da prova social, como lhe chama Cialdini (1988), não é um método fútil. Pelo contrário, constitui uma arma de influência considerável.

Bandura (1971) personifica a pesquisa moderna sobre a imitação. Na sua teoria da aprendizagem social, este investigador distingue duas grandes etapas na imitação: a aquisição e o desempenho. Num primeiro tempo, a pessoa aprende pela observação do comportamento do modelo. É a fase de aquisição. Toda uma série de estudos fascinantes que não vamos abordar aqui sublinha a importância dos processos de atenção e de memória nesse estádio do processo. Encontramos aqui um princípio já abordado nas pesquisas de Hovland (ver capítulo 4) sobre a mensagem persuasiva: para além da atenção e da retenção, nada mais existe! Num segundo tempo, a pessoa reproduz espontaneamente o comportamento do modelo. É a fase de desempenho. Quando se fala de imitação, faz-se habitualmente referência a esta fase.

De acordo com a teoria da aprendizagem social, a imitação implica, no mínimo, uma semelhança entre o comportamento de um modelo e o de um "aluno". No entanto, essa semelhança não chega. Quando vemos um motociclista parar atrás de outro no semáforo vermelho, excluímos a possibilidade de que o segundo motociclista tenha imitado o primeiro. O conhecimento que cada um tem do código da estrada é suficiente para explicar o seu comportamento.

Para ter a certeza de observar comportamentos de imitação no laboratório, Bandura imaginou o método dos comportamentos anedóticos. Esta estranha expressão traduz uma ideia muito simples. Trata-se de incitar o modelo a realizar comportamentos que não existem no repertório comportamental do observador ou que só raramente acontecem. A reprodução desses comportamentos pelo sujeito será um signo indubitável da influência do modelo. Se o seu filho, ao voltar do cinema, o cumprimenta com "A força esteja contigo", há muitas hipóteses de que se esteja a inspirar directamente na "Guerra das Estrelas". É quase nula a probabilidade de ele ter imaginado esse cumprimento espontaneamente.

Bandura (1965) aplicou o método dos comportamentos anedóticos num estudo que ficou clássico. Um grupo de crianças é convidado a ver um pequeno filme. Neste aparece um modelo que manifesta uma forte agressividade gestual e verbal. Numa primeira situação, o modelo é recompensado no fim do filme. Na segunda situação, a história termina com a punição do agressor. Numa última situação, o modelo nem é castigado nem recompensado. Depois de ver o filme, cada criança fica numa sala onde estão os mesmos brinquedos que o modelo manipulou no ecrã. Observadores anotam os comportamentos anedóticos reproduzidos pela criança. Esse teste de desempenho é seguido de uma prova de aquisição em que cada criança é convidada a relembrar os vários comportamentos do modelo. Como mostra a figura 6.1, o nível de aquisição é igual nas três condições. No que respeita ao desempenho, pelo contrário, as crianças confrontadas com o modelo punido manifestam menos comportamentos de imitação do que as dos outros dois grupos que não diferem muito entre elas. Estes resultados acentuam o interesse em distinguir aquisição de desempenho e, além disso, revelam que o reforço funciona essencialmente na altura do desempenho.

O impacto do comportamento dos outros no nosso próprio comportamento manifesta-se mais numas situações do que noutras. A experiência que acabámos de relatar evidencia, aliás, o papel das consequências do comportamento do modelo. A imitação é nitidamente mais aleatória quando o modelo agressivo é sancionado

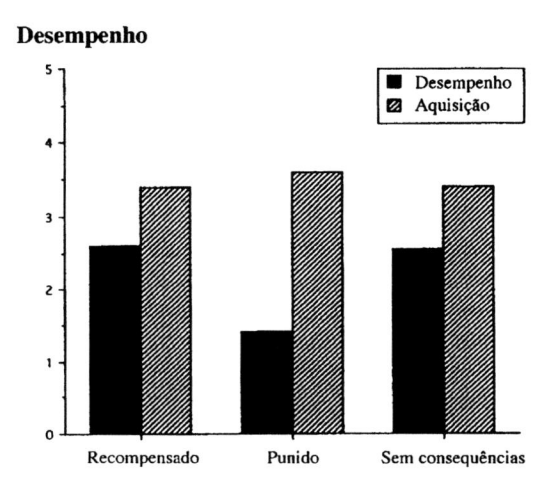

Figura 6.1 – *Desempenho e aquisição em função dos reforços vicariantes.*

por um castigo em vez de por uma recompensa. A terapia do comportamento apoia-se precisamente na utilização inteligente desses reforços vicariantes, isto é, dos reforços que não se recebem directamente mas são observados noutra pessoa. Para além do seu contributo na área da aprendizagem e do seu papel como factor de facilitação geral, fica também visível uma terceira função importante da imitação, a de desinibição.

Num dos primeiros estudos que procuravam modificar comportamentos indesejáveis, Bandura *et al.* (1967) trataram crianças em idade pré-escolar que tinham terror aos cães. As crianças tinham de ver, todos os dias, durante cerca de vinte minutos, um rapazinho a brincar com o seu cão. As sessões produziam um efeito tão forte que, após quatro dias apenas, dois terços das crianças aceitavam ficar sozinhas numa sala a acariciar um cão. Passado um mês, um controlo suplementar confirmava aliás que as crianças tinham mais vontade do que nunca de brincar com um cão. Um trabalho posterior (Bandura e Menlove, 1968) demonstrou que crianças que antes entravam em pânico ao ver um cão, se comportavam nitidamente melhor depois de verem um filme em que várias crianças brincavam com o seu cão. Não era preciso portanto que o modelo estivesse presente; um modelo filmado era igualmente eficaz.

Uma pesquisa de Bandura *et al.* (1969) permite saber mais sobre a eficácia respectiva das várias técnicas terapêuticas. Desta vez, trata-se de pessoas dos dois sexos com várias idades, todos sofrendo de fobia das serpentes. As 48 pessoas estavam repartidas em três grupos experimentais e um grupo de controlo que não beneficiava de nenhum tratamento especial. O primeiro grupo era submetido à chamada dessensibilização sistemática. Em seguida a um treino dos métodos de relaxamento muscular, a pessoa tem de imaginar uma série de 34 cenas, progressivamente mais ansiógenas, em que aparecem serpentes. No início, é preciso visualizar a fotografia de uma serpente. Quase no fim do exercício, a pessoa tem de imaginar que está a brincar com uma serpente verdadeira. As instruções mandam suspender a evocação de uma cena logo que ela suscita uma reacção emotiva. Depois de uma fase de relaxamento, a cena é visualizada outra vez até já não provocar qualquer ansiedade. O tratamento acaba quando as 34 cenas puderem ser imaginadas sem provocar qualquer ansiedade. Em média, o tempo necessário para esse tipo de tratamento ronda quatro horas e meia.

Para o segundo grupo de participantes, o tratamento consistia em ver um filme, ao ritmo próprio de cada um. O filme que durava cerca de 35 minutos, mostrava várias pessoas a manipular serpentes. O poder ansiógeno das cenas aumenta com o tempo. As primeiras imagens apresentam modelos a brincar com serpentes de plástico. No fim do filme, as pessoas vêem os modelos a deixar que serpentes vivas lhes deslizem à volta do pescoço. Quando uma cena desencadeia ansiedade a mais, os participantes devem parar o filme e relaxar-se. Depois de terem controlado a reacção emotiva, continuam a projecção. A visão do filme todo, sem qualquer ansiedade, necessita em média de 2 horas e 46 minutos.

Num terceiro grupo de "modelação com participação guiada" é dada a instrução de observar um modelo vivo e participar, pouco a pouco, na acção. Durante cerca de quinze minutos, a pessoa está atrás de um espelho unidireccional e observa o modelo a manipular uma serpente. Depois, deve entrar na sala e aproximar-se cada vez mais da serpente. Na terceira e última fase do tratamento, tem de participar na acção e tocar na serpente. Em vez de evacuar a ansiedade recorrendo ao relaxamento muscular, a pessoa é, desta vez, convidada a pôr as mãos nos ombros do modelo e deixá-las deslizar devagar até atingir a serpente. O tratamento é considerado um êxito quando a pessoa consegue deixar que a serpente se enrole à volta do seu corpo, o que necessita em média de 2 horas e 10 minutos.

Um teste de cura revela que os três tratamentos diminuem muito nitidamente a fobia às serpentes. No entanto, o prémio vai para a modelação com participação guiada: 92% das pessoas, neste caso, manipulam pelo menos uma serpente com as mãos no fim do tratamento. Portanto, todas as pessoas que não ficaram totalmente curadas com os outros tratamentos são submetidas a este método para vencer a sua fobia. Uma segunda prova de confirmação, um mês depois da experiência, atesta a persistência das melhoras. Além disso, as mudanças favoráveis verificadas ao nível do objecto da fobia generalizam-se a outras condições ameaçadoras.

Os reforços vicariantes têm, portanto, um impacto sobre a imitação. Muitos estudos mostraram que os atributos do modelo constituem outra variável importante. Um modelo cordial, simpático e prestigiado será mais imitado. Mas, de entre todas as características do modelo, é a semelhança com o observador que se revela mais eficaz.

O valor da semelhança

Um bom meio de descobrir quais os factores que amplificam os efeitos da prova social consiste em ver o que se passa na publicidade. A este propósito, impressiona ver a banalidade dos modelos utilizados em algumas mensagens. Pense nos detergentes elogiados por mães de família apanhadas de surpresa no seu domicílio e sempre prontas a mostrar a sua roupa. Pense nas jovens secretárias ou estudantes que se congratulam com os pensos higiénicos. Uma constante emerge desses cenários: todos pretendem fazer-nos acreditar que as pessoas mostradas são como nós. Na realidade, é de nós que se trata. Para parecerem mais reais, acrescentam-se nomes, moradas, sotaques regionais, etc. Na sua opinião, porque é que os agentes de publicidade trocam tão facilmente o prestígio de uma grande estrela ou a credibilidade de um desportista, pela cara bondosa e alegre de uma dona de casa? Muito simplesmente porque nós temos tendência para "copiar" as acções dos que são parecidos connosco.

Uma experiência de Hornstein *et al.* (1968) dá uma demonstração convincente do papel da semelhança na imitação. Estes investigadores puseram algumas carteiras em vários sítios de Manhattan e observaram o que acontecia quando elas eram descobertas. Cada carteira continha 2 dólares em dinheiro, 26,3 dólares em cheque e várias informações com a indicação do nome e morada do proprietário. Dentro da carteira havia ainda uma carta em que se percebia que ela não tinha sido perdida uma vez, mas duas vezes. A carta, endereçada ao proprietário, era de uma pessoa que explicava a sua intenção de lhe restituir a carteira. Podia aí ler-se que a pessoa estava feliz por poder ajudar e que aquela boa acção tinha iluminado o seu dia. Sem dúvida, o autor da carta tinha também perdido a carteira no caminho do correio. O objectivo dos investigadores era verificar quantas pessoas iriam seguir o exemplo do autor da carta. O seu interesse específico era o impacto de um aspecto muito particular da carta. Enquanto algumas cartas estavam escritas num inglês normal por uma pessoa que tinha todas as aparências do americano médio, outras estavam redigidas num inglês duvidoso por uma pessoa que dizia ter chegado recentemente ao país. Dito de outro modo, as pessoas podiam concluir que a primeira carta tinha sido escrita por uma pessoa parecida consigo própria. Enquanto só 33% das carteiras foram restituídas quando o autor da carta era um recém-chegado, foram devolvidas ao proprietário 70% das carteiras descobertas previamente por um americano médio.

Recorreremos a estatísticas surpreendentes recolhidas nos Estados Unidos por Phillips (1979, 1980) para ilustrar a imitação de maneira simultaneamente inesperada e significativa. Nas nossas sociedades ocidentais, o suicídio é, infelizmente, uma causa importante de morte, sobretudo entre os jovens. Os cientistas propõem várias explicações, cada uma mais complexa do que as outras. Sem pretender negar o papel de muitos outros factores, Phillips tenta determinar o contributo específico da imitação na ocorrência do suicídio. A propósito, conhece o jovem Werther, o herói de uma novela de Goethe que, depois de muitos desgostos, põe finalmente termo à vida? Há dois séculos, esse personagem romântico causou tantos danos entre os leitores que muitos países proibiram pura e simplesmente a novela.

Phillips vai mostrar que o fenómeno que no passado impressionou os leitores de Goethe é ainda actual. Aliás, usa a expressão "efeito Werther". Dá gosto evocar estes estudos tanto mais que eles provam admiravelmente que é possível sair do laboratório e manter um grande rigor. Com efeito, por muito que a aproximação experimental seja implacável e confortável, ela não deve fazer esquecer que os dados também existem sem serem provocados. É o caso dos arquivos que muitas vezes fornecem indicações muito úteis sobre questões que dificilmente se poderiam manipular.

Nos dados recolhidos por Phillips, é arrepiante verificar que cada suicídio relatado na imprensa entre 1947 e 1968 levou a um aumento médio de 58 suicídios durante os dois meses que se seguiram à publicação. São números perturbadores. A hipótese de Phillips é que cada notícia de suicídio reforça entre os leitores a ideia de que ele é uma resposta adequada às dificuldades da vida. O autor vai ainda mais longe na análise dos dados. Ainda que a notícia de um suicídio facilite outros suicídios, o suicídio não é uma solução que convenha a toda a gente. Haveria pessoas tentadas pelo suicídio que, por causa da honra da família, dos problemas com o seguro de vida, etc., se arranjariam para que a intenção suicidária passasse despercebida. Se essa análise estiver certa, deveríamos verificar picos anormais na frequência de acidentes fatais após a publicação de um suicídio. Os dados recolhidos por Phillips vão nesse sentido. A publicação de um suicídio na primeira página é seguida de uma grande quantidade de acidentes surpreendentes: quedas de aviões privados, desastres de aviões comerciais, carros esmagados contra pilares de pontes, etc. Em alguns casos, o aumento atinge a proporção de 1000%. Evidentemente que é uma tentação explicar esse tipo de fenómenos pelas condições sociais, económicas e políticas que prevalecem na altura dos suicídios e dos acidentes. Dessa maneira, a crise económica que leva algumas pessoas ao suicídio, pode também criar, noutras pessoas, um nível de *stress* que provoca os acidentes. No entanto, essa explicação não consegue justificar que tais aumentos só apareçam nas regiões onde a notícia de suicídio foi publicada. Há mais observações que apoiam a hipótese de Phillips. Por exemplo, se as pessoas provocam aquele tipo de acidentes com a intenção de desaparecer é de esperar que não falhem o acto. Efectivamente é isso que acontece! O que aumenta de maneira dramática é mais o número de mortos do que o de acidentes.

Phillips (1980) também examinou os desastres de viação implicando apenas um condutor. Verifica que a seguir à divulgação na imprensa do suicídio de um jovem é superior o número de jovens condutores retirados dos destroços. Pelo contrário, quando são pessoas de meia idade que põem termo à vida e a notícia é publicada nos jornais, os mortos nas estradas são nitidamente mais velhos do que o habitual. Mais uma vez, um factor determinante do impacto do modelo é a semelhança entre os observadores e o modelo. Para evitar esse tipo de dramas em série, alguns municípios como Montreal desistiram pura e simplesmente de comunicar os suicídios consumados no metro. Tendo em consideração os dados de Phillips, fazemos votos para que os responsáveis da televisão (assim como os directores das escolas, aliás) sejam mais conscientes dos seus deveres de informação e de discrição.

A FORMAÇÃO DAS NORMAS

Se a semelhança entre modelos e observadores facilita a adopção de vários comportamentos, também o grau de incerteza ligado à situação contribui para a sua disseminação. Quando não sabemos exactamente o que se deve fazer, tendemos a usar os outros como exemplo. Fazendo-o, esquecemos um dado essencial do problema: as outras pessoas fazem provavelmente exactamente a mesma coisa que nós! Essa "ignorância plural" é muito mais frequente do que se pensa. Encontramo--la nas salas de aula e nos anfiteatros das universidades. Quantas vezes os estudantes não interpretam o silêncio dos colegas como sinal de que eles não têm dificuldade em perceber a matéria? Uma experiência realizada por Miller e McFarland (1987) inspira-se directamente nessa situação. Os participantes deviam ler um texto incompreensível e pedir ajuda se encontrassem "muitos problemas graves de compreensão". Não só nenhum dos participantes se deu ao trabalho de pedir explicações sobre o texto, como todos presumiram que os outros o tinham percebido.

Mais inquietante ainda, algumas pesquisas sugerem que a ignorância plural tem um papel nada desprezível no que respeita a problemas tão graves como o consumo imoderado de álcool nas universidades. Por exemplo, Prentice e Miller (1993) verificaram que os estudantes manifestam muitas vezes comportamentos que subentendem uma tolerância ao álcool exagerada em relação à realidade – beber de maneira excessiva, levar bebidas fortes para as festas, etc. Podem-se adivinhar facilmente as consequências de tais práticas: a maioria dos estudantes pensam que os colegas aguentam melhor o álcool do que é verdade. No fim de contas, acabam a consumir mais álcool do que queriam, só porque tal comportamento parece o conveniente no meio em que se encontram.

Teremos ocasião de voltar a falar das consequências da ignorância plural quando abordarmos as situações de discussão em grupo, no capítulo 8, e os comportamentos de ajuda, no capítulo 9. De momento, vamos continuar na questão das normas, debruçando-nos sobre um programa de pesquisa que, apesar de realizado há mais de sessenta anos, conserva, no entanto, todo o seu fascínio. Com efeito, melhor do que qualquer outro, o trabalho de Sherif (1936) sobre a formação das normas põe em evidência como a ambiguidade de uma situação engendra a uniformidade de comportamentos.

Sherif e o efeito autocinético

Na década de trinta, a psicologia social americana deu uma importância soberana aos processos estritamente individuais. Nesse contexto muito marcado pelo behaviorismo, não é admissível o inconsciente colectivo ou qualquer pensamento de grupo. A conformação é tida por um comportamento individual gratificante. Por outras palavras, o poder das normas sociais parece ser passível de explicar por uma estratégia estritamente hedonista. Mas Sherif, psicólogo de origem turca, tem dúvidas. Sem cair na armadilha do mentalismo, pretende mostrar como das interacções entre várias pessoas emergem produtos originais que constituem regras de comportamento, escalas comuns de referência, em suma, normas. Na sua opinião, não é possível entender o que acontece num grupo se nos limitarmos a estudar as pessoas isoladamente.

Para ilustrar o seu ponto de vista, Sherif escolhe confrontar os participantes com um estímulo ambíguo. Devem fixar um ponto luminoso, afastado alguns metros, numa obscuridade total. Os participantes julgam ver deslocar-se a fonte da luz, na realidade imóvel, uma ilusão conhecida há muito tempo com o nome de efeito autocinético. A tarefa dos participantes consiste em avaliar várias vezes a amplitude do movimento. Nas situações de experiência individual, as estimativas iniciais de um mesmo participante são muito diferentes umas das outras. Pouco a pouco, as respostas aparecem mais coerentes, limitando-se a uma certa gama de valores. Por outras palavras, os participantes criam uma norma própria.

O principal interesse das experiências de Sherif reside nas experiências com pequenos grupos de duas ou três pessoas cuja norma própria se conhece. Embora as primeiras respostas sublinhem a diversidade dos pontos de vista, a sucessão das estimativas fornecidas por cada um dos participantes confirma a criação rápida de uma norma colectiva. Os participantes põem-se de acordo, apesar das divergências iniciais (ver figura 6.2). Consoante os grupos, a norma colectiva manifesta a influência preponderante de um dos participantes, o compromisso na direcção de uma posição média, ou ainda a criação de uma norma verdadeiramente original. Para Sherif, a natureza e a variabilidade das soluções de grupo indicam que os grupos criam fenómenos dificilmente previsíveis só a partir dos membros individuais que os compõem.

Noutras experiências de Sherif, as pessoas efectuavam as suas estimativas primeiro em grupo e depois isoladamente. Os resultados mostram que as estimativas do grupo continuam a influenciar as respostas dos participantes quando respondem, de novo, isoladamente. Em resumo, as normas do grupo são interiorizadas.

Por fim, Sherif demonstra também a inércia de normas totalmente arbitrárias (McNeil e Sherif, 1976). Algumas experiências prevêem que as pessoas comecem por encontrar três colaboradores (e cúmplices) do experimentador. Quando cada um já forneceu trinta estimativas, um cúmplice abandona o grupo e é substituído por uma pessoa ingénua, isto é, que desconhece a experiência. Depois de mais trinta estimativas, uma outra pessoa ingénua vem substituir o segundo cúmplice. Chega então a vez do último cúmplice, também este substituído por uma pessoa ingénua. Na etapa seguinte, uma pessoa nova toma o lugar da pessoa ingénua mais antiga, e assim de seguida durante várias gerações. Os dados revelam que são precisas várias gerações para que o grupo se liberte de uma norma arbitrária "imposta" pelo grupo constituído pelos cúmplices. Além disso, quanto menos bizarra é a norma inicial, mais dificilmente a intervenção dos novos consegue modificar as primeiras estimativas.

Estimativa de distância

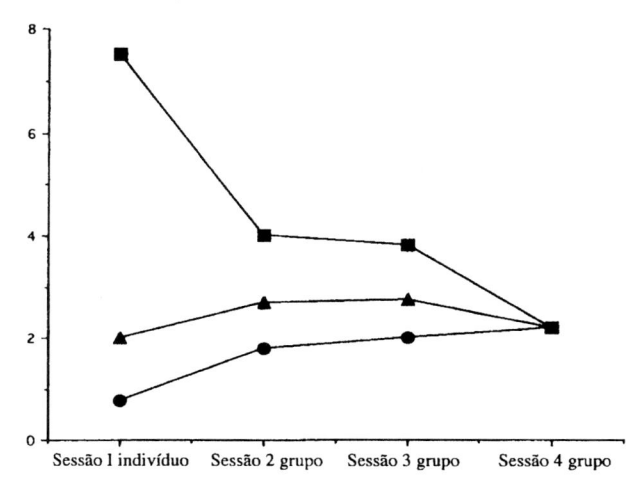

Sessões sucessivas

Figura 6.2 – Exemplo de respostas na situação de efeito autocinético.

Os resultados de Sherif não deixam dúvidas. Como ele previu, o produto final do grupo não pode ser explicado apenas pelas individualidades do grupo. Sem fazer intervir qualquer mecanismo de representação colectiva e, portanto, sem cair na armadilha de um mentalismo discutível, Sherif apresenta as estimativas dos participantes como resultado de um processo de influência mútua. Na sua opinião, o consenso é consequência de uma implicação sincera dos vários membros do grupo na elaboração da norma. Esse consenso repercute-se positivamente na confiança que se tem na norma. Porque partilhada por todos, a norma é percebida como sólida. Está também interiorizada, correspondendo mais a uma regra auto-prescrita, uma linha de comportamento livremente escolhida, do que a uma obrigação externa. É óbvia a relação com a teoria da dissonância cognitiva. Estão reunidos todos os ingredientes para que as normas exerçam um impacto prolongado sobre os comportamentos dos membros do grupo.

Das miudezas à produtividade na empresa

Estamos nos Estados Unidos em plena Segunda Guerra Mundial. A indústria alimentar em geral e a produção de carne em particular ressentem-se da situação de guerra. As melhores partes de carne, como os bifes a que estão habituados os consumidores americanos, tornam-se raras. A fim de manter a saúde pública num nível aceitável, o governo federal quer que as famílias aumentem o seu consumo de fígado, rins e outras miudezas. É uma pílula difícil de aceitar pelo cidadão americano. Quer se recorra a prospectos que elogiam os méritos das partes menos nobres da vaca, a discursos que apelam ao patriotismo dos consumidores, ou a conferências repetidas em vários cantos do país por peritos em nutrição, nada parece capaz de alterar os hábitos alimentares.

Segundo Lewin (1943), a única maneira eficaz de alterar os hábitos alimentares consiste em mudar as normas sociais, e não pessoais, acerca do que convém comprar e servir à mesa. Para comprovar essa ideia, juntou algumas donas de casa em pequenos grupos e pediu-lhes para conversar sobre as maneiras de cozinhar os miúdos da carne e para convencer as suas famílias da utilidade dessas novas práticas culinárias. Ao longo dessas conversas, as participantes mostravam-se cada vez mais convencidas da utilidade de mudar os hábitos alimentares. Parecia estar a acontecer uma mudança de normas. Um inquérito posterior mostrou que mais de 30% das participantes dos vários grupos de discussão tinham efectivamente experimentado cozinhar miudezas. A percentagem era apenas de 3% para as donas de casa que tinham assistido a uma conferência e, portanto, ignoravam o que os outros pensavam sobre essas novas práticas.

Os psicólogos sociais perceberam rapidamente o partido que podiam tirar da técnica inaugurada por Lewin. Em particular, o facto de deixar os grupos estabelecerem as suas próprias normas sociais deveria permitir resolver um dilema recorrente nos locais de trabalho, a saber, de que maneira introduzir mudanças nos processos de produção sem diminuir a produtividade, ferir o moral dos trabalhadores, nem suscitar hostilidade para com a direcção. Coch e French (1948) conduziram as suas investigações numa pequena fábrica de pijamas cujas operárias eram pagas à peça. Neste tipo de remuneração, qualquer mudança no modo de produção pode ter graves consequências sobre os rendimentos. Num grupo de controlo, as operárias foram apenas informadas dos novos processos e suas implicações nos salários. Como era de prever, a reacção foi de consternação e a produtividade caiu de maneira vertiginosa. Num segundo grupo, as trabalhadoras foram informadas das razões que justificavam as mudanças e foram autorizadas a eleger representantes encarregadas de aprender os novos processos para depois os ensinarem às colegas. Desta vez, o moral manteve-se e após uma queda passageira a produtividade retomou o nível inicial. Num último grupo, as operárias receberam as mesmas explicações, mas a introdução da mudança foi diferente. Cada trabalhadora tornou-se uma "operadora particular" encarregada de imaginar as melhores maneiras de concretizar a mudança. Os resultados desta terceira via foram particularmente notáveis. O moral mantém-se bom e a perda de produtividade durou apenas um dia. No período que se seguiu, o aumento de produtividade foi regular e veio a estabilizar-se em 15% a mais do que o nível inicial. Apesar da sua eficácia, esta técnica de participação não foi adoptada logo de início por todos os empresários. Conhecida sob o nome de círculos de qualidade, generalizou-se primeiro no Japão e desenvolveu-se depois em indústrias suecas como a Volvo. A ideia é permitir que sejam os trabalhadores a tomar decisões que competem tradicionalmente à direcção, o que permite melhorar ao mesmo tempo a produtividade e a satisfação dos trabalhadores (Marks et al., 1986).

Vimos com Sherif como os membros de um grupo contam uns com os outros para enfrentar uma situação ambígua. Para Lewin, a instauração de novos hábitos alimentares beneficia do empenho consensual dos membros do grupo. Estes dois exemplos querem dizer que o aparecimento de novas normas, ou a mudança de regras existentes, se produz sempre de uma forma democrática? Com certeza que não. Como mostra a experiência original de Sherif, é frequente a influência preponderante de alguns indivíduos do grupo, quer porque se exprimem com mais segurança, quer porque parecem mais inteligentes, etc. O trabalho de MacNeil e Sherif evidencia, por sua vez, o peso da maioria de colaboradores do investigador face a uma minoria de verdadeiros sujeitos. Por fim, se recordarmos o processo de imitação, a relação entre o modelo e o aluno não é de tipo igualitário. Em resumo, pode haver lugar a pressões, ainda que livremente aceites, nos fenómenos normativos. O trabalho de Newcomb (1943) sobre as opiniões políticas e económicas, no colégio universitário de Bennington, é disso um exemplo magnífico.

Newcomb e os grupos de referência

Quando novos membros entram para uma seita, as suas anteriores maneiras de pensar entram em conflito com as concepções defendidas pelos membros mais antigos. Como gerem as pessoas o fosso que separa as suas anteriores convicções das do seu novo universo? Foi isto que Newcomb estudou num trabalho consagrado à passagem que representa o acesso aos estudos superiores.

No colégio universitário de Bennington, frequentado por raparigas de famílias ricas e conservadoras, as cerca de cinquenta professoras são nitidamente progressistas. Aliás, as mesmas posições políticas, sociais e económicas encontram-se nas estudantes mais antigas e com mais popularidade. De que maneira reagirão as estudantes do primeiro ano? Abandonarão os valores familiares? Serão idênticas, para todas, as repercussões desse novo ambiente? Serão passageiras as perturbações eventuais? Os dados recolhidos durante um escrutínio eleitoral são muitos claros. Enquanto as estudantes do primeiro ano favorecem a candidata conservadora, os terceiro e quarto anos apoiam mais as candidatas progressistas. No entanto, o movimento não é homogéneo e um estudo mais aprofundado revela a existência de dois grupos de referência muito distintos. Algumas estudantes continuam a seguir a norma familiar. As professoras descrevem-nas como dependentes dos pais. Fechadas sobre si mesmas, participam pouco na vida social do colégio e não gozam de muita popularidade. As outras estudantes são muito mais progressistas. Sendo activas no plano social, beneficiam do apoio popular.

A mudança operada por Bennington deixará marcas. Um estudo de Newcomb realizado 25 anos mais tarde mostra que as estudantes mais progressistas continuam a demarcar-se em relação às jovens da mesma idade e do mesmo estatuto sócio-económico. Um outro resultado notável tem a ver com os cônjuges. Quando o marido é também originário de um meio favorecido, há mais tendência para que ele seja um intelectual do que um homem de negócios e para que as suas convicções políticas sejam mais progressistas do que a média das convicções das pessoas do mesmo estatuto sócio-económico.

Em suma, tudo indica que o prestígio das docentes e das colegas mais velhas leva um certo número de estudantes a abandonar os antigos quadros de referência e os valores familiares e a adoptar as opiniões das primeiras. É um processo lento mas infalível. Para proteger as suas convicções de qualquer contestação, sem renunciarem às vantagens da sua condição, as estudantes arranjam-se para casar com um homem do mesmo meio social mas que partilha e reforça as suas opiniões. No oposto, as estudantes mais ligadas à família mostram-se menos sensíveis às normas dominantes do colégio. Não conseguem criar uma rede muito grande de amizades e relacionam-se com as poucas estudantes que exprimem as mesmas atitudes conservadoras.

Os dados recolhidos por Newcomb (1965) põem em evidência a importância de certos episódios da nossa vida. O simples facto de estarmos ligados durante alguns anos a este ou àquele grupo de pessoas pode orientar o resto da nossa vida. Um trabalho conduzido por Siegel e Siegel (1957) mostra este fenómeno de maneira ainda mais convincente. É uma pesquisa que explora o recurso à repartição aleatória dos estudantes entre dois tipos de residências nas universidades americanas: as casas comunitárias e os dormitórios. Enquanto os das casas comunitárias manifestam opiniões conservadoras, os dos dormitórios defendem normas progressistas. As convicções dos estudantes, medidas no início e no fim do ano, mostram um movimento muito significativo em direcção às normas dominantes veiculadas no seu tipo de residência.

Segundo Newcomb, apenas as estudantes que se mantêm muito ligadas à família conseguem escapar à influência do novo ambiente. Por outras palavras, uma das maneiras mais seguras de mudar as convicções de uma pessoa e garantir a sua adesão a um novo grupo de referência consiste em cortar os laços com os seus antigos sistemas de crenças. Os dirigentes de seitas perceberam isso perfeitamente. Isolando o mais possível os novos adeptos da família e dos amigos, os grupos sectários evitam o acesso a contra-argumentos e o contacto com a dissidência.

No seu trabalho sobre a evolução das estudantes, Newcomb defende um equilíbrio subtil entre a maleabilidade e a rigidez da personalidade das pessoas. Em determinadas condições, as pessoas deixam-se seduzir por novas maneiras de pensar. Abandonam então os seus antigos esquemas, em proveito de novas concepções. Foi o caso das estudantes que criaram alguma distância entre elas e o meio familiar. Outras vezes, as pessoas fazem uma escolha muito nítida a favor de convicções bem estabelecidas. Foi o caso das estudantes progressistas quando, depois de acabarem os estudos em Bennington, escolheram maridos que partilhassem o seu ponto de vista. A maneira como as pessoas se integram numa rede social, antiga ou nova, tem aí um papel crítico.

NORMAS, PAPÉIS E MANIPULAÇÃO

A desindividuação e as normas de grupo

Manifestamente, as situações de grupo nem sempre contribuem para o aparecimento de comportamentos sociais positivos. Basta lembrar os excessos funestos de alguns adeptos do Liverpool para com os adeptos que tinham vindo apoiar a equipa de Turim quando da final da Taça Europeia de Futebol em 1985. Dito com toda a clareza, o grupo terá um efeito desastroso sobre os indivíduos que o compõem. Esta verificação vem ao encontro das teses formuladas há mais de um século por LeBon (1895) sobre o papel da sugestão nas multidões. Para esse observador atento aos tumultos sociais, o indivíduo imerso na multidão encontra-se em situação de hipnose. A sua consciência está degradada, o seu espírito crítico apagado, as suas capacidades de raciocínio abafadas. As suas tendências de comportamento, por vezes óptimas, muitas vezes péssimas, estão totalmente libertas. Em resumo, é o poder absoluto da irracionalidade.

Apoiados nessa herança, alguns investigadores sugeriram que o facto de estar em grupo torna as pessoas subjectivamente menos identificáveis, o que contribui para suspender as suas inibições e facilitar o aparecimento de comportamentos duvidosos. Festinger *et al.* (1952) qualificam como desindividuação esse estado psicológico tipicamente observado nas situações de multidão. Várias observações confirmam que o anonimato contribui, de facto, para diminuir a autoconsciência e a autocrítica. Analisando 21 incidentes em que uma pessoa ameaçava saltar de um prédio ou de uma ponte, Mann (1981) notou que os espectadores não encorajavam a pessoa a suicidar-se quando eram em número reduzido e os acontecimentos se desenrolavam durante o dia. O caso é completamente diferente quando a multidão é importante ou quando a noite garante o anonimato às pessoas. Os episódios de linchamento permitem a mesma comprovação (Mullen, 1986). Com efeito, os arquivos revelam que as pessoas cometem uma atrocidade tanto mais quanto maior for a multidão e quanto mais difícil de estabelecer for a identidade dos participantes.

Segundo Zimbardo (1970), o anonimato contribui directamente para o vandalismo. A forma como testou esta hipótese é original. Zimbardo comprou dois carros usados e abandonou-os com o *capot* aberto e sem placas de matrícula. O primeiro foi estacionado no bairro povoado e popular do Bronx, em Nova Iorque; o outro em Palo Alto, uma pequena vila burguesa perto da Universidade de Stanford. No primeiro caso, apareceram alguns "vadios" passados apenas 10 minutos e, três dias depois, o carro já não passava de uma carcaça. Tinha sofrido um total de 33 roubos e actos de vandalismo. No outro caso, apenas uma pessoa se permitiu tocar no carro, durante mais de uma semana. Na realidade, só baixou o *capot* para evitar que a chuva, que começava a cair, molhasse o motor. Numa outra experiência em que grupos de participantes tinham de provocar choques eléctricos num outro participante, Zimbardo arranjou forma de criar o anonimato, pedindo-lhes para vestirem um uniforme e cobrirem a cabeça com um carapuço. O aspecto dos participantes lembrava o Ku Klux Klan. Em comparação com os participantes de um grupo de controlo

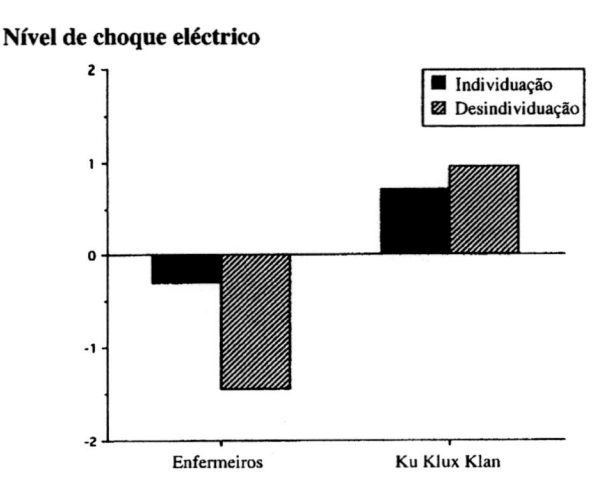

Tipo de vestuário (normas)

Figura 6.3 – Nível de choque eléctrico em função das normas e das condições de anonimato.

que estavam vestidos normalmente, com o rosto visível e o nome claramente escrito num cartão, os participantes anónimos aplicaram nitidamente mais choques eléctricos.

A maioria dos investigadores que atribuem ao anonimato a expressão de actos repreensíveis consideram também que as situações de grupo têm tendência para enfraquecer as normas sociais (Diener, 1980). Uma vez em grupo, as pessoas são menos disciplinadas e perdem o controlo dos seus actos. Os comportamentos baseiam-se menos nas atitudes prévias e ficam mais submetidos aos constrangimentos da situação (Prentice-Dunn e Rogers, 1989). Nesta perspectiva, os comportamentos normativos resultam mais da política do pau e da cenoura do que de uma verdadeira interiorização. É óbvio o conflito com o ponto de vista proposto por Sherif e evocado atrás. Além disso, esta abordagem impõe desconfiança face às situações de grupo. Não forçam elas as pessoas a submeter-se aos seus mais vis impulsos? Assim sendo, levam ao aparecimento de respostas anti-sociais. Anos após anos, várias vozes se ergueram para pôr em dúvida este ponto de vista e reabilitar de novo os grupos. Reicher (1987) é, sem dúvida, o psicólogo social mais representativo dessa tendência.

Segundo Reicher, é perfeitamente possível conciliar o fenómeno da desindividuação com a ideia de que as situações de grupo tornam as normas sociais mais evidentes. Além disso, nada obriga as pessoas em grupo a cometerem actos condenáveis. Este investigador baseia-se nomeadamente na teoria da identidade social que abordaremos em pormenor no capítulo 11. Por exemplo, admite sem problemas que o grupo reduz a autoconsciência individual dos seus membros. Na realidade, a situação de grupo leva as pessoas a definirem-se, já não como indivíduos mas como membros do grupo. Esse desvio tem como consequência importante tornar muito acessíveis as normas sociais do grupo. Reforçadas pela impressão de consenso, aquelas normas são sentidas como mais imperativas. Concretamente, os membros de um grupo têm tendência a olhar para os outros para saberem como convém pensar e agir. Comportam-se apenas como representantes do grupo. Em suma, a desindividuação reforça a tendência das pessoas para se colocarem sob a égide do grupo. Quer as normas dominantes na situação privilegiem o comportamento de vândalo ou o de bom samaritano, nada muda na questão. Tanto pode acontecer o melhor como o pior. É inegável que algumas manifestações podem degenerar e gerar excessos impensáveis em alturas normais. Mas é igualmente frequente ver as catástrofes suscitarem actos de solidariedade humana notáveis. Aqui está uma leitura dos factos que sem dúvida faria prazer a Sherif.

O carácter heurístico da aproximação de Reicher já quase deixou de ser posto em questão. Vários casos de motins foram objecto de análises meticulosas, à luz das propostas deste psicólogo britânico (Reicher, 1996). No universo controlado do laboratório, há uma experiência de Johnson e Downing (1979) que, na nossa opinião, ilustra de forma muito interessante essa perspectiva centrada no grupo. Um dos factores de interesse dessa experiência é que ela apresenta semelhanças com as condições já imaginadas por Zimbardo. Desta vez, as participantes tinham que vestir um traje do género Klu Klux Klan ou um uniforme de enfermeira. Nas condições de desindividuação, tinham, além disso, que usar um carapuço que escondia todo o rosto, à excepção dos olhos. Como mostra claramente a figura 6.3, as pessoas desindividuadas aumentam o nível dos choques eléctricos dirigidos a uma colega, se estiverem vestidas ao estilo Ku Klux Klan. Ao contrário, a desindividuação das pessoas disfarçadas de enfermeiras aumenta de maneira espectacular o comportamento altruísta já observado nas outras participantes. Estes resultados atestam de maneira muito clara que as normas sociais inicialmente presentes na situação são amplificadas em situação de desindividuação.

Se seguirmos a mesma lógica, os uniformes pretos, tradicionalmente associados à morte, deveriam desencadear comportamentos violentos. De facto, Frank e Gilovich (1988) verificam que as equipas de futebol americano ou de hóquei, com fatos pretos, figuram quase sempre no topo da lista do número de castigos de uma temporada. Como se vê, não há dúvida de que as situações de grupo diminuem a autoconsciência. O fenómeno de desindividuação é, portanto, muito real. O desacordo entre a leitura tradicional e a análise de Reicher diz respeito, facto crucial, à suposta ausência de normas sociais em situação de grupo, bem como ao carácter necessariamente condenável das reacções da multidão. Sem dúvida, as situações de grupo funcionam de maneira a que a influência dos valores pessoais diminui a favor dos factores contextuais, mas as normas do grupo podem então tomar o seu lugar e levar os membros a excederem-se… para o melhor e para o pior. O importante é medir exactamente as normas que são activadas na situação. O capítulo 8 dar-nos-á a ocasião de voltar a falar deste aspecto, quando abordarmos as pesquisas sobre a polarização de grupo.

Normas e contexto

De certa maneira, passa-se com a norma o que se passa com a lei: não se pode alegar o seu desconhecimento. Há no entanto condições que exigem uma norma social específica. Segundo Cialdini *et al.* (1990), é melhor explicitar a norma do que esperar pela sua evocação espontânea. Uma campanha da segurança rodoviária belga dá um bom exemplo dessa convicção. Atendendo ao custo astronómico da limpeza da rede rodoviária nacional, as autoridades procuraram modificar os hábitos dos automobilistas. A ideia proposta no cartaz, espalhado por todo o território, não podia ser mais clara. Imagens de banda desenhada mostram um automobilista a deitar fora o conteúdo do cinzeiro e outros detritos. Num balão atribuído a um observador anónimo, vê-se simplesmente um porco.

Para apreciar a forma como os automobilistas se desembaraçam dos seus detritos e sujam a via pública, Cialdini e colaboradores (1990) puseram prospectos nos pára-brisas dos carros estacionados na universidade. Em alguns dos prospectos, a norma figurava expressamente. A mensagem dizia: "Abril é o mês em que se conserva limpo o Estado do Arizona: não deite lixo para a via pública, SFF". Nos outros prospectos, a mensagem não tinha nenhuma relação com a norma em causa: "Abril é o mês das Belas-Artes no Arizona: pense em visitar o museu local, SFF". Graças a observadores astuciosamente colocados no *campus* da universidade, os investigadores puderam observar que 25% dos condutores confrontados com o último prospecto o deitaram fora antes de entrar no carro. Nos casos em que a norma era abertamente referida, apenas 10% dos condutores atiraram o prospecto para a via pública. Uma coisa é certa, avisar não custa e contribui largamente para modificar o comportamento das pessoas.

Mas, na maioria das vezes, a evocação das normas é implícita. Uma saída de auto-estrada cheia de garrafas e papéis indica que é perfeitamente legítimo livrarmo-nos do lixo nesse sítio. Ainda melhor, ver uma pessoa atirar uma lata de cerveja para a berma terá um efeito completamente diferente conforme as bermas já estejam, ou não, sujas. No primeiro caso, os outros automobilistas parecem perceber a mensagem como uma incitação a despejar o lixo que têm no carro. Pelo contrário, quando a estrada está perfeitamente limpa, o facto de ver alguém a poluir leva a maioria das pessoas a um respeito acrescido pelo ambiente. Por outras palavras, tudo se passa como se um meio ambiente sujo activasse a norma de poluir e um ambiente limpo activasse a norma de não poluir.

Como dissemos no início deste capítulo, as normas sociais constituem um aspecto fundamental da vida em sociedade. Sem elas, ver-nos-íamos em dificuldades constantes na relação com os nossos interlocutores. As trocas não poderiam realizar-se numa base confortável e os mal-entendidos seriam usuais. Para nos convencermos da importância de um bom domínio das normas, basta pensar na dificuldade do relacionamento entre pessoas de culturas diferentes.

Uma norma muito interessante diz respeito ao espaço pessoal (Hall, 1966) que é a distância que gostamos de manter entre nós e os outros. Serve tanto para nos proteger como para dar a entender aos outros o grau de intimidade no relacionamento que estamos dispostos a manter com eles. Na cultura norte-americana, Hall distingue quatro tipos de espaços pessoais. O espaço íntimo (menos de 45 cm) das interacções intensas com os outros. O tacto e o cheiro têm muita importância. É a distância existente nas relações amorosas ou nos contactos íntimos. A distância pessoal (entre 45 e 125 cm) observa-se nas interacções com os amigos ou durante as conversas de um casal. A troca é calorosa, mas evita o contacto físico. A distância social (entre 1,25 m e 3,50 m) é utilizada nas relações menos pessoais, como as de tipo profissional. Por fim, a distância pública (mais de 3,50 m) é a que existe, na maior parte das vezes, nos contactos entre pessoas de estatutos diferentes. São muitos os factores, como o tamanho da sala, a idade ou o sexo que afectam o espaço pessoal. As pesquisas indicam também que o espaço pessoal varia consoante as culturas. As pessoas do Sul mantêm à sua volta um espaço mais reduzido do que os habitantes do Norte. Italianos e Gregos a quem se pediu para colocarem cinco bonecos numa posição de interacção confortável, deixaram uma menor distância entre os bonecos do que Americanos e Suecos. A esse propósito, Hall descreve uma cena divertida que aconteceu nos corredores das Nações Unidas. Numa ocasião, um diplomata árabe encontrou-se de repente face a um colega britânico. Este colocou-se a 1,25 ou 1,50 m, distância que acha conveniente para terem uma conversa. O outro avança, para atingir uma distância de 30 a 60 cm, indispensável, na sua opinião, para um contacto frutífero e personalizado. Em reacção a isso, o diplomata inglês recuou, a pensar de si para si, como é possível que ele se "cole" tanto a mim. Em consequência, o seu interlocutor árabe rapidamente deu os dois passos necessários para restaurar a intimidade da discussão. Em resumo, quem estivesse a observar, divertia-se a admirar uma valsa de um tipo particular, enquanto cada um dos interlocutores se interrogava sobre os motivos do outro para continuamente interromper a harmonia do "tête-à-tête".

Mas claro que as normas não existem apenas para regular as trocas entre pessoas ou grupos, nas várias culturas. Algumas normas têm um carácter quase universal. Aliás, estão tão bem inscritas no nosso funcionamento quotidiano que algumas pessoas especulam sobre a possibilidade de as utilizar em seu proveito. O exemplo mais notável é provavelmente o da norma de reciprocidade. Segundo Gouldner (1960), a norma de reciprocidade estipula que devemos retribuir ao outro o comportamento que ele nos dirige. Olho por olho, dente por dente! As esferas de aplicação desta norma são virtualmente infinitas. Por exemplo, estamos prontos a mostrarmo-nos competitivos para quem é competitivo connosco. Temos tendência para ajudar as pessoas que nos ajudam (ver capítulos 9 e 10). Não resistimos a confiar segredos a quem em nós confia. Deixamo-nos convencer pelas pessoas que, no passado, se deixaram convencer pelos nossos argumentos. Fazemos concessões a quem também nos faz concessões, etc.

Por muito benéfica que possa ser, a norma de reciprocidade apresenta também uma característica potencialmente desagradável (Cialdini, 1988, 1995). Foi o que alguns vendedores muito bem perceberam. A ideia é muito simples. Consiste em oferecer um presente, na esperança de uma retribuição. Quantos presentes inesperados aparecem assim na sua caixa do correio? Quantas vezes se sentiu embaraçado com um presente tão inútil quanto barato? O objectivo é sempre o mesmo: forçá-lo a começar uma relação de reciprocidade. O problema é que, se aceitar a proposta, ela vai funcionar, muitas vezes, à sua custa. Deste ponto de vista, as pesquisas experimentais confirmam a verdade das políticas comerciais: teremos uma tendência deplorável para responder aos favores dos outros com dádivas ainda maiores.

Um trabalho de Regan (1971) demonstra de forma simples e convincente as armadilhas da reciprocidade. Um participante que se prepara para efectuar uma série de avaliações estéticas é abordado por um cúmplice do investigador que se apresenta como mais um participante. Este cúmplice mostra-se ora muito antipático ora muito simpático. A dada altura, o investigador anuncia uma pausa. O cúmplice sai durante alguns momentos e volta de mãos vazias, ou com duas latas de Coca-Cola. Oferece uma ao participante. No fim da experiência, o cúmplice propõe ao participante a compra de bilhetes de lotaria ao preço de 25 *cents*. Como mostra a figura 6.4, os participantes a quem foi oferecida uma bebida compram muito mais bilhetes. Na época em que este trabalho foi realizado, o preço unitário de uma Coca-Cola era 10 *cents*, o que significa que o investimento inicial era mais do que rentabilizado. Outra observação fascinante é a ausência de impacto do humor do cúmplice na decisão de lhe comprar, ou não, os bilhetes de lotaria.

Uma experiência de Berry e Kanouse (1987) revela outras consequências do recurso à famosa norma de reciprocidade. Um dos problemas recorrentes dos inquéritos é a fraca taxa de respostas, mesmo quando a devolução do questionário preenchido é remunerada. Para remediar essa situação, Berry e Kanouse pensaram em pagar às pessoas antes de elas terem respondido. Quando um questionário comprido era acompanhado por um cheque de 20 dólares, 78% das pessoas contactadas devolviam as respostas. Pelo contrário, quando lhes era dito que receberiam 20 dólares após a recepção do questionário preenchido, eram dois terços as que respondiam no prazo indicado. Em suma, o cheque criava uma obrigação nas pessoas. São igualmente interessantes os dados sobre o levantamento dos cheques expedidos logo no início. Enquanto 95% das pessoas que devolveram as respostas depositaram o seu cheque, apenas 26% das que não responderam se permitiram tocar no dinheiro. Por outros termos, o facto de não ter cumprido a sua parte do contrato diminui a probabilidade de aceitar uma oferta. Estes resultados atestam a eficácia e a rentabilidade do procedimento.

Regatear, situação bem conhecida dos turistas que visitam os países quentes, dá azo a uma forma particular da norma de reciprocidade. Em psicologia social, essa técnica comercial é conhecida pelo nome de "nariz na porta". Trata-se de fazer aumentar a taxa de aceitação de um pedido, fazendo-o preceder de uma oferta exorbitante. Num trabalho de Cialdini e dos seus colaboradores (1975), alguns estudantes foram convidados a tomar conta de um grupo de jovens delinquentes durante uma excursão ao jardim zoológico. Na realidade, tal perspectiva não agradava muito aos estudantes que, em 83% dos casos, recusaram. Numa outra situação, os experimentadores fizeram preceder esse pedido de um outro ainda mais importante: dedicar duas horas por semana, durante um período de dois anos, a aconselhar jovens delinquentes. A recusa unânime deste pedido teve como efeito, no

Número de bilhetes comprados

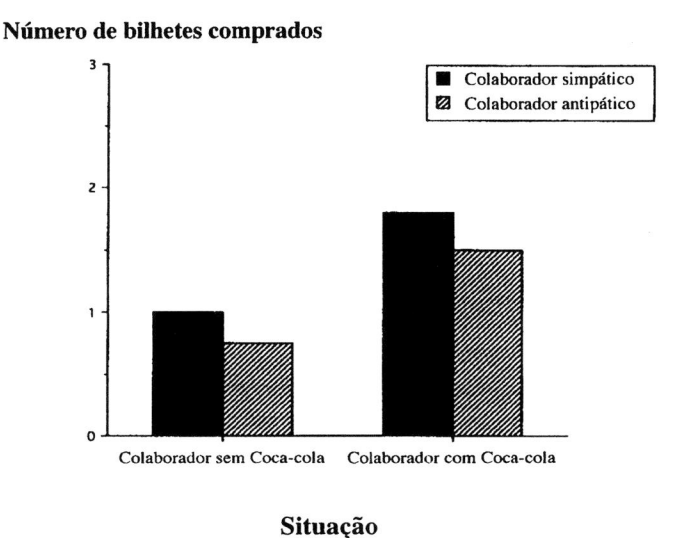

Situação

Figura 6.4 – Número de bilhetes de lotaria comprados em função do favor e do grau de simpatia do colaborador do investigador.

entanto, multiplicar por três o número de estudantes disponíveis para enquadrar a visita ao jardim zoológico. A mesma técnica permite aumentar as dádivas financeiras, por proposta de uma nova transacção após a recusa de uma quantia inicial exagerada (Reingen, 1978). Outros autores tiraram partido desse procedimento para aumentar de maneira substancial o número de dadores de sangue (Cialdini e Ascani, 1976). Mais recentemente, Burger (1986) identificou uma outra utilização da norma de reciprocidade com objectivos mercantis. O *slogan* bem conhecido do "e não é tudo" define a essência da técnica. Trata-se de fazer uma proposta e, ainda antes de o interlocutor ter podido reagir, aumentá-la com o anúncio de uma vantagem suplementar (um presente, uma redução do preço, etc.). Aparentemente, o êxito da técnica baseia-se na vontade da vítima em retribuir o vendedor pela sua concessão suplementar. Uma última variante consiste em apresentar ao potencial comprador uma gama de produtos tendo sempre o cuidado de começar pelos mais caros e só depois pelos mais baratos. Os dados indicam que este método gera um volume de negócios mais importante do que a estratégia inversa, provavelmente porque o exame posterior das mercadorias mais baratas é assimilado a uma concessão da parte do vendedor.

As concessões recíprocas, na medida em que constituem um meio habitual e eficaz para resolver os conflitos, serão um tipo de reacção grandemente automatizada. Mas a utilização abusiva dessa tendência pode servir objectivos de manipulação (Caldini, 1988). A ideia de reciprocidade evoca uma outra noção que se encontra também muitas vezes em psicologia social, a equidade (Adams, 1965), noção que faz apelo à ideia de que cada um deve receber em função daquilo que investiu. É assim que as resistências à redistribuição da riqueza se baseiam na convicção de que quem nada faz não deve viver à custa dos outros. Da mesma maneira, pode-se pensar que os gestos filantrópicos se apoiam no sentimento de que qualquer pessoa tem direito à sua parte do "bolo". Voltaremos a isto no capítulo 9, quando examinarmos a questão do altruísmo.

A importância dos papéis

Os papéis têm muitos pontos em comum com as normas sociais. À semelhança de Shakespeare, alguns psicólogos sociais pretendem que a vida em sociedade não passa de um imenso teatro com as suas personagens, os seus cenários, etc. (Goffman, 1959). Aos múltiplos papéis da obra corresponderiam os estatutos sociais. Aos vários protagonistas da peça, corresponderiam os membros do grupo social. Os papéis integrariam as especificações que permitem a cada pessoa contribuir para a peça que, sem cessar, se representa. Alguns papéis, como o de amigo, são muito informais e implícitos, outros, como o de juiz, são muito codificados e explícitos. Os papéis permitem uma sã divisão das tarefas dentro dos grupos, fornecem expectativas sociais a propósito dos vários membros do grupo e indicam a cada pessoa qual é o seu lugar no seio da entidade social.

Os papéis sociais informam-nos sobre o tipo de comportamentos que convém ter num dado contexto. Uma das ilustrações mais famosas do impacto dos papéis nos comportamentos das pessoas é-nos dada por um trabalho conduzido por Zimbardo (1971; Zimbardo et al., 1973). Vistos retrospectivamente, os meios humanos e materiais implicados nessa experiência são consideráveis e fazem dela um acontecimento espectacular na história da disciplina. Ora vejam! Para pôr em prática o seu estudo, Zimbardo ocupou todo o subsolo da Faculdade de Psicologia de Stanford. Aí construiu uma prisão prevista para funcionar durante quinze dias. Para recrutar os participantes da experiência, todos estudantes, publicou um anúncio no jornal local e prometeu uma retribuição de 15 dólares por dia durante duas semanas. Entre os 70 candidatos que se declararam prontos a participar, foram seleccionados, por testes psicológicos, 24 adultos em excelente condição física e mental, vindos de todos os meios sociais e de todas as zonas do continente norte-americano. De maneira muito clara para os participantes, 12 de entre eles, escolhidos aleatoriamente, são investidos no papel de presos enquanto, também à sorte, o papel de guarda é confiado aos outros 12. Zimbardo vai portanto acolher jovens perfeitamente informados de que os papéis foram tirados à sorte e que a sua participação é remunerada.

Para o resto da encenação e uma vez iniciada a experiência propriamente dita, tudo é feito para que exista semelhança com uma verdadeira situação de prisão. Os "presos" são detidos no seu domicílio, alinhados frente a um carro da polícia, revistados, algemados e conduzidos à prisão com as sirenas dos carros a tocar. Chegados ao subsolo da universidade, são despidos e são-lhes aplicados produtos contra os piolhos e outros parasitas. Depois, recebem um boné destinado a esconder o cabelo, assim como uma espécie de bata comprida para vestir sem roupa interior. Os "guardas" são confrontados com o cenário totalmente inverso. Recebem um uniforme, lanternas, óculos de sol e, o mais importante, autoridade sobre os presos. O internamento começa!

O objectivo de Zimbardo é claro: pôr em evidência atitudes e comportamentos típicos de guardas e de presos. Os factos vão ultrapassar de longe as suas inverosímeis expectativas, apesar de todos os participantes saberem que foi o simples atirar ao ar de uma moeda que determinou o seu destino. Não só os presos se revoltam, como os guardas organizam imediatamente a repressão. Suprimem a comida àqueles que a pedem e obrigam a comer os que ousam começar uma greve de fome. Submetem os presos a vários tipos de sevícias físicas: impedem-nos de dormir, obrigam-nos a fazer tarefas degradantes, como limpar à mão os quartos de banho, confinam alguns presos ao isolamento total, obrigam-nos a pedir autorização para ir à casa de banho, forçam alguns deles a contentar-se com um balde higiénico. O resultado é que os presos se tornam rapidamente apáticos. Em resumo, guardas e presos reproduzem a maioria dos comportamentos aviltantes que se podem encontrar nas verdadeiras prisões. O problema desta simulação é funcionar bem de mais. Zimbardo interromperá a experiência ao fim de seis dias, ou seja, uma semana antes do prazo previsto.

Porque se mostraram os guardas tão brutais? Para responder a essa pergunta, Zimbardo organizou uma série de discussões entre os ex-guardas e os ex-presos. Durante essas sessões, os participantes a quem tinha sido atribuído o papel de presos evocaram espontaneamente a existência de três tipos muito diferenciados de guardas. Para começar, há os bons guardas. São simpáticos e procuram, na maioria das vezes, ajudar os presos. Vêm depois os guardas "médios" que, ainda que ajudem muito pouco, evitam pelo menos que se cometam excessos. Por fim, os maus guardas são os que dão livre curso a uma grande dose de brutalidade.

Esta distinção entre três categorias de guardas sugere uma observação muitas vezes feita por sobreviventes de raptos ou pelos raros sobreviventes dos campos da morte nazis. Ainda que existam muitos guardas escrupulosos, a simulação de Zimbardo atesta o impacto preponderante dos maus guardas neste tipo de situação. São os seus comportamentos, inutilmente violentos, que mais influenciam o conjunto dos guardas. A explicação situa-se, provavelmente, na indulgência cúmplice dos bons guardas em relação às normas da situação. De cada vez que um mau guarda resolve um problema com um preso pelo recurso à força desproporcionada, comunica aos outros guardas a sua visão do que convém fazer nessa situação. Se os bons guardas não manifestarem de modo público a sua desaprovação, a escalada da brutalidade é fatal.

A experiência de Zimbardo tem ainda outras implicações. Mostra como pessoas que se encontram nos mesmos papéis manifestam comportamentos semelhantes. Mostra também como pessoas que ocupam papéis distintos adoptam comportamentos completamente opostos. Tudo isto numa experiência em que os participantes não são nem muito diferentes, nem muito semelhantes uns dos outros. Cada um de nós é levado a assumir papéis diferentes em vários momentos do dia: marido, amigo, professor, automobilista, desportista, etc. No entanto, o facto de, em muitos casos, os nossos interlocutores nos verem evoluir apenas numa gama muito limitada de papéis, tende a dissimular a complexidade dos nossos comportamentos e a riqueza da nossa pessoa. Já tivemos ocasião de acentuar os perigos dessa parcialidade quando falámos do erro fundamental de atribuição.

Este capítulo permitiu evidenciar factores que contribuem para a uniformização dos comportamentos sociais. Com efeito, as regularidades comportamentais emergem como produto da actividade consensual dos grupos. O que acontece nomeadamente quando as circunstâncias exigem a definição de novas normas sociais. No caso da imitação, ou quando as normas se encontram bem ancoradas no tecido social, um fenómeno idêntico é resultado da aceitação quase automática na cabeça dos indivíduos. No entanto, não se pense que as relações igualitárias são a única maneira de suscitar um alto grau de conformismo. O que é bem evidente no caso da imitação. O modelo mantém uma relação hierárquica com o "aluno", nem que seja num plano afectivo. Quando Marilyn Monroe se suicidou, a 6 de Agosto de 1962, as estatísticas americanas referiram 200 suicídios a mais do que o normal, no mês que se seguiu. Uma verificação idêntica verificou-se no cenário experimental imaginado por Sherif. A norma criada pelos grupos raramente correspondia a uma posição média. Na mesma ordem de ideias, algumas estudantes do Bennington College eram manifestamente mais influentes do que outras. Por fim, a experiência de Zimbardo (1971; Zimbardo *et al.*, 1973) mostra claramente que os maus guardas acabam por impor o seu ponto de vista. Poderá uma norma impor-se devido a que alguns calam a sua oposição? É pequena a fronteira que separa a aceitação voluntária da submissão. O capítulo seguinte aborda de modo explícito os fenómenos de conformismo e de submissão.

Capítulo 7
Conformidade e obediência

O capítulo precedente lembrou-nos até que ponto são múltiplas as interpretações da realidade. Não admira que uma boa coordenação entre as pessoas exija a presença de guias e que os membros de um grupo se influenciem uns aos outros na adopção de normas de conduta. As experiências de Sherif ilustram de modo notável como as pessoas se apoiam umas nas outras para encontrarem chaves de interpretação da realidade e para reagirem a essa mesma realidade. No entanto, por vezes, aparecem desvios entre os vários membros do grupo. A maioria dá-se conta de que alguns indivíduos, por vezes elementos importantes do grupo, não partilham o ponto de vista dominante. Quase automaticamente, haverá então que fazer entrar as pessoas na ordem e impor as opiniões maioritárias. Se for conseguido, fala-se de **conformidade** da parte do indivíduo ou do subgrupo que assim abandona as suas posições iniciais para adoptar o ponto de vista da maioria.

A CONFORMIDADE

Todos conhecemos os infortúnios do rei que vai nu, um conto de Hans Christian Andersen. O rei era muito vaidoso e gastava dinheiro sem limites em roupa. Um dia, uns vigaristas fingiram talhar uma peça dotada de poderes mágicos: ela seria invisível para os palermas e incultos. Quando provou as novas roupas, o rei ficou muito embaraçado por verificar que não as via. Seria ele um inculto, um palerma, ao contrário dos seus conselheiros que elogiavam a maravilha que ele vestia? Quis mostrar aos seus súbditos a magnificência do novo vestuário. Naturalmente, todos se admiravam de ver o rei desfilar sem roupa, mas nenhum teve a audácia de contradizer a multidão dos admiradores. Tudo teria podido passar-se com dignidade, caso uma voz inocente não tivesse rompido o encanto. Não, sem dúvida nenhuma, a criança bem podia olhar com toda a atenção que não via roupa nenhuma e, para grande desgosto do soberano, não ficou calada. Foi uma boa lição para o rei vaidoso.

O infortúnio do rei do conto de Andersen ilustra perfeitamente um aspecto central da influência social: para definir o que é a realidade, não nos baseamos apenas na nossa experiência íntima mas confiamos muito nos outros. Somos sensíveis ao ponto de vista dos outros porque eles vivem no mesmo mundo que nós. Desde logo, de cada vez que estamos em desacordo com os que nos rodeiam, ficamos numa posição difícil. O que fazer nesses casos? Como resolver esse tipo de crises? A opção mais razoável consiste, muitas vezes, em confiar nos outros.

O efeito Asch

Que os outros nos ajudam a compensar a ambiguidade do mundo à nossa volta, foi durante muito tempo um postulado indiscutível da psicologia social. As propostas teóricas de Festinger (1950, 1954) resumem essa perspectiva. Segundo aquele autor, temos uma necessidade permanente de avaliar a nossa posição em relação aos outros. Para conhecer exactamente as nossas opiniões, as nossas capacidades e os nossos sentimentos, utilizaremos, na medida do possível, indicadores objectivos. Todas as pessoas concordam que um cronómetro é um bom meio de medir a velocidade de uma corrida. Quando faltam os critérios objectivos, voltamo-nos para os outros. Na esfera social, as circunstâncias levam-nos muitas vezes a interpelar os outros para validar as nossas opiniões.

A normalização evidenciada pelo cenário de Sherif pode ser facilmente interpretada desse ponto de vista. As avaliações dos participantes convergem porque o fenómeno é difícil de avaliar apenas na base sensorial. Convencidos de que o efeito autocinético se relaciona com a realidade, os participantes tentam pôr-se de acordo. Aliás, quando percebem que se trata de uma ilusão de óptica (Sperling, 1946), ou que o desacordo é frequente (Alexander *et al.*, 1970), desistem de se pôr de acordo. Segundo Asch, as respostas ao efeito autocinético evidenciam a racionalidade dos participantes e desacreditam qualquer explicação em termos de mera sugestão. Com certeza, as pessoas podem ter dúvidas e, nesse caso, consultar os seus pares mas, se confiam nas suas próprias reacções, ficarão indiferentes às opiniões dos outros. Para confirmar essa interpretação, Asch imagina um teste dos limites da influência social em que confronta os participantes com estímulos sem qualquer espécie de ambiguidade (lembre-se da introdução do livro e do material da primeira experiência de psicologia social por Binet e Henri). As previsões são simples: se o material não dá azo a confusões, qualquer tentativa de influência será inútil. Para grande admiração de Asch, os factos vão desmentir categoricamente as suas hipóteses. Aí reside o famoso efeito Asch!

Oito estudantes estão frente a um quadro. O investigador informa-os de que vão participar numa experiência destinada a testar a exactidão da sua percepção visual. Põe no quadro, 18 vezes seguidas, dois cartões rectangulares separados por um metro de distância. No cartão da esquerda está desenhada só uma linha preta enquanto, no cartão da direita, há três linhas de comprimentos diferentes. Uma dessas linhas tem um comprimento igual à do cartão da esquerda. Em cada tentativa, o investigador pergunta qual das três linhas é equivalente à linha de referência. Os participantes dão a sua avaliação a seguir aos outros, em voz alta, sempre na mesma ordem, começando pela esquerda.

A primeira tentativa não apresenta nenhuma dificuldade: todas as pessoas concordam; aliás, a tarefa é desprovida de ambiguidade. O mesmo se passa com a tentativa 2. Na terceira tentativa, no entanto, acontece um fenómeno estranho. O primeiro participante responde sem qualquer hesitação, bem como os cinco, seguintes que dão a mesma resposta que o primeiro. Entretanto, o participante 7 agita-se cada vez mais, cruza e descruza as pernas, passa a mão pelos cabelos e pela cara. O participante 8 continua impassível. Na tentativa 4 manifesta-se o mesmo contraste de emoções: o participante 7 estará muito nervoso e os outros muito calmos.

O que se passa na cabeça do participante 7?

Primeira tentativa: "vejamos, é fácil, a resposta é a linha 2. Aliás, todas as pessoas concordam. Realmente, isto é coisa para crianças."

Segunda tentativa: "É evidente! É 1… Certo, concordamos todos."

Terceira tentativa: "É 3, desta vez. O quê? Que disse o primeiro? Não foi 1 que ele disse? Bem, é original… O quê! O número 2 também diz 1. Mas, que se passa nesta sala? Uma reunião de tolos… ou serei eu? O número 3 também diz 1, e o 4 e o 5 e o 6. Todos concordam. Agora, é a minha vez. Vou dizer o quê? Parece que estão a olhar para mim. Bom, se dissesse 1 como os outros? Mas não, bolas, a resposta certa é 3, ou então tenho de ir ao oculista. Vamos lá, vejo 3, digo 3. "Três!" Já está, todos olham para mim, parecem divertidos. E o número 8 também diz 1. Não podia dizer 3 como eu? Sentir-me-ia melhor: talvez os outros tivessem imitado o primeiro."

Quarta tentativa: "O que disse ele agora? Dois? Mas é 1! E os outros que dizem todos o mesmo, outra vez. Realmente, isto está a agravar; que hei-de fazer? Se disser 1, pois é 1, sem dúvida, não estou cego, se disser 1, vou fazer cara de quê? Vão desatar a rir, achar que sou parvo. Não podem estar todos enganados. Se, pelo menos, um deles dissesse 1. Mas, nada a fazer… Cá está, é a minha vez. "Dois". Sim, disse 2 mas tenho quase a certeza de que é 1. Pronto! Sozinho, seria muito mais fácil, mas para a próxima vez não me apanham… nunca mais me hão-de apanhar!."

Como já adivinhou, este cenário foi manobrado. O desgraçado do participante 7 está numa cilada astuciosamente montada pelo investigador. O estratagema consiste em fazer-lhe acreditar que os outros sujeitos da experiência também são participantes autênticos. Na realidade, eles encenam um plano bem definido que visa abalar a confiança do único verdadeiro participante no estudo. Em 12 das 18 avaliações de linhas, os cúmplices têm por missão dar, em unanimidade, uma resposta errada.

Asch contava com a resistência das pessoas. Os resultados nas 12 provas críticas mostram que, no total, 37% das respostas, isto é, mais de uma em cada três, são conformes à do resto do grupo. Essa taxa de seguidismo é considerável, se tivermos em conta a facilidade da tarefa. Com efeito, quando os participantes são testados individualmente, há menos de 1% de respostas erradas. Este impressionante nível global de conformidade esconde no entanto fortes disparidades entre os participantes. Por exemplo, um em cada quatro mantém-se independente durante toda a experiência. No oposto, um terço alinha preferencialmente pela resposta errada fornecida pelos outros participantes. É também notável o facto de que, para uma dada pessoa, a influência do grupo quase não evolui: se a maioria não se impuser desde o início, só com dificuldade consegue modificar as respostas. Tais diferenças sugerem a existência de duas categorias de atitudes: a independência e o conformismo.

Para descobrir as razões do comportamento dos participantes, Asch costumava conduzir entrevistas pormenorizadas, depois das experiências. Neste caso, os relatórios dos participantes confirmam a ideia de que existem de facto duas grandes categorias de reacções. Por um lado, a manifestação de independência caracteriza-se por um sentimento de confiança do participante nas suas próprias percepções ou por um sentimento de distância e de desconfiança em relação aos outros. Por outro lado, encontra-se outra vez a estratégia de seguidismo. Alguns participantes confessam terem ficado assustados com as reacções negativas dos outros membros do grupo. Outros reconhecem que seguiram a opinião da maioria porque a unanimidade jogava em favor da exactidão.

Podemos imaginar a surpresa dos investigadores quando souberam dos resultados da experiência de Asch. Como será possível que algumas pessoas se conformem tanto numa situação em que a resposta certa parece tão evidente? O entusiasmo foi imediato e inventaram-se processos experimentais mais económicos que ainda hoje têm aplicação (Crutchfield, 1955).

Dependência informativa e dependência normativa

Nas entrevistas realizadas por Asch é impressionante a redundância das preocupações mencionadas por cada uma das duas categorias de participantes. É evidente que as razões da independência e do conformismo têm a ver com as mesmas esferas e sugerem a existência de um duplo conflito. O primeiro tipo de preocupação diz respeito ao desejo de objectividade face ao meio envolvente. As pessoas estão habituadas a confiar nos seus sentidos e as respostas dos outros participantes criam-lhes dúvidas. Como devem reagir? A segunda preocupação é mais social e tem em conta as relações com os outros participantes. Com efeito, as pessoas não querem ficar à margem do grupo e estão prontas a fazer concessões. Chegam a pôr de lado o seu ponto de vista para salvaguardar a harmonia entre os membros do grupo.

Deutsch e Gerard (1955) falam de dois tipos de influência a propósito desse duplo conflito. A **dependência informativa** refere-se ao facto de se ter em conta as opiniões dos outros na percepção da realidade. A **dependência normativa**, por sua vez, é a influência que tem a ver com a procura de aprovação social. Esta dicotomia distingue os factores que nos informam sobre a verdade das coisas e aqueles que especificam quais os comportamentos convenientes numa situação. Uma tal grelha de leitura corresponde às proposições teóricas de Festinger que, com Lewin, foi um dos grandes mestres da psicologia social. A **teoria da comparação social** de Festinger, já apresentada, assemelha-se à dependência informativa. As pessoas apoiam-se nos que socialmente as rodeiam, para validar a sua opinião sobre a realidade. Na sua **teoria das pressões para a uniformidade**, Festinger (1950) interessa-se igualmente pelas razões que levam os membros de um grupo a conformarem-se uns aos outros. Identifica, nomeadamente, uma função chamada locomoção do grupo que, muito directamente, diz respeito ao êxito do grupo. Na sua opinião, as pressões do grupo sobre os seus membros são tanto mais fortes quanto mais eles dependem uns dos outros para realizar os objectivos que se fixaram e quanto mais a unanimidade parece ser indispensável para a realização desses objectivos. Manifestamente, as pressões para a uniformidade remetem para a ideia de dependência normativa.

A natureza dos laços que ligam o indivíduo e a fonte da influência é também central à análise teórica proposta por Kelman em 1958. Segundo este autor, convém distinguir três tipos de influência: a complacência, a identificação e a internalização. A complacência refere-se à mudança superficial que visa principalmente obter benefícios ou evitar dissabores. A resposta pública obedece a uma fonte de influência que, de uma forma ou de outra, controla as recompensas e os castigos. A identificação corresponde a uma mudança cujo principal objectivo é estabelecer ou manter uma relação positiva entre a pessoa-alvo e a fonte da influência. A fonte da influência goza de algum poder de sedução porque possui atributos que tornam a relação desejável. A mudança provocada pela identificação produz-se tanto no plano público como no privado, mas depende da perenidade da relação com a fonte da influência. A internalização tem lugar quando o alvo adopta a posição assumida pela fonte de influência, para seus próprios méritos. Neste caso, a credibilidade da fonte constitui uma dimensão decisiva. Enquanto a complacência se liga essencialmente à ideia de dependência normativa, a internalização evoca mais a noção de dependência informativa. A identificação engloba uma zona em que ambos os tipos de dependência têm um papel. Por fim, o carácter público e/ou privado da mudança provocada em cada caso segue o mesmo esquema. Embora pudéssemos abordar muitas outras análises teóricas ou empíricas das formas de influência, a tipologia de Kelman tem o mérito de fornecer um quadro ao mesmo tempo simples e heurístico para a compreensão dos fenómenos de influência social.

Um dos fundamentos das experiências sobre a conformidade tem a ver com a forte crença das pessoas na objectividade do estímulo. Sendo assim, o seguidismo deveria diminuir nos casos em que o mesmo estímulo pode dar azo a várias respostas. Voltamos a encontrar um efeito já observado nos trabalhos de Sherif. É porque as pessoas acreditam que existe uma e apenas uma realidade, comum, que a normalização tem lugar. Quando existe uma explicação razoável para a divergência entre os participantes, o mal-estar não se instala e as pessoas confiam na sua percepção.

Há uma experiência de Ross *et al.* (1976) que demonstra o que acaba de ser dito.

Num cenário típico de Asch, os investigadores anunciam aos participantes que receberão uma recompensa no caso de responderem correctamente. Além disso, eles são informados de que os outros participantes no mesmo estudo seguem regras ligeiramente diferentes e obterão um bónus suplementar no caso de resposta certa. Num contexto deste tipo, os participantes pensam provavelmente que as respostas fantasistas dos seus colegas se explicam por uma vontade de arriscar muito. Seja como for, a taxa de conformidade é efectivamente muito mais baixa. Estes resultados confirmam o trabalho atributivo dos participantes. A segurança face aos outros deriva de que a resposta deles é considerada errada. Se as pessoas não têm razões para duvidar da sua própria percepção, a conformidade deixa de funcionar. A experiência de Ross *et al.* (1976) evidencia assim as condições necessárias para induzir as preocupações informativas e normativas. Dedicaremos agora a nossa atenção aos factores que, precisamente, afectam esses dois tipos de conflito.

Unanimidade da maioria e ambiguidade do estímulo

Quando pensamos que os outros partilham o nosso ponto de vista mas os factos desmentem essa expectativa, deparamos com um sério problema. Nesse tipo de situações, duvidamos da nossa percepção e tomamos em consideração as opiniões exteriores. Vários aspectos da situação imaginada por Asch provocam directamente uma dependência informativa. Um factor decisivo é a **unanimidade** da resposta maioritária. É verdade que consideramos geralmente que o acordo entre várias pessoas é a melhor garantia contra o erro individual. Face a um lunático que dá uma resposta errada, é-nos fácil manter a nossa opinião. Qualquer um se pode enganar! Mas a situação muda radicalmente quando é grande o número de pessoas que partilham a mesma opinião. Desta vez, pensaremos, o seu julgamento, provavelmente, está de acordo com a realidade.

Asch (1955) pressentiu o impacto da dimensão da maioria. Reproduziu o seu cenário original variando o número de cúmplices. Os dados confirmaram as previsões. Quando a pessoa está sozinha, quase não dá erros. Quando está acompanhada de um cúmplice do investigador que dá respostas fantasistas, a influência é irrisória. As coisas mudam de maneira espectacular a partir de três cúmplices: a resposta errada impõe-se então muito mais facilmente (Gerard *et al.*, 1968). Outros estudos, conduzidos fora do laboratório, confirmam o interesse em juntar um número suficiente de pessoas para exercer um impacto. 1, 2, 3, 5, 10 ou 15 pessoas param numa rua movimentada de Nova Iorque e olham para cima. A proporção de transeuntes "ingénuos" que erguem a cabeça aumenta de modo espectacular quando se passa de 1 para 5 pessoas. Reconheceu com certeza um novo efeito da **prova social** (Latané, 1981).

As vantagens da unanimidade não estão só no facto de ela permitir minimizar as hipóteses de erro nas estimativas dos participantes. Por definição, uma resposta unânime implica também a repetição da resposta maioritária. No domínio científico, as virtudes da repetição são imensas. Para o investigador, reproduzir um resultado científico constitui a melhor maneira de demonstrar que domina um fenómeno. O exemplo da ciência, forma última de aquisição do saber objectivo, orienta-nos, na realidade, para outra dimensão crítica do consenso, a da independência dos pontos de vista. Um resultado científico terá tanto mais hipóteses de se impor quanto mais cientistas de horizontes diferentes, em laboratórios separados, forem capazes de o reproduzir. Da mesma maneira, uma opinião terá tanto mais influência quanto mais independentes forem as pessoas que a defendem.

Wilder (1977) quis testar que não é tanto o número, mas a independência das opiniões o que conta na situação de Asch. Antes de se pronunciar sobre um caso judicial, o participante via um filme vídeo em que seis pessoas exprimiam a sua opinião sobre o mesmo caso. Os dados revelam que dois grupos de três pessoas exercem mais influência do que um único grupo de seis. Três grupos de duas pessoas levam ainda a maior conformidade. Com toda a evidência, não é o número que justifica os resultados deste estudo, pois o participante é, de cada vez, confrontado com o mesmo número de opiniões. A credibilidade da maioria advém da aparente independência dos seus membros (Harkins & Petty, 1987).

A unanimidade parece ter um papel decisivo na emergência da conformidade. Com efeito, é pela homogeneidade de uma série de opiniões independentes que a pessoa se deixa convencer. O que aconteceria se essa regularidade tivesse alguma falha? Várias experiências encenaram esse tipo de situação. Mostram que a taxa de conformidade diminui de maneira notável quando um **dissidente** vem estragar a coerência da maioria.

Asch (1956) tinha já pensado organizar uma situação com um grupo maioritário no qual se manifestaria um dissidente. Tal como a criança na história da roupa do rei, esse aliado permite ao participante resistir às pressões da maioria. Na realidade, basta que o rebelde se demarque do resto da maioria, dando, por exemplo, uma resposta ainda mais errada do que a dos outros, para que o participante manifeste a sua independência (Allen, 1975). A taxa de conformidade diminui mesmo nos casos em que o marginal vê mal e parece responder ao acaso (Allen & Levine, 1971). O que significa que o poder da maioria não reside tanto na importância numérica como na consistência não contestada. Um acordo unânime permite afastar a possibilidade de as respostas serem devidas a características individuais dos membros da maioria (lembre-se do modelo de Kelley, 1967, no capítulo 3). Ao contrário, o suporte social de um único aliado é suficiente para minar a influência maioritária. Numa formidável extensão desta problemática, Nemeth e Chiles (1988) mostraram que o espectáculo da dissidência pode por si só engendrar a dissidência. Nesse estudo, alguns participantes assistem a uma pessoa a responder "verde" a uma série de diapositivos azuis enquanto as outras pessoas presentes dão a resposta certa. Outros participantes observam o conjunto dos participantes a dar a resposta certa, "azul". Depois, todos são confrontados com uma maioria que afirma que são "cor de laranja" diapositivos manifestamente vermelhos. Mesmo que a resposta do dissidente não tenha sido certa, os participantes que assistiram à sua "luta" têm mais tendência do que os outros para resistir à pressão maioritária e dar a resposta certa, "vermelho". Os dados apresentados na figura

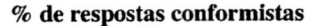

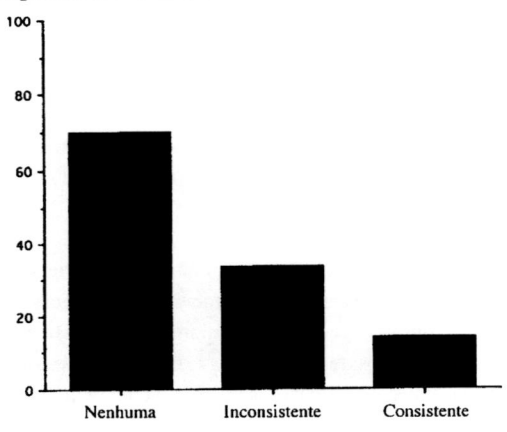

Tipo de dissidência observado

Figura 7.1 – Percentagem de respostas conformistas consoante o tipo de dissidência observado.

7.1 revelam, além disso, que quanto mais consistente era o comportamento dissidente observado anteriormente, mais os participantes parecem capazes de exprimir o seu próprio ponto de vista. Em suma, o facto de ver um indivíduo resistir a uma maioria unânime, em particular quando ele não dá sinais de fraqueza, pode influenciar outras pessoas e dar-lhes coragem para resistir.

Um outro aspecto do conflito informativo respeita ao carácter equívoco do estímulo. Quanto mais **ambíguo** ou difícil de avaliar for o estímulo, mais a dúvida se instala, mais a pessoa será levada a tomar em consideração o ponto de vista da maioria e mais tenderá a conformar-se. Já Asch tinha notado que diferenças pequenas, em vez de grandes, entre as linhas utilizadas, provocavam mais conformidade.

Após os primeiros trabalhos de Asch, as pesquisas concentraram-se na dificuldade dos itens e nas competências dos indivíduos. Se a tarefa contém questões difíceis, os participantes sentem-se menos à vontade e adoptam mais vezes a opinião dos colegas (Coleman *et al.*, 1958). Por outro lado, quando as pessoas são levadas a crer que possuem um saber numa esfera determinada, a influência do grupo é muito reduzida. Inversamente, se os participantes se julgam pouco competentes numa tarefa, a conformidade aumenta. Tanto se pode partir das competências, verdadeiras ou fictícias, da pessoa isolada, como das capacidades presumíveis dos outros participantes. Assim, fazer crer que os elementos da maioria são especialmente dotados para os exercícios em causa na experiência, aumentando por vezes, apenas, o número de tentativas neutras em que a maioria dá sistematicamente a resposta certa, acentua, nos casos críticos, o seguidismo da pessoa em minoria.

Sem dúvida, os estímulos utilizados por Asch não levantam problemas de percepção. É, aliás, essa verificação que torna tão espectacular o aparecimento da conformidade. Ora, como gestaltista convicto, Asch interessava-se sobretudo pelo trabalho cognitivo dos participantes. Iriam eles reorganizar as suas percepções em função das respostas expressas pela maioria? Essa preocupação teórica caracteriza as pesquisas de Asch (1940) anteriores às que acabámos de apresentar. A ideia era contrariar uma visão mecanicista da conformidade segundo a qual as pessoas adoptam o ponto de vista da maioria apenas por razões utilitárias. Asch queria mostrar que o conhecimento da opinião da maioria equivale a uma mudança parcial que modifica radicalmente a percepção da globalidade do problema.

Num estudo feito em 1940, Asch pediu a estudantes para classificarem 10 profissões (contabilista, engenheiro, industrial, jornalista, advogado, dentista, médico, professor, artista e político) em função das cinco qualidades seguintes: inteligência, utilidade social, consciência profissional, idealismo e estabilidade de carácter. No grupo de controlo, os participantes têm de realizar essa tarefa sem receber informações complementares. Um segundo grupo é previamente informado de que 500 estudantes deram o primeiro lugar aos políticos, nas cinco qualidades. A um terceiro grupo diz-se que os políticos ficaram em último lugar, nas cinco qualidades. Ao último grupo é dito que os políticos ficaram em primeiro lugar em duas qualidades (utilidade social e estabilidade de carácter), mas em último lugar nas outras três (inteligência, consciência profissional e idealismo). Para além do impacto maciço da opinião do grupo de referência, Asch mostrou ainda que as pessoas pensavam em políticos muito diferentes consoante as avaliações dos 500 estudantes eram favoráveis ou desfavoráveis. Verificação que não é compatível com uma interpretação puramente mecanicista da conformidade, mas está perfeitamente de acordo com a ideia de uma reorganização cognitiva por parte dos participantes.

Para Asch, a maioria determina o objecto do julgamento e não o julgamento do objecto. Por outras palavras, a mudança de opinião não corresponde a uma mudança real da avaliação do objecto, mas faz pensar que outras características são tomadas em consideração. Infelizmente para Asch, as entrevistas feitas na sequência da sua experiência quase não revelam esse tipo de processo. É evidente no entanto que a utilização de um estímulo claro constitui um sério problema. Não é preciso ser adivinho para verificar que as linhas não deixam muito espaço à criatividade. Que aconteceria se, pelo contrário, o estímulo favorecesse um trabalho de re-interpretação? Um material ao mesmo tempo menos estruturado e mais rico provocaria provavelmente mais reacções compatíveis com a perspectiva gestaltista, tão cara a Asch.

Confrontam-se os sujeitos com avaliações de outros elementos do grupo acerca de frases como "nunca me desviarei do meu caminho para ajudar uma pessoa se, para o fazer, tiver de renunciar à minha satisfação pessoal". Trabalhos prévios indicam que a maioria das pessoas contestam esse enunciado. No entanto, o cenário experimental foi organizado de maneira a que a maioria exprimiu o seu acordo com a frase. Em presença de uma tal oposição, os participantes modificavam substancialmente o sentido que davam à frase.

Enquanto os participantes do grupo de controlo traduziam geralmente "desviar do seu caminho" por qualquer coisa do tipo "ser incomodado", os participantes na experiência viam nela a ideia de "arriscar a vida", fazendo referência, portanto, a consequências muito mais graves. Dito de outra maneira, uma releitura bastante radical do enunciado permitia aos participantes conciliarem o seu ponto de vista com as reacções inesperadas dos outros membros do grupo. Para confirmar directamente essa interpretação dos resultados, Allen e Wilder (1980) deram a outros participantes enunciados reescritos no sentido indicado. Como previsto, verificaram uma conformidade ainda maior.

Se, no paradigma concebido por Asch, é difícil de realizar a reestruturação cognitiva, já o processo de reinterpretação previsto por Asch e evidenciado por Allen e Wilder é, provavelmente, mais frequente do que se pensa. Bem entendido, ele só é válido na medida em que a unicidade da realidade não é posta em causa. Nos domínios em que se admitem diferentes opiniões, como no caso dos gostos e das cores, as pessoas manifestam menor conformidade. Ainda que os meus colegas elogiem muito o impressionismo, não me envergonho de admirar os quadros de Delvaux, Magritte e Ensor. É o que mostra perfeitamente um trabalho de Crutchfield (1955). Em cada experiência, eram apresentados aos participantes dois desenhos para que eles dissessem qual preferiam. Mercê de informações previamente recolhidas, sabia-se que um dos desenhos era mais apreciado do que o outro. O investigador fazia com que cada participante julgasse que a maioria dos outros tinha escolhido o desenho menos popular. Em tais condições, os participantes aderem muito pouco à opinião maioritária. Manifestamente, o conflito informativo é menos importante quando o julgamento se refere à política, moralidade, arte, etc., em resumo, quando as pessoas se situam na esfera subjectiva (Kaplan & Miller, 1987). No entanto, ainda que a taxa de conformidade decresça quando a objectividade do estímulo diminui, as pessoas continuam a ser sensíveis a outros imperativos. Como testemunham as entrevistas recolhidas por Asch, a dimensão normativa tem também um papel decisivo no aparecimento do seguidismo.

Publicidade dos debates e coesão do grupo

A importância da dimensão normativa é posta em relevo por uma experiência de Asch (1955) que, a nosso ver, é muito pouco citada. Nessa experiência, os participantes eram informados de que tinham chegado tarde de mais para participar na experiência com o resto do grupo e não tinham portanto o direito de responder em público. Mercê de uma pequena modificação do processo, o investigador autorizava-os, no entanto, a participar. Tinham apenas que anotar as respostas dadas pelos outros participantes, assim como a resposta que teriam dado se tivessem tido a oportunidade de participar. A sua opinião era então transmitida directamente ao investigador. Na medida em que as suas respostas eram secretas, eles não tinham que ter medo de fazer figura de parvos se emitissem uma opinião contrária à do grupo. Por outras palavras, se as respostas recolhidas nessas condições deixassem de reflectir a influência dos outros participantes, é porque as pressões normativas tinham um papel no aparecimento da conformidade. Os resultados confirmam tal conjectura. Ainda que as avaliações destes "retardatários" não fossem tão boas como as dos participantes isolados, as suas respostas eram nitidamente melhores do que as obtidas na situação pública de base.

A distância entre as **respostas privada e pública** mostra indubitavelmente que as reacções das pessoas são moduladas por preocupações normativas (Deutsch & Gerard, 1955). Esta é uma diferença fundamental entre a situação concebida por Asch e a imaginada por Sherif. Ainda que se submetam momentaneamente à maioria, os participantes de Asch não modificam verdadeiramente a sua visão das coisas. De facto, quando realizam de novo o teste, individualmente, as suas respostas são, de novo, excelentes. Recordemos que é exactamente o contrário que se verifica nas experiências de Sherif. Um ano após, os participantes confrontados com o efeito autocinético ainda manifestam a influência das normas do grupo (Rohrer *et al.*, 1954).

A manipulação explícita do **anonimato** não é a única estratégia capaz de pôr em evidência a dependência normativa. Os **objectivos** prosseguidos pelo grupo são também de natureza a amplificar a intensidade do conflito normativo. Num trabalho de Deutsch e Gerard (1955), directamente copiado do de Asch, alguns participantes são informados de que aos grupos que cometerem menos erros serão dados bilhetes gratuitos para um espectáculo. Em comparação com outros participantes que não recebem essa informação suplementar, os participantes assim motivados manifestam maior conformidade. Pode-se portanto supor que a existência de um objectivo de grupo reforçou a dependência mútua dos seus membros. Em todos os casos, o participante ingénuo revela-se mais disponível para adoptar o ponto de vista do grupo ainda que ele seja contrário à sua própria percepção. O interesse desta experiência é que ela incorpora um aspecto omnipresente nas situações naturais que são as intenções próprias do grupo, e acentua os riscos a elas associados. Voltaremos a esta questão no próximo capítulo quando abordarmos o fenómeno do pensamento de grupo.

Não é de admirar que, na medida em que acentua a dependência normativa dos membros, uma forte **coesão** do grupo exacerbe as tendências conformistas. O mesmo se passa com os sentimentos positivos que os membros possam sentir uns pelos outros (Festinger *et al.*, 1952). No caso de um grupo de que se gosta, a aceitação pública da opinião maioritária pode aliás tornar-se numa adesão sincera; da complacência passa-se à identificação e desta, talvez, à internalização.

Conforme pretendiam ilustrar uma ou outra dessas facetas, os psicólogos sociais arranjaram experiências que privilegiavam ora o aspecto normativo ora o aspecto informativo. Na maioria das situações, os constrangimentos normativos e informativos combinam-se para determinar o nível de conformidade. Um trabalho realizado por Insko *et al.* (1983) tem a particularidade de permitir observar o impacto conjunto dessas duas dimensões (ver também Deutsch & Gerard, 1955). Nessa pesquisa, os participantes encontram-se em grupos de seis pessoas e devem indicar se um diapositivo a cores projectado no centro do ecrã é

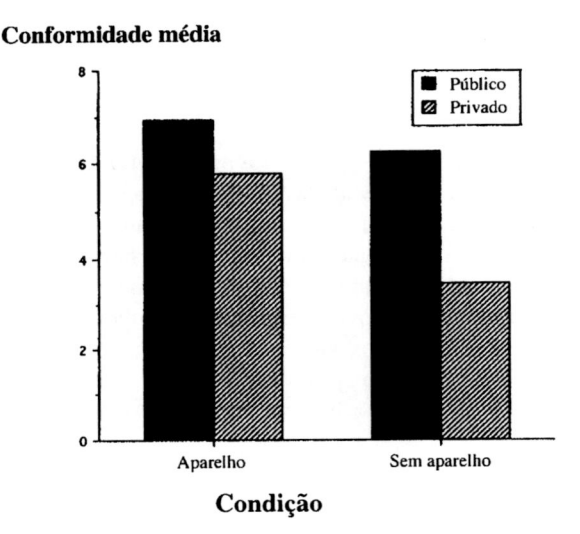

Conformidade média

7.2 - Nível médio de conformidade em função da existência presumida de um sistema de verificação e das condições de expressão da atitude.

idêntico a um outro projectado à direita, ou a um terceiro projectado à esquerda. Numa série de tentativas, as respostas dos quatro participantes que precedem o único verdadeiro sujeito na experiência e a do último participante, demarcam-se das dadas por indivíduos testados individualmente. As situações experimentais variam em dois aspectos. Por um lado, as respostas são públicas ou privadas. A dependência normativa deveria gerar mais conformidade numa situação pública do que numa privada. Por outro lado, o investigador evoca a existência de um aparelho que lhe permite saber qual é a resposta certa ou, pelo contrário, reconhece que lhe é impossível determinar a correcção das respostas. Em princípio, a dependência informativa deveria levar os participantes a associarem-se mais à opinião dos seus colegas quando o investigador menciona a existência de um aparelho de medição fiável. Como mostra a figura 7.2, os dados confirmam totalmente as hipóteses. A expressão em público leva a maior seguidismo. Da mesma maneira, a pretensa possibilidade de identificar as respostas certas aumenta a taxa de conformidade. Por fim, o que não deixa de ser interessante, todas as situações experimentais se afastam significativamente de uma situação de controlo em que os participantes realizam a tarefa sozinhos. Este resultado sugere que as opiniões dos participantes não têm apenas a ver com a conformidade pública, mas também com a internalização.

Já recordámos atrás que a distinção entre a dependência informativa e a normativa tem raízes nas propostas teóricas de Festinger. A dependência informativa tem a ver com a validade subjectiva das nossas opiniões. Segundo Festinger (1950, 1954), esta última depende de como as nossas opiniões resistem à realidade. Se a nossa convicção é relativa a um aspecto da realidade física, ela pode facilmente ser provada. Para verificar se um copo é resistente ou se se parte facilmente, basta dar-lhe uma pancada com um martelo. Por outras palavras, os instrumentos objectivos ou os nossos sentidos, simplesmente, informam-nos sobre o valor da nossa opinião. Em muitos casos, no entanto, a validação das opiniões tem de passar pela esfera social. Se o que está em causa é determinar o valor artístico de um filme de Spielberg, os indicadores objectivos falham e os nossos sentidos também não nos ajudam muito. Resta a possibilidade de fazer apelo à apreciação dos outros. Mas não é qualquer pessoa que nos tranquiliza sobre a validade da nossa concepção das coisas. Segundo o próprio Festinger (1950), consideraremos correcta uma opinião que tem a aprovação dos elementos do nosso grupo de referência. Segundo Turner (1991), o facto de termos de recorrer à validação normativa para estabelecer a validade subjectiva das nossas opiniões mostra em que medida a dependência informativa é fundamentalmente social.

A teoria do referente informativo

Para Turner (1991), a validade de uma informação, de uma opinião ou de um comportamento não é uma propriedade intrínseca ou objectiva da informação, da opinião ou do comportamento, mas deriva, pelo contrário, de um processo de comparação social. Ou seja, para estabelecer a validade daquilo que vemos, pensamos e fazemos, dependemos da opinião das pessoas que consideramos dignas de confiança. Acontece que são as pessoas mais parecidas connosco e que pertencem aos mesmos grupos que nós que se encontram melhor colocadas para nos informar sobre a correcção das nossas opiniões. O que mostra a forte imbricação das dimensões informativa e normativa. Ainda que não contradiga as intuições de Festinger, esta verificação põe em causa toda uma tradição de pesquisa sobre a conformidade. Coloca na prateleira das utopias simplistas a ambição que consiste em pretender separar os dois tipos de dependência.

Essa imbricação dos dois tipos de dependência está patente numa pesquisa conduzida por Linde e Patterson (1964). Esses autores confrontaram com uma situação de tipo Asch participantes normais e pessoas paraplégicas confinadas à sua cadeira de rodas. A taxa de conformidade era significativamente mais importante quando os grupos eram homogéneos (a maioria e a minoria incluíam apenas paraplégicos, ou apenas pessoas normais) do que quando os grupos eram heterogéneos (um paraplégico face a uma maioria de participantes normais, ou uma pessoa normal face a paraplégicos). Os resultados de Linde e Patterson não se limitam a pôr em causa a pertinência de uma antinomia entre as facetas normativa e informativa. Sublinham também a importância da noção de **grupo de referência** no fenómeno de influência. Essa noção permite perceber que a experiência típica de Asch dá lugar ao conformismo quando as pessoas minoritárias dão crédito aos outros participantes. Não vimos já que a conformidade se esbate quando o testemunho dos cúmplices do investigador perde pertinência, ou quando o julgamento respeita mais às preferências do que a factos? A influência manifesta--se devido à convicção dos sujeitos de que os outros participantes vivem no mesmo mundo que elas e que uma única resposta tem de prevalecer.

A **teoria do referente informativo** trata da questão da influência social com a preocupação, precisamente, de nela incorporar a noção de grupo de referência. É uma abordagem que, portanto, toma em conta a validação social das opiniões. No centro da teoria, encontra-se o processo de **autocategorização**, processo que examinaremos com mais pormenor no capítulo 11, quando abordarmos a teoria da identidade social. Para já, contentemo-nos em saber que as pessoas se definem a vários níveis (ser humano, membro do clube de hóquei ou de ténis, eu próprio como indivíduo distinto de todos os outros) consoante os contextos em que se encontram. Na situação de Asch, por exemplo, tudo é feito para que o participante ingénuo considere os outros participantes como seus pares. Por outras palavras, o participante e os outros membros da sessão pertencem ao mesmo grupo. De acordo com a teoria do referente informativo, as pessoas procuram conhecer as normas dos grupos a que pertencem. Quais são os actos a realizar? O que evitar? Quais são as opiniões valorizadas? Quais são os pontos de vista a excluir? Em resumo, o objectivo é determinar as características que definem o grupo e identificar a maneira como ele se demarca dos outros grupos. Uma vez realizadas as etapas de constituição subjectiva do grupo e a determinação das suas normas, o indivíduo trata de as internalizar o melhor possível. Na medida em que o conjunto dos membros do grupo realiza as mesmas operações, observar-se-á necessariamente uma convergência das ideias e dos comportamentos.

Uma série de observações anedóticas apoiam a teoria do referente informativo. Num divertido trabalho, Reingen (1982) relata que um grupo de estudantes aceita mais facilmente dar sangue quando se lhes apresenta uma lista de pessoas parecidas com eles e que, diz- -se-lhes, já contribuíram para a colheita de sangue. Quanto mais comprida é a lista, mais importante é esse efeito. Vários outros resultados relatados por Asch e por outros investigadores são compatíveis com a análise de Turner e seus colaboradores (1987). Pode-se mencionar em particular o facto de os participantes manifestarem conformidade mesmo quando a situação minimiza os níveis de dependência informativa e de dependência normativa. É assim que, num trabalho de Asch já referido, quando o participante chega atrasado e é convidado a dar o seu ponto de vista por escrito, a taxa de conformidade se estabelece à volta de 12,5%. Quando os participantes na experiência de Deutsch e Gerard (1955) têm que responder anonimamente (dependência normativa mínima) e o estímulo está presente na situação (dependência informativa mínima), 23% continuam a adoptar a opinião errada do grupo. Estes números indicam, portanto, que as pessoas se põem de acordo sem nenhuma razão aparente. Para Turner (1991), esses números significam uma adopção sincera, pelos participantes, das normas envolventes. Mas, para além de uma re- interpretação das muitas experiências realizadas pelos seus predecessores, os teóricos do referente informativo também imaginaram algumas experiências que acentuam os limites das posições dos concorrentes e o carácter heurístico da sua própria perspectiva.

Num estudo decalcado do paradigma de Asch, Hogg e Turner (1987) convidam os participantes a pronunciarem-se sobre o grau de aprovação social conferido por vários traços de personalidade. Cada participante ouve seis outros falar antes de si. As respostas destes últimos sugerem a existência de dois subgrupos, um que acentua a aprovação e outro a desaprovação relativa à posse do traço em questão. Para cada traço, o mesmo subgrupo exprime a opinião da população de referência e, portanto, com toda a verosimilhança, a opinião íntima do participante. Este, na medida em que se identifica com o subgrupo que exprime uma opinião idêntica à sua, não deveria contentar-se com a procura da média das opiniões dos outros participantes, mas deveria adoptar as normas deste subgrupo. Os resultados confirmam esta hipótese e demarcam-se, portanto, de uma interpretação em termos estritamente informativos. Além disso, quando, numa situação diferente, os seis cúmplices estão, já não implícita mas explicitamente, categorizados em dois subgrupos, o participante conforma-se ainda mais com a norma do seu sub-grupo. São resultados difíceis de explicar em termos normativos. Os participantes respondem anonimamente e, ainda que pensem encontrar-se no fim da experiência, é-lhes impossível dizer quem disse o quê.

Para mostrar a importância da autocategorização no processo de formação das normas, Abrams e colaboradores (1990) exploraram o paradigma do efeito autocinético. O que está em causa é mostrar que as pessoas exploram o comportamento dos participantes na experiência a fim de identificar os grupos em presença. Isso conseguido, adoptam as normas do seu grupo. De forma muito clássica, a tarefa experimental dos seis participantes, entre os quais se encontram três cúmplices, consiste em avaliar a amplitude do movimento de um ponto luminoso. Ainda que a ordem em que cada um fala pareça aleatória, o investigador organiza-a, na realidade, de forma a que os três cúmplices falem no fim. Cada um deles faz par com um dos participantes verdadeiros. A sua missão, pelo menos no que respeita às três primeiras tentativas, consiste em dar uma estimativa de 5 cm superior à resposta do participante. A partir da quarta tentativa, os cúmplices mantêm-se a mais ou menos 2 cm da sua terceira estimativa. Do ponto de vista da dependência informativa, os participantes verdadeiros deveriam notar a distância que os separa dos outros e aproximar-se deles pouco a pouco. Do ponto de vista da teoria do referente informativo, os participantes verdadeiros deveriam reconhecer a existência de duas categorias diferentes e manter a distância entre eles e os três cúmplices. Os resultados confirmam completamente esta última previsão.

A teoria do referente informativo apela para a ideia bem estabelecida do grupo de referência, noção cuja utilização é particularmente original. Com efeito, trata-se, aqui, da pertença a grupos com uma versatilidade extrema e de tendências fortes que marcam de um modo permanente todas as esferas da vida de uma pessoa. Segundo Turner, a catalogação das pessoas numa dada categoria não se faz de uma vez por todas mas, pelo contrário, existe uma capacidade de modular, de um momento para o outro, as demarcações operadas no mundo que nos rodeia. Há um vaivém incessante entre as informações que recolhemos sobre as pessoas que nos rodeiam e a maneira como as categorizamos.

Neste ponto, talvez alguns leitores estejam intrigados. De facto, os resultados de investigadores como Wilder (1977) mostravam que as pessoas são muito sensíveis às opiniões independentes. Quanto menos conivência parecia haver na maioria, mais importante era a taxa de conformidade. Dizem-nos agora que a teoria do referente informativo insiste no impacto da semelhança sobre os membros da maioria e sobre os da minoria. Como conciliar estes dois pontos de vista? A resposta é simples. É importante que os membros do grupo de referência sejam parecidos connosco no que respeita à tarefa a avaliar, mas que apresentem também algumas diferenças entre si de maneira a que nenhum atributo comum possa explicar a sua opinião, por muito surpreendente que ela seja. A simultaneidade da semelhança e da diferença é precisamente o que torna os membros do nosso grupo tão convincentes. Voltaremos a este ponto quando tratarmos da questão da influência minoritária, no próximo capítulo.

Como mostrar que o efeito simultâneo da diversidade e da semelhança reforça a influência dos membros dos grupos a que se pertence? Um grupo de participantes julgava participar numa pesquisa sobre as relações entre as características de personalidade da fonte e da assistência. O seu trabalho consistia em ouvir a gravação de quatro estudantes pertencentes, supostamente, a uma ou a várias universidades. Cada um deles, durante cerca de um minuto e meio, dissertava sobre duas razões em prol de uma redução do financiamento central da educação nacional, tema pouco popular entre os estudantes. Durante o discurso de cada um dos intervenientes, os participantes podiam ver a sua fotografia num diapositivo projectado na sua frente. Consoante as situações, os participantes eram confrontados com quatro fotografias mostrando obviamente que os estudantes pertenciam à mesma universidade que eles próprios, Rutgers, ou a uma universidade concorrente, Princeton. Como previsto, os resultados confirmam que os participantes são mais influenciados pelos estudantes da sua própria universidade. No entanto, os participantes consideram que os estudantes da sua universidade exprimem pontos de vista mais independentes. Também descobrem mais semelhanças entre os estudantes que pertencem à Universidade concorrente do que entre os estudantes inscritos na sua própria universidade. São de opinião que, em comparação com os quatro estudantes da universidade de Princeton, os que, como eles próprios, vêm de Rutgers, são menos típicos da sua universidade. Por fim, memorizam mais argumentos e são mais capazes de precisar quem forneceu este ou aquele argumento quando são confrontados com estudantes vindos da sua Universidade (Wilder, 1990).

Mais de 40 anos depois da sua criação, a encenação experimental criada por Asch continua a fascinar os investigadores. As informações que essa encenação tornou possível sobre os comportamentos de conformidade têm um valor inestimável. Resumindo a sua admiração por esse paradigma, Milgram, um discípulo de Asch, declarou um dia: "Para mim, a experiência de Asch é uma espécie de diamante intelectual em movimento perpétuo. Dirija-se-lhe a luz de uma nova análise e ela refracta essa energia para lhe dar formas tão novas quanto interessantes."

No caso dos adeptos de uma seita, percebemos a sua dificuldade em manter a sua independência. Tudo é feito para evitar a dissidência, as ligações com os grupos de referência tradicionais são sistematicamente perseguidas e abafadas, a unanimidade é instituída como regra absoluta, a pertença ao grupo é exacerbada, as opiniões sobre que incide o endoutrinamento são objecto de uma reorganização cognitiva extrema. Em resumo, o adepto encontra-se na pior posição possível para resistir ao grupo. Sem dúvida, há um outro factor que contribui: o estatuto particular do guru. Essa relação com a autoridade será examinada na segunda parte deste capítulo.

O PESO DA AUTORIDADE

Até aqui, tratámos do conformismo induzido por uma maioria quantitativa ou qualitativa. Vamos examinar agora os efeitos de uma maioria qualitativa particular cujo poder não é necessariamente devido à qualidade de especialista, mas à autoridade de que está investida.

Autoridade e ortodoxia

A Igreja Católica é eminentemente autoritária e talvez não o seja por acaso. O que junta os seus aderentes são problemas de fé difíceis de tratar de modo racional. De que maneira, numa base tão "frágil", conseguiu a Igreja ter um êxito que dura já há 20 séculos? É provável que, como instituição, tenha organizado processos notáveis de influência e de contra-influência. Deconchy (1971, 1980) empenhou-se em descobrir alguns deles.

Alunos do ensino católico francês receberam, durante as aulas, fascículos com algumas palavras indutoras a propósito das quais tinham de fazer associações. Uma dessas palavras indutoras era "Deus". Consoante a situação experimental, o fascículo vinha do bispado, de um centro de linguística ou de um centro de pesquisa sobre o pensamento racionalista e ateu (neste caso, o director do centro dizia que não tinha conseguido evitar a participação na pesquisa). Por outras palavras, a terceira situação era ameaçadora para os participantes. Terão de ter cuidado com o que vão dizer. E efectivamente, é isso o que acontece. Não só, neste caso, é muito menor o número de termos diferentes associados a Deus como é muito maior a sua relação com o vocabulário do *Catecismo Nacional*. Estes resultados mostram que quando o sistema é ameaçado do exterior – por ateus –, até os participantes muito jovens reagem com um discurso **ortodoxo**, isto é, conforme à ideologia do grupo e que diz o menos possível "para proteger a ideologia aceite e a coerência do grupo" (Deconchy, 1971, p. 113).

Deconchy aproveitou também algumas sessões de reciclagem teológica e pastoral, para suscitar mudanças de crença. Limitar-nos-emos a alguns dos resultados. Num primeiro momento, os participantes tinham de classificar em quatro tipos diferentes frases habitualmente aceites pelos crentes, como, por exemplo, "o Baptismo faz entrar na Vida de Deus". Os dois tipos extremos eram: "é preciso crer nessa afirmação para pertencer ao grupo-igreja" e "não se pode crer nessa afirmação para pertencer ao grupo-igreja". Mais tarde na sessão, a base racional daquelas frases era minada por argumentos vindos, dizia--se, de famosos cientistas católicos. Por fim, os participantes tinham de voltar a classificar as frases em quatro tipos e pronunciar-se sobre a pertinência racional dos argumentos apresentados pelos supostos cientistas. Em conformidade com as suas expectativas,

Deconchy (1980) descobre que as frases contestadas racionalmente são as mais classificadas como "é preciso acreditar nisso, sob pena de deixar de pertencer à Igreja" e que as pessoas reagem dessa maneira tanto mais quanto acham a polémica racionalmente pouco pertinente. Vemos aqui que a tentativa de influência tem um efeito *boomerang*. Quando as suas crenças são fragilizadas, os participantes ortodoxos e que assim se querem manter, tornam-se mais dogmáticos do que antes, recusando ao mesmo tempo atribuir valor àquilo que os fez mudar de opinião.

Sem dúvida que a Igreja Católica organizou excelentes estratégias de regulação social. A sua autoridade suscita uma **obediência** notável por parte dos crentes e essa é, provavelmente, uma das razões do seu êxito como instituição. Aliás, é sobre a obediência que nos vamos agora debruçar.

As pesquisas de Milgram

Toca o telefone num serviço hospitalar. Do outro lado da linha, um médico ordena à enfermeira de serviço que administre uma dose de 20 miligramas do medicamento X a um doente. Há quatro razões que deveriam levar a enfermeira a manifestar uma extrema prudência face àquela instrução. Antes de mais, a prescrição é comunicada por telefone, o que é uma transgressão directa ao regulamento do hospital. Além disso, o uso do medicamento X não é autorizado, não existindo aliás em *stock* no serviço. Um terceiro problema diz respeito à dose prescrita, verdadeiramente excessiva e, com toda a evidência, perigosa. Por fim, a prescrição emana de uma pessoa completamente desconhecida. Na sua opinião, o que vai acontecer? A enfermeira obedece ou, pelo contrário, recusa obedecer à instrução do médico?

Este cenário não é fictício! Retoma ponto por ponto uma experiência realizada por Hofling e colegas (1966), a fim de estudar o problema da obediência dos enfermeiros. Embora 98% das enfermeiras que lêem uma descrição desse trabalho declarem que nunca se submeteriam à ordem do médico, 95% começaram a executar as ordens transmitidas. Na realidade, foi necessária a intervenção de um cúmplice para impedir que a enfermeira administrasse o medicamento.

Ainda tem dúvidas sobre a relação entre autoridade e obediência? As experiências de Milgram (1974) talvez lhe deitem por terra as suas hesitações.

Imagine a seguinte situação: em resposta a um anúncio, você apresenta-se no laboratório. Esperam-no o investigador e outra pessoa na casa dos cinquenta. A pesquisa, dizem-lhe, é sobre os efeitos dos castigos na aprendizagem. Um dos dois participantes, o aluno, vai aprender alguns pares de palavras. O outro, o professor, terá que ler em voz alta a primeira palavra de cada par e, a seguir, quatro outras palavras. O aluno deve então indicar qual das quatro palavras pertence ao par original. Por cada erro, o professor deve administrar um choque eléctrico de intensidade crescente. Tiram-se os papéis ao acaso. Você fica no papel do professor. Num primeiro tempo, ajuda o investigador a atar o aluno a uma cadeira e a fixar os eléctrodos. Depois, instalado noutra sala, está frente a um gerador de choques

% de sujeitos obedientes

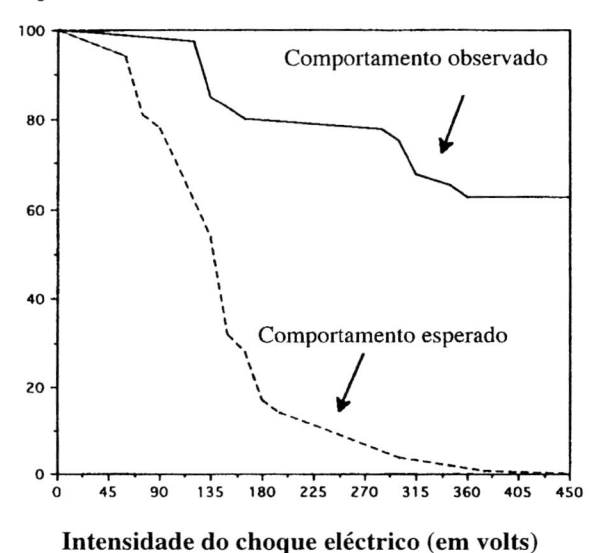

Intensidade do choque eléctrico (em volts)

Figura 7.3 - Comportamento de obediência esperado e observado na experiência de Milgram.

eléctricos com 30 botões que vão de 15 a 450 Volts. Nos primeiros botões, está escrito "Choque leve". Na extremidade da gama, encontra-se duas vezes uma enigmática indicação "XXX". As quatro indicações precedentes indicam claramente "Perigo: choque grave". Para ter uma ideia daquilo que representam os choques, você experimenta um choque de 45 volts. A experiência pode começar! Depois de uma série de respostas certas, o aluno comete um erro, o que o obriga a puni-lo. Prime-se no primeiro botão.

Na sua opinião, em que momento vai parar? Quando julga que vai resistir às ordens categóricas do investigador para continuar a aplicar choques eléctricos cada vez mais dolorosos? Aliás, estão previstos quatro comentários sucessivos, no caso em que você recuse obedecer: "Continue, faça favor", "Para podermos continuar com a experiência, é necessário que você continue", "É absolutamente essencial que continue" e "Não tem escolha, tem de continuar". A experiência acaba quando as quatro invectivas não chegam para o convencer a continuar, ou quando o choque máximo é utilizado três vezes. À pressão exercida pelo investigador opõem-se os pedidos do aluno para acabar com a experiência. Depois dos gemidos (a partir de 75 volts), o aluno grita de dor (a partir de 120 volts). A seguir dá verdadeiros berros (a partir de 165 volts). Depois (a partir de 345 volts) já não há nenhuma resposta.

Na realidade, você é o único participante verdadeiro dessa experiência. O aluno não passa de um cúmplice do investigador. Ele não recebe nenhum choque, mas conhece de cor o seu papel. Milgram, o psicólogo social que imaginou esta situação, queria criar uma situação inédita em que uma pessoa isolada se visse entalada entre as suas convicções íntimas e a pressão de uma autoridade. Apesar de Milgram querer mostrar um certo nível de submissão, os resultados não deixaram de o admirar. Não tinha ele falado com psiquiatras antes de iniciar a pesquisa? Não lhe tinham confiado esses especialistas da alma humana que apenas 1 indivíduo em cada 1000 seria susceptível de aplicar um choque eléctrico de 450 volts? Não tinham outras pessoas declarado que nenhuma delas accionaria o choque fatal? Alguns estudantes, convidados para se imaginarem no papel do sujeito, tinham pretendido nunca ultrapassar o nível dos 210 volts. Na realidade, os resultados revelam que o nível médio de choque dirigido era de 368 volts: 62,5% dos participantes foram até ao fim da experiência!

Significam estes resultados que os participantes de Milgram eram pessoas perturbadas, ou até psicopatas? Com certeza que não! Como demonstraram as gravações e questionários pós-experimentais, estão todos muito nervosos, alguns deles transpiram, mordem os lábios ou apertam as mãos. Além do mais, entre os 40 participantes de uma situação de controlo em que podiam escolher o nível do choque a administrar, apenas dois ultrapassaram os 150 volts e 70% não foram além dos 75 volts. Pôr em causa apenas a personalidade dos indivíduos significaria sem dúvida cair na armadilha do **erro fundamental de atribuição**. As circunstâncias em que as experiências são feitas têm uma importância primordial. Mercê do trabalho minucioso de Milgram e das muitas variações do esquema experimental que imaginou, podemos avaliar como os determinantes situacionais modulam a obediência das pessoas.

Os factores de obediência

Poder-se-ia pensar que as relações do professor com a autoridade científica constituem um factor de importância fundamental. É possível que cidadãos conscienciosos sentissem horror por a experiência ter lugar na Universidade de Yale, instituição particularmente prestigiada e pouco susceptível de desenvolver pesquisas em que os participantes arriscassem danos corporais. Sensível a essa crítica, Milgram mudou, sem demora, o seu laboratório para um ambiente menos tranquilizador. Desta vez, os participantes deviam ir a um escritório discreto situado numa pequena vila próxima. O local era pouco acolhedor e a empresa responsável pela experiência era desconhecida. O investigador de bata branca podia ser um charlatão qualquer. Apesar desse conjunto de elementos pouco tranquilizadores, o nível de obediência continua incrivelmente grande (47,5%) e não difere significativamente do nível observado na situação modelo.

Outras experiências procuraram pôr em evidência o peso da autoridade científica. Numa variante, o investigador dá as ordens por telefone. Ainda que alguns participantes se insurjam e não apliquem os choques previstos, a obediência total mantém-se apesar de tudo em 21%. Noutra situação, o investigador aceita ocupar o lugar do aluno que recusa fazer o seu papel antes de ter visto alguém na mesma situação. Desta vez, o professor desobedece em todos os casos. Os incentivos do aluno para que ele continue o suplício não servem de nada. Neste caso, todos os participantes param antes de atingirem os 175 volts. Ainda numa outra versão, o investigador anuncia que tem de se ausentar. Propõe a outro participante, inicialmente encarregado de anotar os tempos de reacção, que ocupe o seu lugar. Este, um cúmplice do investigador, sugere ao professor que aumente em 15 volts o nível dos choques por cada erro do aluno. Neste contexto, a obediência dos professores situa-se apenas (!) em cerca de 20%. Mais interessante ainda, quando o professor recusa colaborar e o cúmplice decide aplicar ele próprio os choques, vários participantes interpõem-se fisicamente e chegam a desligar o gerador de choques de modo a parar a experiência. Fica-se perplexo ao verificar a falta de actos heróicos desse género quando é o investigador de bata branca que comanda. Em resumo, todas as situações atestam o poder da autoridade científica.

Os resultados obtidos são claros. O confronto directo com a autoridade leva a que as pessoas se submetam muito mais do que quando as ordens são transmitidas por uma pessoa qualquer. Mas ainda que a bata branca do investigador seja uma arma temível, não deveria a proximidade da vítima fazer diminuir a taxa de obediência? Milgram manipulou esse factor em diversas situações. A versão extrema da experiência consiste em minimizar as informações que chegam ao professor. O professor já não ouve os gemidos do aluno. Apenas lhe chega o ruído abafado dos pontapés do aluno na parede da sala onde está encerrado. Nesse caso, a docilidade dos professores passa de 62,5%, na versão modelo, para 65%. Outras duas versões aproximam fisicamente o professor do aluno. Quando estes se encontram na mesma sala e portanto o professor já não pode ignorar o sofrimento do aluno, ainda há 40% dos participantes que se mostram dóceis. Por fim, Milgram pediu ao professor para se sentar ao pé do aluno e manter o eléctrodo na mão do aluno que se debatia e suplicava para a experiência acabar. Esta situação dá lugar a 30% de submissão.

Estes resultados revelam dois fenómenos. A existência de uma relação entre a vítima e o carrasco diminui a probabilidade de obediência. É uma verificação bem conhecida dos militares. Como ilustra o êxito mediático dos bombardeamentos "cirúrgicos" realizados pelas tropas aliadas contra alguns centros importantes do regime iraquiano durante a guerra do Golfo, é mais fácil arrasar uma aldeia inteira sem ver directamente as consequências concretas do que matar com as mãos uma única pessoa. Com uma lucidez temível, os militantes anti-nucleares americanos partilham a mesma intuição quando aconselham a que se encerre o código de acesso às armas nucleares nas entranhas de um colaborador do Presidente. Antes de mandar os mísseis sobre milhões de pessoas, o Presidente teria que executar um "verdadeiro" ser humano para lhe extirpar o segredo. A segunda mensagem não é muito mais optimista: a confrontação imediata com o sofrimento e a dor não é suficiente para travar muitas pessoas. Afinal, quase uma pessoa em cada três continua a obedecer às imposições do investigador.

O que aconteceria se em vez de afastar a autoridade ou aproximar a vítima, o professor fosse confrontado com uma contestação explícita? Os trabalhos de Asch mostram que a dissidência revela-se decisiva na manifestação da conformidade ou da independência. Milgram imaginou duas versões diferentes da experiência, com a esperança de revelar os efeitos da rebelião. Numa primeira situação, dois cúmplices ajudam o participante na sua tarefa. O primeiro deve ler as palavras ao aluno, enquanto o segundo informa o participante ingénuo sobre a correcção da resposta. A tarefa deste consiste apenas em aplicar os choques eléctricos no caso de resposta errada. Um dos cúmplices insurge-se a 150 Volts, isto é, na altura exacta em que o aluno pede para acabarem com a experiência. Pouco tempo depois, a 210 Volts, o segundo cúmplice recusa colaborar. Se quiser continuar a experiência, o participante tem de assumir, ele próprio, as tarefas abandonadas pelos seus colegas. Nessas condições, apenas 10% dos participantes vão até o fim. Portanto, a rebelião é contagiosa mas não chega para eliminar completamente a submissão. No entanto, os resultados desta variante contrastam com os de uma outra em que o participante tem a missão de propor as palavras e verificar a correcção das respostas, deixando para um cúmplice do investigador a tarefa de administrar os choques eléctricos. Neste contexto de difusão da responsabilidade, 92,5% dos participantes obedecem até ao fim. Não eram eles quem aplicava os choques, é verdade. Esse fenómeno de difusão da responsabilidade é patente nas instituições judiciárias e militares. Faz também lembrar os comerciantes de armas que dizem ter a consciência tranquila sobre pretexto de não serem eles quem as utiliza.

A contestação da autoridade nem sempre vem da base. Por vezes, o desacordo no seio da função dirigente é suficiente para que alguns subalternos desejosos de revolta reajam contra ordens que consideram injustas. Numa experiência, 20 participantes são confrontados com dois investigadores. Aos 150 Volts, surge uma falha. Um dos experimentadores declara ter vontade de acabar com a sessão. Dos 19 participantes ainda em acção nessa altura, 18 param imediatamente a experiência e um continua, apenas para mais um nível de choque.

Esta série de experiências ilustra de modo dramático a submissão engendrada por uma autoridade. De que maneira explicar estes comportamentos? Uma primeira chave de interpretação reside na relação dos participantes com a sua responsabilidade. A partir do momento em que o professor põe em segundo plano as suas obrigações sociais, ele adopta o que Milgram chama de estado agêntico. Dito de outra maneira, põe-se na pele de um simples executante que não se preocupa com as consequências dos seus actos. Essa metamorfose permite que a autoridade se exerça sem encontrar grande resistência. A par do estado agêntico, a condenação da vítima constitui um segundo elemento que leva as pessoas a submeterem-se às cegas. Essa tendência para censurar a vítima é parte de uma crença mais geral segundo a qual o universo é um lugar ordenado e justo onde cada pessoa tem aquilo que merece (Lerner, 1980). Se qualquer coisa de negativo acontece a alguém, é porque o merece, porque fez algo que justifica a sua infelicidade. Milgram não deixou de confirmar essa tendência para censurar o aluno por causa dos seus erros. Segundo alguns participantes, o aluno era tão estúpido e teimoso que bem merecia sofrer alguns choques eléctricos. Por fim, contrariamente àquilo em que a maioria de nós gostaria de acreditar, não é necessário uma pressão muito forte para induzir comportamentos contrários às nossas convicções íntimas. Na realidade, alguns aspectos pouco relevantes do nosso meio envolvente são susceptíveis de nos induzir a situações difíceis de prever. Pedir às pessoas, como fez Milgram, para aumentarem o castigo do aluno em pequenas etapas de 15 Volts por cada erro, é o meio mais seguro de actualizar a **norma da consistência**. Porque recusar agora, se não nos recusámos a aplicar um choque apenas um pouco mais leve? Os estudos sobre a **dissonância cognitiva** e a **submissão sem pressão**, apresentados no capítulo 5, ilustram de que maneira o nosso próprio comportamento é, muitas vezes, o álibi da nossa docilidade. Pé ante pé, o comportamento aceitável leva-nos a um comportamento inconfessável.

É inegável que as situações experimentais criadas por Milgram têm um carácter artificial. Nenhum de nós virá nunca a estar na pele do professor. A partir daí, é fácil pôr em dúvida os resultados dessas pesquisas. Contudo, outros autores não nos deixam margem para ilusões. Numa pesquisa efectuada na Holanda, Meeus e Raaijmakers (1986) confrontaram os seus participantes com desempregados numa prova de selecção para um emprego. A sua função era fazerem comentários desagradáveis de maneira a desestabilizarem os candidatos, num pretenso estudo sobre os efeitos do *stress*. No fim de contas, o insucesso na prova de selecção e, em consequência, o prolongamento do desemprego eram inevitáveis. As reacções desesperadas dos desempregados não impediram que 90% dos participantes seguissem todas as instruções. Em suma, se situações como as imaginadas por Milgram puseram em evidência tais taxas de total submissão, que pensar do que pode acontecer nas instituições onde as ordens são ainda mais constrangedoras, a difusão da responsabilidade mais fácil e o contágio maior.

Para o psicólogo social, as reacções às pesquisas de Milgram fornecem tanta matéria de reflexão como os resultados. Quer se trate de estudantes, ou do público em geral, as pessoas têm uma real dificuldade na apreciação da mensagem de Milgram. Quando esses resultados são apresentados, as perguntas são sempre as mesmas: "Realizou-se essa experiência com outras nacionalidades?", "Haverá diferenças entre os sexos?", "Obtém-se resultados idênticos com participantes do Sul?", etc. O que está em causa é a dificuldade em atribuir às situações a importância que elas têm. Verificando a dificuldade das pessoas em aceitar as conclusões de Milgram, Bierbrauer (1979) propôs aos seus participantes que repetissem a experiência, quer como observadores quer como professores. Mesmo nessas condições, os participantes continuam a acreditar que os seus amigos ou conhecidos não seriam muito obedientes. Curiosamente, alguns observadores manifestam uma reacção totalmente oposta e renunciam aos seus nobres ideais sobre a natureza humana. Shafer (1980) projecta o filme de Milgram para alguns dos seus estudantes e depois pede-lhes para predizerem o comportamento do professor na ausência de pressões do investigador. Enquanto esses estudantes prevêem choques de 43 até 174 Volts, com uma média de 119 Volts, outros estudantes que não viram o filme de

Milgram prevêem choques de 38 até 127 Volts, com uma média de 84 Volts. Obrigados a pôr em dúvida a sua crença de que "o homem é fundamentalmente bom e razoável", os primeiros estudantes parecem ter como única saída proclamar que "o homem é um lobo para o homem". Note que essas duas explicações, bondade e crueldade, situam a responsabilidade dos actos na pessoa e não na situação. Apesar de diferente, a explicação é sempre personológica: tem sempre a ver com a pessoa (Leyens, 1983).

Da obediência à revolta

Tal como acontece com o conformismo, a submissão à autoridade constitui uma norma poderosa que se aprende. É verdade que as pesquisas de Milgram foram reproduzidas em muitos laboratórios e que, em geral, os resultados não variam muito. No entanto, as diferentes características da experiência deixam adivinhar o papel determinante das convenções sociais. Milgram soube aproveitar da melhor maneira os vários signos que nos fazem seguir os detentores de autoridade. Aliás, na nossa vida quotidiana, os signos da autoridade são fáceis de reconhecer. Mercê dos uniformes que vestem, os polícias, os militares, os bombeiros e os vigilantes informam-nos imediatamente sobre a função que lhes compete no corpo social. As pessoas que passeiam obedecem bem mais às ordens de alguém com uniforme (Bickman, 1974). Há três vezes mais peões que atravessam uma rua com o semáforo vermelho se a pessoa indisciplinada que dá o exemplo usar fato e gravata do que se usar fato-macaco. Os cientistas, por sua vez, utilizam títulos como Doutor ou Professor para marcar o seu estatuto em relação às pessoas menos instruídas. O trabalho de Hofling atrás apresentado mostra bem a inquietante facilidade com que estes símbolos da autoridade suscitam a obediência. Também os bens materiais nos incitam ao respeito. Doob e Gross (1068) notaram que os donos de um carro luxuoso beneficiavam de um tratamento de favor em comparação a quem tinha um carro mais modesto. Quando um carro pequeno se mantém parado quando o semáforo passa ao verde, os condutores de trás buzinam quase todos, várias vezes. Dois automobilistas até embateram, sem cerimónia, no pára-choques do carro pequeno. Face a um carro mais prestigiado, pelo contrário, metade dos condutores espera, sem se manifestar, que o carro arranque. Doob e Gross levaram a sua curiosidade até ao ponto de perguntar a estudantes o que fariam nesses dois casos. Estes subestimavam nitidamente o tempo que teriam esperado atrás de um carro luxuoso antes de buzinarem. Na realidade, os estudantes masculinos até achavam que reagiriam mais rapidamente para com o carro grande do que para com o pequeno. São resultados que lembram as respostas recolhidas por Milgram antes de realizar a sua experiência.

Se a norma de autoridade pode ser utilizada para fins contestáveis, a aceitação de uma autoridade legítima é, no entanto, essencial para o bom funcionamento da vida em sociedade. Quase todos os grupos, informais ou muito organizados, atribuem papéis que exigem de alguns membros o exercício de autoridade sobre outros.

Obedecer aos pais, aos docentes, aos eleitos, aos peritos, apresenta grandes vantagens. No entanto, o que mostra Milgram é a dificuldade em resistirmos às pressões da autoridade, mesmo quando deveríamos pô-la em questão. Se outras regras de comportamento não se impõem, a obediência e as autojustificações não deixarão muitas hipóteses à revolta. Não há nada de estranho no facto de os adeptos de uma seita terem tanta dificuldade em contestar o guru. Investido de todo o aparato do poder, o líder carismático conta, no exercício do seu poder, com as reticências das suas ovelhas a revoltarem-se, mesmo que tenham de efectuar actos absurdos ou degradantes.

O exame dos processos que conduzem à submissão dá também informações sobre a maneira como nos podemos defender da docilidade cega. Nenhuma experiência põe tão claramente em evidência os factores susceptíveis de facilitar a revolta como o estudo de Gamson, Fireman e Rytina (1982). Imagine a seguinte situação. É publicado um anúncio nos jornais de uma pequena vila do Estado do Michigan. Uma sociedade de nome MHRC (Manufacturer's Human Relations Consultants) recruta pessoas para um estudo de mercado. Ao preço de 10 dólares por duas horas, os voluntários terão de participar numa discussão de grupo sobre as regras sociais em vigor na sua comunidade. As pessoas interessadas são contactadas por telefone e convidadas, bem como oito outras pessoas, a apresentarem-se no Holyday Inn do sítio. À hora do encontro, os participantes são conduzidos a uma sala onde há nove cadeiras em volta de uma mesa em U. A sala está também equipada com três câmaras de vídeo e nove micros, um para cada lugar.

Uma vez os voluntários instalados, o coordenador do estudo, um homem bastante jovem e bem vestido, explica-lhes que a MHRC está a realizar um estudo para uma grande sociedade petrolífera que, esclarece, está envolvida num processo contra um gerente de uma estação de serviço da região. A fim de melhor explicar ao Tribunal o que são as convenções sociais que regem a vida das pessoas nessa região dos Estados Unidos, a MHRC vai filmar uma discussão sobre vários aspectos do caso em litígio. Nessa altura, os participantes são convidados a responder a uma série de perguntas sobre a sua atitude em relação às companhias petrolíferas, os direitos dos empregados, as suas reacções no que respeita às relações extraconjugais, etc. Depois de terem sido pagos, assinam um formulário de consentimento consciente em que aceitam que a gravação vídeo fique propriedade exclusiva da MHRC. As câmaras começam a gravar e, depois de ter recordado o nome do projecto e a data, o coordenador pede a cada participante que se apresente. Nessa altura, as câmaras param e o coordenador dá alguns pormenores sobre o litígio. Os participantes são então informados de que o gerente foi despedido da companhia porque vivia em concubinagem. A companhia pretendia que esse comportamento ia contra as normas da região. Por sua vez, o empregado argumentava que a companhia não tinha nada a ver com a vida privada de cada um e que o que levou a companhia a vigiar as suas actividades foi o facto de ele ter ousado criticar a política dos preços da companhia numa entrevista na televisão. Nessa altura, a gravação vídeo arranca outra vez. O coordenador pede ao grupo para analisar o comportamento do gerente e sai durante 5 minutos.

Quando volta à sala, o coordenador pára mais uma vez as câmaras e pede aos participantes para se concentrarem num segundo tema de discussão: hesitariam em fazer negócios com aquele empregado por causa do seu tipo de vida? Desta vez, o coordenador pede a três participantes para reagirem como se desaprovassem os actos do gerente. Depois de uma outra interrupção, são seis de entre os nove participantes que devem censurar o comportamento do gerente. Na última parte da discussão de grupo, cada um dos participantes é convidado a exprimir-se durante alguns minutos frente à câmara. O coordenador pede-lhes explicitamente para agirem como se reprovassem o comportamento do empregado. No fim da sessão, os participantes têm de voltar a assinar um papel em que autorizam a MHRC a utilizar livremente a gravação e a usá-la em Tribunal.

Na sua opinião, qual foi a reacção dos participantes? Na base dos resultados de Milgram, podia-se esperar que os participantes capitulassem face aos pedidos do coordenador e aceitassem sem protesto todas as suas ordens. Os resultados são bastante diferentes. Na realidade, apenas um dos 33 grupos deixa a encenação desenrolar-se até ao fim. Em todos os outros grupos, os participantes contestam. Não aceitam actuar de maneira tão injusta, segundo eles, e estragar a reputação do gerente. Enquanto alguns se refugiam no silêncio durante a discussão de grupo, outros opõem-se ao coordenador, questionando esse tipo de práticas desleais. Em mais de três quartos dos grupos, a maioria dos participantes recusou assinar a autorização. Pior ainda, nove dos 33 grupos ameaçaram desencadear uma acção contra a sociedade MHRC recorrendo, por exemplo, à denúncia do seu procedimento na imprensa. Mesmo nos grupos mais dóceis, uma grande parte dos membros criam problemas. Na verdade, a ideia dos investigadores era testar um total de 80 grupos. Um cúmplice devia aliás infiltrar-se em alguns grupos, a fim de mobilizar os participantes e fomentar a revolta. Mas a reacção espontânea dos participantes foi tão forte que essa manipulação foi completamente desnecessária.

Esta pesquisa, falhada em muitos aspectos, constitui um êxito se considerarmos o que ela nos ensina sobre a submissão à autoridade. Antes de mais, confirma que, por vezes, as pessoas resistem a uma autoridade injusta. Mais importante ainda, ela sugere um ingrediente importante da revolta. Os participantes do estudo de Gamson e colaboradores, ao contrário dos de Milgram, estavam juntos. Podiam conversar e trocar impressões sobre a situação, nomeadamente na ausência do coordenador. Deve-se sem dúvida à presença dos outros participantes, uns mais temerários do que outros, e à possibilidade de comunicar com eles, que, pouco a pouco, se define o sentimento de ilegitimidade. Recorde o efeito temível da **dissidência** no paradigma de Asch. Também aqui, o aparecimento, tímido de início, mais forte com a passagem do tempo, de opiniões dissidentes, alimenta a contestação e consegue fazer contrapeso à norma da autoridade. Em suma, só a instauração de um novo consenso torna possível derrubar práticas consideradas, a partir de então, inaceitáveis. A desobediência é, muitas vezes, um acto colectivo.

O próximo capítulo examina de perto os processos que têm lugar quando as pessoas põem as suas opiniões em comum. Estudaremos também a questão da resistência à maioria. Veremos que a influência da minoria não é, nem de longe, tão irrisória quanto os estudos sobre a conformidade podem fazer pensar.

Capítulo 8
Resistência e inovação

Quer se trate de uma deliberação de fim do ano, quer da decisão de manter ou interromper uma greve, muitas circunstâncias nos fazem ter em conta a opinião dos outros, antes de tomarmos uma decisão. Longe de nos premunirmos contra esse género de situações, temos muitas vezes vontade de sondar as pessoas que nos rodeiam, na esperança de que, juntos, tomaremos uma decisão mais equilibrada.

A meu ver, o principal mérito da discussão em grupo reside no seu potencial de compromisso razoável. No entanto, essa virtude pode revelar-se mais mítica do que real. Vimos, com Sherif, que os grupos confrontados com o efeito autocinético podem, de facto, optar por uma posição média, mas também podem dar uma resposta original ou alinhar pelas apreciações de um elemento mais influente do que os outros. Nestes dois últimos casos, o resultado do grupo não tem muito a ver com a média das posições individuais. Neste capítulo, examinaremos dois fenómenos, a polarização de grupo e a influência minoritária, que lembram os resultados, um tanto surpreendentes, de Sherif.

A POLARIZAÇÃO DE GRUPO

Incontestavelmente, a valorização que fazemos da decisão colectiva deve-se a que se considera que ela induz à prudência! No entanto, as pesquisas de psicologia social indicam que nos enganamos. Na maioria dos casos as pessoas põem-se de acordo sobre uma posição mais extrema do que a média das posições anteriores à discussão. Vamos ver como, em relação aos temas abordados no capítulo precedente, a explicação desse fenómeno põe em evidência as dependências informativa e normativa.

A primeira pesquisa empírica sobre os efeitos da discussão de grupo remonta a 1961, quando um doutorando de nome Stoner conduziu uma experiência original. Inspirando-se numa tarefa imaginada por Wallach e Kogan (1959) para estudar as diferenças individuais face ao risco, Stoner propôs uma dúzia de problemas a estudantes do Massachusetts Institute of Technology. Cada problema descrevia uma personagem fictícia num dilema entre uma opção atractiva mas arriscada e uma opção menos desejável mas mais segura. A tarefa dos participantes consistia, primeiro a sós, depois em grupo e, por fim, outra vez, sozinhos, em aconselhar tal personagem sobre a estratégia a adoptar. Segundo as estimativas de alguns investigadores, essa experiência terá sido seguida de mais de 300 outras.

Num problema, os participantes podiam, por exemplo, ler que "O senhor A., engenheiro electricista, casado e com um filho, trabalha para uma importante sociedade de electrónica, desde que saiu da universidade há cinco anos. Tem segurança de emprego para o resto da vida, com um salário modesto mas decente, bem como uma reforma razoável. É muito pouco provável que o seu salário aumente muito antes da reforma. Durante uma feira comercial, é-lhe oferecido um emprego numa pequena empresa criada recentemente, cujo futuro é muito incerto. Nesse novo emprego, teria uma remuneração muito maior e a possibilidade de se tornar accionista da sociedade, na condição de ela sobreviver à competição dos grupos mais importantes. Imagine que deve aconselhar o senhor A. Seguem-se várias probabilidades sobre a viabilidade da nova sociedade no plano financeiro. Indique a probabilidade mais fraca que lhe parece aceitável para que o senhor A. aceite o novo emprego." Seguia-se uma lista de propostas indo da probabilidade 1 em 10 até 10 em 10. O mínimo de 1, significa que se aconselha a opção pelo novo emprego mesmo que o risco seja muito importante. Ao invés, a escolha máxima de 10 equivale a recomendar a maior prudência. Para grande surpresa de Stoner, as probabilidades escolhidas no fim da discussão de grupo foram inferiores à média das posições individuais registadas antes da discussão. Dito de outra maneira, como consequência da reunião das opiniões, assistiu-se a um desvio no sentido do risco.

Reproduzidos por vários investigadores, esses resultados provocaram imediatamente a atenção dos psicólogos sociais que rapidamente verificaram que o risco nem de longe aparece em todas as situações. Por exemplo, nos doze dilemas escolhidos por Stoner, dois dão lugar, sistematicamente, a avaliações de grupo mais prudentes. Com o tempo e com outros dilemas, descobriu-se que a reacção de correr riscos ou de ser prudente é específica de cada problema. Dito de outra maneira, o mesmo dilema dá sempre lugar ao mesmo tipo de reacção por parte dos participantes. Pouco a pouco, os investigadores conseguiram controlar o fenómeno até serem capazes de construir problemas geradores de risco ou, pelo contrário, de prudência.

Seis anos depois da descoberta do fenómeno por Stoner, Teger e Pruitt (1967) descobrem que quanto mais as reacções iniciais se inclinam para o risco, mais importante é o desvio posterior no sentido do risco. Inversamente, quanto mais as respostas iniciais dos participantes privilegiam a prudência, mais estes se mostram conservadores quando pronunciam uma decisão colegial. Um trabalho de Myers e Arenson (1972) constitui provavelmente a mais bela ilustração da relação entre as reacções iniciais dos participantes e o desvio resultante da discussão em grupo. Estes autores deram aos seus participantes seis problemas imaginados por Stoner e

Polarização

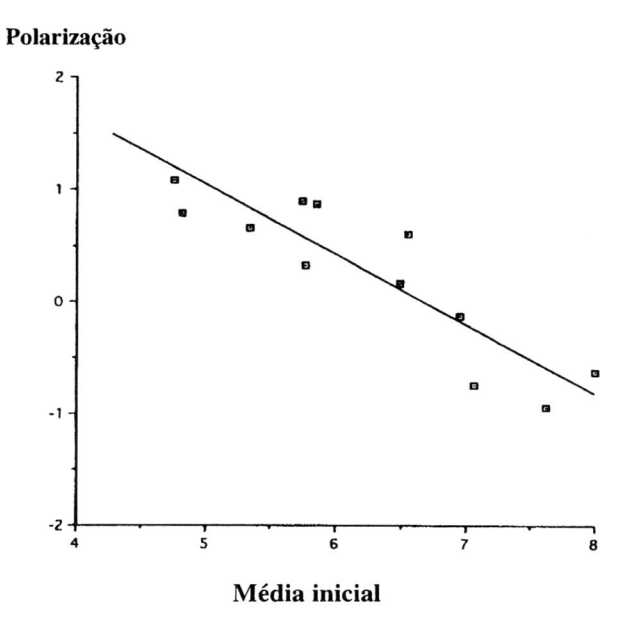

Média inicial

Figura 8.1 - Polarização média em doze dilemas, em função da média inicial das respostas individuais.

claramente orientados no sentido do risco. Propuseram-lhes também seis outros dilemas escritos de modo a suscitar reacções prudentes. Os participantes estavam repartidos em grupos de 2 a 7. Os resultados ultrapassaram as esperanças dos investigadores (ver figura 8.1). Com efeito, a correlação entre o nível inicial de risco e o desvio em favor do risco atinge o valor raramente encontrado de .89.

Em 1969, Moscovici e Zavalloni publicaram um estudo que tornou possível a generalização do fenómeno muito para além do quadro restrito dos dilemas. Estes autores interessaram--se por questões banais de atitudes. Concretamente, os participantes têm que marcar, primeiro a sós, depois em grupo e, por fim, outra vez sozinhos, a sua concordância ou discordância com uma série de enunciados do género "De Gaulle está velho de mais para levar a cabo a sua difícil tarefa política", ou "A ajuda económica americana é sempre utilizada como pressão política". Visivelmente, as discussões em grupo exacerbam os *a priori* dos indivíduos. Esses resultados levam Moscovici e Zavalloni a redefinir o fenómeno como uma tendência geral para a extremização das respostas inicialmente presentes nos indivíduos que compõem o grupo. Chamam ao fenómeno: **polarização de grupo.**

Armados deste conceito, os psicólogos sociais exploraram um vasto conjunto de situações em que a discussão em grupo é susceptível de acentuar as opiniões iniciais das pessoas. Myers e Bishop (1971) interrogaram-se sobre o que aconteceria se pessoas com opiniões semelhantes se encontrassem para uma discussão conjunta. É uma situação que se assemelha ao que acontece num congresso de um partido político: os militantes encontram-se, discutem várias moções, votam e depois voltam para casa. Num primeiro momento, os participantes de Myers e Bishop, alunos do secundário, respondem a um questionário sobre preconceitos raciais. Tendo por base as respostas, são organizados dois grupos homogéneos: de um lado, os participantes com mais preconceitos e, de outro, os com menos preconceitos. Na segunda parte do trabalho, os participantes devem reagir individualmente a oito frases sobre questões raciais e, depois, discuti-las nos grupos antes de as avaliarem de novo. As opiniões recolhidas depois da discussão em grupo revelam que os dois grupos de alunos radicalizaram a sua posição inicial. Dito de outra maneira, o fosso aumentou um pouco mais entre os grupos com opiniões diferentes. Como se percebe, não são de desprezar as consequências em áreas tão delicadas como os preconceitos raciais.

O fenómeno da polarização de grupo faz pensar na revelação de fotografias. Da mesma maneira que se mergulha a película num banho químico para a imagem aparecer, a discussão entre as pessoas faz emergir a opinião maioritária. Por exemplo, num inquérito sobre mais de 200 deliberações de júris, Kalven e Zeisel (1966) verificaram que a decisão final, 9 em cada 10 vezes, ia no sentido da maioria inicial. Uma experiência conduzida em laboratório por Myers e Kaplan (1976) confirma essas observações sobre deliberações autênticas. Os falsos júris eram compostos por estudantes universitários que deviam pronunciar julgamentos de culpabilidade em casos de infracção ao código rodoviário. As informações fornecidas aos jurados foram manipuladas. Em alguns casos, orientavam para um veredicto de absolvição. Em outros casos, a balança inclinava-se mais a favor da culpabilidade. As discussões em grupo tinham como efeito aumentar muito nitidamente a probabilidade de que a decisão esperada se concretizasse. Mas, agora que sabemos que as posições iniciais dos membros do grupo de discussão permitem prever o resultado dos debates, está por identificar o mecanismo, ou os mecanismos, responsáveis. Entre todas as explicações propostas para explicar a polarização de grupo, apenas duas parecem hoje viáveis.

A primeira interpretação insiste no papel dos processos normativos. No centro destes, encontra-se evidentemente a motivação das pessoas para uma inserção gratificante no tecido social. Por outros termos, de forma a garantir uma comparação social que as favoreça, as pessoas tomam em conta as informações disponíveis sobre os outros, neste caso, a sua posição sobre o tema abordado. Recordando o que dissemos sobre o peso do consenso e da semelhança, não nos admirará verificar que o conhecimento da posição dos outros participantes é suficiente para desviar o ponto de vista dos membros do grupo. Na mesma perspectiva, Axsom e colegas (1987) mostraram que as mensagens persuasivas tinham mais impacto quando eram acompanhadas de aplausos.

O efeito PIP (Codol, 1975) amplifica ainda mais as consequências da simples valorização da norma de grupo. Lembre-se do primeiro capítulo: cada membro do grupo quer incarnar o melhor possível a norma do grupo. Portanto, cada um quer ser um membro protótipo. Essa necessidade de se diferenciar positivamente, de ser o primeiro entre os pares, acrescenta-se a um fenómeno de **ignorância plural**.

Com efeito, antes da discussão, os participantes pensam que os outros não representam provavelmente muito bem o ponto de vista conveniente sobre a questão. Mas, uma vez conhecida a posição dos outros, dão-se conta de que talvez eles próprios não sejam, tanto como pensavam, o representante ideal do grupo. Portanto, são levados a corrigir a sua ideia. Quando a norma do grupo começa a emergir cada vez mais, cada membro trata de a incarnar da melhor maneira (Myers *et al.*, 1974).

A segunda explicação da polarização de grupo implica a influência informativa e sugere que esse fenómeno é fundamentalmente um processo de persuasão. Quando se juntam pessoas para discutir um assunto determinado, é muito provável que sejam evocados argumentos que algumas das pessoas presentes ignoravam. Trata--se então, para os vários membros do grupo, de analisar esses novos argumentos de modo a incorporá-los na sua base de conhecimentos. Na medida em que a maioria dos argumentos sobre o tema abordado favorece mais um pólo da resposta do que o outro, a discussão engendra um fenómeno de polarização.

Numa pesquisa elucidativa, Vinokur e Burnstein (1974) começaram por pedir aos participantes para responderem, de forma perfeitamente clássica, a cinco dilemas. Dois dos problemas favoreciam o risco, dois a prudência e o último era neutro. Os participantes eram depois convidados a fornecer a lista completa de todos os argumentos sobre cada problema, tendo o cuidado de indicar se o argumento citado inclinava a balança para o lado do risco ou da prudência. Combinadas essas listas, pode considerar-se que elas representam o conjunto dos argumentos relativos a cada dilema. Evidentemente, o interesse consiste em verificar as proporções respectivas de argumentos arriscados e prudentes conforme os vários tipos de dilemas. Como estava previsto, aos dilemas de risco corresponde uma maior proporção de argumentos arriscados. O resultado inverso aparece para os dilemas prudentes. Melhor ainda, o dilema neutro provoca uma proporção equivalente de argumentos de cada tipo. Os argumentos coligidos por estes autores permitem ainda verificar que nenhum deles é conhecido por mais de um terço dos participantes. Com toda a certeza, se os argumentos fossem partilhados antes do início da discussão, não se observaria qualquer polarização.

Muitas outras experiências mostraram que o simples conhecimento dos argumentos, independentemente da posição, chega para desencadear um efeito de polarização. A de Ebbesen e Bowers (1974) constitui um modelo desse género. Os autores escolheram cinco problemas de modo a cobrir uma vasta gama de dilemas, do mais arriscado até ao mais prudente. Para cada dilema, criaram cinco situações com 10 argumentos e encenaram-nas cuidadosamente na forma de discussões gravadas. Consoante a encenação, as proporções de argumentos favorecendo o risco ou a prudência eram fixadas em .90, .70, .50, .30, .10. Portanto, era preparada para cada um dos cinco problemas uma encenação com 90% de argumentos favoráveis ao risco. Na investigação propriamente dita, os participantes são em primeiro lugar convidados a resolver pessoalmente um dilema antes de ouvirem um dos cinco cenários relativo a esse dilema e voltarem a responder. A operação repetia-se para cada dilema. Como se pode ver na figura 8.2, a polarização favorece nitidamente o risco quando 9 em 10 argumentos são arriscados. Uma polarização no sentido inverso

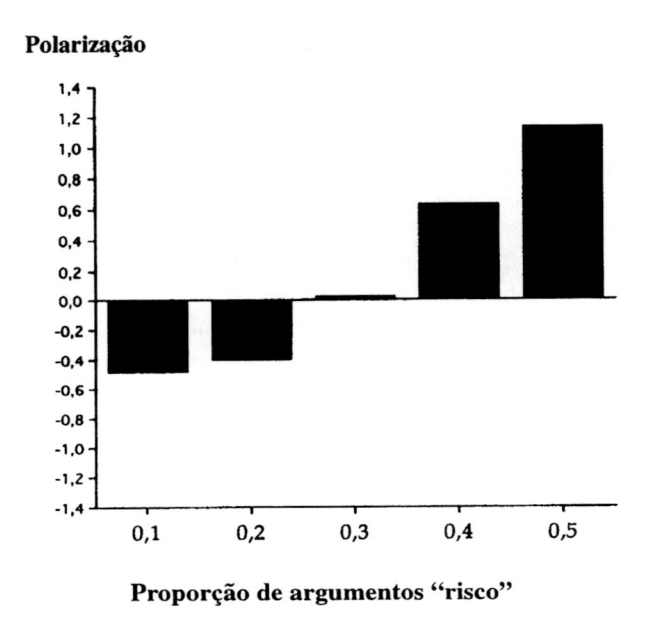

Polarização

Proporção de argumentos "risco"

Figura 8.2 - Polarização observada em função da proporção de argumentos favorecedores do risco.

aparece quando são nitidamente dominantes os argumentos prudentes. Proporções menos desequilibradas provocam movimentos de polarização menos acentuados. É interessante verificar que um cenário que inclui o mesmo número de argumentos arriscados e prudentes não cria nenhuma polarização. Por fim, um resultado frequentemente observado é que a polarização em direcção ao risco é globalmente mais forte do que em direcção à prudência, o que mostra que correr riscos é mais valorizado do que o contrário.

Na perspectiva informativa, supõe-se que são os argumentos e não as posições que desencadeiam a polarização. O que também significa, como vimos, que se os argumentos são distribuídos equitativamente, o fenómeno de polarização pode perfeitamente dar lugar ao compromisso. Mas se as proporções dos vários argumentos evocados durante a discussão orientam, sem dúvida, as decisões dos sujeitos (Hinsz & Davis, 1984), outros factores podem contribuir para o fenómeno, como por exemplo a atenção que na discussão se dá a cada um dos argumentos.

Não obstante a criatividade do debate entre os partidários da interpretação normativa e os da explicação informativa, subsiste, apesar de tudo, uma dúvida quanto à independência dos dois tipos de processos. Como já percebeu, o conhecimento dos argumentos não impede, por si só, que se infira a posição correspondente. Inversamente, conhecer a posição de uma pessoa dá-nos uma ideia do tipo de argumentos que ela pode evocar. Ainda que um exame atento das muitas pesquisas que tratam da polarização de grupo indique a superioridade da dependência informativa, é verdade que ambos os tipos de influência exercem um efeito sobre as respostas (Isenberg, 1986). O bom senso impele portanto à reconciliação das duas perspectivas. Este ponto de vista ecuménico está no centro da reformulação recente dos fenómenos de polarização em termos de identidade social. Confirmando as previsões vindas da **teoria do referente informativo** pormenorizada no capítulo precedente (Turner, 1987), várias pesquisas mostram que a polarização apenas se manifesta quando as pessoas pensam estar a lidar com membros do seu grupo e não com um grupo concorrente. Estes resultados sublinham mais uma vez que a validade subjectiva dos argumentos provém do seu valor normativo.

Em si mesmo, o fenómeno de polarização de grupo não significa que a decisão colegial seja menos válida do que os diferentes pontos de vista individuais. Em muitas circunstâncias, os grupos têm provavelmente interesse em reforçar e clarificar a sua posição sobre uma dada questão. No entanto, há circunstâncias em que os resultados de grupo se revelaram como erros óbvios. A história contemporânea está cheia de decisões colectivas que se saldaram por fracassos retumbantes.

Se viu as imagens terríveis da explosão do vaivém espacial Challenger, assistiu muito concretamente às consequências dramáticas do pensamento de grupo. A 28 de Janeiro de 1986, 73 segundos exactamente depois da descolagem, esse desastre provocou a morte dos sete membros da tripulação, custou milhões de dólares, abalou a confiança de toda uma nação e atrasou em vários anos o programa espacial da NASA. Foi com estupefacção que se assistiu à revelação da comissão de investigação de que os responsáveis do programa espacial não tinham tomado em conta as advertências da empresa que fabricava as juntas de borracha para os propulsores. A empresa tinha no entanto indicado que as temperaturas muito baixas que se verificavam naquele dia podiam dar lugar a problemas de funcionamento (Esser & Lindoerfer, 1989). Um quarto de século atrás, a decisão americana de invadir Cuba revelou-se também um erro espantoso. Os 1400 oponentes cubanos enviados para as praias do seu país para derrubar Fidel Castro foram vencidos em menos de três dias. Manifestamente, o grupo de peritos da Casa Branca encarregados de estudar o assunto tinha feito erros grosseiros de avaliação. Entre outros, não tinha previsto, e muito menos preparado, nenhuma possibilidade de retirada. Poderíamos, sem dificuldade, aumentar a lista dos exemplos.

O que, depois de Janis (1982), se chamou o **pensamento de grupo**, engloba um conjunto de condições que afectam negativamente a qualidade da decisão em grupo. Um primeiro aspecto diz respeito ao carácter selectivo da recolha de informações. O pensamento de grupo instaura um clima de autocensura e filtragem das informações que hipoteca grandemente a possibilidade de descobrir elementos contrários às decisões anteriores ou aos objectivos prosseguidos. O exemplo do vaivém Challenger ilustra isso muito bem. Os engenheiros que receavam pela segurança das juntas de borracha em tempo frio, nunca tiveram a oportunidade de informar os níveis superiores da hierarquia sobre as suas preocupações. O pensamento de grupo não só se limita a dificultar o acesso à informação contraditória como também favorece a interpretação enviesada das informações disponíveis. Na maioria das vezes, os membros do grupo de discussão são convidados a adoptar uma visão comum das coisas. Na medida em que as informações são analisadas apenas de um ângulo particular, a descoberta dos elementos que podem pôr em perigo o êxito da decisão torna-se, evidentemente, mais difícil.

Um terceiro aspecto diz respeito à maneira como o grupo gere as divergências. Será supérfluo referir que o pensamento de grupo tolera bastante mal a independência de pontos de vista e que os opositores são chamados à ordem. Janis (1989) nota a esse propósito que o recurso de dar a palavra a todos no início da discussão, nomeadamente se a volta se inicia pelos pontos de vista dos elementos poderosos e respeitados do grupo, contribui para deteriorar o processo de decisão. De facto, a expressão inicial das opiniões maioritárias coloca qualquer opinião contrária numa posição minoritária. A situação assemelha-se então a uma experiência de tipo Asch. Um último aspecto tem a ver com a contestação das decisões já tomadas. Encontra--se de novo um **efeito pé-na-porta** ao nível do grupo. Os relatos disponíveis confirmam que os grupos passam bastante tempo a justificar e explicar a correcção das suas decisões anteriores, correndo o risco de entrar num processo de escalada. São sintomas com muitas hipóteses de aparecer quando os membros do grupo sentem uma grande necessidade de coesão, como é o caso, por exemplo, num contexto de conflitos intergrupos (Staw & Ross, 1987). Todos estes factores aumentam sensivelmente a taxa de conformidade, a ilusão de unanimidade e de invulnerabilidade e, a partir daí, tornam provável a adopção de decisões medíocres e a manutenção de opções deficientes.

Em resumo, a crença popular de que as decisões tomadas em grupo são mais prudentes só nos induz em erro. Partilhar as opiniões tem, muitas vezes, como consequência, radicalizar a opinião inicialmente partilhada pelo conjunto das pessoas. Esse resultado é consequência de processos normativos e informativos que operam provavelmente juntos, embora com graus diferentes consoante o contexto.

PODER E DESVIO, REJEIÇÃO E MUDANÇA

A Igreja Católica percebeu bem o poder dos grupos unânimes e organizou-se de forma a prevenir os seus inconvenientes. É assim que, quando a Igreja considera a possibilidade de canonizar uma pessoa, reúne uma comissão de sábios a fim de examinar os vários argumentos a favor dessa decisão. Consciente dos perigos do pensamento de grupo, a comissão inclui sempre um membro que tem o papel de revelar todas as informações que vão contra a decisão de canonização: é o advogado do diabo. O advogado do diabo não tem apenas que dar a conhecer aos seus colegas todas as informações contraditórias de que dispõe. Deve também ajudar a exprimirem-se os membros da comissão que têm reticências. Exista ou não canonização, a decisão da comissão é reforçada por este processo. É fácil de ver que a cultura da divergência se situa entre os remédios mais eficazes que permitem escapar ao pensamento de grupo.

Para além das comissões de canonização, quase não conhecemos exemplos em que essa prática de contestação seja generalizada. As causas são óbvias! A dissidência, o desvio e a marginalidade têm uma péssima reputação. Já verificámos isso nos capítulos precedentes. Quer se trate das técnicas de endoutrinamento da mudança de atitudes, do despotismo iluminado da imitação, da democracia da normalização ou do totalitarismo da conformidade, todos os "regimes" põem em relevo a noção de que o sistema em que o indivíduo evolui lhe preexiste e deve continuar a perpetuar-se. Em tais sistemas, a norma da maioria controla o comportamento dos indivíduos: é ela que dá a certeza, que assegura a objectividade e que cauciona a única verdade. *A contrario*, qualquer dissidência deverá ser punida. Quer se trate de Presidentes da República que põem sob escuta telefónica jornalistas, filósofos e artistas, quer dos regimes totalitários que ordenam a execução dos dissidentes políticos, a oposição deve ser banida.

Uma tal concepção faz parte integrante da abordagem teórica de Festinger (1950) que examinámos no capítulo precedente. Para este autor, o bom funcionamento do grupo não pode tolerar as divergências de opiniões, de atitudes, de comportamentos, etc. As **pressões em direcção à conformidade** serão tanto mais fortes quanto mais importantes forem os desvios. Asch (1952) imaginou uma situação experimental muito esclarecedora. Pede-se a um colaborador que, no meio de 16 participantes autênticos, dê 16 respostas erradas quanto ao comprimento das linhas. Em muito pouco tempo, os participantes verdadeiros acham que ele é totalmente ridículo e riem-se de cada uma das suas respostas. Na realidade, a situação foi a tal ponto bizarra, engraçada e cruel que o investigador, também vítima da hilaridade geral, não conseguiu continuar a experiência. No melhor dos casos, o marginal será, portanto, objecto de piadas e outros gracejos. Para Festinger, no entanto, nem sempre as pressões em direcção à conformidade se limitam a comportamentos tão anódinos. Se o desviante não integrar de novo as fileiras, as fronteiras do grupo serão redefinidas de maneira a excluí-lo. Há uma experiência clássica de Schachter (1951) que mostra isso perfeitamente.

Esta pesquisa sobre o desvio no seio dos grupos ilustra muito bem tanto o carácter dinâmico do conflito como a associação estreita que existe entre a influência social e a pertença a um grupo. Oito a dez pessoas por grupo iam participar numa discussão. Estava em causa que, a intervalos repetidos, recomendariam um tratamento para um caso de delinquência pouco importante. Três cúmplices do investigador estavam misturados no grupo, cada um com uma missão precisa. O primeiro devia seguir escrupulosamente as opções tomadas pelos participantes ingénuos. O segundo devia, de início, mostrar-se mais severo do que o resto do grupo e depois, pouco a pouco, alinhar com a opinião maioritária. O último tinha como instrução preconizar um tratamento severo, sem jamais fazer qualquer concessão ao resto do grupo. As discussões revelam que a expressão de uma opinião minoritária suscita muitas tentativas de influência pelos outros membros do grupo. A reintegração no grupo melhora a popularidade da pessoa que se converte e diminui drasticamente o número de comunicações que lhe são dirigidas. Mas, sobretudo, a ausência de concessão por parte do desviante tem como efeito diminuir seriamente a sua popularidade. Quando se torna claro que o desviante não transigirá, alguns grupos acabam por deixar de lhe dar qualquer atenção.

Ainda que o ponto de vista de Festinger pareça muito sensato e preveja bem as reacções do grupo face a um desviante, temos no entanto o direito de nos interrogar sobre alguns factos perturbadores. Com efeito, o que acontece com as alterações de conceitos, com as mudanças de opiniões? O mundo não está parado, as coisas evoluem. Há revoluções sociais, económicas, tecnológicas que varrem as certezas e impõem novos comportamentos. Como é isso possível? Uma forma de salvaguardar a ideia da estabilidade, introduzindo ao mesmo tempo a de mudança, consiste em reconhecer um papel motor à maioria qualitativa. Mercê do seu estatuto, a elite é susceptível de modificar as normas existentes sem arriscar o descrédito. Ao líder, enquanto depositário dos valores da maioria quantitativa, é permitido que corrija a tradição.

O crédito idiossincrásico

Várias concepções marcaram as sucessivas pesquisas sobre a liderança. A perspectiva que nos parece mais frutífera põe em relevo as negociações contínuas que têm lugar entre o líder e os seus apoiantes. As interacções entre os membros do grupo permitem situar quem faz o quê. Na medida em que um indivíduo contribui, mais do que os outros, para os objectivos do grupo, ele herdará o papel de líder. Mas não reside aí uma contradição? De que maneira pode o líder, ao mesmo tempo, personificar as normas do grupo de pertença e ser o iniciador da mudança? Hollander (1985) explica esse paradoxo com o conceito de crédito idiossincrásico. Esta noção refere-se ao poder que a pessoa tem para inflectir as normas do seu grupo. Para conseguir introduzir mudança, diz Hollander, um membro tem que dispor de crédito aos olhos do resto do grupo. Como facilmente se imagina, esse crédito é o atributo dos chefes. Com efeito, é conformando-se escrupulosamente às normas do grupo, assegurando-se de que a sua posição é legítima, cuidando de parecer dispor das qualidades que permitem atingir os objectivos do grupo, mostrando-se identificado com o grupo e as suas aspirações, que se pode herdar um crédito importante.

A pesquisa confirma as intuições de Hollander. Já o mesmo se passava num estudo bastante antigo que Merei (1949) desenvolveu num jardim de infância. Este investigador introduziu algumas crianças com potencial de liderança, em grupos de crianças mais pequenas. Os dados mostram que os melhores líderes são aqueles que começam por se conformar às práticas existentes e esperam antes de introduzir algumas modificações limitadas. Num estudo de maior dimensão sobre bandos de delinquentes adolescentes nas cidades americanas, Sherif e Sherif (1964) notam, nomeadamente, que os líderes são os membros que com mais facilidade se podem desviar das normas impostas ao conjunto do bando. Hollander e Julian (1970) observaram que os líderes que acreditam terem sido eleitos de modo democrático sentem-se mais competentes e são mais susceptíveis de propor soluções divergentes das adoptadas pelo resto do grupo. Esta análise interpessoal em termos de crédito idiossincrásico não pode, no entanto, deixar de ter em conta o nível intergrupal. Com efeito, os objectivos de um dado grupo inscrevem-se num tecido de relações que esse grupo mantém com outros grupos (Rabbie e Bekkers, 1978). Este aspecto será mais explicitamente abordado no capítulo 11.

Muitos exemplos históricos vêm corroborar a teoria do crédito idiossincrásico. Pense-se na acção levada a cabo pelo primeiro-ministro israelita Rabin para assinar um acordo de paz com os Palestinianos. Foi necessário um homem de direita, um conservador assumido, um antigo chefe militar que tinha ganho os seus galões nos vários conflitos com as nações árabes vizinhas, para fazer aceitar a pílula amarga da autonomia de alguns territórios palestinianos. Poderiam essas importantes concessões ter nascido se tivessem sido obra de uma pessoa marcadamente moderada? É provável que não! Mesmo para Rabin, a mudança a que se assistiu ultrapassava provavelmente o crédito de que o líder dispunha. De facto, o seu assassinato e as eleições que se seguiram ratificaram o regresso a uma linha mais dura.

Sem dúvida, há líderes que alteram as práticas e os esquemas de pensamento. Mas o curso da história foi muitas vezes modificado pela coragem e obstinação de pessoas que não tinham nenhum crédito idiossincrásico. Basta pensar em como os trabalhos de Pasteur revolucionaram as nossas práticas sanitárias e médicas. Neste fim do século XX, o leite pasteurizado está nas prateleiras de todos os supermercados e a raiva faz parte das doenças que já não receamos. Por intermédio dos institutos de pesquisa que têm o seu nome, aquele famoso erudito está intimamente associado à pesquisa de ponta em matéria de luta contra as doenças infecciosas, sendo a sida o exemplo mais mediatizado. Com tal fama sonha provavelmente qualquer cientista. Mas não se pense que a ideia de que era possível prevenirmo-nos contra os vírus foi aceite de um dia para o outro. No início, Pasteur não era bem visto nos meios médicos e as reacções dos seus contemporâneos fazem lembrar as piadas dirigidas ao dissidente da experiência de Asch.

Após as contribuições de Faucheux (Faucheux & Moscovici – 1967) e de Moscovici (1976), os psicólogos sociais aceitaram progressivamente que os pontos de vista inéditos ou as perspectivas insólitas se podem impor, não obstante o seu carácter minoritário. O êxito de algumas das ideias inovadoras, apesar da total falta de poder de quem as defende, está no centro dos trabalhos sobre a influência minoritária.

A influência minoritária

Você instala-se confortavelmente no sofá. O seu vizinho aconselhou-o a não perder o filme da noite. Uma história de crime e de tribunais, um filme de *suspense,* disse ele. Cá está, vai começar. Que estranho! Você não é convidado a assistir aos preparativos do crime nem à resolução da investigação pelo inspector genial. Nem vestígios, também, de um processo em que um advogado de defesa fora do vulgar identifica o móbil do crime e salva o cliente, desmascarando o réu. Desta vez, os debates contraditórios já tinham tido lugar. Você entra directamente na sala das deliberações. Que é que se pode passar num filme desse género? Que guião é este, tão pouco convencional? De imediato, assiste a uma primeira votação. Aparentemente, o que está em jogo é simples. Será que o jovem que acaba de ser julgado é culpado da morte do pai? O voto tem de ser unânime mas cedo se percebe que um dos doze jurados não partilha a opinião dos colegas. Henry Fonda, pois é ele quem faz o papel do dissidente, não está convencido da culpabilidade do réu.

O seu vizinho não mentiu: o guião é emocionante. Durante todo o resto do filme, você testemunha as muitas tentativas dos onze jurados que são a favor da culpabilidade do réu para fazer mudar a opinião do recalcitrante. São utilizados todos os argumentos, por muito discutíveis que sejam. Os jurados querem acabar o mais depressa possível. O ambiente é pesado e a pressão enorme. Apesar de os factos serem contra o réu, o duodécimo jurado resiste. Segundo ele, a defesa não fez bem o seu trabalho. Ele começa então a rever todos os pormenores do *dossier,* a fim de encontrar as falhas. Com muitas discussões e dúvidas, abala pouco a pouco as certezas e inverte a corrente. Um após outro, convence os seus colegas, até à altura em que se torna óbvio para todas as pessoas que há o risco real de mandar um inocente para a cadeia. O filme acaba. A decisão final sanciona o extraordinário trabalho de conversão realizado pelo herói do filme: o jovem é absolvido e posto em liberdade!

Esse filme de Sidney Lumet intitula-se "Doze Homens em Fúria". A história não é muito plausível, mas constitui uma das mais bonitas encenações do fenómeno da influência minoritária. O que fez os psicólogos sociais interessarem-se por este fenómeno? O mérito intelectual pertence sem dúvida a Faucheux e a Moscovici. Estamos no fim dos anos sessenta. Esses dois psicólogos sociais franceses têm dificuldade em aceitar os trabalhos clássicos sobre a influência social. Segundo eles, tais estudos manifestam um viés demasiado marcado em favor da conformidade. Em todas as hipóteses, é o "poderoso" quem vence, quer se trate do perito com muito prestígio científico, do modelo carismático ou do grupo de referência! Para Moscovici (1976), que dará uma estrutura teórica ao novo movimento, esse preconceito convém provavelmente à ideologia do "melting pot" americano, mas mostra-se incapaz de explicar alguns factos evidentes de influência minoritária. Como tornar inteligível a contestação num contexto em que a lei do mais forte rege tão eficazmente as opiniões e as atitudes? Se todas as pessoas estão convencidas de que o Sol gira à volta da Terra, como modificar esse ponto de vista? Num universo que funcionasse como uma experiência de Asch, a visão heliocêntrica do mundo não teria tido nenhuma hipótese de se impor. E no entanto... A ambição de Moscovici é oferecer uma teoria da influência que seja capaz de explicar factos históricos tão diversos como o desenvolvimento do feminismo, o impacto de Martin Luther King ou a revolução de Copérnico. Propõe um modelo genético da influência social. A escolha da etiqueta "genético" não é obra do acaso, ela pretende acentuar a capacidade dos grupos para romper o *status quo* e gerir a mudança. O que nos diz esse modelo genético?

O modelo genético da influência

Moscovici coloca o conflito no centro do processo de influência. Não há dúvida de que o conflito já está presente na fase de normalização evidenciada por Sherif. Dando importância à democracia, as pessoas procuram pôr-se de acordo fazendo alguns compromissos. Mas, depois de as normas estarem estabelecidas, a conformidade é uma reacção muito habitual porque, acima de tudo, a maioria das pessoas tem horror ao conflito. Para muitas pessoas, a capitulação é a forma mais cómoda de evitar a confrontação penosa com os outros. A maioria conta precisamente com esse mal-estar para provocar a conformidade. Mas o poder do conflito pode voltar-se contra ela. Com efeito, na medida em que resiste e até acentua o conflito, a minoria pode mudar o rumo dos acontecimentos. O segredo da inovação resume-se portanto a pôr em dúvida o consenso estabelecido e sacudir o edifício das convicções maioritárias. Como vemos, a minoria não é desprovida de influência social. No entanto, sérios obstáculos se erguem no seu caminho. Se é verdade que a história conservou a memória de Galileu e que os nossos contemporâneos respeitam o nome de Nelson Mandela, é também verdade que muitos minoritários se bateram contra maiorias imperturbáveis. Com grande pena dos membros de Amnesty International, uma organização de pessoas imperturbáveis tem, sem dúvida, uma moeda de troca inesgotável.

Quais são as condições favoráveis à inovação? Como mostrou a pesquisa, um factor decisivo é o estilo comportamental da minoria. Ser fiel às suas convicções é o sinal da certeza, da confiança, da objectividade e da verdade. Na fidelidade às convicções reside, com efeito, o único trunfo do célebre David Vincent, o herói da telenovela lendária "Os Invasores". Único a ver aterrar os extraterrestres, mantém as suas convicções contra tudo e contra todos. Pouco a pouco, consegue convencer as pessoas que o rodeiam do perigo que as ameaça. É exactamente o que a pesquisa mostra. Na medida em que o comportamento adoptado pela fonte, minoritária, é consistente no tempo, a solução do conflito pode ser-lhe favorável (Maass & Clark, 1984). É verdade que a consistência é mais uma condição necessária do que suficiente. Deve haver outros aspectos capazes de esclarecer as atribuições que fazem os que estão em maioria para explicar a perseverança dos que estão em minoria. Se é verdade que, como mostrou Asch, o peso do número contribui para aumentar a submissão à maioria, é também verdade que o consenso é um aliado muito precioso da fonte minoritária. Como vimos, nada mais fácil do que rebater os argumentos de uma pessoa esquisita e isolada. As coisas são completamente diferentes se várias pessoas começam a defender um ponto de vista não habitual. Neste caso será prudente examinar o que elas têm para dizer (Moscovici & Lage, 1976; Nemeth e colegas, 1977). Num estudo que reunia vários estudantes em júris fictícios, Tindale e colegas mostraram que facções minoritárias de três ou quatro pessoas tinham muito maior capacidade para perturbar as opiniões da maioria do que um dissidente isolado. Na mesma ordem de ideias, uma minoria conseguirá mais se aceitar alguns sacrifícios para promover o seu ponto de vista e se não pretender retirar vantagens da mudança de posição da maioria (Moscovici & Mugny,

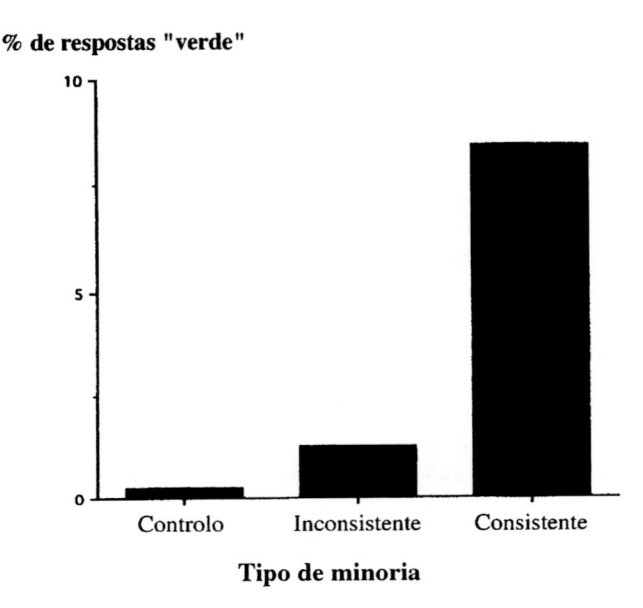

% de respostas "verde"

Controlo Inconsistente Consistente

Tipo de minoria

Figura 8.3 - Percentagem de respostas "verde" segundo o tipo de minoria.

1983). À sua maneira, os factores que acabámos de evocar constituem formas particulares de **consistência**. Contribuem para evitar o descrédito da minoria e sugerem que a solução do problema estará no facto de se ter em conta a mensagem.

Uma das primeiras experiências a demonstrar claramente esta consistência foi conduzida por Moscovici *et al.* (1969). A encenação reproduz como num espelho a situação criada por Asch cerca de vinte anos antes. Os participantes, reunidos em grupos de seis, julgavam participar num estudo sobre a percepção das cores. Depois de um teste de visão, era-lhes apresentada uma série de 36 diapositivos, todos obviamente azuis e diferenciando-se apenas em intensidade luminosa. A tarefa consistia em dizer em voz alta a cor de cada diapositivo, utilizando uma denominação simples. Dois participantes, sentados em primeira e em segunda posição, ou em primeira e quarta, eram, na realidade, cúmplices do investigador. Na situação experimental chamada consistente, os dois cúmplices qualificavam todos os diapositivos como "verdes". Trata-se, neste caso, portanto, de uma consistência intra--individual através do tempo (consistência diacrónica) e interindividual (consistência sincrónica). Na situação inconsistente, os cúmplices diziam "verde" 24 vezes e "azul" nas outras vezes. Por fim, uma situação de controlo utilizava seis participantes ingénuos. Como se pode ver na figura 8.3, as respostas "verde" representam apenas .25% das respostas recolhidas na situação de controlo. Na situação de minoria inconsistente, o resultado é 1.25%, pouco mais de que na situação de controlo. Na situação de minoria consistente, 32% dos participantes ingénuos dão pelo menos uma resposta "verde". No total, verificam--se 8.42% respostas "verde", uma proporção significativamente maior do que nas outras duas situações. Verifica-se portanto que uma parte importante dos membros da maioria se deixou convencer.

Tudo indica portanto que o comportamento firme e confiante da minoria gera a dúvida quanto à perspectiva maioritária, atrai a atenção sobre a minoria, indica a existência de um ponto de vista alternativo, demonstra a adesão da minoria à sua posição, dissidente, e anuncia que o único meio para sair do conflito consiste em tomar em consideração o seu ponto de vista. Ao contrário do que acontece nas pesquisas sobre a conformidade, o impacto da minoria geralmente só se faz sentir depois de algum tempo. Além disso, a capitulação manifesta-se sobretudo quando no seio da maioria aparecem algumas deserções, num efeito "bola de neve" (Kiesler & Pallak, 1975). No entanto, apesar dos seus efeitos benéficos, a consistência tem também os seus limites e seria perigoso cairmos na armadilha da rigidez e da resposta monolítica (Mugny, 1982). Nemeth *et al.* (1974) mostraram que a minoria se revela mais influente quando varia as suas respostas entre "verde" e "azul-esverdeado" em função da intensidade luminosa dos diapositivos, dando dessa maneira um perfil de respostas consistentes, do que quando dá sempre a resposta "verde", sem ter em conta a luminosidade. De forma mais geral, uma atitude flexível e uma vontade clara de negociação constituem trunfos preciosos da fonte minoritária.

Face a estes elementos, a situação experimental imaginada por Asch aparece sob uma nova luz. O carácter evidente da resposta que dará o verdadeiro participante tem apenas o efeito de conferir um estatuto de minoria aos cúmplices. A maioria é o mundo exterior e o participante ingénuo de Asch. Através das suas respostas inesperadas, os cúmplices introduzem uma dose importante de ambiguidade na tarefa e situam a relação num estilo conflituoso. A consistência e o consenso de que fazem prova, bem como a ausência de objectivo pessoal na sua teimosia, abalam rapidamente as resistências dos participantes ingénuos.

A natureza da influência minoritária

Para além da análise das situações de influência em termos de conflito, Moscovici (1980, 1985) interrogou-se sobre a natureza da influência das maiorias e das minorias. Na nossa discussão acerca das formas de influência postas em jogo na conformidade, vimos a importância da dependência normativa. É assim que as taxas de conformidade são significativamente reduzidas quando se garante o anonimato das respostas. Com toda a evidência, a minoria não exerce a mesma sedução que a maioria, no plano normativo. Deveremos então conjecturar um papel acrescentado da influência informativa em caso de dissidência? É essa a opinião de Moscovici que contesta com vigor a ideia de que os dois tipos de influências, minoritária e maioritária, são fenómenos intermutáveis.

Na sua opinião, a minoria força os membros da maioria a realizarem um processo de validação. Estas preocupam-se então em perceber por que é que a minoria defende o seu ponto de vista e examinam com profundidade a posição minoritária. Ao fazê--lo, os que estão em maioria adoptam um estado de espírito favorável à conversão ainda que a resposta manifestada quase não traduza o impacto da minoria. Ao

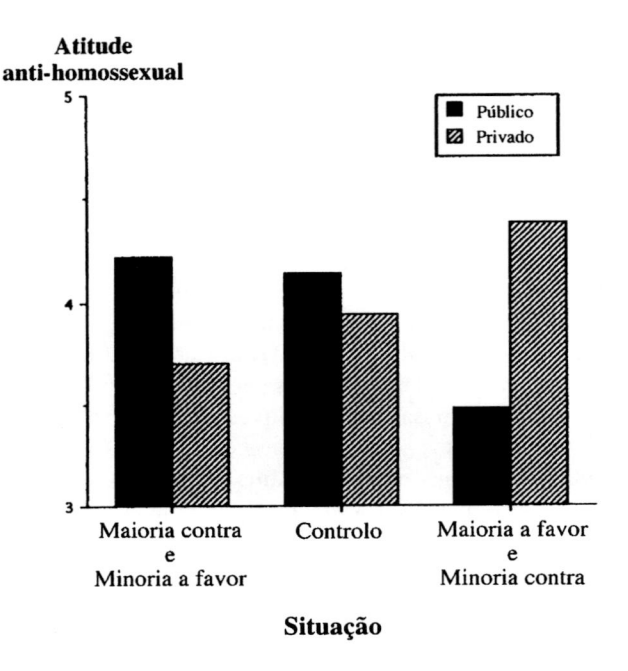

Atitude anti-homossexual

Figura 8.4 - Atitude para com os homossexuais segundo as situações experimentais e o carácter privado ou público da expressão da atitude.

contrário, a presença de uma maioria estimula um processo de comparação social. O que interessa, sobretudo, é confrontar as suas próprias respostas com as dos outros, com o intuito de se adaptar o melhor possível sem ter de implicar muitos recursos cognitivos. Essa reacção privilegia portanto a submissão, mas sem que a resposta maioritária seja realmente adoptada.

Em apoio da sua tese, Moscovici e outros investigadores põem em relevo uma série de dados empíricos. Qualquer que seja a situação experimental, o objectivo é sempre o mesmo, isto é, mostrar que os que estão em maioria são afectados pelo ponto de vista minoritário quando estão em privado, enquanto em público resistem. Inversamente, seria preciso que os membros da minoria fossem seduzidos pela mensagem da maioria quando têm que responder publicamente, mas, no seu íntimo, mantivessem a sua posição própria. Maass e Clark (1983) realizaram uma experiência astuciosa em que os participantes tinham de ler o resumo de uma discussão de uma hora entre cinco estudantes cujo tema era os direitos dos homossexuais. Enquanto oito argumentos exprimiam o ponto de vista de um dos membros do grupo, os outros oito representavam as posições dos quatro estudantes restantes. À vista destes elementos, era claro que cada parte defendia de forma consistente uma visão radical a favor ou contra os direitos dos homossexuais. Confrontados simultaneamente com uma influência maioritária e com uma influência minoritária, os participantes reagiam de maneira muito diversa conforme tinham que responder em público ou que era garantido o carácter confidencial da sua opinião. Como se pode ver na figura 8.4, as respostas públicas revelam o impacto da maioria, enquanto as respostas privadas atestam o peso da minoria. Numa segunda experiência, Maass e Clark mostram também que o que os participantes pensam durante a leitura do resumo prediz a sua atitude privada.

Ainda hoje, as pesquisas mais intrigantes sobre a questão da influência continuam a ser as que foram conduzidas por Moscovici e Personnaz (1980, 1986). Com efeito, estes autores põem em evidência o impacto da minoria nos efeitos consecutivos. Tais efeitos acontecem quando se vê um ecrã branco depois de se ter observado um diapositivo a cores durante alguns segundos. Vê-se então a cor complementar da cor vista, por exemplo, púrpura, depois de se ter visto a cor verde, e amarelo-alaranjado depois do azul. Numa primeira parte da experiência, alguns pares de participantes vêem cinco diapositivos azuis. Cada um anota cuidadosamente a cor do diapositivo bem como a cor complementar (numa escala de 1 = amarelo-alaranjado até 9 = púrpura). Depois informam-se os participantes de que 18,2% (ou 81,8%) dos participantes precedentes referiram, como eles, a cor azul e que os outros declararam que o diapositivo era verde. Segue-se então uma apresentação de 15 diapositivos durante a qual a cor é indicada em voz alta. O primeiro participante que responde, um cúmplice do investigador, diz "verde" para todas as provas. Numa terceira fase, os participantes avaliam de maneira confidencial a cor e a cor complementar de outros 15 diapositivos. Por fim, cada um participa numa quarta e última fase durante a qual se exprime sozinho e anonimamente. Como Moscovici e Personnaz (1980) tinham previsto, os participantes, convencidos de estarem frente a um elemento da minoria, declaram ver púrpura, a cor complementar do verde, em vez de amarelo-alaranjado, a cor complementar do azul. É fácil de perceber que estes resultados receberam muitas críticas (Doms & Van Avermaet, 1980) e até hoje não foram repetidos (Sorrentino, King & Leo, 1980).

À semelhança do que vimos no capítulo sobre a persuasão, o modelo da influência defendido por Moscovici (1980) sublinha o contraste entre um tratamento superficial, próprio da posição maioritária, e um tratamento cognitivo escrupuloso, típico da posição minoritária. Ao distinguir de maneira tão nítida **submissão** e **conversão**, Moscovici trai, em parte, o espírito da sua abordagem genética em que o conflito é omnipresente e ratifica a distinção entre as **dependências normativa e informativa**. Percebe-se que o modelo da conversão tenha suscitado alguns comentários inflamados e seja alvo de muitos ataques nos planos teórico e empírico (Latané & Wolf, 1981).

Influência e pertenças de grupo

Voltemos por momentos ao paradigma de Asch. Com base no que dizem os cúmplices do investigador, pode pensar-se que o participante ingénuo os considera uma minoria. Mas não deixa de ser verdade que, no contexto da experiência, eles têm todas as aparências da maioria. E ainda que nada os diferencie do participante ingénuo, eles manifestam uma convicção muito maior. Esta é a forma de maximizar o impacto da mensagem! Impedir o alvo de testemunhar da mensagem inesperada invocando uma particularidade qualquer da fonte. Vimos aliás que a influência dos cúmplices de Asch é tanto mais nítida quanto mais independentes eles parecem. Ao contrário, se os participantes percebem o grupo como uma entidade social homogénea, é mais fácil desacreditar o seu ponto de vista. Percebemos assim que as minorias menos influentes são as minorias duplas, aquelas que não se limitam a comunicar uma mensagem pouco habitual, mas também diferem da maioria de forma muito visível. A presença de um atributo comum contribui para diminuir o impacto da minoria, porque ele sugere a existência de um acordo e de um interesse pessoal no conflito (Mugny & Papastamou, 1980). Como sugerem Maass e Clark (1984), as reivindicações dos homossexuais têm poucas hipóteses de resultar se eles forem os únicos a manifestar-se. As coisas tornam-se mais fáceis se outras pessoas se juntarem a eles. Foi assim que o Bispo M. Gaillot construiu a sua fama de especialista das causas "perdidas". Ver esse homem da Igreja tomar o partido de cidadãos muçulmanos suspeitos de integrismo e ameaçados de expulsão sumária não se limita a trazer o problema para o primeiro plano. Uma tal aliança torna mais difícil o evitamento do problema pela maioria. Se existe um consenso minoritário, é melhor que ele se baseie numa relativa diversidade.

Perez e Mugny (1987) basearam-se na teoria da conversão para tratar de forma original a questão da pertença de grupo das minorias. Estes autores consideram que uma mensagem provocará mais submissão explícita se vier do **endogrupo** (o grupo de pertença), do que se vier do **exogrupo** (o *outgroup*). É fácil de perceber que a rejeição pública da posição defendida pelo exogrupo é o que há de mais fácil. Então, as preocupações relativas à comparação social dariam lugar a um verdadeiro trabalho de validação da mensagem. De um modo algo paradoxal, o exogrupo seria o único a poder contar com um processo de conversão. Em suma, as minorias produzirão mais conversão se pertencerem a um exogrupo e não ao endogrupo, pelas mesmas razões que fazem com que provoquem mais conversão do que as maiorias. Davis e Turner (1996) adoptam um ponto de vista diametralmente oposto. Estes autores abordam a questão da pertença de grupo das minorias a partir da **teoria do referente informativo** que vimos no capítulo 6. De acordo com essa perspectiva, a nossa comunidade de pertença com a fonte da mensagem, seja ela minoritária ou maioritária, é o factor-chave da emergência da influência social. Na medida em que esperamos partilhar o ponto de vista das pessoas que pertencem à mesma categoria social que nós próprios, um desacordo com os membros do nosso grupo é susceptível de criar alguma incerteza. Pelo contrário, não experimentamos grandes dificuldades se verificamos algumas divergências com um membro ou com vários membros de um outro grupo. Com efeito, o facto de a mensagem dissidente provir de um grupo de que não fazemos parte, explica perfeitamente a discordância. A posição minoritária põe-nos então face a uma alternativa simples: ou somos influenciados, ou categorizamos a fonte de influência como pertencendo a um grupo diferente do nosso.

Num dos estudos levados a cabo por David e Turner (1996), convidaram-se estudantes favoráveis à ecologia a participar numa pesquisa sobre a comunicação da informação e a

Influência da mensagem

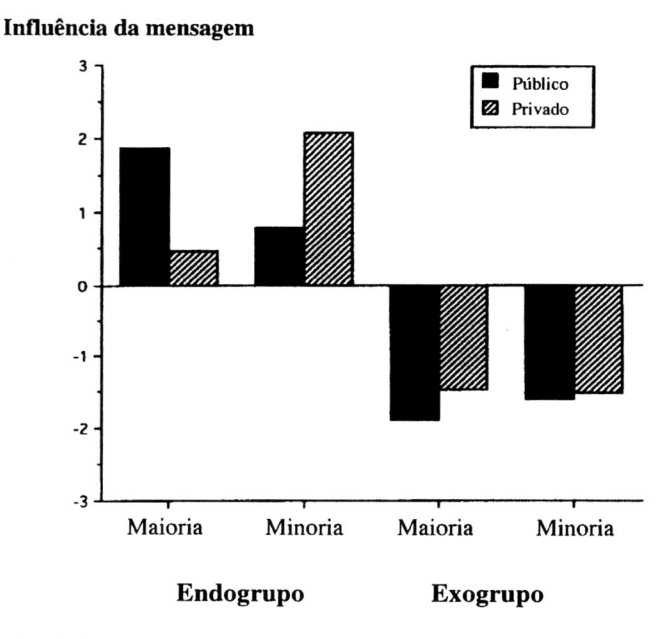

Figura 8.5 - Influência da mensagem em função da pertença de grupo da fonte, do seu carácter maioritário ou minoritário e do carácter privado ou público da expressão atitudinal.

eficácia de vários estilos de linguagem. A pesquisa consistia em responder a dois questionários e avaliar uma proposta de regulamentação. Aos participantes em situação de privacidade era dito que as suas respostas seriam integralmente confidenciais. Para tornar possível relacionar as suas diferentes respostas sem que fosse necessário perguntar-lhes o nome, eles deviam escolher um código que inscreviam em todos os documentos utilizados durante a pesquisa. Aos participantes em situação pública era, por sua vez, dito que depois de terem preenchido todos os questionários teriam de comunicar oralmente todas as suas respostas e seria organizada uma discussão em grupo, gravada.

Numa fase de pré-teste, todos os participantes exprimiam, em primeiro lugar, o seu acordo ou desacordo com cinco enunciados relativos ao impacto de vários estilos de linguagem. Logo a seguir, respondiam a 20 itens em que 12 tinham directamente a ver com ecologia. Na segunda fase do trabalho, os participantes deviam ouvir a gravação de uma proposta de regulamentação pró-ecologista (endogrupo) ou antiecologista (exogrupo), vinda de um grupo minoritário ou maioritário. Ao mesmo tempo que ouviam a cassete, deviam seguir escrupulosamente uma versão escrita do texto. No fim da gravação, os participantes avaliavam o nível de eficácia do estilo de linguagem utilizado na proposta. Durante a última fase, o investigador informava que algumas maneiras de exprimir as ideias podiam ter consequências mais ou menos permanentes na opinião dos ouvintes. Para se poder verificar o impacto do estilo de linguagem usado na proposta, pedia-se aos participantes para responderem ao mesmo questionário que já tinham preenchido no pré-teste.

Os desvios de opinião entre o pré-teste e o pós-teste (ver a figura 8.5) revelam que a apresentação da fonte da influência como sendo um grupo antiecologista dá lugar a um efeito *boomerang,* em todos os casos. Por outras palavras, que o grupo seja maioritário ou minoritário e que a expressão da atitude se faça ou não num quadro confidencial, os participantes confrontados com um exogrupo chegam ao fim da experiência com convicções pró-ecologistas reforçadas. É completamente diferente quando os participantes estão face a uma mensagem pró-ecologista vinda do endogrupo. Se é um endogrupo maioritário quem propõe a regulamentação, a sua influência nota-se sobretudo no plano público. Ao contrário, os participantes confrontados com uma mensagem do endogrupo minoritário mostram-se sobretudo sensíveis no plano privado. Estes resultados, apesar de confirmarem a distinção proposta por Moscovici (1980), entre submissão e conversão, acentuam a importância das pertenças sociais no fenómeno de influência (Turner, 1991).

Na vida quotidiana, os membros da maioria têm muitas vezes a tentação de gerir o problema da minoria fazendo prova de ostracismo. Descrever os opositores como doidos, incompetentes, extremistas, etc., faz desviar a atenção da sua mensagem. Ao contrário, e lembre-se da experiência de Wilder (1990) referida no capítulo precedente, tudo o que impede de colocar as pessoas inovadoras num grupo diferente do seu próprio grupo, reforça o valor da sua acção e obriga à análise do seu ponto de vista. Portanto, não há margens para dúvidas, as fronteiras sociais entre os grupos têm um papel no exercício da influência.

Processo de influência minoritária e maioritária

Será que as pessoas confrontadas com uma opinião maioritária põem mesmo de lado as suas capacidades cognitivas, para se centrarem apenas nos constrangimentos sociais? Nemeth (1986, 1995) acha que não. Com outros investigadores, defende que uma maioria também é capaz de provocar um trabalho intelectual importante. A tese original de Nemeth consiste em afirmar que tanto a maioria como a minoria provocam uma mobilização cognitiva notável. No entanto, e é esse o aspecto decisivo, elas geram modos de pensamento radicalmente diferentes. Enquanto a expressão de uma opinião maioritária leva a adoptar um modo de pensamento convergente, focalizado na mensagem, o confronto com uma opinião minoritária orienta as pessoas para um modo de pensamento divergente, estimulando-as a reconsiderar de forma mais criativa a problemática abordada na mensagem.

Um estudo realizado por Nemeth e colegas (1990) explora um processo experimental muito atraente para pôr em evidência os efeitos diferenciais da maioria e da minoria no que respeita ao tratamento da informação. Repartidos em grupos de quatro, os participantes ouviam três listas de catorze palavras. Depois da leitura de cada lista, indicavam qual a etiqueta categorial que as palavras da lista lhes sugeriam. Como as listas de palavras incluíam sempre quatro nomes de fruta e dois nomes de aves, os participantes davam como resposta a categoria "fruta". Com o pretexto de dar *feed-back* às respostas de cada um, informavam-se os participantes de que uma minoria (um único) ou maioria (três) de

Proporção de palavras recordadas

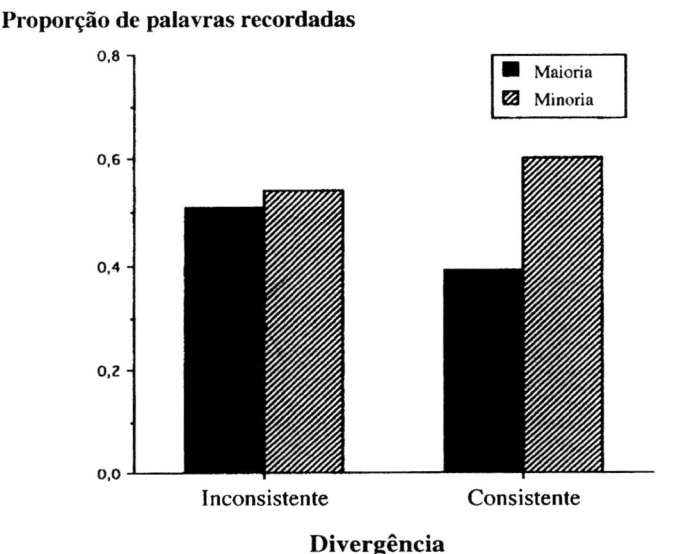

Figura 8.6 - Proporção de palavras recordadas em função do tipo de divergência e do seu carácter maioritário ou minoritário.

entre eles tinha respondido com a palavra menos evidente, "aves". Para variar a consistência da divergência, a palavra não esperada era anunciada para cada uma das três listas ou para a primeira delas. No fim da experiência, convidavam-se os participantes a recordar um máximo de 42 palavras apresentadas nas listas. Como mostra a figura 8.6, era melhor a memória dos participantes confrontados com uma minoria. Além disso, tudo indica que os participantes confrontados com uma minoria consistente examinavam as palavras das listas com mais atenção do que os que estavam face a uma maioria consistente. Este tipo de estudos sugere que nem todos os desacordos têm o mesmo valor.

A par dos diferentes estilos de pensamento provocados pela maioria ou pela minoria, uma série de estudos examinou mais directamente a quantidade e tipo de argumentos gerados em presença de uma minoria. Recordemos por exemplo que no estudo de Maass e Clark (1983) evocado precedentemente, os participantes também disseram o que pensavam a propósito dos direitos dos homossexuais. Encarada da perspectiva do número total de reflexões indicadas pelos participantes, a posição minoritária não está em grande vantagem relativamente à posição maioritária. No essencial, pelo contrário, o ponto de vista minoritário provoca mais pensamentos favoráveis. No ponto de vista maioritário, são dominantes as reacções desfavoráveis. Numa pesquisa de Martin (1996), os participantes, estudantes galeses favoráveis à defesa da sua língua, tinham de ler um texto que defendia o abandono do galês. Tenham ou não explicitamente sido informados de que o texto se baseia num ponto de vista minoritário, os participantes elaboram o mesmo número de reflexões. Para um teste directo das propostas de Nemeth (1986), as reflexões dos participantes foram classificadas em duas categorias, consoante retomavam explicitamente um argumento referido na mensagem ou exprimiam uma ideia original desenvolvida pelo participante. Como previsto, esta segunda categoria está mais representada quando o estatuto minoritário da mensagem é explícito. Uma medida directa da originalidade das reflexões feitas confirma esse padrão (ver também Mucchi-Faina, Maass & Volpato, 1991; de Dreu & de Vries, 1993).

Ainda que a minoria não esteja totalmente desarmada face à maioria, a verdade é que ela não possui os melhores trunfos. Segundo Nemeth, o seu mérito não reside tanto em ser capaz de pôr em causa a direcção adoptada pela maioria, como, principalmente, em obrigar o grupo a tomar em consideração as opções concorrentes e a fundamentar melhor as suas decisões. Por outras palavras, a existência de divergência melhora a qualidade da decisão de grupo. Como já era perceptível na análise que fizemos do fenómeno de pensamento em grupo, a melhor maneira de evitar o excesso de confiança nas decisões de grupo consiste em adoptar medidas que permitam e até estimulem a expressão de opiniões contrárias. Ficam assim óbvios os antídotos do unanimismo cego. O líder deverá incitar os membros do grupo a exprimir as suas objecções, o grupo deveria dividir-se em subgrupos de maneira a poder depois avaliar as divergências, deveria também designar um advogado do diabo e fazer apelo regularmente a peritos exteriores encarregados de pôr os membros do grupo em questão.

Estas ideias sobre as consequências positivas da divergência nos grupos têm prolongamentos interessantes nas regras de deliberação dos júris dos tribunais. Será melhor, por exemplo, adoptar a regra da maioria, ou a da unanimidade? Nemeth (1977) estudou essa questão na sequência da decisão do Tribunal Supremo dos Estados Unidos em 1972 de autorizar os veredictos maioritários. Os participantes eram todos estudantes universitários que, repartidos em júris, deviam pronunciar--se sobre a culpabilidade ou inocência de um indivíduo acusado de homicídio. Cada júri incluía várias pessoas favoráveis a cada veredicto. Por fim, Nemeth exigiu a alguns júris que se pronunciassem em unanimidade, enquanto os outros podiam adoptar a regra da maioria por 2/3. Sem surpresa, os júris que tinham de produzir um veredicto unânime, e portanto gerir as opiniões minoritárias, demoraram mais até se pronunciarem. O que é mais interessante é que estes júris estavam mais seguros da sua decisão, lembravam-se melhor das informações dadas e eram também mais susceptíveis de mudar radicalmente de opinião sobre o réu. Estes três resultados mostram que o júri examina os dossiers mais escrupulosamente quando é obrigado a resolver as divergências. Sem dúvida nenhuma, estes júris defendem a regra da unanimidade.

Que concluir, então, sobre os argumentos teóricos relativos aos processos de tratamento da informação em presença de uma maioria ou de uma minoria? Tendo em conta os resultados da pesquisa, é incontestável que Moscovici e seus colegas abriram novos territórios em matéria de influência social. No entanto, os estudos acumulados desde há um quarto de século, sobre a questão da influência minoritária, permitem duvidar da relação privilegiada entre a posição minoritária e o processo de conversão, por um lado, e a posição maioritária e o processo de submissão, por outro (Kruglanski & Mackie, 1990).

No fim desta segunda parte, já somos capazes de avaliar a importância dos processos de influência social. É evidente que as atitudes e as normas constituem guias no que respeita aos comportamentos e às opiniões. Conscientes desse estatuto, os psicólogos sociais criaram muitos instrumentos capazes de modificar as atitudes e instaurar novas normas. À primeira vista, a melhor maneira de nos defendermos de sermos recrutados acriticamente, consiste em fazermos funcionar as nossas capacidades de reflexão e o nosso espírito crítico. No entanto há duas razões que nos levam a considerar esse tipo de resposta como ilusória e até perigosa. Por um lado, é um facto que o seguidismo e a conformidade de que fazemos prova muitas vezes, ainda que esses termos não sejam muito lisonjeiros, nos garantem interacções compensadoras com os outros. Por outro lado, o investimento voluntarista dos nossos recursos intelectuais pode, de uma maneira igualmente implacável, dirigir-nos para respostas duvidosas. Em suma, será conveniente não adoptar uma visão demasiado maniqueísta dos processos de influência. É provavelmente melhor avaliar caso a caso. É nessa associação necessária entre o processo e o conteúdo que se encontra a virtude. Será esse mesmo espírito que prevalecerá na última parte deste livro, onde abordaremos as interacções sociais.

TERCEIRA PARTE
INTERACÇÕES SOCIAIS

O navio em que PL embarcou em Dunquerque foi metralhado pela aviação alemã. Foi a debandada. PL encontra X, um belga também mobilizado. Cedendo à sua insistência, o dono de um café francês acaba por os esconder num alpendre que partilham com dois cães. Os Alemães não param de bombardear Dunquerque e os cães ladram sem parar. PL e X decidem sair. Apenas chegados cá fora, uma bomba cai sobre o café. Alguns dias mais tarde, um camponês flamengo propõe a PL e a X que passem a noite no seu palheiro, mas eles preferem dar o lugar a crianças que acabam de chegar. Enquanto PL e X dormem no pomar, o palheiro é bombardeado. PL e X continuam a andar quando encontram um soldado alemão. É o primeiro alemão que vêem. Surpresa e pânico. Como o soldado não parece ameaçador, X sugere a PL, que fala alemão, que lhe pergunte o que se passa. É dessa maneira que tomam conhecimento da capitulação da Bélgica. No caminho para Bruxelas, são ultrapassados por um camião cheio de refugiados, entre os quais a mulher de PL e a família. O camionista lá acaba por parar e é preciso ameaçá-lo para que ele permita que X entre no camião. Chegados ao destino, PL e X nunca mais se encontrarão e PL guardará um rancor feroz aos Franceses.

JP, um sobrinho de PL, foi criado perto da fronteira entre a Bélgica e a Alemanha. É perfeitamente bilingue. Recrutado à força para a fábrica de armas de Liège, sabota as espingardas destinadas aos Alemães e esconde munições para a resistência. Denunciado por uma colega de trabalho, é mandado para a Alemanha e tornar-se-á um recidivista das evasões. Depois de uma, particularmente bem sucedida, encontra-se perto de um café, ainda na Alemanha. Tem uma vontade irresistível de tomar uma cerveja e instala-se entre os soldados sentados nas mesas e pede uma cerveja. A empregada parece hipnotizada e, logo após tê-lo servido, desaparece num anexo das traseiras. "Fui descoberto", pensa JP, que bebe a cerveja de um só gole e corre em direcção à porta. Quando vai a sair, alguém o segura pelo braço levando-o para a sala das traseiras. Aí, o dono do café e a mulher choram de alegria, chamam-lhe Hans e abraçam-no. Confundem JP com o filho, enviado para a frente este e de que JP é o perfeito sósia. Para convencer o casal da sua identidade verdadeira, JP conta a sua evasão. Não tem importância, os dois alemães fá-lo-ão passar por filho até ao fim da guerra. Hans tem uma irmã que casou com um oficial da Gestapo e que respeitará a decisão dos sogros, embora JP nunca aceite apertar-lhe a mão. Hans nunca regressou. Depois da guerra, JP trocou algumas cartas ocasionais com os pais de Hans, após o que a comunicação foi interrompida. Trinta anos depois, JP ainda não suporta ouvir música militar alemã.

Esta história, verídica, contém coincidências extravagantes suficientes para servir de guião a um filme. Vamos utilizá-la como fio condutor dos três capítulos que se seguem. Vamos tratar de amizade, de ajuda, de altruísmo, de agressão e de conflitos intergrupos.

Capítulo 9
Atracção e altruísmo

Na introdução e no primeiro capítulo deste livro insistimos na importância vital que os outros têm para cada um de nós. Em períodos de grandes tensões, voltamo--nos para um outro que desejamos ao mesmo tempo semelhante e diferente de nós. Os capítulos sobre a influência social mostraram que facilmente actuamos como os outros, que lhes obedecemos e que, portanto, somos mais propensos à semelhança. Em resumo, os outros são essenciais para o nosso bem-estar. Aliás, as sondagens mostram que entre as principais causas de felicidade, figuram o facto de termos amigos e de sermos amados (Berscheid, 1985).

Existem muitas teorias sobre as relações de atracção e amor. Consoante os casos, elas explicam muito bem alguns factores e falham na descrição de outras variáveis. Na primeira parte deste capítulo, vamos expor passo por passo um quadro integrativo. Pormenorizaremos cada uma das componentes do modelo e os factores que cada uma delas explica particularmente bem. A segunda parte do capítulo será consagrada à empatia e às reacções altruístas. Também aí vamos propor um modelo susceptível de englobar a maioria dos factores que influenciam esses fenómenos. Por fim, na terceira e última parte do capítulo, apresentaremos um modelo de tomada de decisões para explicar a assistência ou não-assistência às pessoas em perigo.

ATRACÇÃO, AMIZADE E AMOR

Quer seja a curto ou a longo prazo, a atracção por uma pessoa supõe que se obtenha uma satisfação qualquer. Somos atraídos por quem é susceptível de nos dar prazer. Esse prazer depende não só dos benefícios e dos custos da relação, mas também das outras possibilidades que se nos oferecem. Bem podemos ser adorados por uma jovem que aceita todos os nossos caprichos que nem por isso ela deixará de se tornar a nossa vítima se o seu lado "dona de casa" nos irrita e, paralelamente, uma costela de Don Juan faz com que tenhamos muita facilidade em seduzir os outros. Suponhamos agora que encontramos o amor da nossa vida. Mergulhamos na felicidade... durante algum tempo. Passado o período de deslumbramento, teremos que "investir" a relação; chama-se a isso ser capaz de fazer compromissos. A nossa disponibilidade para os pequenos sacrifícios quotidianos será, provavelmente, tanto maior quanto menos formos atraídos por outras tentações.

A figura 9.1 ilustra as grandes componentes do modelo que pormenorizaremos nas páginas seguintes (Rusbult, 1983).

Gratificações e custos

Os primeiros elementos a tomar em conta são os custos e os benefícios. O que parece chocante. Gostaríamos de ser apreciados por nós próprios e não pelas vantagens que podem resultar de uma amizade. Não sejamos ingénuos. Os capítulos precedentes mostraram já que nós próprios procuramos a presença ou a opinião dos outros quando isso nos dá jeito.

Reciprocidade. Que há de mais gratificante do que o amor do outro e a estima que ele tem por nós? Deveríamos apreciar e amar aqueles que nos dão a sua estima e nos amam. É esse o princípio de **reciprocidade**, se se lembrar do capítulo 6. Por ironia, este princípio só tem valor se a simpatia do outro for, aos nossos olhos, isenta de qualquer procura de benefícios secundários. Os bajuladores não têm em geral muitos amigos, pois as pessoas a quem eles estão prontos a engraxar os sapatos acabam por se aperceber disso e por os desprezar (Jones, 1964).

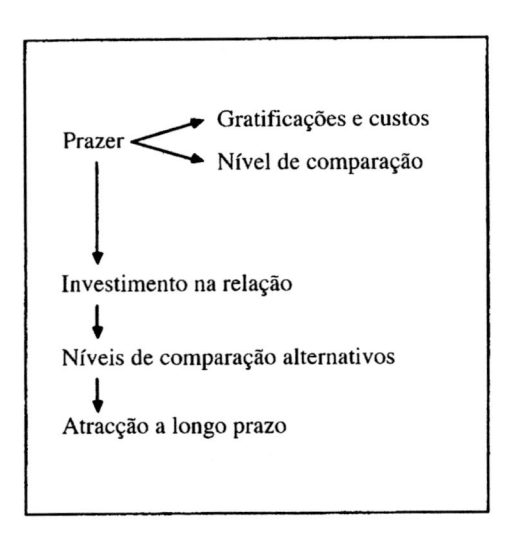

Figura 9.1 - Modelo de atracção e de amizade em função do tempo.

Reciprocidade não quer dizer amor à primeira vista. Imagine a situação seguinte. Durante uma festa, você conhece Zède, com quem conversa algum tempo. Como o seu copo está vazio, interrompe a conversa e vai até ao bar. Quando volta, Zède já está de costas voltadas, a falar com outra pessoa. Percebe que falam de si e não resiste a prestar atenção discretamente. Se Zède fala bem de si, é muito provável que você o ache muito simpático mas se, pelo contrário, ele o ridiculariza, há provavelmente poucas hipóteses de que você pense bem dele. Admitamos agora que você está com muita sede nessa noite e vai muitas vezes ao bar, de maneira a que aquele cenário se repete várias vezes: de cada vez que volta, ouve Zède, que não pára de falar de si. Suponhamos também que Zède seja coerente ou incoerente na forma como fala de si. Qual será a sua reacção face a ele – não obstante os efeitos do álcool? Examinemos quatro possibilidades: (1) Zède está a elogiá-lo; (2) Zède insiste em dar de si uma imagem pouca lisonjeira; (3) Zède, que, no início, dava boa imagem de si, começa pouco a pouco a descrevê-lo de maneira muito negativa, como na situação 2; por fim (4), Zède, negativo no início, mostra-se cada vez mais lisonjeiro, como na situação 1.

Mercê de um subterfúgio astucioso, Aronson e Linder (1965) conseguiram testar experimentalmente aquelas quatro possibilidades. Os resultados mostram que os factores mais importantes são o ganho e a perda de estima. A avaliação inicialmente negativa cria na pessoa em causa um estado de tensão desagradável – dúvida, cólera, etc. – que abranda quando a avaliação se torna positiva. Esta última é portanto duplamente reforçante: em si mesma, pelo seu carácter positivo e também porque relaxa o sujeito. O raciocínio é exactamente oposto no que respeita à avaliação inicialmente positiva que se torna negativa. Para obter esse efeito de ganho ou de perda, é preciso que as pessoas se apercebam das mudanças como graduais, como uma mudança da opinião inicial e não como um *volte face* impulsivo (Mettee e Aronson, 1974). O ganho ou a perda não se resumem portanto a um fenómeno de contraste perceptivo.

Beleza. Quem não sonhou sair com Andie MacDowell ou com Brad Pitt? A **beleza** do seu, ou da sua companheira, da mesma forma que a simpatia que ele ou ela tem para consigo, são gratificantes. Tente sair com uma das pessoas citadas e verá os olhares de inveja que isso provoca. Tanto mais que as opiniões sobre a beleza são consensuais, tanto nos adultos (Murstein, 1972) como nas crianças (Cavior e Dokecki, 1971). E não será apenas a beleza do seu parceiro ou da sua parceira que criará inveja. Com efeito, as pessoas têm a **teoria implícita** de que o que é bonito é bom (e tanto pior para a beleza do diabo!). Às pessoas consideradas bonitas atribuem-se mais facilmente traços de personalidade desejáveis; espera-se que elas tenham mais amigos, que o seu futuro seja melhor, etc. Estas teorias implícitas de personalidade encontram-se até nas crianças de idade pré-escolar. As crianças consideradas bonitas serão as mais populares da turma, beneficiarão de opiniões favoráveis da parte dos professores e serão mais benignamente julgadas. Isto pode levar muito longe. Clifford (1975) mostrou que quando os professores avaliam uma criança bonita, sobreavaliam o seu quociente intelectual, as suas hipóteses de êxito nos estudos posteriores e o interesse dos seus pais pelas actividades escolares.

Inversamente, as crianças "pouco favorecidas pela natureza" arriscam-se a ter problemas.

Em função do que sabemos sobre a **confirmação da hipótese** e a **auto-realização da profecia** (ver o capítulo 2), não é de admirar que a beleza seja associada à bondade. Snyder *et al.* (1977) pediram a estudantes para falarem ao telefone com uma estudante desconhecida. O estudante tinha uma fotografia dela que, consoante a situação experimental, era de uma pessoa bonita ou feia. A fotografia não só influenciou o comportamento dos estudantes mas também o das suas interlocutoras. Não será isso normal? Se alguém se mostra simpático comigo, porque não o serei eu também, em troca? É a reciprocidade. Este cenário dá os mesmos resultados quando é uma estudante que recebe a fotografia de um rapaz (Andersen e Bem, 1981).

Apesar de ser muito fácil pormo-nos de acordo sobre o que é bonito, é muito mais difícil dizer porquê. Os investigadores interessaram-se por algumas variáveis cuja importância na nossa cultura provavelmente poucas pessoas imaginam. A altura dos homens é uma delas. Feldman (1971) afirma que os estudantes mais altos (mais de 1m 85 aproximadamente) da Universidade de Pittsburgh, nos Estados Unidos, começavam a sua carreira com um salário 12,40% mais elevado do que os outros. Num outro estudo, 140 orientadores profissionais deviam decidir entre dois candidatos com a mesma qualificação mas com alturas de cerca de 1m 85 para o primeiro e 1m 50 para o outro. 72% dos seleccionadores escolheram o candidato mais alto. Só 1% exprimiu uma preferência pelo mais baixo!

Uma carinha de bebé é outra variável que não tem a ver com a beleza, mas leva a reacções típicas. Os adultos de cabeça grande, grandes olhos redondos, bochechas redondas, nariz curto e queixo pequeno têm aquilo que se pode chamar um rosto de bebé. Como um bebé, eles induzem a ideia de dependência e de fiabilidade. Serão tidos por mais ingénuos, submissos, calorosos e honestos do que as pessoas com um rosto maduro. Em simulações de processos, mais facilmente se condenará os "bebés" por negligência do que por premeditação (Zebrowitz, 1990).

Pegue em duas fotografias de duas pessoas diferentes, do mesmo sexo. Faça uma síntese das imagens de modo a obter uma terceira fotografia. Faça avaliar as três fotografias e verá que a terceira será a preferida. Quanto maior for o número de fotografias utilizadas na síntese, mais impressionante será o resultado! Tem-se a impressão de que a síntese final se assemelha aos rostos das actrizes, dos actores ou dos manequins mais atraentes (Langlois e Roggman, 1990)! O que prova que as regras da beleza respeitam a lei de Gauss e que as maiores belezas não passam de pessoas médias, no sentido literal – talvez esta verdade console alguns. Esta "beleza média" está relacionada com o fenómeno das "exposições repetidas" de que falaremos adiante.

Os custos e os benefícios tiveram sem dúvida um papel determinante nas relações entre PL e X, por um lado, e entre JP e o casal alemão, por outro. Os benefícios são óbvios para PL e X. A sua amizade recíproca é-lhes extremamente útil. Eles encorajam-se um ao outro. Um tem a experiência das longas caminhadas e o outro fala a língua dos ocupantes. Aliás, a amizade desaparecerá quando os benefícios deixaram de ser evidentes. Os custos são, por sua vez, particularmente importantes para o casal alemão, mas o que não se faria por um filho, ainda que seja um sósia? Aquele casal pensou sem dúvida, com toda a razão ou por engano, que JP também os amava e achou certamente que JP era o mais bonito rapaz da região, pois, se a beleza desencadeia a atracção, o inverso também é verdade: achamos bonitos aqueles de quem gostamos (Nisbett e Wilson, 1977).

Nível de comparação

Os custos e as gratificações não têm um significado absoluto. Por um lado, há pessoas que têm a capacidade de achar interessante tudo o que existe à face da terra e que lho dizem com um sorriso que parece um raio de sol. No melhor dos casos, você acabará por dar tanta importância às suas momices como aos seus dentes superbrancos. Por outro lado, há pais que fazem tudo pelos filhos, sem pensar em sacrifícios, alegrando-se com um simples sorriso, sabendo perfeitamente que um dia os filhos irão embora e que é assim que deve ser. Os professores que, por vezes, se dedicam de corpo e alma aos estudantes têm de esquecer a palavra "gratidão", a bem da sua saúde mental.

Existem, no entanto, **padrões de comparação**, expectativas que fazem com que umas interacções nos satisfaçam mais do que outras, embora aparentemente os custos e as vantagens pareçam idênticos. Isso depende da própria pessoa, das outras pessoas implicadas e das situações (Kelley e Thibaut, 1978). Algumas pessoas, mais do que outras, desejam ter relações úteis. Mais facilmente estaremos prontos a fazer sacrifícios por um familiar do que por um estranho. Algumas situações, mais do que outras, acentuam os benefícios ou os custos. Vejamos agora quais dos factores tradicionalmente abordados nos estudos podemos relacionar com os padrões de comparação.

Proximidade e familiaridade. Já notou como se fazem as amizades na Universidade? Muitas vezes, tornamo-nos amigo da pessoa sentada ao nosso lado durante a primeira aula. Na tropa, os amigos partilham muitas vezes a mesma camarata, apesar de serem distribuídos ao acaso, ou por ordem alfabética (Segal, 1974). Sem dúvida que não é só o nível de comparação que está em causa – o outro aparece num momento de *stress* –, mas é bem provável que ele ajude: não temos expectativas particulares e aqui está alguém cuja presença faz com que deixemos de estar sozinhos. Em 1964, 57% dos futuros cônjuges moravam na mesma localidade e 90% na mesma região (departamento). Essa endogamia (casar com uma pessoa do seu grupo) diminui com o estatuto sócio-económico. Quanto mais alto se está na hierarquia, maior é a possibilidade de viajar e alargar a gama das escolhas (Girard, 1964).

Festinger, Schachter e Back (1950) estudaram duas aldeias universitárias com características arquitecturais muito precisas. Uma era composta de 17 prédios de um andar, com 10 casas cada um. A outra era constituída por casas unifamiliares cuja entrada dava para a rua ou para um pátio central. Em ambas as comunidades, as redes de amizade revelaram-se estreitamente dependentes da distância entre as habitações. O factor responsável parece, no entanto, não ser a proximidade em si mesma, mas os contactos que ela permite. Assim, na primeira comunidade as pessoas que moravam na proximidade das caixas do correio e das escadas eram frequentemente muito populares. Na outra comunidade, os que viviam em casas com a porta de entrada para a rua, em vez de para o pátio, eram nitidamente desfavorecidos em relação aos vizinhos.

A proximidade leva à familiaridade e esta tem efeitos espantosos. Com certeza que se lembra de que, da primeira vez que teve de fazer um determinado percurso, ele lhe pareceu muito aborrecido: paisagem sem interesse, casas sem graça nenhuma. Após ter percorrido essa estrada durante vários anos, muda de domicílio e, portanto, de itinerário e então começa a sentir falta do antigo. O hábito é uma categoria do belo. Foi Zajonc (1968) o investigador que melhor evidenciou essa máxima. Conseguiu mostrar que a nossa atracção por formas diversas – ideogramas chineses, por exemplo – aumenta com o número de exposições (ver o capítulo 5). Do mesmo modo, gostamos mais de nos ver numa fotografia retocada que nos apresenta como num espelho, do que numa fotografia normal porque, precisamente, a fotografia retocada nos mostra tal como costumamos ver-nos quando olhamos para um espelho. Os nossos familiares, esses, preferem a fotografia normal (Mita *et al.*, 1977). Nuttin (1985) chegou a mostrar que gostamos mais das letras, sobretudo das iniciais, do nosso nome e apelido, do que das outras letras do alfabeto. É um efeito que foi verificado em muitos países com diferentes alfabetos. Não é a familiaridade, no entanto, que explica esse fenómeno particular; com efeito, se você se chamar Walter Ygrec e se lhe apresentarem os pares de letras WB e SY, preferirá as letras W e Y às letras B e S que, no entanto, são muito mais frequentes na nossa língua.

Se a **proximidade** e a **familiaridade** contribuem para a atracção, elas podem também favorecer os conflitos e a agressão, como veremos nos dois capítulos a seguir. Na realidade, ambos estes factores contêm informações que tanto podem agradar como desagradar.

Relações de trocas e de comunhão. A psicóloga M. Clark (1984) introduziu uma distinção interessante entre "exchange and communal relationships", que traduzimos por **relação de trocas e de comunhão**. Clark baseia a sua distinção numa diferença de normas, mas também podemos atribuí-la a uma diferença de níveis de comparação. Quantas vezes não acontece que os nossos filhos nos pedem dinheiro para comerem no bar da escola ou da universidade? De cada vez, damos-lho com todo o gosto e não pensamos mais nisso. Diferentemente, se emprestamos dinheiro várias vezes a um colega que depois se "esquece" de nos reembolsar, acabamos por lhe reclamar que pague a dívida. Por outros termos, há algumas relações em que favorecemos a reciprocidade (empresto-lhe dinheiro e espero que faça o mesmo quando eu precisar), enquanto noutras situações – de comunhão – somos muito mais altruístas e privilegiamos a necessidade do outro. É óbvio que as relações no casal, na família e com os amigos têm mais a ver com a comunhão, enquanto as relações com estranhos ou pessoas conhecidas têm sobretudo a ver com a troca.

Clark (1984) operacionalizou este tipo de relação de forma astuciosa. Os participantes encontram uma pessoa simpática que acaba de se instalar na região e deseja encontrar pessoas (comunhão), ou que já está bem instalada e tem a sua rede de amizade (troca). Depois, participantes e cúmplices efectuam várias tarefas consoante as necessidades da experiência. Por exemplo, numa grande matriz de números, devem anotar e marcar algumas sequências. Na base do resultado colectivo, ser-lhes-á atribuída uma recompensa que poderão depois partilhar como quiserem. O cúmplice começa o trabalho e marca as séries com uma caneta vermelha. É a vez do participante que dispõe de uma vermelha e de uma preta. Evidentemente, Clark está interessado em ver que caneta o participante vai utilizar. Uma preta, para distinguir claramente os desempenhos, ou uma caneta vermelha, como o cúmplice? Os resultados são surpreendentes. Na situação de troca, cerca de 90% dos participantes utilizam uma caneta de cor diferente, contra 12,5% na situação de comunhão. Numa outra experiência, os investigadores mostraram que os participantes implicados numa relação de comunhão são sempre muito atentos às necessidades dos outros, enquanto os que estão empenhados numa relação de troca só o são na condição de também beneficiarem de uma atenção especial (ver Clark e Pataki, 1995).

De certeza que, no caso de PL e X, dois sobreviventes à procura do seu regimento e dos seus oficiais, a proximidade teve um papel. A familiaridade também interveio. O facto de PL falar a língua do soldado alemão fez provavelmente com que ele se mostrasse amável e lhes recomendasse que regressassem à sua terra. O facto destes serem belgas em vez de franceses pode explicar a diferença de reacção do dono do café francês e do agricultor flamengo. A história também mostra que a proximidade e a familiaridade dão sorte ou azar, senão como explicar a denúncia da colega de JP? Por fim, as aventuras de JP ilustram muito bem as relações de troca e de comunhão. Para o casal que o adopta, tratava-se sem dúvida de comunhão, mas para o seu genro, provavelmente só havia troca: boca calada contra paz no casal e na família.

O investimento

A diferença entre as gratificações, por um lado, e os custos e o nível de comparação, por outro, define o que se pode chamar de satisfação na relação. Com efeito, se ganho mais do que perco e do que estou à espera, tenho razões para ficar satisfeito. Essa satisfação tanto explica amizades superficiais como camaradagens; muito mais dificilmente ela é prenúncio de uma relação estável e íntima que exige esforços e sacrifícios, necessita eventualmente que sejam adiadas certas gratificações e exige por vezes alguns investimentos financeiros. Em suma, corresponde à relação de comunhão e não se pode contentar com simples "trocas de boas maneiras".

Semelhança e complementaridade. É bem conhecido que os provérbios reflectem a sabedoria popular e existe sempre um para cada situação. Não se diz : "Diz-me com quem andas, dir-te-ei quem és", " se queres cão de caça, procura-o pela raça", "o bom fruto vem da boa semente", "tal pai, tal filho", mas também "os extremos tocam-se"? "Há provérbios para todos os gostos", admite um último. Antes de falarmos em mentira, examinemos as pesquisas empíricas sobre a relação entre **semelhança** (de que já falámos no capítulo 6) e **complementaridade**. Talvez esses dois conceitos concorram para a emergência da atracção, ou do amor, em situações diferentes?

As pesquisas mais clássicas sobre a semelhança de atitudes e de opiniões foram efectuadas por Newcomb (1961), que se interessou pelos primeiros encontros entre estudantes das residências colectivas. Os moradores dessas residências eram hospedados gratuitamente mediante a aceitação de responder a inquéritos repartidos ao longo de um semestre académico e relativos, nomeadamente, às opiniões e às redes de amizade. Newcomb mostrou que existe efectivamente uma relação entre semelhança e atracção, relação que só se manifesta após algum tempo, precisamente o tempo de as pessoas se conhecerem. Tomando em conta esse espaço de tempo e tendo por base as opiniões expressas no início do semestre quando os estudantes ainda não se conhecem, é possível prever com bastante exactidão quais serão as simpatias mútuas no fim do semestre.

Obrigados a interagir, os estudantes de Newcomb tinham ocasião de confrontar os seus pontos de vista com os dos companheiros e de se aperceberem das eventuais semelhanças. Existe um outro meio, mais rápido mas mais artificial, para chegar ao mesmo resultado. Consiste em fazer acreditar aos participantes de uma experiência que partilham, ou não, de um certo número de opiniões com outro participante (Byrne, 1971). As pesquisas levadas a cabo neste paradigma mostram que a atracção por uma pessoa desconhecida é função da proporção de opiniões semelhantes que com ela se partilha. O conteúdo dessas opiniões não tem muita importância; tanto se pode tratar de taxas de importação como da tropa. A variedade dos conteúdos deve no entanto ser suficiente para dar a impressão de uma semelhança verdadeira.

Pode-se supor que a semelhança intervém na atracção porque, por um lado, é gratificante em si mesma e, por outro lado, faz prever gratificações posteriores, se houver algum investimento. É imediatamente gratificante porque valida as nossas opiniões; "fico contente por saber que tenho razão, pois fulano concorda comigo". Ela também induz investimento deixando prever benefícios: "tenho de convencer fulano e até fazer dele um aliado porque, a dois, com as mesmas ideias, podemos fazer um bom trabalho". PL e X, mobilizados, belgas e ambos perdidos, pensaram com certeza dessa maneira.

Será sempre boa ideia investir na semelhança? Imagine que a mais promissora pianista da sua geração tem um romance com o jovem pianista virtuoso com quem muitas vezes é comparada. Acha que o idílio vai durar, que terão muitos filhos e envelhecerão juntos e felizes? É pouco provável, pelo menos segundo a **teoria da**

preservação da auto-avaliação de Tesser. Segundo este autor, apreciamos as qualidades das pessoas amadas na medida em que isso não nos afecta o ego.

Ao nível da correlação, por exemplo, os eruditos famosos têm com os seus filhos relações tanto melhores quanto as especialidades de uns e outros são diferentes. O mesmo se passa entre irmãos e irmãs que seguem trajectórias diferentes (Tesser, 1980). Tesser e Cornel (1991) verificaram-no de maneira empírica. Os participantes da sua experiência deviam falhar numa tarefa que para eles era importante, ou de muito pouca importância. Em seguida, podiam ajudar um dos seus amigos ou um estranho que fazia a mesma tarefa, dando indícios mais ou menos fáceis. A figura 9.2 mostra que quando a tarefa não é importante, as pessoas ajudam mais os amigos, dando-lhes indícios mais fáceis do que aos estranhos. Acontece o contrário quando a tarefa é essencial para a boa imagem das pessoas. Neste caso, é menos grave que seja bem sucedido um estranho do que uma pessoa de quem somos muito próximos. É um fenómeno que infelizmente se encontra muitas vezes nas equipas científicas. Um "chefe" sem grande envergadura não tem nenhuma dificuldade em dar-se bem com colegas estrangeiros e reconhecer neles uma reputação científica superior à sua, mas não suporta que um dos seus colaboradores faça progressos notáveis e tudo fará, na altura da reforma, para deixar o seu lugar a "um burro dócil de preferência a um cavalo bravo" (esta frase foi dita palavra por palavra por um desses "chefes"). Felizmente, esse tipo de herança não se produz quando o chefe tem valor e se sente bem na sua pele. É o que também mostraram Tesser e Cornell: quando a auto-estima dos participantes é valorizada experimentalmente, eles não desconfiam do bom resultado de um amigo (ver figura 9.2).

Os dados obtidos por Tesser indicam que para além da semelhança de opiniões, as pessoas implicadas numa relação estável de longa duração têm muitas vezes personalidades complementares (Berscheid e Walster, 1969). É fácil de entender que se uma pessoa desorganizada tem um pouco de realismo, dar-se-á conta que é do seu interesse aliar-se com uma pessoa mais organizada do que ela. Da mesma maneira, um indivíduo autoritário e dominante sentirá mais prazer em relacionar--se com uma pessoa submissa do que com uma que esteja sempre a pôr em causa a sua capacidade.

Estilos de relação. Vimos no primeiro capítulo que Bowlby e Ainsworth estudaram a relação nas crianças pequenas. Será que o tipo de relações da infância tem influência e, nesse caso, qual, nas relações que as pessoas vão ter quando adultas? A relação leva irresistivelmente a pensar no amor e foi nesse quadro que foram propostas duas tipologias. Numa primeira taxonomia (Hazan e Shaver, 1990), poder--se-iam distinguir na idade adulta três tipos de relações com base na infância. Haveria a relação de tipo "segurança"; as pessoas com este tipo de relação não teriam muitas dificuldades em confiar nos outros e em aceitar depender deles. As pessoas com uma relação do tipo "evitamento" não tolerariam muito bem a intimidade, desconfiariam dos outros que querem sempre mais e as podem enganar. Por fim, haveria a relação do tipo "ansiedade/ambivalência": são as pessoas que acham que o outro não dá o suficiente, não ama verdadeiramente e, portanto, vivem na obsessão

Dificuldade dos indícios

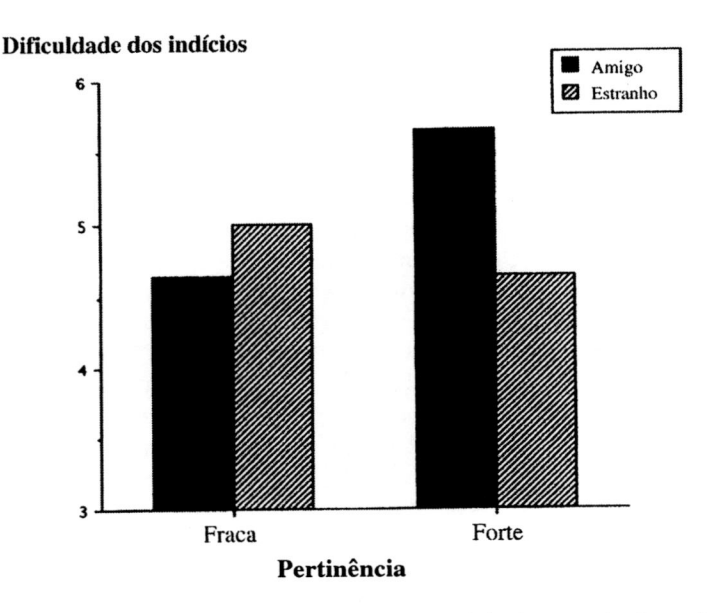

Figura 9.2 - Dificuldade dos indícios dados em função da pertinência pessoal e da proximidade.

de serem rejeitadas ou abandonadas. A segunda taxonomia coincide em grande parte com a primeira e baseia-se nos sentimentos, positivos ou negativos, que se tem acerca de si próprio e dos outros. Há portanto quatro tipos possíveis. Se existe uma imagem positiva de si próprio e dos outros, encontra-se a relação de tipo "segurança", enquanto se é positiva a imagem do outro mas negativa a de si próprio, aparece o tipo "ansiedade/ambivalência". O tipo "evitamento" é relativo a uma imagem negativa dos outros, qualquer que seja a imagem de si próprio. Segundo Bartholomew (1990), as pessoas com uma imagem negativa ao mesmo tempo de si próprias e dos outros adoptariam uma atitude de medo, de receio, enquanto as que têm uma imagem valorativa de si próprias mas depreciativa sobre os outros seriam distantes e desdenhariam facilmente dos outros. É de notar que as pesquisas actuais não conseguiram mostrar que as pessoas com um tipo de relação determinado escolhem de maneira privilegiada parceiros ou parceiras com a mesma relação.

Níveis de comparação alternativos

Um operário pode não estar nada satisfeito com a sua empresa mas manter-se-á nela, provavelmente, se souber que não arranja emprego noutro sítio. E, desempregado, seria ainda mais infeliz. O mesmo se passa nas relações conjugais. Sabe-se o que se tem, não se sabe o que se terá! O pessoal dos centros de acolhimento para mulheres maltratadas já está habituado a ver muitas mulheres voltarem para junto do marido ou do companheiro que, com certeza, continuará a bater-lhes. A razão é que essas mulheres não vêem alternativa porque, por exemplo, dele dependem financeiramente. Aconteceu exactamente o contrário com PL e JP; uma vez de volta às suas famílias, junto às pessoas queridas, a intensidade das amizades "necessárias" apagou-se pouco a pouco.

Não é de admirar que a ruptura de uma relação cause um *stress* considerável, tanto em quem decide romper como na pessoa que se sente abandonada. No entanto, esse *stress* é mais fraco nos indivíduos que entrevêem outras possibilidades de relações (Simpson, 1987), seja porque rompem precisamente devido a uma outra relação, seja porque existem outras oportunidades. Por outro lado, as pessoas que se sentem realmente empenhadas numa relação terão tendência para denegrir as qualidades de uma outra "oportunidade", ainda que muito atractiva (Johnson e Rusbult, 1989).

Queremos acabar esta secção consagrada à atracção pela apresentação breve de um instrumento muito útil no que respeita às relações no interior de um grupo.

O teste sociométrico

Este teste não aparece nos livros actuais de psicologia social, provavelmente porque neles a atracção é estudada sobretudo ao nível individual. No entanto, este teste parece-nos tão simples quanto informativo sobre as redes de atracção e de rejeição, capaz de identificar os líderes e as pessoas rejeitadas e isoladas num grupo.

Distribui-se a cada membro do grupo uma folha com cinco colunas. Na primeira figuram todos os membros do grupo, por ordem alfabética. O investigador propõe uma situação real ou fictícia. Por exemplo, uma turma foi para um campo de férias, e era preciso distribuir os alunos em quartos com três camas, deixando todos satisfeitos. Na segunda coluna, é preciso pôr uma cruz à frente dos nomes dos colegas que se gostaria de ter como companheiros de quarto. Na terceira coluna, devem-se indicar os nomes daqueles que, de maneira nenhuma, se quer ter como companheiros. Na quarta, os membros do grupo porão uma cruz à frente dos nomes daqueles por quem julgam ter sido escolhidos e, na quinta, à frente dos nomes daqueles por quem julgam ter sido rejeitados. Esta apresentação pode ser feita com muitas variantes. Pode-se, por exemplo, negligenciar as duas últimas colunas. Por razões éticas que não partilhamos necessariamente, algumas pessoas apenas pedem as escolhas próprias.

A análise do teste é fácil. Basta construir um quadro com os nomes dos membros em colunas e em filas. As respostas obtidas são inscritas nas filas. No final ter-se-á como total das colunas, as escolhas e as rejeições recebidas por cada membro. Funciona de maneira idêntica para a percepção das escolhas e das rejeições. Este quadro permite calcular vários índices: escolhas recíprocas, escolhas correctamente percebidas, lideranças, etc. Como tais índices não fazem parte do nosso objecto de estudo, aconselhamos ao leitor alguns livros especializados (Bastin, 1970).

Limitamo-nos aqui a mostrar que uma representação gráfica das escolhas e das rejeições pode informar sobre a dinâmica do grupo. No exemplo da figura 9.3, por exemplo, vê-se que o grupo é constituído por dois "bandos" formados, cada um, em volta de um líder. Poder-se-á tentar unificar o grupo, trabalhando ao nível dos indivíduos Y e Z que não pertencem verdadeiramente a nenhum bando mas têm uma boa relação com os dois líderes dos bandos.

AJUDA, EMPATIA E ALTRUÍSMO

A **ajuda** e o **altruísmo** definem-se quase da mesma maneira: um comportamento voluntário que consiste em "fazer bem" aos outros, mas diferem ao nível do objectivo final que é prosseguido. Os psicólogos sociais concordam em dizer que a ajuda é uma "boa acção" feita com o objectivo de obter reforços positivos, internos ou externos, para o seu autor. O altruísmo é reservado aos comportamentos semelhantes que não dependem de reforço; o bem dos outros é procurado por si mesmo. Os mesmos psicólogos não estão totalmente de acordo sobre a existência do altruísmo. Segundo alguns (Hatfield *et al.*, 1978), o ser humano é fundamentalmente egoísta e jamais fará algo diferente de ajudar. Segundo outros, como Batson (1991, 1995), não só o altruísmo existe, como é possível demonstrá-lo experimentalmente. Para Batson, as pessoas são altruístas na condição de poderem "criar empatia" com o outro, isto é, sentir aquilo que a outra pessoa sofre.

A controvérsia situa-se ao nível dos possíveis reforços internos. Com efeito, sendo os reforços externos observáveis por definição, não criam qualquer problema; o político que pratica o clientelismo não é altruísta, pois conta os votos que a sua ajuda lhe vai trazer. Os reforços internos são muito mais insidiosos, pois muitas vezes difíceis de descobrir. Distinguem-se geralmente três tipos: 1) a ajuda pode suscitar recompensas, como uma imagem lisonjeira de si próprio, a boa disposição, o sentimento do dever cumprido; 2) a ajuda pode também afastar punições, como a culpabilidade, a vergonha ou o sentimento de ter transgredido as normas sociais; 3) por fim, a ajuda pode reduzir uma activação desagradável na medida em que, por exemplo, restaura uma situação de justiça. Não há dúvida de que esses três tipos de reforço intervêm e vamos mostrar o papel de cada um.

Recompensas recebidas

Vejamos o exemplo do casal alemão que hospeda JP e diz que ele é o seu filho, ou o exemplo de PL e de X que cedem o abrigo do celeiro aos jovens refugiados. Trata-se de ajuda ou de altruísmo? Nos dois casos, é pouco provável que o comportamento tenha sido ditado por reforços externos. Mas talvez o casal alemão tenha tirado imensa satisfação interna, talvez tenha agido mais por si próprio e pelo filho do que por JP. Por sua vez, talvez PL e X estivessem tão contentes por terem encontrado um camponês que os ajuda, que ajudar as crianças era um meio de prolongarem a sua euforia?

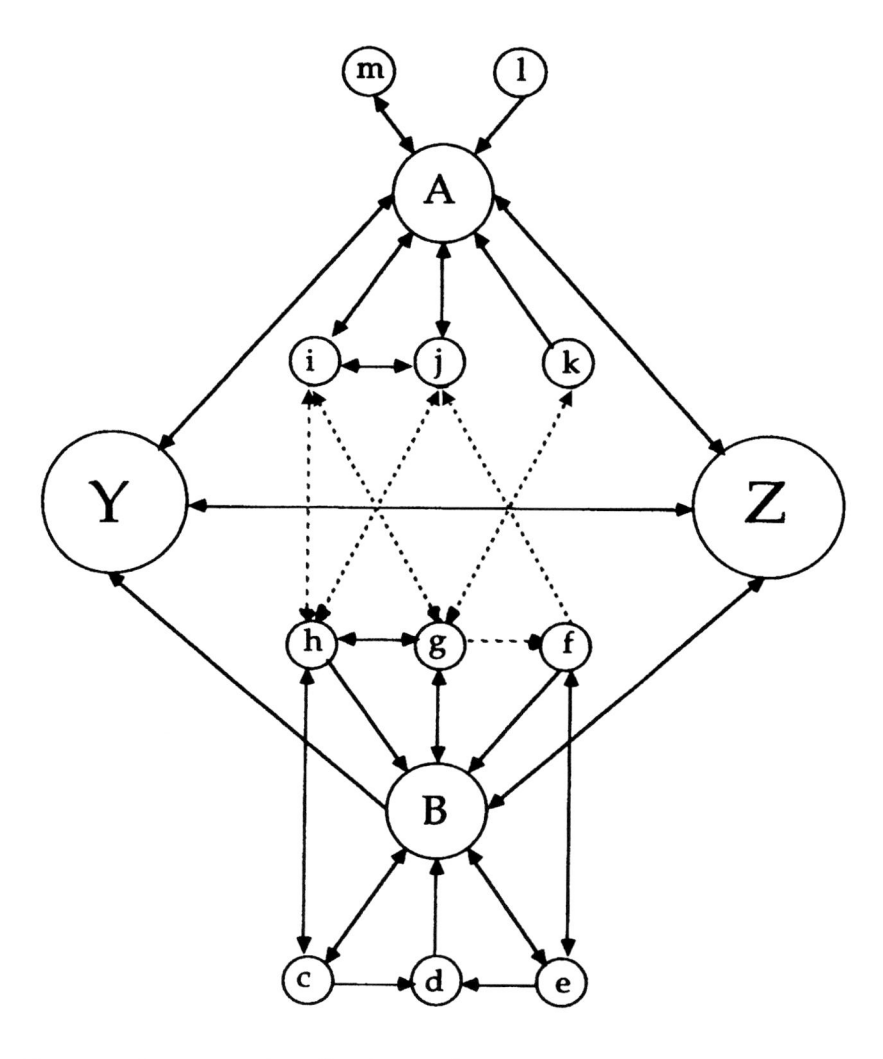

Figura 9.3 - Representação gráfica das escolhas e das rejeições sociométricas num grupo fictício (—— escolha, - - - rejeição).

Brown e Smart (1991) mostraram que as pessoas com uma forte auto-estima sobrestimam as suas qualidades sociais e ajudam mais quando são levadas a acreditar que falharam numa tarefa intelectual. De certa maneira, a ajuda permite restaurar a imagem lisonjeira que tinham de si próprias e que acaba de ser abalada pelo *feed-back* de insucesso. O mesmo fenómeno de sobreavaliação das qualidades interpessoais e de aumento da ajuda acontece nas pessoas com fraca auto-estima, mas, desta vez, depois de um *feed-back* de êxito. Nestes, a ajuda confirma, provavelmente, o seu valor. E, mercê do seu comportamento de ajuda, todos (se) provam que são "boas pessoas".

A satisfação do dever cumprido. Vejamos outra versão de uma experiência já resumida no capítulo 6. É o estudo sobre a carteira perdida, encontrada, perdida outra vez e reencontrada.

Recorde que um transeunte em Nova Iorque encontra no passeio um envelope contendo uma carteira e uma carta que lhe diz que a carteira, perdida, foi encontrada pelo autor da carta que tinha a intenção de a enviar ao proprietário. Por muito azar, desta vez foi toda a encomenda que se perdeu. Em cerca de metade dos casos, o assinante da carta era um americano semelhante às pessoas susceptíveis de encontrarem o envelope. Na outra metade, era manifestamente um estrangeiro de um país não identificável. Aqui está, agora, a originalidade dessa nova experiência. Em cada uma das situações, o conteúdo da carta era ou neutro, ou positivo, ou negativo. O conteúdo neutro era: "Caro Senhor Erwin, mando-lhe a sua carteira que encontrei. Está tudo como encontrei". No conteúdo positivo, acrescentava-se o prazer do autor da carta em ser prestável. No caso do conteúdo negativo, pelo contrário, insistia-se nos inconvenientes provocados pelo facto de ter que mandar a carteira.

Foram 105 carteiras as "perdidas", dessa maneira, nas ruas de Nova Iorque e 43 foram devolvidas intactas, isto é com o dinheiro todo, ao Senhor Erwin; uma vez que cada carteira era bastante valiosa, foi um trabalho caro mas, felizmente, os resultados são interessantes. Sem dúvida que a imitação funcionou e o modelo americano foi mais eficaz do que o estrangeiro que, na carta, escrevia mal em inglês. No conjunto, foram recebidas cerca de duas vezes mais carteiras do autor americano. Os resultados são ainda mais interessantes se se tiver em conta o conteúdo afectivo da carta. Quando o modelo é um estrangeiro, aquele conteúdo não tem uma importância particular (em média, cinco carteiras são devolvidas em cada uma das três situações). Quando o modelo é americano e está zangado por ter que ajudar, não favorece mais a imitação do que o modelo estrangeiro. Pelo contrário, o modelo americano que se mostra feliz ou simplesmente neutro, suscita seis a sete vezes mais devoluções de carteiras do que quando se mostra irritado.

Por outras palavras, quando o modelo é conveniente, o conteúdo positivo da carta não acrescenta nada à reacção espontânea. Esta ausência de diferença faz pensar que, espontaneamente, as pessoas imaginam o prazer de serem prestáveis para um estrangeiro. Da mesma maneira, quando o conteúdo é negativo e vem de um modelo americano, como os próprios sujeitos, estes pensam provavelmente na negligência da pessoa que perdeu a carteira e ajudam pouco (Hornstein, 1970).

Partilhar a boa disposição. Muitos trabalhos atestam o facto de que as pessoas com boa disposição, porque acabam de encontrar dinheiro, porque tiveram êxito num exame, etc., estão particularmente disponíveis para ajudar os outros. O papel do afecto positivo pode explicar-se de várias maneiras. Em primeiro lugar, a pessoa com boa disposição interpretará os acontecimentos de uma maneira favorável e a ajuda não lhe parecerá dispendiosa. Em segundo lugar, o afecto positivo encontra um prolongamento no comportamento de ajuda: "Não só a vida me corre bem, como sou boa pessoa". Por fim, o afecto positivo pode provocar uma selecção da atenção, tornando os aspectos positivos do ambiente mais visíveis do que os elementos negativos (Isen, 1987).

Evitar as punições

No exemplo introdutório deste capítulo, é óbvio que o dono do café francês e o condutor belga ajudaram porque lhes teria sido difícil agir de outra maneira. Na realidade, quantas vezes não somos generosos apenas para "termos paz"?

Culpabilidade. Quando as pessoas se sentem culpadas de prejudicar alguém, terão mais disponibilidade para ajudar outra pessoa, completamente alheia à sua **culpabilidade**. Segundo alguns investigadores como Cialdini (*et al.*, 1973), não é necessariamente a culpabilidade que está em causa. Para ele, as pessoas ajudam mesmo quando não sentem culpabilidade, apenas porque estão com **disposição triste** e acreditam que ajudar pode ser uma maneira de aliviar a sua tristeza. Se tal for o caso, então a disposição triste terá apenas um efeito muito limitado no tempo (Salovey *et al.*, 1991).

Reconhecimento da necessidade. Existem várias normas, sociais ou pessoais, que fazem com que em algumas situações nos sintamos obrigados a ajudar, sob pena de nos sentirmos incomodados ou, muito simplesmente, mal vistos. O grau de dependência da pessoa a ajudar intervém nessas normas (ver capítulo 6). De facto, muitas pesquisas (Berkowitz, 1972) demonstraram que se ajuda mais uma pessoa que depende de nós do que outra não dependente. Mas é preciso que essa dependência seja legítima. Sabe, por exemplo, que uma pessoa a quem faltam cinco francos para comprar leite, encontrará mais facilmente ajuda do que outra a quem falta o mesmo para comprar farinha para bolos (Bickman e Kamzan, 1973)? Privar uma pessoa de leite é muito mais incomodativo do que privá-la do seu bolo preferido.

Os exemplos de **comportamentos pró-sociais** existem para nos lembrar aquilo que convém fazer. Suponha que você, caro amigo, anda de carro; numa dada altura, vê dois carros parados na berma; o condutor do primeiro carro ajuda a condutora do segundo a mudar um pneu; você continua o seu caminho e, mais adiante, há outro carro parado, manifestamente com um pneu furado; ao pé do carro, a condutora espera a pessoa simpática que a vai ajudar. Se reagir como os participantes do estudo de Bryan e Test (1967), é muito provável que seja você essa pessoa simpática ou, pelo menos, é muito mais provável do que se não tivesse visto o exemplo de ajuda algumas centenas de metros atrás. Aqui está um fenómeno bem conhecido das pessoas cujo rendimento depende das gorjetas que recebem: arranjam-se para lhe fazer crer que os clientes precedentes deram gorjetas importantes, deixando por exemplo no prato algumas notas em vez das moedas que vão retirando. A táctica é eficaz, pois ninguém quer fazer figura de sovina.

Evitar uma activação desagradável

Ver uma pessoa em situação de necessidade pode causar desconforto. O seu sofrimento pode ser-nos desagradável ou corresponder a uma situação inesperada ou injusta. Neste caso, a ajuda permite afastar esse desprazer. Talvez seja o que aconteceu ao camponês flamengo ou a PL e a X. Porquê terem um abrigo se os outros não tinham nada?

A teoria do mundo justo. Em geral, as pessoas gostam de acreditar que é justo o mundo em que vivem. Algumas acreditam nisso mais do que outras, mas todas, em certa medida, pensam ter merecido aquilo que possuem. Se o mundo for justo, isso quer dizer que aqueles que não têm nada, têm o que merecem! Lerner (1980) estudou as consequências da crença num mundo justo. Na sua opinião, a primeira reacção das pessoas face a uma injustiça de que alguém é vítima, seria intervir para restabelecer a justiça. Se não o conseguirem, decidirão que a pessoa mereceu o seu destino (ver capítulo 7).

No contexto do seu curso de psicologia, algumas estudantes deviam observar o desempenho de uma outra participante durante um teste de aprendizagem em que qualquer erro era castigado com um choque eléctrico doloroso. A vítima era evidentemente cúmplice do investigador, mas as estudantes eram levadas a acreditar que também ela se submetia a exigências do curso de psicologia e que, aceitando participar na experiência, ignorava tudo sobre os choques eléctricos. Vamos dar atenção a três situações da experiência. Em duas, o investigador intervinha após algum tempo de observação e perguntava às estudantes o que julgavam ser mais instrutivo para a continuação do trabalho: ver a outra participante continuar a receber choques pelos erros que fazia, vê-la receber recompensas financeiras por cada resposta certa, ou vê-la receber um *feed-back* neutro. Depois de as participantes terem respondido, anonimamente, o investigador anunciava-lhes que a decisão do grupo era recompensar a vítima, ou deixava-as na incerteza. Numa terceira situação, o investigador intervinha dizendo que a experiência tinha acabado e informava as estudantes de que a vítima tinha sido muito reticente a receber os choques e só o tinha aceite para benefício das outras participantes; por outras palavras, tinha-se sacrificado pelas suas companheiras desconhecidas e, portanto, apresentava-se como uma mártir. Nas três situações, as estudantes tinham que avaliar a vítima. Os resultados são perfeitamente conformes com as hipóteses da teoria do mundo justo. Quando, nas duas primeiras situações, o investigador fornece às participantes uma ocasião para restabelecerem a justiça, elas aproveitam a oportunidade: 23 em 25 escolhem a solução financeira e as outras duas, um *feed-back* neutro. Quanto à avaliação da vítima, ela é mais positiva na primeira situação, quando as estudantes sabem que a vítima será compensada, e é mais negativa para a mártir a propósito de quem não é possível fazer seja o que for para restabelecer um mundo justo. Os resultados são intermédios quando a decisão do grupo é desconhecida, ignorando as participantes se a justiça foi verdadeiramente restaurada (Lerner e Simmons, 1966).

Também algumas campanhas publicitárias se baseiam no facto de as pessoas pensarem que a justiça deve reinar no mundo. Essa é a razão por que, ao mesmo tempo que enviam uma ordem de pagamento, muitos organismos caritativos juntam, por exemplo, postais sem obrigação de pagamento e com a indicação de não serem devolvidos por quem não os quiser. Se todas as pessoas que recebem esses postais os guardassem sem pagarem, esses organismos iriam todos à falência; mas isso é pouco provável, pois muitas pessoas contactadas dessa maneira acham que não podem aceitar os postais gratuitamente e preenchem a fórmula de pagamento, em geral com mais dinheiro do que o preço dos postais: "Realmente, é simpático e corajoso confiar dessa maneira na nossa honestidade."

Reacções negativas à ajuda

Nos anos sessenta, não se faziam "tags"; escrevia-se nas paredes e um dos *slogans* preferidos na Europa ocidental era: "US Go home". Nos dias de hoje, ele deve ainda existir nas paredes de alguns países. Significa que quem foi ajudado não gosta necessariamente do seu benfeitor.

Essa rejeição da ajuda é diferente da desvalorização da mártir na experiência resumida atrás. Segundo Lerner, a ajuda dada pela mártir criava uma situação de injustiça; a benfeitora era prejudicada e, como não havia maneira de a compensar dos danos, as participantes optavam por denegrir essa pessoa que teria merecido o seu destino. Com o *slogan* "US Go home", passa-se algo diferente. Nesse caso, a ajuda é sentida como uma limitação da liberdade, é a **reactância**, ou como uma ameaça para a auto-estima dos beneficiários. Não é por acaso que se troça das senhoras da caridade.

É curioso que, embora a rejeição da ajuda faça imediatamente pensar nas grandes nações ou nas pessoas de estatuto social elevado, a pesquisa mostrou que as pessoas têm sobretudo dificuldade em aceitar a ajuda recebida de pessoas semelhantes a elas (Nadler e Fisher, 1986). Ser ajudado por uma pessoa poderosa, muito diferente de nós, não terá qualquer efeito sobre a nossa auto-estima. Tal não seria o caso com um outro semelhante a nós. Já que é semelhante, porque é que, com a sua ajuda, precisa de se mostrar diferente?

Existe uma outra razão para que os beneficiários da ajuda não se mostrem necessariamente gratos e, pelo contrário, se zanguem. Aos olhos de terceiras pessoas, o facto de receber uma ajuda significa muitas vezes que se é incompetente e que, sem ajuda, não se resolveria a situação. Provavelmente todos conhecemos pessoas que têm jeito para se porem em evidência e "vir ajudar" quando já está tudo feito, quando a manifestação vai ser um sucesso, ou quando uma ideia de pesquisa vai de certeza ter resultados interessantes. Para esses Maquiavel, trata-se realmente de uma arte. Com efeito, se intervierem cedo de mais, ajudarão talvez realmente o que em verdade não querem, e, se intervierem no bom momento mas de modo demasiado grosseiro ou demasiado discreto, os observadores não se deixarão enganar sobre a quem cabe realmente o mérito. O que chamaremos de **patrocínio** (*overhelping*) é, portanto, uma táctica perigosa (Gilbert e Silvera, 1996). Por um lado, implica avaliar bem as capacidades da pessoa que eventualmente se fingirá ajudar, com o risco de ter que a ajudar realmente. Por outro lado, é preciso conseguir que, na altura da atribuição da sua competência, o observador retire uma ajuda na realidade inútil, pois já sabemos desde o capítulo 3 que as pessoas não são famosas no exercício da correcção.

A empatia

Como dissemos precedentemente, os psicólogos sociais discutem sobre a existência do altruísmo, isto é a possibilidade de uma ajuda que não tenha nenhum reforço interno como objectivo prioritário. Os leitores interrogar-se-ão talvez por que não se pergunta aos próprios o que sentem, a fim de se saber se se trata de ajuda ou de altruísmo. Na realidade, recorrer a tais respostas não constitui uma solução. Em primeiro lugar, as pessoas nem sempre estão conscientes daquilo que as leva a agir (Nisbett e Wilson, 1977a).

Nisbett e Wilson (1977b) mostraram aos seus participantes, americanos, um vídeo de um docente belga que falava dos seus cursos e dos seus estudantes com um sotaque francófono muito marcado. Numa situação, o cúmplice belga mostrava-se simpático e entusiasta; noutra, comportava-se de maneira rígida e intolerante. Depois do vídeo, os participantes avaliaram o docente e, sem surpresa, consideraram que o docente entusiasta era mais agradável do que o docente rígido. Os participantes tiveram também que avaliar três características do docente: o aspecto físico, o sotaque e o comportamento. Manifestamente, essas três características não mudavam consoante a situação experimental. No entanto, os participantes da situação simpática acharam-nas agradáveis, enquanto os da situação rígida as avaliaram como irritantes. Portanto, verificou-se um **efeito de halo**: o grau de simpatia para com o docente influenciou as suas características. Estarão os participantes conscientes da influência e da sua direcção? Para responder a essa questão, Nisbett e Wilson perguntaram a alguns dos participantes se a simpatia, ou antipatia que sentiram para com o docente tinha influenciado a sua avaliação das características; a outros, perguntaram se as características tinham influenciado a sua simpatia. Todos os participantes negaram qualquer relação entre as apreciações sobre a simpatia e as características, excepto os participantes da situação rígida que disseram que as características irritantes do docente tinham tido influência sobre a sua antipatia. Por outras palavras, o único caso em que os participantes reconhecem uma relação causal, enganam-se na direcção.

Não só as pessoas nem sempre estão conscientes dos motivos dos seus actos, mas o que acreditam que fariam pode ser muito diferente daquilo que fazem efectivamente. Vejamos uma ilustração interessante.

Nuttin et al. (1997) retomaram o cenário da carteira. Puseram uma capa transparente de plástico ou em cabinas telefónicas ou em paragens de autocarros, ou no pára-brisas de carros que se encontravam na região francófona ou na região flamenga. A capa continha um envelope não fechado com uma carta de conteúdo urgente escrita em francês por um francófono para um francófono, ou escrita em flamengo por um flamengo para um flamengo. Em metade dos casos, o envelope tinha selo; na outra metade, ou o selo não estava colado, encontrando-se dentro do envelope, ou havia, dentro do envelope, quatro selos do mesmo valor. Nuttin *et al.* interrogaram 132 pessoas que iam a entrar para o carro ou para a cabina telefónica (ou na paragem do autocarro) sobre o que teriam feito pessoalmente nessas circunstâncias. Apenas quatro pessoas disseram que não teriam posto a carta no correio. Também alguns estudantes foram interrogados; responderam que eles próprios poriam a carta no correio em 76% dos casos, que os seus colegas o fariam em 66% dos casos, que Flamengos como eles o fariam em 60% dos casos e que apenas 41% dos valões poriam no correio uma carta escrita em flamengo. Também disseram que a carta encontrada numa cabina ou numa paragem de autocarro seria enviada em mais casos do que a colocada no pára-brisas. Quando se vêem os comportamentos efectivos, verifica-se que cerca de 34% das cartas foram enviadas. Os únicos factores que contribuíram foram o facto de o selo já estar colado e, subsidiariamente, o facto de a carta estar no pára-brisas do carro!

Raramente uma experiência terá sido tão completa. Não só se interrogaram os estudantes para comparar os seus resultados com os comportamentos reais, como se teve o cuidado de procurar pessoas nas mesmas condições dos actores efectivos. Os resultados são elucidativos. Não se podem comparar actores efectivos com actores potenciais. Quanto aos estudantes, quando identificam um factor importante, enganam-se na direcção da influência!

Para mostrar a existência do altruísmo induzido pela empatia e não por reforço interno (satisfação interna, evitamento de punição ou de activação desagradável), Batson (1995) e colaboradores conduziram uma série de pesquisas muito astuciosas. Tais pesquisas têm em comum o facto de confrontarem os participantes com uma pessoa em situação de necessidade e de manipularem a empatia. Consoante as experiências, a empatia será manipulada de várias maneiras (partilha de valores, ordem para se pôr na pele do outro, etc.), de tal modo que não é possível censurar a Batson ter-se limitado a uma operacionalização específica. Cada experiência implica também uma nova variável, de maneira a ter previsões diferentes consoante intervém o altruísmo ou um dos reforços internos citados precedentemente. Resumiremos o processo desta abordagem, tratando apenas dos participantes com forte empatia. Com efeito, são os únicos para quem as diferentes teorias têm previsões diferentes. Previsões que estão representadas na figura 9.4.

Para confrontar as previsões da empatia e de uma possível melhoria de disposição, Batson e colaboradores (1989) fazem acreditar aos participantes que vão ver um filme que os porá, ou não, de boa disposição. Antes de o verem e sem que isso tivesse aparentemente a ver com a experiência do filme, todos os participantes têm ocasião de ajudar uma pessoa em dificuldade. Segundo uma das explicações em termos de reforços internos, os participantes só ajudariam no caso de não estarem à espera de qualquer melhoria dos seus afectos; com efeito, se ajudarem com intuito de ganhar boa disposição, não se percebe por que o fariam quando têm a certeza de que o filme os vai descontrair. Pelo contrário, na hipótese de Batson, os participantes

Figura 9.4

Previsões derivadas das teorias de ajuda e de altruísmo em participantes com forte empatia.

	Ajuda	*Altruísmo*
Recompensas recebidas		
Garantia de boa disposição	Pouco	Muito
Expectativas incertas	Muito	Muito
Evitamento de punições		
Justificação	Pouco	Muito
Ausência de desculpa	Muito	Muito
Reacções ao desconforto		
Evitamento fácil	Pouco	Muito
Evitamento difícil	Muito	Muito

com forte empatia ajudariam qualquer que fosse o filme. De facto, é isso que acontece.

No caso de o investigador se interessar pela capacidade de evitamento da punição, pode confrontar os seus participantes com uma ajuda difícil, por exemplo substituir uma pessoa que recebe choques eléctricos, dando-lhes, ou não, uma razão para não ajudarem (dizer-lhes que a ajuda que podem dar não será grande uma vez que não têm as competências requeridas). Na posse de uma desculpa, seria de esperar que os participantes não oferecessem ajuda se de facto ela constitui, para eles, apenas uma maneira de evitarem uma punição, uma auto-censura. Nos partidários do altruísmo, pelo contrário e como se pode ver na figura 9.4, não é esperada qualquer diferença em função da justificação: os sujeitos com forte empatia darão ajuda, qualquer que seja a justificação. Foi isso o que Batson *et al.*(1988) encontraram.

Por fim, a reacção ao desconforto, a uma estimulação desagradável, pode ser estudada fazendo com que seja fácil, ou quase impossível, escapar à visão de um outro que sofre e que se pode ajudar, recebendo os choques eléctricos em sua vez. Se as pessoas fossem motivadas pelo desconforto, deveriam ajudar quando é difícil escapar à visão do sofrimento e não ajudar quando é possível evitá-la. Pelo contrário, de acordo com a hipótese de empatia, os participantes em que se induziu uma forte empatia deveriam ajudar em todas as situações e, de facto, é isso que fazem (Batson, 1987, 1991).

INTERVENÇÕES EM SITUAÇÃO DE URGÊNCIA

Em muitos dos nossos países, há uma obrigação legal de ajudar os outros em algumas situações: chama-se assistência a pessoas em perigo. E no entanto...

Os participantes da experiência de Darley e Batson (1973) são seminaristas, isto é pessoas cujos valores altruístas deveriam estar altamente desenvolvidos, por escolha pessoal ou por treino. Cada um desses seminaristas foi encarregado de preparar uma homilia que tinha de fazer num edifício próximo. Num caso, era-lhes dito que tinham muito tempo mas que podiam dirigir-se desde logo para o edifício. No outro, pelo contrário, dizia-se--lhes para se despacharem, pois estavam atrasados alguns minutos. No caminho, os seminaristas passam ao lado de um homem deitado na entrada de uma casa, com a cabeça baixa, a tossir e a gemer. A ironia desta experiência consistia em que metade dos seminaristas tinham tido de preparar uma homilia sobre o tema do Bom Samaritano. Trata-se de uma parábola dos Evangelhos que fala de um homem que sofre na berma da estrada e ao pé de quem passam, sem se preocuparem com ele, padres ou levitas e que é auxiliado por um habitante da Samária de quem precisamente não se esperava qualquer ajuda. Portanto, Darley e Batson não só trabalharam com uma população especial de quem se espera um alto nível de altruísmo, como ainda acentuaram as normas altruístas com o próprio tema da homilia. Tudo inútil; é a situação de estar ou não com pressa que constitui o factor decisivo. Quando estão atrasados, apenas 10% dos seminaristas param para oferecer ajuda, enquanto param e ajudam 63% dos que têm tempo. Verificou-se que alguns seminaristas, sobretudo quando estavam com pressa, iam tão mergulhados nos seus pensamentos que até nem repararam no homem deitado que resmungava e tossia para captar a sua atenção.

Vejamos agora uma crónica de jornal. A 13 de Março de 1964, em Nova Iorque, são três e meia da manhã quando Kitty Genovese deixa o carro no parque de estacionamento perto do prédio onde vive e volta a pé para casa. De repente, é agredida por um homem que tenta apunhalá-la. Luta, grita; por duas vezes o agressor se afasta porque é possível que os gritos tenham alertado os vizinhos; por duas vezes recomeça a agredir e, finalmente, Kitty Genovese sucumbe. O assalto demorou meia hora. Durante a investigação, foi estabelecido que 38 pessoas assistiram ao assassínio, das janelas dos seus andares. Nenhuma dessas testemunhas interveio para ajudar Kitty Genovese; nenhuma telefonou à polícia.

Esse incidente foi imediatamente relatado na primeira página dos jornais e alguns pretensos especialistas não se privaram de interpretar essa falta de reacção. Falou--se de apatia, de egoísmo, de indiferença, de alienação, de desumanidade, etc. Vários leitores até propuseram que os jornais publicassem os nomes e as moradas daquelas testemunhas, para expor ao desprezo público essa gente sem valor! Em vez de alardoar a apatia, indiferença ou sadismo inconsciente, dois investigadores, Latané e Darley (1970), conduziram uma série impressionante de estudos, com vista à compreensão do fenómeno. A sua intuição dizia-lhes que o azar de Kitty Genovese tinha sido o facto de ter 38 testemunhas em vez de uma única.

Imagine a seguinte situação. Um estudante apresenta-se num edifício universitário para participar numa entrevista sobre os problemas da vida urbana. É conduzido a uma sala de espera onde tem de preencher vários questionários. Depois de alguns minutos, um fumo picante e suficientemente denso para fazer acreditar num incêndio sai de uma boca de ventilação. O que fará o estudante? Intervém, tenta alertar os moradores do prédio ou, pelo contrário, fica sem outras reacções senão tossir e abrir a janela? Em alguns casos, o estudante estava sozinho na sala de espera; em outros, havia mais duas pessoas que eram, ou participantes ingénuos como ele, ou cúmplices que tinham a instrução de não intervir.

75% dos participantes solitários intervieram, geralmente assinalando o fumo às pessoas que encontravam no corredor, mas só 10% dos que estavam acompanhados por cúmplices impassíveis o fizeram. Estes desempenharam provavelmente o papel de modelos de não--intervenção. E que aconteceu nos grupos de três participantes ingénuos? Dado que a probabilidade de intervenção de um indivíduo solitário é de 75%, a probabilidade que, pelo menos, um indivíduo, dos três, reaja, é ligeiramente superior a 98%, isto é $1-(1-0.75)^3$. Na realidade, apenas 38% dos grupos tiveram uma reacção e esta foi mais tardia do que a dos participantes solitários. Mas talvez esses resultados se devam ao facto de os indivíduos, em grupo, concentrados nos seus questionários para não parecerem indiscretos, serem mais lentos a aperceber-se do fumo do que aqueles que tinham a sala de espera só para eles? Lembre-se de que, na experiência de Darley e Batson (1973), muitos seminaristas apressados também não repararam no homem que solicitava a sua ajuda.

Não basta ver a situação, é preciso percebê-la como sendo uma situação de urgência. Numa outra pesquisa, alguns participantes são acolhidos por uma pretensa secretária que lhes dá questionários para preencher enquanto vai buscar material à sala ao lado. É possível ouvi-la a abrir e fechar gavetas, subir a um banco, cair e gritar de dor. De novo, os participantes sozinhos são mais frequentes (70%) e mais rápidos a ir ajudá-la do que os grupos de 2 pessoas que não se conheciam entre si (40% enquanto que a probabilidade teórica é de 91%). No entanto, muitos daqueles que não foram ajudar a secretária contaram depois que não tinham pensado que a queda fosse grave a ponto de irem intervir e eventualmente a incomodarem.

Na experiência seguinte, foram tomadas todas as precauções para que fosse impossível não se aperceber do incidente e não o perceber como necessitando de assistência. No contexto de uma pesquisa sobre a vida universitária, um participante é convidado a discutir com outras pessoas os seus problemas pessoais em relação à Universidade. Para evitar o incómodo do frente a frente que pode suscitar o tema da conversa, os participantes são colocados em salas individuais e devem usar um interfone para comunicar com os outros. Cada um por sua vez, devem começar por expor os seus problemas e depois reagir aos dos outros – o investigador não ouve estas conversas. Numa situação, há apenas duas pessoas: o sujeito participante mais um cúmplice que chamaremos a vítima; numa segunda, há três pessoas: o sujeito participante, a vítima e um outro cúmplice; por fim, na terceira, há seis pessoas: o sujeito participante, a vítima e quatro outros cúmplices.

Durante a primeira volta, a vítima apresenta-se e, com hesitação, confessa que tem crises

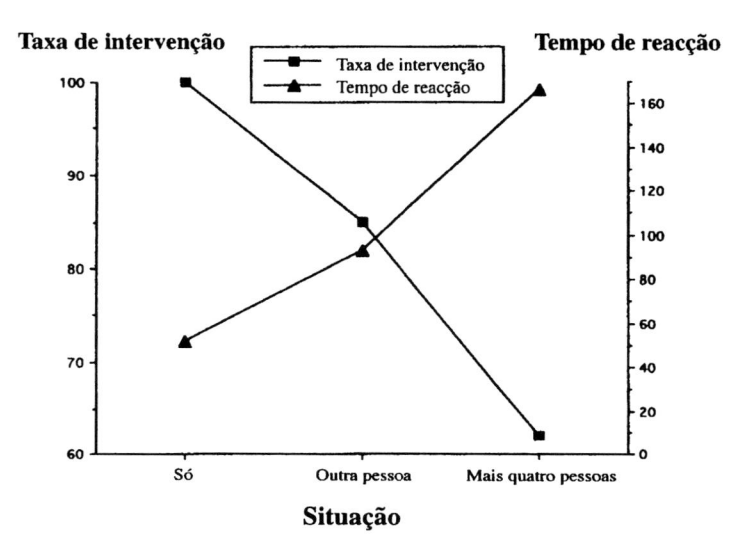

Figura 9.5 - A presença de outras pessoas reduz a intervenção dos espectadores.

de epilepsia, sobretudo quando é estudante e vai a exame. Na segunda volta, a fala da vítima que era, ao princípio, normal, torna-se cada vez mais entrecortada: balbuciando, gaguejando, ofegando, a vítima assinala que está a ter uma crise e pede ajuda. Depois, é o silêncio.

Não é possível que o sujeito não tenha ouvido aqueles gritos de aflição. De que maneira vai reagir? Quando sabe que é o único a ter ouvido a vítima, assiste-a em todos os casos e

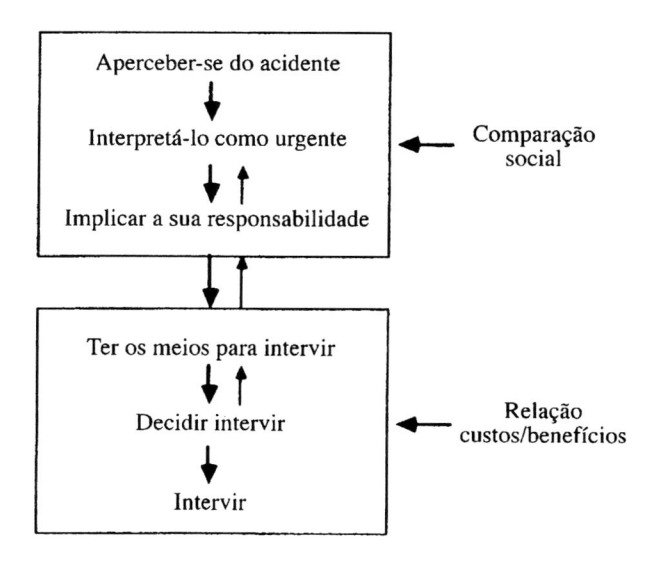

Figura 9.6 - Modelo de tomada de decisão de intervenção em situação de urgência.

necessita em média de 52 segundos para se decidir. Quando sabe que há outro participante susceptível de ajudar, mas cuja reacção lhe é desconhecida, intervém em 85% dos casos, num prazo médio de 93 segundos. Por fim, quando há quatro outras pessoas, reage apenas 62 vezes em 100 e isso só após 166 segundos (ver figura 9.5).

Na sequência das suas experiências, Latané e Darley sugeriram um modelo de tomada de decisão para descrever a assistência em situação de urgência. Como se vê na figura 9.6, é preciso, antes de tudo, que as pessoas se apercebam do incidente. Aparentemente, isso acontece menos quando as pessoas estão com pressa ou quando não estão sozinhas. Nos casos em que se apercebem do acidente, é preciso que o definam como uma situação de urgência necessitando de intervenção. Em seguida, decidirão se estão dispostas a implicar a sua responsabilidade. É perfeitamente possível que as pessoas façam avanços e recuos entre as diversas etapas. Por exemplo, nota-se que quando as pessoas sabem que não há necessidade da sua ajuda em situação de urgência, mais facilmente definem a situação como necessitando de assistência. Inversamente, quando sabem que são responsáveis, mais facilmente interpretam os acontecimentos como sendo sem gravidade. A comparação social é muito importante durante essas três primeiras etapas e explica que haja menos reacções quando há muitas pessoas susceptíveis de intervir. As pessoas têm tendência, sub-repticiamente, a observarem-se umas às outras para ver se, e de que maneira, a outra reage: é a hesitação ou a inacção consensual. Tal comparação explica também que esse efeito de menor assistência aconteça quando as pessoas não se conhecem (Piliavin *et al.*, 1969). Face a desconhecidos, as pessoas hesitam. Sentem-se menos constrangidas na presença de amigos: ousa-se olhar, ousa-se falar e fazer perguntas ("Vamos?") e até se ousa ser ridículo.

Quando as pessoas julgam ser responsáveis, é ainda preciso que tenham meios para intervir. De nada serve fazer de mártir. Por fim, se tiverem os meios, é preciso tomar a decisão de intervir. Estas duas últimas etapas já não dependem muito da comparação social. Na realidade, esperar-se-ia que seguissem uma lógica de custos e benefícios. Desse ponto de vista, o número de testemunhas deveria favorecer a intervenção. Com efeito, é provavelmente menos perigoso intrometer-se num acontecimento arriscado quando há várias pessoas do que quando se está sozinho. No entanto, não é o que acontece, como mostraram Latané e Darley; de acordo com as suas experiências, há mais hipóteses de um roubo ser assinalado se houver uma única testemunha do que se houver duas.

Da mesma forma que os estudos sobre o conformismo e a submissão à autoridade, para citar apenas dois exemplos, também as experiências de Latané e Darley têm o imenso mérito de pôr em relevo a importância dos factores situacionais sobre o comportamento. Não, as testemunhas do assassínio de Kitty Genovese não tinham uma personalidade perversa; não eram nem sádicas, nem indiferentes, nem desumanizadas; eram 38, cada uma no seu apartamento de uma grande cidade e não se conheciam ou quase.

Capítulo 10
A agressão interpessoal

Neste capítulo vamos considerar exclusivamente a **agressão hostil interpessoal**. Ela corresponde a um comportamento cujo primeiro objectivo é ferir, física ou psiquicamente, outra pessoa. Distingue-se da **agressão instrumental** que tem as mesmas características observáveis mas não tem a intenção de infligir um sofrimento, sendo apenas um meio em direcção a outro fim. Na história que introduz esta parte do livro, o comportamento de JP para com o oficial, da Gestapo é nitidamente hostil. A sua recusa em cumprimentar esse oficial que no entanto cumpriu a sua promessa, é uma prova de desprezo que se justifica por si própria. Pelo contrário, a colega de JP mostrou-se agressiva de maneira instrumental ao denunciar as actividades de JP como resistente; com efeito, procurava menos prejudicar JP do que agradar aos alemães. Isso não significa que todas as denúncias sejam instrumentais; pelo contrário, são muitas vezes hostis: os delatores querem ferir as suas vítimas.

Também se diferencia a agressão interpessoal, cometida por uma pessoa contra outra, da agressão colectiva. Não abordaremos aqui os conflitos intergrupos que opõem grupos de pessoas a outros grupos. Serão tratados no próximo capítulo.

Em psicologia social, todas as concepções contemporâneas sobre a agressão se inspiram da **teoria da frustração-agressão**. O livro que está na base dessa teoria foi escrito por psicólogos que tentaram uma grande síntese das concepções behavioristas e psicanalíticas (Dollard, Doob, Miller, Mowrer e Sears, 1939). Para eles, a **frustração** corresponde a ser-se impedido de atingir um objectivo desejado. Qualquer frustração levaria a uma agressão, ainda que invisível, e qualquer agressão resultaria de uma frustração, mesmo que invisível. Uma formulação deste tipo constitui mais um acto de fé do que uma teoria verificável. Dará lugar tanto a críticas como a estudos empíricos.

Na continuação deste capítulo, utilizaremos um modelo inspirado, em grande parte, em Berkowitz (1993). A figura 10.1 mostra um conjunto de factores situacionais, desagradáveis para quem os sofre e são susceptíveis de induzir um comportamento agressivo. Os mais estudados são a frustração, os ataques à

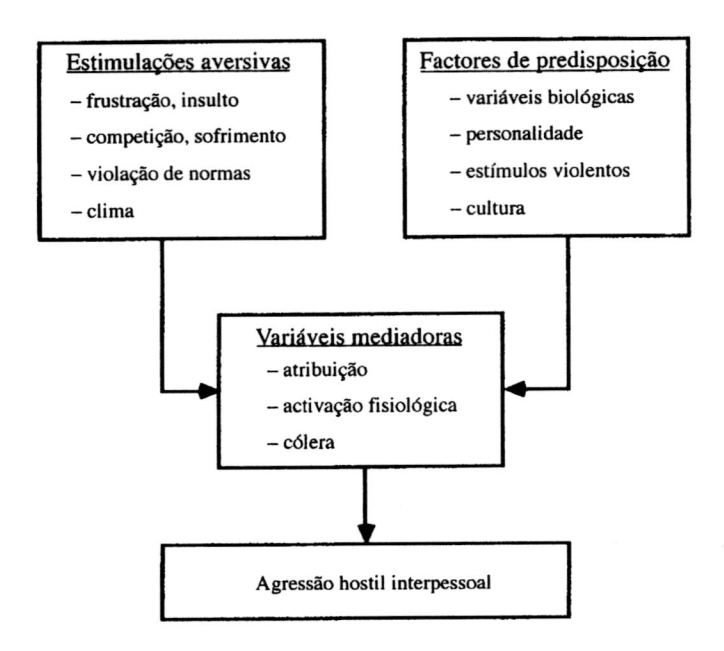

Figura 10.1 - Variáveis que intervêm na expressão de um comportamento de agressão hostil.

auto-estima, as violações de normas e os factores ambientais de *stress*. Quando o resultado de um jogo de futebol se decide por uma série de grandes penalidades e um jogador falha o seu remate, os outros membros da equipa não o lincham por causa disso. No entanto, conhecendo o futebol e o dinheiro nele implicado, isso resulta numa enorme frustração tanto no plano financeiro como no da auto-estima. Isso significa que os factores indutores não provocam automaticamente um comportamento agressivo. Com efeito, os estímulos desagradáveis provenientes de uma situação começam por ser avaliados do ponto de vista da intenção com que foram cometidos. Se confirma a intenção maliciosa, a avaliação provoca uma activação fisiológica e uma emoção de cólera. Atribuição, activação e emoção são o que se chama variáveis mediadoras; é por seu intermédio que o efeito se produz. Por exemplo, o facto de pisar uma pessoa desencadeia uma resposta agressiva, tanto mais quanto essa "falta de jeito" for considerada como deliberadamente realizada para magoar.

A par da instigação, há outros factores que criam uma predisposição para a agressão. Caricaturando um pouco, podemos considerá-los necessários, mas não suficientes. São relativos à biologia, à personalidade, à situação e à cultura. Vamos pormenorizá-los um a um nas próximas páginas. Estes factores de predisposição que intervêm numa segunda "avaliação" que será determinante para o comportamento: ataque ou fuga (*fight or flight*), agressão ou outra solução. Mesmo tendo uma personalidade agressiva e encontrando-me num contexto propício à violência, não me comporto necessariamente de maneira agressiva. Mas se me provocam, passo mais facilmente ao acto agressivo, excepto se quem me provoca for duas vezes mais forte do que eu, caso em que me submeto. Inversamente, posso sentir que sou deliberadamente atacado mas estar numa situação (de exame universitário, por exemplo) ou ter uma personalidade tais que respondo ao meu carrasco com um sorriso.

AS ESTIMULAÇÕES ADVERSAS

Frustração, insulto, competição e sofrimento

Segundo Berkowitz, teremos tendência para reagir agressivamente às situações desagradáveis. Essa é a razão por que nem todas as frustrações levam à agressão. Quando compro um bilhete de lotaria, desejo ganhar, mas as expectativas são poucas e portanto não faço recair sobre os amigos a minha raiva por não ter ganho. Pelo contrário, se estudar com afinco a matéria de um exame em que quero brilhar e o examinador me der uma nota média depois de me ter feito apenas algumas perguntas insignificantes, ficarei furioso e é melhor que as pessoas à minha volta tomem precauções (Worchel, 1974).

Porque nem sempre as frustrações são muito desagradáveis, alguns investigadores pensam que os insultos e os ataques à auto-estima são mais importantes como desencadeadores da agressão. Talvez isso seja verdade, na condição de a auto-estima ser realmente atacada numa dimensão importante para a pessoa visada.

Alguns autores evocam as situações de competição para mostrar que pode haver agressão sem frustração. Com efeito, há situações que não incluem necessariamente uma frustração e, no entanto, levam muitas vezes à agressão (ver o próximo capítulo). Numa experiência, por exemplo, alguns pares de crianças de seis anos são levadas a brincar de modo competitivo, ou não competitivo. Os investigadores manipulam o resultado da competição de maneira a que algumas crianças ganhem ou percam quase sempre. Quando as crianças são deixadas sozinhas com os brinquedos, as que participaram na competição simulam mais actos agressivos do que as crianças do grupo de controlo. As que perderam têm, evidentemente, mais tendência para esse tipo de comportamento mas, relativamente às que ganharam, não é grande a diferença (Worchel *et al.*, 1977). Com efeito, numa competição, criam-se expectativas e aparecem medos: "Talvez eu não seja capaz". O importante não é tanto a própria competição como a maneira como ela é vivida.

No final de contas, poder-se-ia dizer que o sofrimento das pessoas, físico ou moral, as leva a fazer mal aos outros. Os psicólogos e os médicos que trabalham com doentes depressivos ou com dores crónicas, sabem bem o que isso é. Parafraseando Schachter, poder-se-ia dizer que a miséria gosta que a sua companhia seja miserável (ver capítulo 1).

Berkowitz *et al.* (1981) pretenderam verificar essa relação experimentalmente. Os seus participantes tinham uma mão ou em água muito fria, ou em água tépida, e deviam escolher entre dar castigos ou recompensas a um cúmplice do investigador que realizava uma tarefa. Alguns participantes eram prevenidos de que os castigos seriam dolorosos enquanto os outros acreditavam que as recompensas ajudariam a pessoa a sair-se bem na sua tarefa. Por outras palavras, o investigador induzia uma crença de sofrimento ou de ajuda em participantes que estavam fisicamente confortáveis ou desconfortáveis. No total, os participantes deram mais recompensas do que castigos. A maior proporção de castigos partiu dos que tinham a mão em água gelada e acreditavam que os castigos faziam sofrer a outra pessoa!

Violação das normas

Burnstein e Worchel (1962) reuniram grupos de estudantes e pediram-lhes para chegarem a uma decisão comum sobre um delinquente. Em duas situações, os grupos incluíam um cúmplice do investigador que não parava de fazer perguntas ("Já não percebo nada", "Porque é que dizem isso?"), retardando assim a decisão e conduzindo o grupo ao fracasso. Numa dessas situações, o comportamento frustrante do cúmplice não era arbitrário e podia ser atribuído a uma deficiência auditiva; com efeito, ele usava um aparelho no ouvido. Numa terceira situação, o cúmplice comportava-se normalmente, isto é como a média dos participantes. Mais tarde, todos tiveram que escolher com quem queriam continuar a trabalhar e tiveram que avaliar a contribuição de cada elemento. Na situação arbitrária, os estudantes decidiram por unanimidade e publicamente rejeitar o elemento que, sem motivos, os tinha atrasado; na situação não arbitrária, mostraram-se muito mais tolerantes com o cúmplice aparentemente deficiente. No entanto, na medida mais anónima da avaliação, o cúmplice das duas situações de frustração foi julgado com mais severidade do que o cúmplice "normal".

Em suma, deficiente auditivo ou não, o cúmplice irritou os participantes com as suas perguntas. Contudo, rejeitar publicamente um deficiente é coisa que não se faz. Seria uma **violação das normas** e as pessoas são muito sensíveis a isso. Rusher e Hammer (1996), por exemplo, mostraram que as estudantes que não gostam das lésbicas não criticam directamente a sua homossexualidade, mas criticam aspectos não relacionados com a sua orientação sexual. A situação está longe de ser invulgar: "Não tenho nada contra os homossexuais, mas há-de reconhecer que eles se vestem de maneira esquisita". As pessoas evitam violar as regras, não só porque isso não se faz, mas também, talvez, porque têm medo da reacção agressiva que podem desencadear.

Na realidade, segundo Da Gloria e de Ridder (1977, 1979), a violação de normas é, por excelência, a situação que desencadeia comportamentos agressivos e imaginaram uma forma habilidosa de o ilustrar. Duas pessoas acreditam estar a participar numa tarefa de competição em que, a seguir a um sinal, se tem de encaixar rapidamente um estilete num pequeno entalhe. Os participantes são informados de que podem impedir o adversário de conseguir o objectivo se lhes aplicarem descargas eléctricas no estilete de maneira a que a mão trema. Podem aplicar descargas de três diferentes intensidades, sabendo que o primeiro nível consegue fazer falhar o adversário em 50% dos casos e o segundo nível em 100%. Dito de outra maneira, o uso do nível 2 é normativo, pois é suficiente para atingir o objectivo. Recorrer ao terceiro nível não trará mais vantagens, mas magoará mais. Durante a experiência, alguns participantes são levados a acreditar que o adversário lhes dirige choques mais fortes do que o necessário. O resultado não se faz esperar: nessa situação de violação de normas, os sujeitos reagem aplicando também choques de nível 3.

Factores climáticos

Existem muitos factores desagradáveis no ambiente que, sem nós darmos por isso, influenciam o nosso comportamento agressivo. É o caso de uma taxa elevada de ozono ou a electricidade atmosférica, o barulho à nossa volta, a densidade da população, ou muito simplesmente o fumo do cigarro para os não-fumadores. Contentar-nos-emos em esmiuçar particularmente um factor: o calor.

Já no século XIX, o astrónomo-demógrafo-matemático belga Quételet falava da "lei térmica da delinquência". O cidadão comum precedeu Quételet quando afirmava que certas pessoas "fervem em pouca água" ou têm o sangue quente, querendo com isso dizer que o calor torna as pessoas mais irritáveis e violentas. Melhor ainda, já reparou que muitas das festas nacionais se realizam nos meses quentes do ano?

Às regiões, estações, meses e dias mais quentes correspondem estatísticas mais altas de crimes violentos (assassínios, assaltos, violações, violências familiares, etc.). A relação é geralmente linear, indicando que quanto mais calor está, mais crimes as pessoas cometem; por vezes, a curva toma a forma de um J, o que significa que o número de crimes aumenta mais rapidamente com as temperaturas elevadas do que com as baixas. Como exemplo, a figura 10.2 mostra o número de assaltos (à mão armada ou não) em função dos meses do ano, para estudos conduzidos na Alemanha e em várias cidades dos Estados Unidos em épocas que vão de 1883 a 1977 (Anderson, 1989). A agressão pode ser muito mais subtil, como sugere um estudo de Kenrick e MacFarlane (1986). Estes investigadores recorreram a um cúmplice que com o carro bloqueou um cruzamento na cidade de Phoenix, no Arizona, durante a Primavera e o Verão, com temperaturas entre os 30 e os 40 graus. Registaram o tempo que um automobilista levava até buzinar, bem como o número e a duração das buzinadelas. A relação entre essas medidas e a temperatura do dia era linear, sobretudo para os carros sem ar condicionado.

Duas observações se tornam necessárias. Em primeiro lugar, os delitos não violentos (instrumentais), ou planificados, são muito menos sensíveis ao calor. Ou seja, se as festas nacionais se concentrassem deveras nos meses mais quentes do ano, poder-se-ia pensar que os acontecimentos que conduziram a essas festas teriam uma parte de impulsividade, apesar de toda a planificação de que foram objecto.

% do total anual

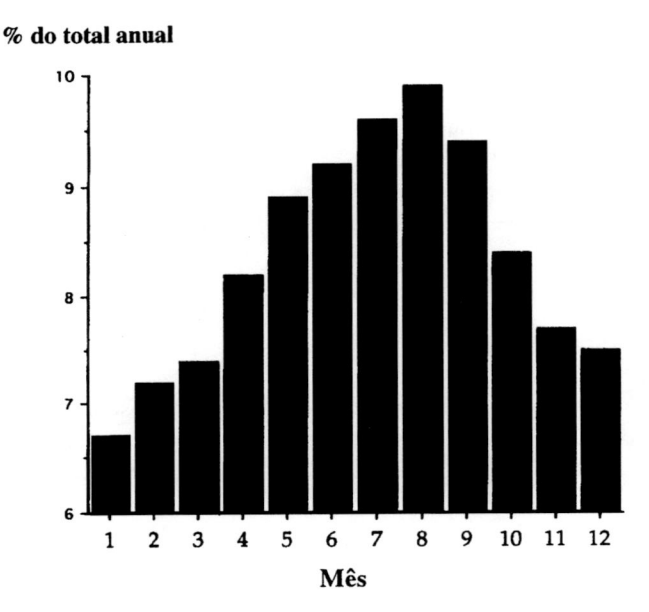

Mês

Figura 10.2 - Distribuição mensal dos assaltos (à mão armada ou não).

Em segundo lugar, o leitor interroga-se provavelmente sobre como conciliar os efeitos do calor com os da água gelada da experiência de Berkowitz *et al.* (1981), mencionada precedentemente. Na realidade, do ponto de vista teórico, se a água estivesse muito quente em vez de gelada, seriam de esperar os mesmos resultados já que o importante é o facto de o estímulo ser desagradável. O que leva a perguntar: como é possível que o calor tenha mais impacto do que o frio? Simplesmente porque os dados relativos ao calor foram obtidos fora do laboratório e é mais fácil proteger--se do frio do que do calor: basta vestir roupas mais quentes ou não sair de casa. Além disso, o facto de sair de casa sem se estar coberto de roupas suscita mais interacções sociais e, portanto, mais oportunidades para ser agressivo.

VARIÁVEIS MEDIADORAS

De que maneira é que a frustração, o insulto, a violação da norma, o calor, etc., levam à agressão? É evidente que nenhum desses factores a desencadeia automaticamente; o calor provoca a agressão da mesma maneira que derrete a manteiga!

Moser e Levy-Leboyer (1985) observaram as reacções agressivas de pessoas que tinham posto dinheiro numa cabina de telefone e verificavam que o aparelho não funcionava. Havia muito mais reacções na situação que acabámos de descrever do que nos casos em que na parede da cabina havia uma folha de instruções que indicava como recuperar o dinheiro em caso de mau funcionamento e informava sobre quais as cabinas nas proximidades. À parte a diferença de frustração entre as duas situações, o que é que pode explicar as diferenças de reacção?

"Até que enfim, uma cabina telefónica! Que sorte, tenho exactamente a moeda que é preciso. Não é possível! Tenho a certeza que foram os malandros com que acabo de me cruzar. E todos estes horríveis *grafitti*, de certeza que foram eles. Deviam ser obrigados a limpar todas as paredes da cidade, durante as férias. Se calhar, fizeram de propósito. Que nervos!. Bem, em vez de me enervar, arranco o fio. Pelo menos, assim fica à vista!" Poderia ser este o monólogo interior de uma pessoa apanhada na primeira situação: ideias hostis, sentimento de excitação, emoção de cólera e atribuição de intenções misturam-se e, finalmente, culminam no vandalismo. Ainda que pensamentos e sentimentos idênticos tenham aflorado na segunda situação, parte deles foram desactivados pelo cartaz da parede: "Não é possível! Esta cabina não funciona, mas a concorrência tem aspectos positivos; como vão perder o monopólio, as companhias tornam-se mais educadas." E a pessoa também.

Activação fisiológica

Frustrações, competição, insultos, normas violadas, temperaturas extremas, etc., levam a um aumento da **activação fisiológica**. Em linguagem de todos os dias, diremos que aqueles factores "enervam" as pessoas. Mas é preciso dar nome a esse enervamento através de um processo de atribuição.

Em alguns casos, a atribuição é fácil. À visão de um uniforme da Gestapo o rosto de JP altera-se imediatamente, o seu coração bate mais depressa e com mais força. JP não tem que reflectir sobre o que pode explicar esse "enervamento". Para ele, a Gestapo é o símbolo da maleficência, a quinta-essência de todos os sofrimentos que teve de aguentar durante vários anos. Da mesma maneira, quando uma pessoa nos insulta criticando o tipo de vida da nossa mãe, não temos nenhuma dificuldade em interpretar o que sentimos.

Como sugere a **teoria da transferência de excitação** (Zillmann, 1983), nem sempre o processo é tão simples. Admitamos que você vai ter com amigos ao cinema. Está muito excitada com a formidável noite que o espera. O parque de estacionamento já está muito cheio, acaba por encontrar um lugar disponível mas, quando está quase a chegar, outro condutor é mais rápido. Fica furiosa, sem motivo afinal, pois no lugar do outro condutor teria provavelmente feito o mesmo. A partir daí, vai interpretar todas as sensações corporais devidas à perspectiva de uma noite memorável como sendo o resultado da grosseria daquele condutor mais rápido que você. Há poucos minutos, sabia perfeitamente porque é que o seu coração batia; agora, tem a certeza de que ele bate por causa da raiva que sente.

O erro de atribuição pode funcionar no outro sentido. Combinou ir ter com amigos a uma festa. A perspectiva não lhe agrada muito, está distraída na condução e quase tem um acidente. Chega por fim à festa onde conhece um amigo da sua melhor amiga. O seu coração bate com força e acredita que está a ficar apaixonada. É essa talvez a explicação do êxito dos monitores de desportos perigosos junto das alunas do sexo feminino pois elas enganam-se nas razões que fazem bater o coração!

Cólera

A primeira reacção que se segue a um estímulo desagradável como um insulto ou uma violação das normas, é o começo de uma emoção negativa, um sentimento de irritabilidade que, a desenvolver-se, poderá ser considerado **cólera**. Também aqui as atribuições terão uma influência sobre esse desenvolvimento. Pense nas experiências de Burnstein e Worchel, ou de Moser e Levi-Leboyer. Um indivíduo, sempre o mesmo, trava a progressão do seu grupo, ou o telefone não funciona quando precisa. É provável que a sua primeira reacção seja uma lufada de mau humor. Mas ela é imediatamente acalmada pela visão do aparelho auditivo ou do aviso e as ideias hostis não têm tempo de proliferar.

As atribuições que moderam a emoção negativa inicial explicam as diferenças de perspectiva entre actores, vítimas e observadores de actos agressivos. As vítimas (e os observadores) de um comportamento violento julgam-no com mais severidade do que o próprio autor ainda que tenham sido elas que o provocaram (Mummendy et al., 1984a, 1984b; Mummendy e Otten, 1989). As vítimas (e os observadores) têm todo o "tempo" para interpretar a sua reacção negativa como sendo cólera; pensam nos outros comportamentos desagradáveis do actor, em eventuais réplicas, etc. O actor centra-se nos seus direitos e ainda que reconheça ter agido num impulso de cólera, é sobre ela que faz recair a responsabilidade do seu acto: "Não sou bem eu; é apenas um impulso de cólera".

Muitas vezes a cólera é considerada a causa da agressão hostil. Uma levaria à outra. Para Berkowitz, no entanto, cólera e agressão funcionarão mais em paralelo do que em sucessão. Se é difícil imaginar uma agressão hostil que não tenha qualquer concomitante emocional, já o inverso pode muito bem existir: felizmente, nem sempre as pessoas irritadas se comportam de maneira agressiva. Voltemos às interacções entre JP e o oficial da Gestapo. Este, a menos que fosse um anjo, devia sentir alguma cólera face à atitude insultuosa de JP e, no entanto, nunca se mostrou agressivo para com ele. Uma explicação possível para essa não agressão é evidente: o oficial não queria que os sogros e, talvez, a mulher, se tornassem hostis para com ele. A outra explicação, igualmente possível, é mais sedutora ao nível teórico. Ainda que continuando a sentir cólera, é possível que o oficial tivesse descoberto circunstâncias atenuantes na atitude de JP e até tivesse admirado a sua coragem inconsciente. O oficial não era estúpido a ponto de ignorar o que a Gestapo representava para um fugitivo. Vê-se aqui que a cólera pode existir sem agressão e mesmo sem que esta última seja inibida por factores externos, como o medo das represálias. Muito simplesmente, a situação é tal que não evita que a cólera se desenvolva e defina como cólera mas, por outro lado, devido a alguns elementos na interpretação da situação, a passagem ao acto é julgada inconveniente.

FACTORES DE PREDISPOSIÇÃO

Factores biológicos

Os leigos, assim como os psicanalistas e alguns etólogos após Lorentz (1969), falam facilmente de instinto agressivo ou de pulsão agressiva. Querem com isso dizer que, no interior do nosso organismo, "qualquer coisa" procura exprimir-se de maneira agressiva. Devido à sua inevitabilidade o que há a fazer é aceitar e gerir o melhor possível tal instinto ou pulsão. As páginas precedentes terão no entanto mostrado que se as situações podem provocar respostas agressivas, elas não são factores únicos. É preciso também tomar em conta os factores de disposição. É muito provável que a agressão seja, em parte, geneticamente determinada, o que, não obstante, não justifica uma posição fatalista. Mesmo que uma criança nasça com uma doença congénita, os médicos não ficam de braços cruzados a dizer "Paciência, não se pode fazer nada, é inato". Também não é por a agressão ser, em parte, condicionada biologicamente, que os outros factores não intervêm, tanto no seu aparecimento como, aliás, na sua dissuasão.

Hereditariedade. É curioso verificar que a questão da hereditariedade da agressão aparece ciclicamente; esquecida durante os períodos de abundância, volta à superfície quando chega a penúria. A nossa época coincide sem dúvida com muitas preocupações sociais e, portanto, não é de admirar que os Estados Unidos dediquem hoje somas enormes à descoberta do gene violento. Na verdade, desde há vários anos que dispomos de informações graças aos estudos comparativos entre gémeos verdadeiros (monozigotas) e falsos (dizigotas), para diversas variáveis. Um desses estudos toma em consideração o registo criminal dos indivíduos e evidencia uma componente genética da agressão (Christiansen, 1974). Pode também comparar-se o efeito dos pais biológicos e o dos adoptivos (Mednick *et al.*, 1987). O peso dos pais biológicos é superior ao dos pais adoptivos, mas estes não deixam de ter poder. A influência é evidentemente maior quando "gene" e aprendizagem estão associados. A percentagem de indivíduos com registo criminal é de 13.5 quando nenhum dos pais tem um passado delituoso. Essa percentagem duplica quando os dois tipos de pais têm, também, um registo criminal. A boa notícia é que 75% dos filhos não seguem o caminho delinquente dos pais, biológicos ou adoptivos.

Testosterona. Escreveu-se muito nestes últimos anos sobre as diferenças entre homens e mulheres. Livro após livro, aliás, a lista das diferenças e a sua importância diminuem. É o caso da agressão. Enquanto o livro clássico nessa área das diferenças sexuais (Maccoby e Jacklin, 1974) afirmava que os homens eram sem dúvida mais agressivos do que as mulheres, as publicações mais recentes mostraram uma diminuição da diferença que se torna mais marcada (até invertida) com o envelhecimento (Eagly e Steffen, 1986). As hormonas sexuais, evidentemente, aparecem como as primeiras responsáveis. Se está bastante bem estabelecida a relação entre testosterona, por um lado, e propensão à agressão e intolerância à frustração, por outro lado (Olweus *et al.*, 1980), já o aumento de progesterona nas mulheres não produz necessariamente uma diminuição de agressão ou de irritabilidade (Bancroft e Backstrom, 1985). Continua a não se saber a que se deve a diferença de efeitos entre testosterona e progesterona.

Muitos outros factores intervêm na agressão: ao nível da fisiologia, da química, da neurobiologia. Examiná-los afastar-nos-ia demasiado do nosso tema (ver Brain e Benton, 1981; Moyer, 1976).

Personalidade

Sem dúvida que se exagerou a importância da personalidade como estrutura de traços estável ao longo das situações e do tempo. É verdade no entanto que na **agressividade** e nos comportamentos de agressão se verifica notável estabilidade.

Consistência nas respostas, nas situações e no tempo. Para se poder falar de personalidade agressiva, é preciso fazer prova de uma tripla estabilidade: nas respostas, nas situações e no tempo. Não se diz que uma pessoa é agressiva, só porque ela responde agressivamente a um questionário, por exemplo; é preciso que apresente todo um leque de reacções agressivas. Tal repertório agressivo não pode ser restrito a algumas situações particulares, mas terá de aparecer tanto em casa como no trabalho, com os amigos e com estranhos. Por fim, essa maneira de reagir a várias situações com comportamentos agressivos não pode ser limitada no tempo, antes deve manter-se em idades diferentes. A bem dizer, a agressividade que se nota na idade jovem deverá predizer a agressividade e as agressões em idades mais avançadas.

Na universidade de Cambridge, Farrington (1989) seguiu durante 23 anos mais de 400 indivíduos do sexo masculino, oriundos de meios populares de Londres. Foram entrevistados pela primeira vez quando tinham cerca de 9 anos. Foram também entrevistados os pais e os professores. Os resultados são muito esclarecedores. 14% dos participantes considerados como muito agressivos aos 9 anos, têm um registo criminal aos 21, contra 4% daqueles que não tinham sido avaliados como agressivos. As percentagens sobem respectivamente para 22% e 7% aos 32 anos. Estes números mostram que a susceptibilidade à violência detectada em rapazes prediz a sua delinquência posterior. E que se passa com as raparigas? Eron e colaboradores (1987) seguiram durante 22 anos mais de 400 raparigas e rapazes de um meio rural, no norte do Estado de Nova Iorque, desde a idade de 8 anos até aos 30. As conclusões são parecidas com as de Farrington e não se notam diferenças entre rapazes e raparigas ao nível da predição. Segundo Olweus (1979), é possível estimar a correlação entre medidas repetidas de agressão em .7 quando o período teste/re-teste não excede 1 ano e em .4 quando esse período atinge 21 anos.

Percentagem

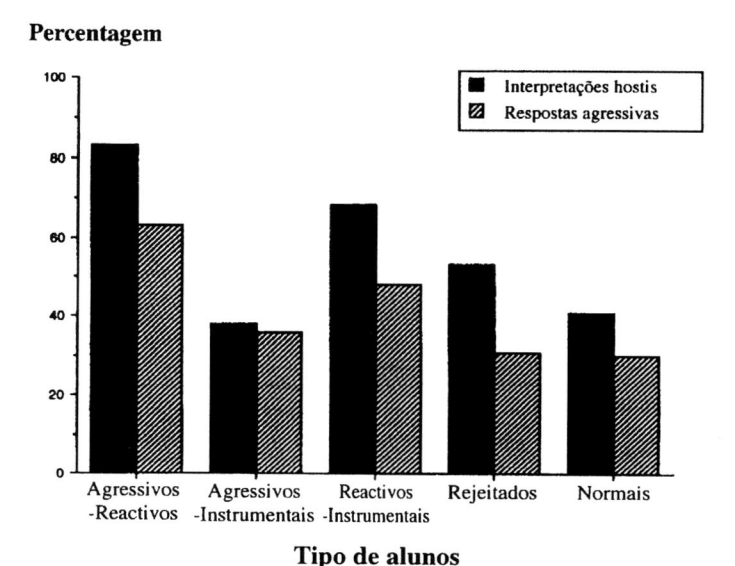

Figura 10.3 - Percentagem de interpretações hostis e de reacções agressivas face às cenas ambíguas.

Tendo em conta as correlações que é costume observar em psicologia, essa estabilidade é pura e simplesmente notável.

O tipo A. Na perspectiva psicossomática, o mundo estará dividido em duas grandes categorias mais ou menos iguais em número de pessoas de tipo A e de tipo B. As pessoas do primeiro tipo são duas vezes mais do que as outras susceptíveis de terem um acidente cardíaco. São pessoas extremamente competitivas; programam actividades futuras antes de acabar, à pressa, as que estão a fazer; são impacientes, irritáveis e facilmente coléricas. De acordo com as pesquisas mais recentes, serão sobretudo estes últimos aspectos que são preditivos da doença cardíaca. Face a factores de *stress,* o sistema nervoso autónomo reagirá, nestas pessoas, de maneira excessiva. Strube *et al.* (1984) mostraram que a agressividade destas pessoas não é instrumental mas afectiva, reactiva.

Personalidade agressiva e atribuições de agressão. Seguramente que estamos longe de ter esgotado o tema da personalidade agressiva, mas o propósito deste livro é a psicologia social e não a personalidade (para mais pormenores sobre algumas dimensões particulares da personalidade agressiva, ver Caprara, 1986). Para ilustrar o nosso modelo inicial, não podemos, contudo, deixar de mostrar que as pessoas com uma personalidade agressiva hostil são, mais do que as outras, susceptíveis de interpretar o mundo em termos agressivos.

Dodge e Coie (1987) pediram a professores dos 1.º e 3.º anos da escola primária para repartirem os seus alunos socialmente rejeitados em quatro categorias: 1) os que provocam, ameaçam, se zangam facilmente, se vingam (os agressivos reactivos); 2) os "caciques" que utilizam a força para dominar (os agressivos instrumentais); 3) os que têm as características das duas categorias precedentes (os reactivo-instrumentais) e 4) os alunos rejeitados, não agressivos. A estas quatro categorias de crianças e também a alunos "normais", Dodge e Coie mostraram vídeos em que uma criança é provocada por outra por vários motivos, desde os mais nitidamente maldosos até aos nitidamente pró-sociais, passando por intenções ambíguas. Depois da projecção, os investigadores perguntavam às crianças a sua opinião sobre o "provocador" e de que modo teriam reagido elas próprias naquelas circunstâncias. A figura 10.3 mostra as respostas para os vídeos ambíguos. Nota--se que as crianças reactivas interpretam as cenas ambíguas de forma mais hostil do que as outras crianças e que se declaram mais disponíveis para reagir com agressividade.

Estes resultados são concordantes com o que, por outro lado, nos ensina a literatura sobre a acessibilidade crónica de certos conceitos (Markus, 1977). Na medida em que um conceito, por exemplo, o de "não se deixar rebaixar", faz parte do esquema de algumas pessoas, ele é-lhes facilmente acessível e terão tendência para o utilizar em casos de dúvida. Manifestamente, para essas pessoas, em caso de dúvida, deve-se ser o primeiro a bater ou insultar.

Indícios associados à ideia de violência

Uma vez que a reacção agressiva depende da descodificação da situação, das ideias e das emoções agressivas que acompanham a situação, é provável que indícios ambientais e associados ao conceito de violência facilitem a passagem ao acto. Para o ilustrar, analisaremos dois fenómenos com implicações evidentes na vida quotidiana.

Efeito armas. Vejamos uma experiência que foi conduzida por Berkowitz e LePage em 1967.

Após terem sido, ou não, maltratados por um parceiro, os participantes deviam administrar--lhe choques eléctricos, no contexto de uma tarefa de resolução de problemas. Cada participante escolhia o número de choques a aplicar, número que era discretamente apontado pelo parceiro que, na realidade, era um cúmplice do investigador. Ao lado da máquina de aplicar choques de alguns dos participantes, havia uma espingarda e uma pistola que supostamente pertenciam ao parceiro; no caso dos outros participantes, tais armas não tinham nenhuma relação com o parceiro. Havia ainda outros participantes que tinham uma raqueta de badminton ao pé da máquina e os que, finalmente, não tinham nenhum objecto. Verifica-se que nos participantes que não foram previamente irritados pelo parceiro, a agressão é mínima e não é influenciada pela presença das armas. A situação é completamente diferente quando, no início, o parceiro maltratou o participante. Neste caso, a simples presença das armas é suficiente para aumentar a agressividade dos participantes, comparativamente às situações em que nenhum indício agressivo está

Intensidade dos choques

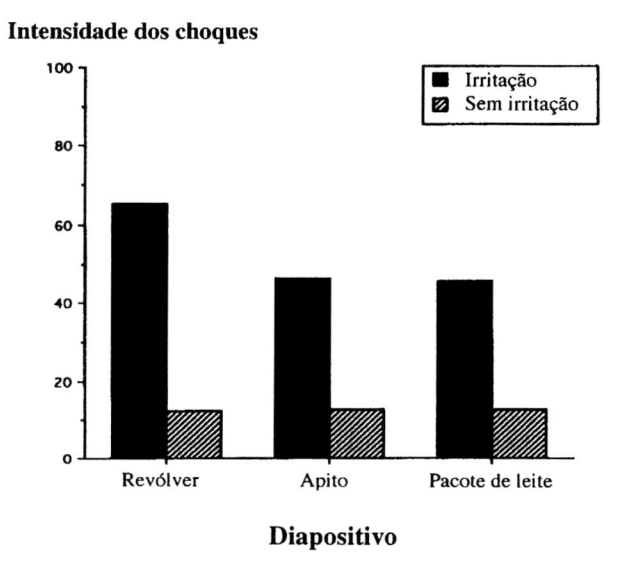

Diapositivo

Figura 10.4 - Intensidade dos choques eléctricos em função do grau de agressividade do diapositivo e da irritação dos sujeitos.

presente. Estes resultados levaram Berkowitz a dizer que se é o dedo que aperta o gatilho, este também pode empurrar o dedo.

Em geral, as pessoas riem-se quando se diz que uma pessoa que tem uma arma é mais susceptível de a utilizar do que uma que não a tem. No entanto, os partidários da dissuasão nuclear argumentam o contrário. Vimos aqui resultados que atestam que a presença próxima de uma arma incita, em geral, as pessoas a um comportamento mais agressivo, ainda que ele não tenha nada a ver com a arma em questão.

Se o que dissemos até agora é válido, isso significa que a própria arma tem menos importância do que o seu significado. Se a arma evocar mais a ansiedade do que a agressão, levará provavelmente a uma diminuição de agressão. Foi de facto o que aconteceu em repetições da experiência original de Berkowitz e LePage, em que os investigadores quase chegaram a apresentar bazucas aos seus participantes (ver Turner *et al.*, 1977). Vejamos o resumo de uma série de experiências desenvolvidas por Leyens e colegas em que se mostra a importância do significado das armas.

Sendo um facto que a presença próxima de uma arma pode ser ansiógeno, porque não utilizar a sua representação na forma de imagem, tal como fazem os terapeutas do comportamento com doentes fóbicos (mostrando uma imagem de serpente, por exemplo, em vez de uma serpente verdadeira)?

Pretextando um estudo acerca da aprendizagem, mostrou-se a estudantes universitários belgas um diapositivo que representava um revólver, um apito ou um pacote de leite chocolatado. Depois da projecção, metade dos participantes eram irritados por um parceiro conivente com o investigador. Em seguida, todos tinham oportunidade de fazer prova da sua agressividade, decidindo sobre a intensidade de choques eléctricos que queriam dirigir ao parceiro durante uma tarefa de aprendizagem que se ia seguir. A figura 10.4 mostra claramente como os três tipos de diapositivos não desencadearam nenhuma reacção diferencial na ausência de irritação prévia e como o diapositivo que representava o revolver incitou mais à violência os participantes irritados (Leyens e Parke, 1975).

Ora, se se pedir aos participantes que vêem a imagem de um revólver para se concentrarem na qualidade estética do diapositivo, o significado agressivo do revólver deveria diminuir pois, a partir daí, ele perde o seu poder evocador de violência. Foi o que, com efeito, verificaram Leyens, Cisneros e Hossay (1977). Os resultados seguintes são ainda mais espantosos. Mahjoub e Leyens (1995) puseram a brincar, em grupo, crianças palestinianas e belgas, com vários brinquedos. Consoante as situações experimentais, os brinquedos eram só camiões, ou camiões e um revólver de plástico, ou, ainda, camiões e uma flauta com a mesma forma do revólver. As crianças foram filmadas e as suas interacções analisadas. Enquanto as crianças belgas se mostravam mais agressivas e competitivas em presença da arma, o contrário aconteceu nos grupos de crianças palestinianas que se mostraram mais pacíficas e cooperativas. Estes resultados seriam incompreensíveis se não soubéssemos que há uma dança muito popular entre as crianças palestinianas exiladas em que se utiliza uma arma, na realidade uma metralhadora. Na altura das experiências, ela era o símbolo da unidade de um povo e da sua vitória final. É portanto compreensível que em presença de uma única arma as crianças palestinianas se mostrem cooperativas; faziam o mesmo que na dança: passavam a arma de uma para outra.

Voltaremos à importância das armas quando examinarmos os factores culturais. Contentemo-nos para já em dizer que uma arma, qualquer que seja, não tem o mesmo significado para o adolescente que passa o tempo a matar pardais no jardim, para o coleccionador de espingardas do século XIX, ou para o miliciano que tem que a limpar cuidadosamente depois de cada utilização.

Os filmes violentos. Do que acabámos de dizer, deveria ser óbvio que ver filmes violentos facilita a passagem ao acto agressivo. Foi o que tentaram mostrar muitas pesquisas experimentais em que se fazia variar o tipo de espectadores e de filmes, as condições da projecção, a justificação da violência, etc. Os principais efeitos são:
1. Facilitação. Os filmes agressivos tornam os espectadores mais violentos. Hoje já quase ninguém duvida disso (ver no entanto Freedman, 1984), enquanto há apenas algumas décadas, personagens tão importantes como Lorentz (1969) defendiam que ver um desporto agressivo libertava os espectadores da sua própria agressividade. Phillips (1986) conseguiu mostrar que o número de homicídios nos Estados Unidos aumenta de maneira sensível na semana que se segue a um combate de boxe de pesados e isso em proporção com a publicidade que lhe foi feita. Ainda mais, a raça das vítimas dos homicídios corresponde à do perdedor do combate.

2. Aprendizagem. Os filmes violentos não actuam apenas na agressão hostil mas têm também impacto na agressão instrumental. Os filmes dão ideias. Com eles, ou por causa deles, crianças e adultos renovam o seu repertório de comportamentos agressivos.

3. Desinibição. Aqui, trata-se de um caso particular de aprendizagem no sentido em que as pessoas aprendem a não recear cometer um determinado acto, por ele ser recompensado ou por não ser punido. O suicídio é tabu na nossa sociedade e é um acto muito contagioso. Como vimos no capítulo 6, a publicidade em volta de um suicídio desencadeia automaticamente um acréscimo de suicídios nos dias seguintes, nomeadamente sob a forma de desastres de viação (Phillips, 1986).

4. Dessensibilização. As cenas de violência podem criar ansiedade e pesadelos sobretudo nas crianças. Habituamo-nos, contudo, a muitas coisas e nomeadamente aos filmes agressivos. O que significa que ver muita violência provoca a sua banalização; ela torna-se então um meio normal de resolver os conflitos.

5. Visão paranóica do mundo. Algumas pessoas acreditam que o mundo se assemelha à imagem que dele dá a televisão e, evidentemente, vivem amedrontadas. Essa visão paranóica do mundo encontra-se muitas vezes nos idosos que vêem muitas novelas ou muitos filmes violentos na televisão. Imaginam que já não há segurança no seu bairro e que, portanto, é preciso reforçar a polícia. Esta sugestão acaba por fechar o círculo, pois a polícia é nesse caso também um indício associado à ideia de violência.

Quais serão as características dos espectadores e dos filmes que mais levam a uma agressão hostil?

1. Os filmes violentos aumentam a agressividade dos espectadores, especialmente quando estes estão irritados ou mal-dispostos (por exemplo, porque o vizinho, no cinema, está a comer pipocas ou porque as crianças fazem barulho durante o programa de televisão). No entanto, a irritação não é necessária e pode ser substituída por outras situações com consequências de activação.

2. A ansiedade dos espectadores é importante na medida em que pode bloquear a passagem ao acto agressivo. Um combate com um resultado justo e sem consequências trágicas é assim mais susceptível de suscitar a agressão do público do que outro não justo e com consequências graves.

3. Se o vencedor for simpático ao ponto de as pessoas poderem identificar-se com ele, essa identificação reforça a agressão.

4. A violência real leva a mais agressão do que a violência fictícia, na condição, no entanto, de não inibir os espectadores, tornando-os muito ansiosos. O que significa que o potencial agressivo de um telejornal é mais poderoso do que o do filme que

se segue ou o da série americana que o precedeu. De novo, o que importa é o significado.

5. As crianças e os adultos são susceptíveis de serem influenciados, embora, sem dúvida, por filmes diferentes. Uma criança pode muito bem ser afectada por uma história já vista muitas vezes (lembre-se da noção de guião) e que deixa indiferente o adulto. Este pode reagir à mensagem implícita no filme e que a criança não capta.

A demonstração do efeito dos filmes agressivos não foi apenas feita em laboratório com estudantes voluntários, imagens de filmes e máquina de aplicar choques eléctricos. Por exemplo, Leyens *et al.* (1975) trabalharam numa instituição para adolescentes a quem passaram, todas as noites durante uma semana, filmes agressivos, ou filmes não agressivos. Os investigadores limitaram-se a observar o comportamento espontâneo dos adolescentes durante a semana antes da projecção, durante a semana em que havia projecções e durante a semana que se seguiu às projecções. A maior influência dos filmes agressivos verificou--se imediatamente a seguir à sua passagem, mas estava ainda presente na semana seguinte. Eron e colaboradores seguiram uma táctica diferente. No contexto do estudo já referido sobre a constância da agressão, interrogaram os seus sujeitos em vários momentos (por exemplo, 8 anos, 18 anos, 30 anos) sobre os seus hábitos em matéria de televisão. Os resultados permitem afirmar que quanto mais filmes agressivos as crianças viam aos 8 anos, mais agressivas eram consideradas dez anos depois (Lefkowitz *et al.*, 1977) e mais importante era o registo criminal dos homens aos 30 anos (Huesmann *et al.*, 1984).

De acordo com o modelo esboçado no início do capítulo, ver filmes agressivos deveria levar os espectadores a terem pensamentos e até emoções hostis, o que facilitaria a passagem ao acto agressivo. Segundo Bushman e Green (1990), é isso mesmo que acontece. Depois de terem visto um vídeo, os participantes na experiência listavam os seus pensamentos agressivos e as suas emoções. Quanto mais agressivo era o filme, mais elevado era o número de ideias violentas, mais os participantes se reconheciam hostis e mais elevada era a sua pressão sistólica. Nesta experiência, no entanto, o comportamento agressivo não era medido. Se o significado do filme é mais importante do que as imagens propriamente ditas, não será talvez indispensável que as pessoas vejam as imagens. Antecipá-las pode ser suficiente para provocar "ruminações" agressivas e desencadear o comportamento. Leyens e Dunand (1991) conduziram uma experiência que pretendia ilustrar essa hipótese, pouco tempo depois do drama do estádio do Heysel que, como estará recordado, teve lugar antes do jogo de futebol.

Nessa experiência, dois participantes e um cúmplice eram convidados a participar numa sondagem e a assistir à projecção de um novo filme. O investigador anunciava o título do filme e ausentava-se enquanto os sujeitos respondiam à sondagem. Aproveitando aquela ausência, o cúmplice fingia ter ouvido falar do filme e elogiava nele ou a agressividade, ou o romance. Na altura de começar a projecção, o aparelho avariava. Enquanto o investigador ia à procura de um técnico, um outro investigador perguntava aos sujeitos se não queriam, entretanto, participar noutra experiência. Esta era, na realidade, a medida imaginada por Da Gloria e de Ridder e já resumida no início do capítulo (introduzir um estilete num entalhe). Os participantes que julgavam ir ver um filme muito violento, mostravam-se mais agressivos face ao parceiro do que os que estavam à espera de ver um filme romântico.

Pornografia e violação. Há mais de quinze anos que muita literatura experimental tem vindo a mostrar que os filmes pornográficos com cenas de violação produzem efeitos nos espectadores masculinos. Tenha-se em conta que os filmes eróticos ou pornográficos, sem agressão, não têm qualquer efeito sobre os espectadores, para além da desinibição (razoável!) aos níveis fantasmático, emocional e comportamental.

Donnerstein e Berkowitz (1981) mostraram aos seus participantes um breve filme neutro, ou um filme erótico-agressivo acabando por uma violação e reacções de sofrimento e repugnância da parte da vítima ou, por fim, o mesmo filme erótico-agressivo mas com reacções positivas, sorridentes, da vítima que apoiavam a ideia de que "as mulheres gostam disso". Depois, os participantes tinham de aplicar choques eléctricos a um cúmplice que previamente os tinha irritado, ou não. Nos participantes que foram irritados pelo cúmplice, os filmes erótico-agressivos provocaram mais agressão do que os outros dois e as reacções, positivas ou negativas, não têm qualquer importância. Nos participantes que não foram irritados, o filme que desencadeia mais agressão é o do mito da violação consentida. As diferenças de agressão devidas às reacções da vítima em função da irritação prévia poderão ser explicadas pela falta de empatia por parte dos participantes irritados. Em todos os casos, parece que ver repetidamente filmes pornográficos e violentos diminui progressivamente a empatia dos espectadores masculinos (Linz, Donnerstein e Penrod, 1988).

Os factores culturais

Quase todos os livros americanos de psicologia social apresentam estatísticas sobre o número de homicídios cometidos em vários países. As taxas variam muito, mesmo considerando apenas os países industrializados. Por exemplo, enquanto em França, Espanha e Holanda se registam cerca de dois homicídios por ano e por 100 000 habitantes, nos Estados Unidos os valores variam entre 60 e 100 conforme os anos, isto é, muito mais do que os dois ou três homicídios do Canadá, país seu vizinho. Estes números colocam inevitavelmente a questão do impacto da cultura e da posse de armas.

Os Estados Unidos são um acampamento armado. 50% dos Americanos dizem possuir pelo menos uma arma em casa. Outros países (Israel, Noruega e Suíça) têm uma taxa comparável, mas as armas fazem parte do material militar. Poderá o arsenal de armas possuídas pelos cidadãos americanos explicar o número incrível de homicídios que cometem? Os números levam a pensar que sim, pois a correlação entre homicídios e aquisição de armas tipo pistolas (as mais utilizadas nos homicídios) atinge .93 para o período de 1960 a 1990 (Turner e Leyens, 1992). Trata-se, no entanto, de uma correlação e, portanto, é fácil imaginar outros factores responsáveis (Toch e Lizotte, 1992).

Com efeito, talvez a posse de armas e os homicídios sejam explicáveis em termos culturais? Nisbett (1993) privilegia este tipo de explicação no seu estudo sobre a subcultura da violência específica do Sul dos Estados Unidos. Com efeito, o número de homicídios é aí entre duas a três vezes mais elevado do que no Norte, tendo em conta a dimensão proporcional da cidade. Os homicídios cometidos no Sul têm a particularidade de estarem quase sempre relacionados com altercações e, portanto, implicarem pessoas que se conhecem. Nisbett investigou as atitudes dos Sulistas em relação à violência. Já se sabia que eram mais a favor das guerras, dos castigos corporais e da venda livre de armas. Nisbett observou também uma valorização da autoprotecção: duas vezes mais pessoas do Sul do que do Norte dizem ter armas para se protegerem. O Sul tem também uma sensibilidade particular ao insulto a que aprende a responder de maneira violenta. No passado, eram criadores de gado, à mercê dos ladrões e por isso as suas economias podiam, de um dia para o outro, desaparecer. Ripostar é, assim, para eles, uma tradição. Na socialização das crianças, insiste-se muito nas reacções aos insultos e às provocações. Até há pouco tempo, era muito raro, aliás, alguém ser condenado por homicídio caso tivesse sido insultado ou tivesse prevenido da sua intenção de matar se o insulto não fosse retirado. Outro exemplo: no Texas, o homicídio do amante da mulher foi permitido até 1970, se fosse cometido em flagrante delito. Nisbett conclui pela existência de uma cultura da honra. Para verificar essa hipótese, comparou as estatísticas de homicídios cometidos por Brancos nas cidades com predominância de Brancos, tomando como variáveis explicativas a desigualdade dos recursos, a pobreza, a proporção de jovens entre 15 e 29 anos (isto é, a idade mais propícia para cometer homicídios), a densidade de população e o grau de Sulismo. Esta última variável mede a proporção de descendentes sulistas no Estado a que pertence a cidade e é a variável que se mostra mais preditiva. A pobreza também intervém, mas verificam-se diferenças importantes entre Estados vizinhos (por exemplo, entre o Oklahoma, não sulista, e o Texas, sulista). O número de homicídios é muito menor numa região pobre e não sulista do que numa região sulista, eventualmente mais rica. Nisbett verificou ainda se, nos nossos dias, as regiões do Sul que praticam a criação de gado diferem das regiões do Sul que se consagram à agricultura. Efectivamente, há mais homicídios nas primeiras do que nas segundas, mas a pobreza é também maior.

Existe em algumas famílias uma cultura familiar da violência (Straus e Gelles, 1990). Os conflitos e a violência física entre cônjuges são frequentes no casal. O castigo físico às crianças é banal. O *stress,* o álcool e a pobreza favorecem esses maus tratos. Os "valores" de violência passam de uma geração para a outra e, muitas vezes, as crianças vítimas de violência física vêm a ser pais que maltratam.

AGRESSÃO HOSTIL E CATARSE

Os factores biológicos e culturais, a personalidade e os indícios presentes na situação preparam eventualmente o terreno para índices agressivos. Fazem com que as pessoas, de forma geral, interpretem a situação de um certo modo, evoquem recordações particulares, se sintam ou não capazes de afrontar um adversário, reajam particularmente por uma activação fisiológica, tenham tendência a irritar-se, etc. A intervenção de estímulos desencadeadores, tais como as frustrações, as violações de normas e os insultos, facilita os factores de predisposição à canalização da reacção. É provável que um insulto numa cultura de violência, ou proferido depois de um filme excitante e agressivo que apresente injustiças, seja interpretado como muito mais grave do que se ele acontecer num meio de pacifistas totalmente descontraídos, ou depois de um programa televisivo de culinária.

Admitamos que a pessoa insultada reage por uma agressão hostil. O que vai passar-se? Será interessante acabar este capítulo pelo exame de uma crença muito corrente, segundo a qual a expressão da agressão diminuiria a pulsão agressiva existente no ser humano. Esse fenómeno, a **catarse**, baseia-se na ideia de que a pulsão agressiva, ou instinto de agressão, está contida numa espécie de panela de pressão em constante ebulição – devido, precisamente, à sua energia agressiva. Se não se abre de vez em quando uma válvula, a panela tem necessariamente que explodir. Em vez de se ser agressivo, poder-se-ia praticar desporto e provavelmente todos nós ouvimos falar daquelas fábricas japonesas onde os operários dão socos em almofadas que têm a forma do rosto dos patrões.

A ideia de catarse baseia-se numa amálgama de fenómenos (Leyens, 1977). Tomemos dois exemplos. O meu filho mostra-me as suas notas, péssimas, a seguir a eu ter feito uma corrida de 10 quilómetros. Em vez de o proibir de ver os desenhos animados, eu tomo um banho, instalo-me na poltrona e adormeço tranquilamente. Outro exemplo: já há dez meses que quero dar livre curso à minha cólera contra o vizinho; finalmente, decido-me: "Oiça lá, no ano passado você cortou a relva num domingo. Isso é proibido!" O vizinho sente-se tão envergonhado que se enfia em casa. Sinto-me muito orgulhoso.

Acham realmente que me purifiquei – é a significação da palavra catarse – da minha pulsão agressiva, nesses dois casos? Claro que estou cansado depois de ter corrido 10 quilómetros, eu que até detesto subir escadas e, portanto, não me interessa nada começar uma discussão familiar. Esperem só que o som da televisão esteja muito alto enquanto eu durmo e verão o que vai acontecer. O outro exemplo é ainda mais interessante. Já há 10 meses que eu ruminava o meu rancor contra aquela máquina dominical de aparar relva; não há dúvida nenhuma de que a cólera e a vontade de agressão cresceram. Quando passo ao acto, fico de imediato liberto de um peso enorme. Mas também essa impressão de bem-estar não é uma catarse; tem alguma dúvida de que, da próxima vez que o meu vizinho me incomodar, eu o invectivarei pronta e decididamente? Por outras palavras, terei aprendido a ser mais agressivo?

No entanto, a catarse existe, embora não tenha nada a ver com uma quantidade de pulsões a transbordarem que seria necessário evacuar para evitar uma explosão. Em vez de deixar apodrecer um conflito que se vai ruminando ao longo do tempo, é melhor tentar resolvê-lo, ainda que isso obrigue a discussões difíceis. Se um acontecimento o traumatiza, é melhor que o diga, em vez de andar a ruminar vingança. Nem sempre é possível, às vezes não é desejável, fazê-lo com a pessoa responsável pelo traumatismo, mas pode-se sempre recorrer a uma terceira pessoa. O facto de "dizer por palavras" permite que se realize um processo que os psicanalistas chamam de perlaboração, isto é, uma re-interpretação da situação, do conflito, do traumatismo, re-interpretação que acabará com as nossas ruminações. Não é necessário voltar atrás pois conseguimos exorcizar pela palavra. Os psicólogos sociais (Rimé, 1989) falam de partilha social das emoções e demonstraram a sua eficácia no que respeita à erradicação da ruminação mental.

Este capítulo cingiu-se à análise da agressão interpessoal hostil. No capítulo seguinte, vamos considerar as tensões entre grupos de pessoas. Bem entendido, os factores evocados a propósito da agressão individual têm algum efeito sobre os conflitos intergrupos. No entanto, a especificidade destes últimos exige uma análise complementar um tanto diferente.

Capítulo 11
Relações e conflitos intergrupos

As histórias que introduziram a terceira e última parte deste livro datam da II Guerra Mundial. Não falámos dos Aliados e dos Alemães como nações empenhadas num conflito armado. Os heróis eram pessoas vulgares com comportamentos – amizade, agressão, ajuda ou altruísmo – que nada tinham de bélicos. No entanto, as suas interacções só podem ser bem entendidas se inscritas no quadro das relações intergrupos.

Uma pessoa, sozinha numa sala, está frente a um teclado com dois botões, A e B, e a um sinal, tem de carregar num dos botões, A ou B; como resultado, ganha ou perde pontos. O objectivo da tarefa é ganhar o maior número de pontos. Numa outra sala, uma outra pessoa está frente ao mesmo aparelho e com a mesma tarefa (Kelley, Thibaut, Radloff e Mundy, 1962). Depois de muito pouco tempo, uma e outra carregam no mesmo botão e de cada vez recebem pontos. Não admira, pensa você, cada uma aprende qual o botão que lhe dá pontos. A surpresa vem de que essas pessoas, ao contrário daquilo que pensam, não são independentes: o botão que uma carrega, determina, na realidade, os pontos recebidos ou não pela outra. Rapidamente elas descobrem a estratégia ganho em não mudar de botão. Se experimentar esse exercício, verá que qualquer que seja o botão escolhido no início pelos participantes, ambos optarão rapidamente pelo botão que faz ganhar. Quando são informadas da sua interdependência, as pessoas descobrem ainda mais rapidamente qual é a boa solução.

Na situação que acabamos de descrever, as pessoas controlam mútua e totalmente o seu destino. Que acontece quando se introduz a possibilidade de ganhos desiguais, quando as pessoas podem escolher entre ganhar o mais possível a dois, ou ganhar uma mais do que a outra? Essa possibilidade existe no jogo chamado **dilema do prisioneiro**. Admitamos que dois indivíduos estejam presos porque foram acusados de factos graves mas sem provas suficientes. Tenta-se que confessem, com a promessa de que a sua colaboração será tomada em consideração. Se ambos falam, conseguirão beneficiar das circunstâncias atenuantes. Se um confessa enquanto o outro teima em calar-se, o primeiro sair-se-á bem e o outro apanhará a pena máxima. Se ambos se calam, apenas poderão ser condenados

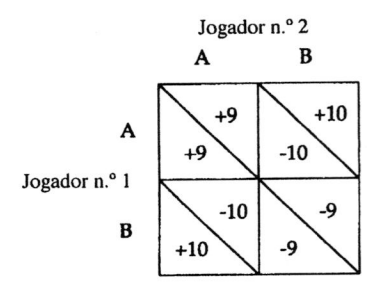

Figura 11.1 - Exemplo de matriz do dilema do prisioneiro.

Matriz 1 (permite o favoritismo endogrupo, a equidade ou o altruísmo)

Membro 74 do grupo Klee   1 2 3 4 5 6 7 8 9 10 11 12 13 14

Membro 44 do grupo Kandinsky 14 13 12 11 10 9 8 7 6 5 4 3 2 1

Matriz 2 (permite maximizar a diferença entre os grupos ou o ganho comum)

Membro 12 do grupo Klee   7 8 9 10 11 12 13 14 15 16 17 18 19

Membro 50 do grupo Kandinsky 1 3 5 7 9 11 13 15 17 19 21 23 25

Figura 11.2 - Exemplo de matrizes de prestação utilizadas no paradigma do grupo minimal.

por pequenos delitos. Explica-se a situação experimental aos dois jogadores: dispõem de duas alternativas, A e B. Se ambos escolhem A, ganharão 9 pontos cada. Se escolhem B, perderão ambos 9 pontos. Se um escolhe A e o outro B, o primeiro perderá 10 pontos e o segundo ganhará 10 pontos (ver figura 11.1). A solução mais "cooperativa" seria evidentemente que os dois jogadores escolhessem sempre A: teriam a certeza de ganhar sempre. Mas ganhariam o mesmo! Nota-se que essa escolha "cooperativa" (ambos A) só acontece em 25% dos casos! Por outras palavras, se as pessoas ignoram estar interdependentes, escolhem a solução recompensa; se sabem que o seu destino depende inteiramente do outro, optam pela cooperação; se verificam que os seus ganhos podem variar, entram na competição. Por outro lado, os jogadores competitivos têm sempre a impressão de ter razão, mesmo face a jogadores inicialmente cooperantes. Com efeito, depois de algum tempo, estes abandonarão as suas escolhas cooperativas para não estarem sempre a perder e os jogadores competitivos dirão: "Ainda bem que me antecipei, senão aquele cre... arruinava-me."

Vejamos outra situação. Os sujeitos são alunos de uma turma do ensino secundário. Observam dois diapositivos de pintura abstracta e devem escrever, de cada vez, num papel, qual é aquela de que mais gostam. Para cada par, sabem que um pintor é Klee e o outro Kandinsky, mas ignoram de que pintor é cada quadro. Uma vez as avaliações terminadas e os papéis recolhidos, o investigador simula uma correcção, chama cada aluno individualmente e sussurra-lhe ao ouvido que está "no grupo Klee". Depois, há uma tarefa de repartição de dinheiro entre os membros do grupo de pertença (Klee) – o **endogrupo** – e o outro (Kandinsky) – o **exogrupo**. Os sujeitos recebem uma série de matrizes – de que damos dois exemplos na figura 11.2 – e devem escolher uma das colunas. Essas matrizes foram imaginadas pelo psicólogo social Claude Flament, a fim de determinar as estratégias de partilha utilizadas pelos sujeitos. Na matriz 1, a quantia é constante mas, à medida que nos afastamos do centro que corresponde a uma igualdade quase perfeita e vamos em direcção à direita, aumenta simultaneamente a parte do endogrupo e a desigualdade. Na matriz 2, a coluna central é estritamente igualitária; se nos afastarmos em direcção à direita, a quantia aumenta mas a parte do exogrupo é preponderante; pelo contrário, se vamos em direcção à esquerda, a quantia diminui mas é a parte do endogrupo que se torna cada vez mais importante (para mais pormenores sobre as matrizes e as estratégias, ver Bourhis, Gagnon e Sachdev, 1994).

A situação de grupo é, aqui, verdadeiramente minimal. Os participantes pertenciam a uma mesma turma escolar. Qual será a importância para eles de pertencer ao grupo Klee em vez de ao grupo Kandinsky? No entanto, os participantes privilegiam o seu grupo, ainda que isso signifique ganhar menos em valor absoluto; contudo, escolhem raramente as colunas extremas, para não ficarem em grande desigualdade (Tajfel *et al.*, 1971). Estes resultados são encontrados em muitas outras experiências, quer os grupos sejam formados por sorteio, quer o dinheiro seja substituído por notas.

VIÉS PRÓ-ENDOGRUPO, PRECONCEITOS E DISCRIMINAÇÃO

Viés pró-endogrupo

As situações dos grupos Klee e Kandinsky são um exemplo daquilo que se chama um **viés pró-endogrupo**, que consiste em favorecer, nos comportamentos ou nas percepções, os membros do endogrupo, isto é do grupo de pertença. Portanto, por definição, esse favoritismo instala uma diferença entre o endogrupo e o exogrupo (o *outgroup*, como dizem os Anglo-Saxónicos). Fala-se também por vezes de **etnocentrismo** (Summer, 1906).

O viés pró-endogrupo pode manifestar-se de muitas maneiras diferentes. Lembre-se do capítulo 2 e dos estereótipos. Somos benevolentes quando se trata de utilizar estereótipos para descrever o nosso grupo de pertença, mas mostramos muito menos indulgência para com o grupo vizinho. Os Sicilianos reconhecerão ser chauvinistas, mas dirão que os Franceses são egocêntricos.

Também ao nível da linguagem, Maass *et al.* (1996) mostraram que as qualidades do endogrupo são formuladas em termos mais abstractos, sugerindo estabilidade, do que as do exogrupo. Passa-se o contrário com os defeitos. Somos corajosos, enquanto os outros se defenderam bem. Eles são agressivos e nós cometemos, por vezes, algumas irregularidades.

O **erro último de atribuição** (Pettigrew, 1979) pode também ser considerado como um viés pró-endogrupo. Por exemplo, as pessoas atribuem mais facilmente a factores internos os comportamentos positivos efectuados por membros do endogrupo do que os do exogrupo. Da mesma maneira, atribuem mais a causas externas os comportamentos negativos dos membros do endogrupo do que os do exogrupo (Hewstone, 1990, mas ver Vala, Leyens e Monteiro, 1988).

Portanto, a distinção entre "nós" e "eles" é fundamental e muito fácil de estabelecer, como mostra uma experiência de Perdue *et al.* (1990). Com o pretexto de uma tarefa lexical, os sujeitos vêem pares de "palavras": um elemento é formado por uma sílaba sem sentido, o outro elemento por um pronome pessoal que designa o endogrupo (por exemplo, "nós"), o exogrupo (por exemplo, "eles"), ou nenhuma dessas duas categorias (por exemplo, "tu"). Mais tarde, quando os participantes têm que avaliar as sílabas sem sentido, as que foram associadas a um pronome do endogrupo são avaliadas mais favoravelmente e as associadas a um pronome do exogrupo, mais desfavoravelmente.

O viés pró-endogrupo pode ser, por vezes, ainda mais insidioso. Vallone, Ross e Lepper (1985) mostraram a partidários pró-Árabes e pró-Israelitas imagens de telejornais sobre a invasão do Líbano pelos Israelitas e os massacres dos acampamentos de Sabra e Chatila em 1982. As imagens tratavam de factos e eram relativamente neutras. No entanto, cada clã considerava que as notícias dadas na televisão comportavam um viés contra a sua posição. Ninguém estava satisfeito, pois cada um teria desejado que a sua causa fosse apresentada como sendo a melhor e a mais legítima.

Último exemplo: é bem conhecido que os bombardeamentos intensivos para desmoralizar o inimigo têm, muitas vezes, um efeito contrário ao que se pretende. Pense no Blitzkrieg de Londres, em Pearl Harbour, ou no Vietname. Estamos de acordo com essa verificação quando é o nosso país ou seus aliados que podem vir a sofrer essa estratégia. Pelo contrário, se é um país pouco apreciado que é susceptível de ser atacado pelo nosso Estado ou pelos seus aliados, a estratégia parece-nos perfeitamente conveniente. Por outros termos, enaltecemos a conciliação para nós e a força para os outros (Rothbart e Hallmark, 1988).

Discriminação

O último exemplo leva-nos naturalmente a definir a **discriminação,** que é um comportamento negativo que visa um exogrupo. É preciso não o confundir com o viés endogrupo. Por exemplo, na experiência Klee-Kandinsky de Tajfel, tratava-se de um viés pró-endogrupo e não de uma discriminação no sentido em que nenhum comportamento negativo era infligido ao exogrupo; aliás, nesse tipo de situação social minimal, os sujeitos não mostram mais, e eventualmente até mostram menos, comportamentos negativos (por exemplo, dirigir estímulos desagradáveis) para com o exogrupo do que para com o endogrupo (Mummendey *et al.*, 1992).

Todos conhecemos exemplos de comportamentos discriminatórios de que fomos autores ou vítimas. Cita-se muitas vezes uma pesquisa muito antiga de LaPierce (1934) para mostrar a sensibilidade da discriminação às situações. Contactados pelo correio, directores de vários hotéis recusam-se a fazer a marcação de quartos para Chineses. Mas, quando um casal chinês se apresenta nesses hotéis acompanhado de LaPierce e pede um quarto, quase não há recusas. O mesmo tipo de pesquisa foi efectuado em 1989 no Canadá por Henry (1991). Pessoas com sotaque estrangeiro (das Antilhas, por exemplo) ou inglês, respondem por telefone a ofertas de emprego. A discriminação contra os estrangeiros é maciça. Numa outra situação, os cúmplices do investigador apresentam-se em pessoa às empresas contratantes e, desta vez, a origem já não intervém. Estes estudos foram muitas vezes evocados para distinguir o comportamento (a reacção quando se apresentam cúmplices, chineses ou pessoas das Antilhas) das atitudes (a reacção quando escrevem ou telefonam). A julgabilidade social (ver capítulo 2) oferece outra explicação. Por carta ou por telefone, as pessoas não têm muitos mais informações sobre o cliente ou o candidato do que a sua categoria de pertença e, na incerteza, recusam. Pelo contrário, quando vêem as pessoas, as informações não categoriais são em maior número e, então, aceitam (Fiske e Leyens, 1996).

A discriminação pode ser interiorizada pelas vítimas como bem mostram os estudos de Steele e Aronson (1995). Lembre-se dos estudantes negros que têm que resolver uma tarefa muito difícil apresentada como sendo uma prova de inteligência. Resolvem-na menos bem do que se for dito, da mesma tarefa, que ela tem a ver com processos cognitivos (ver capítulo 3).

Preconceitos

Também é preciso não confundir discriminação e **preconceito,** que é um sentimento, geralmente negativo, para com pessoas, apenas por elas serem membros de um determinado grupo. É o que sente PL para com os Franceses e JP para com os Alemães, ou pelo menos contra a Gestapo. Os preconceitos mais conhecidos são: o **racismo** que visa as pessoas de uma outra "raça", o **anti-semitismo** que respeita aos Judeus e o **sexismo** que tem a ver com as relações homens-mulheres. Muitas vezes, mas não necessariamente, a discriminação está associada a preconceitos; com efeito, posso manter preconceitos para com um determinado grupo, mas abster-me de qualquer comportamento de discriminação porque sei que isso será mal visto; da mesma maneira, a sociedade pode levar-me a discriminar um grupo face ao qual não tenho nenhum preconceito. Posso, por exemplo, favorecer os heterossexuais, ou os francófonos, sem por isso sentir um sentimento negativo para com os homossexuais ou os anglófonos.

Os preconceitos evoluem com o tempo. O racismo, por exemplo, já não se exprime da mesma maneira que há meio século. No entanto, ainda existe. Essa evolução dos preconceitos, ou esse desvio entre a expressão e o sentimento, está na origem de várias teorias sobre o **racismo** dito **moderno** (Dovidio e Gaertner, 1986). São teorias que foram desenvolvidas nos Estados Unidos e começam a ser objecto de verificação na Europa. A teoria do **racismo simbólico** é a mais pessimista e pretende que o preconceito racista não terá evoluído, só a sua expressão é que se tornou mais subtil. A teoria da **ambivalência-amplificação** é a mais optimista: os sentimentos para com as pessoas de outra etnia serão amplificados consoante as situações criam valores ou estereótipos positivos ou negativos. De acordo com a teoria do **racismo regressivo**, as ideias igualitárias apenas serão vencidas por situações de *stress* que fazem regressar as pessoas a comportamentos de discriminação. A falta de controlo será assim responsável pelo racismo larvar; foi provavelmente essa falta de controlo que conduziu o primeiro-ministro Raymond Barre a dizer que um atentado contra uma sinagoga tinha ferido transeuntes franceses inocentes (quem eram os transeuntes culpados?). Por fim, o **racismo aversivo** defende que os preconceitos racistas são activamente combatidos mas, no entanto, voltam a aparecer sub-repticiamente quando encontram uma justificação.

Definimos a discriminação como um comportamento negativo para com um exogrupo e o preconceito como um sentimento, geralmente negativo, para com membros de um exogrupo. Será sempre negativo? Não terão os Flamengos um preconceito favorável para com os habitantes do Quebeque que, tal como eles, sofreram a tirania de uma língua estrangeira? Não beneficiarão as mulheres que fazem política, de uma discriminação positiva, destinada a compensar a omnipresença dos homens? É verdade que os preconceitos podem ser positivos, ainda que geralmente sejam negativos. O caso da discriminação positiva é mais delicado: favorecer algumas pessoas não equivalerá muitas vezes a desfavorecer outras?

Um paradoxo: sobre-exclusão do endogrupo e ovelha negra

Já lhe aconteceu, como a um de nós, ser contactado por um cientologista que lhe disse: "Psicólogo? Estamos portanto no mesmo campo"? Que reacção teria tido? *A priori*, deveríamos apreciar e favorecer aqueles que exprimem interesses semelhantes aos nossos e querem pertencer ao nosso grupo (ver capítulo 9). E, no entanto... O paradoxo é apenas aparente, pois a exclusividade que se atribui ao nosso grupo de pertença é também uma maneira de o valorizar.

Depois da Segunda Guerra Mundial, os psicólogos interrogaram-se sobre a denúncia de que os Judeus eram vítimas. Seria possível que os anti-semitas tivessem uma capacidade especial para distinguir os rostos judeus dos não judeus? Para responder a essas questões, os investigadores distribuíram aos seus sujeitos, com ou sem preconceitos anti-semitas, fotografias de rostos judeus e não judeus. Os sujeitos deviam dividi-las em dois montes, conforme a origem das pessoas fotografadas. Em geral, os anti-semitas reconhecem melhor os rostos judeus. Uma explicação possível do fenómeno é que os anti-semitas colocavam mais fotografias na categoria "Judeus" do que os sujeitos sem preconceitos (ver Leyens, Yzerbyt e Bellour, 1993).

Leyens e Yzerbyt (1992) defendem que o que os anti-semitas faziam não era aumentar a categoria "judeus", mas proteger a categoria "nós, não judeus". Para os racistas, é imperativo que o endogrupo não seja infiltrado e, em caso de dúvida, preferem classificar uma pessoa na categoria do exogrupo do que na do endogrupo. É o fenómeno da **sobre-exclusão do endogrupo** que explica a severidade e até o sadismo com que são examinados e testados os candidatos a alguns grupos exclusivos, por exemplo alguns círculos de estudantes. A sobre-exclusão do endogrupo manifesta-se também na vida de todos os dias.

A Bélgica tem uma longa tradição de conflitos linguísticos entre francófonos e flamengos. Estudantes valões (francófonos) tinham de decidir se certas pessoas (alvos), descritas por estereótipos, pertenciam ao seu grupo linguístico. Dados os estereótipos utilizados, as pessoas-alvos eram ou flamengas (de língua neerlandesa) ou francófonas. Os participantes valões classificaram menos-pessoas alvos no seu endogrupo do que no exogrupo e precisaram de mais informações para se decidirem no que respeita aos membros do seu próprio grupo (ver também Yzerbyt *et al.*, 1995). Resultados comparáveis foram obtidos com Italianos do Norte e do Sul (Capozza *et al.*, 1996).

Na África do Sul, Pettigrew *et al.* (1958) conduziram uma experiência original que se pode interpretar de acordo com a sobre-exclusão do endogrupo. Os investigadores apresentavam aos participantes um rosto diferente para cada olho, durante um tempo muito breve. Os rostos pertenciam quer à mesma etnia (e aqui só consideramos as etnias branca e indiana), quer a duas etnias diferentes. Os Africaners e os Brancos anglófonos tinham alguma reticência em ver um rosto "racialmente mitigado" como sendo "puramente europeu" (40% e 37% respectivamente), muito maior do que a reticência dos Indianos em ver uma combinação de rostos como sendo "puramente indiana" (63%). A mistura de etnias era evidentemente muito mais perigosa para os Africaners e para os Brancos do que para os Indianos.

Nos estudos precedentes, os membros de um grupo recusam o acesso a pessoas duvidosas de quem desconfiam que tenham todas as qualidades necessárias para pertencer à sua elite. Mas o que acontece quando um membro reconhecido do grupo se comporta mal? Fazemos a pergunta de outra maneira: no caso de mau comportamento igual, que membro será julgado pior, o do endogrupo ou o do exogrupo? Se aceitamos uma versão literal do viés pró-endogrupo, deveríamos mostrar-nos mais tolerantes para os membros do endogrupo. Não é isso a solidariedade? Foi de facto o que encontraram Linville e Jones (1980), que pediram a americanos brancos para avaliarem um candidato, medíocre, a uma escola de medicina famosa. No entanto, é preciso notar que observaram o contrário no caso de o candidato ser brilhante, resultado que é contrário ao favoritismo para com o endogrupo. Linville e Jones explicam esses resultados pela percepção mais complexa e matizada que as pessoas têm do seu grupo em comparação com a de um grupo alheio (examinaremos mais adiante a homogeneidade subjectiva dos endo e exogrupos).

Marques e colegas (1988) encontraram resultados completamente opostos aos de Linville e Jones: o "bom" membro do endogrupo é julgado mais favoravelmente do que o "bom" membro do exogrupo e o inverso acontece para o "mau" membro. Explicam os seus resultados em termos de favoritismo e de identidade social positiva (ver mais adiante neste capítulo). A preferência pelo bom membro do grupo está de acordo com o viés pró-endogrupo e o mau membro, considerado como sendo uma **ovelha negra**, tem que ser rejeitado para se manter uma imagem positiva do grupo. É preciso tirar do cesto a laranja podre antes que contamine as laranjas sãs.

De que maneira conciliar os resultados de Linville e Jones com os de Marques? Na verdade, as pessoas adoptam a primeira táctica quando não há tensão entre os grupos e usam a segunda quando sentem que o seu grupo está ameaçado (Branscombe *et al.*, 1993). Os partidos políticos conhecem bem esse fenómeno, contentando-se em fazer a limpeza interna pouco antes das eleições, na altura em que as ovelhas negras poderiam fazer perder votos.

TEORIAS EXPLICATIVAS

Personalidade, frustrações e bode expiatório

As primeiras explicações do etnocentrismo, da discriminação e dos preconceitos, tomaram a personalidade como alvo. Depois da Segunda Guerra Mundial, Judeus americanos e outros, emigrados da Alemanha e da Áustria, desenvolveram a **teoria da personalidade autoritária** (Adorno *et al.*, 1950). Na sua opinião, etnocentrismo, anti-semitismo, fascismo e conservadorismo fazem parte de uma mesma síndroma: personalidade autoritária ou autoritarista. Os indivíduos que dela sofrem terão sido educados de maneira rígida, no respeito religioso para com uma autoridade (paterna) todo-poderosa. As suas pulsões agressivas e sexuais não conseguem exprimir-se. Tornam-se mais tarde pessoas frágeis. Sem que ninguém lho peça, estendem tapetes vermelhos no caminho dos seus superiores, mas que os seus subordinados se acautelem, pois fazem recair sobre os mais fracos a hostilidade reprimida durante a infância. Para testar esta teoria foi criado um teste composto por várias escalas (E para etnocentrismo, A-S para anti-semitismo, F para fascismo e CPE para conservadorismo político e económico). Actualmente, a maior parte da pesquisa sobre o extremismo de direita é conduzida no Canadá por Altemeyer (1988). Vejamos dois itens do questionário que ele desenvolveu.
– "Seria óptimo se as autoridades responsáveis censurassem as revistas e os filmes a fim de proteger os jovens dos seus conteúdos nojentos."
– "Não há nada de mal nos acampamentos de nudistas."

Se concorda com a primeira afirmação mas não com a segunda... Na realidade, é muito provável que se se apresentassem esses itens hoje (Primavera de 1997), em França ou na Bélgica, obtivéssemos valores de extremismo de direita muito mais elevados do que há uns tempos. Com efeito, recentemente, os dois países conheceram alguns casos dramáticos de pedofilia, seguidos de "denúncias cívicas".

Essa verificação não põe em causa, antes pelo contrário, um extremismo de direita mas, sim, o facto de a sua causa estar na personalidade profunda. Como poderia a personalidade ter mudado num prazo de alguns meses? A mesma crítica se aplica à teoria de Rokeach (1960), que defende que qualquer **dogmatismo**, de direita ou de esquerda, se caracteriza por reacções de intolerância que encontram a sua justificação na autoridade (para uma análise crítica destas teorias, ver Bilig, 1976; Brown, 1995).

A teoria do **bode expiatório** é mais situacionista do que as precedentes. É uma emanação da teoria da frustração-agressão. Dollard e colegas (1939) notaram, nomeadamente, que o número de linchamentos de Negros nos Estados do Sul dos Estados Unidos seguia a curva do preço do algodão. Dito por outras palavras, as frustrações devidas à recessão económica traduziam-se numa hostilidade que atingia pessoas alheias à crise, mas não perigosas: bodes expiatórios. Da mesma maneira que para as teorias precedentes, nenhum elemento especifica quem será o bode expiatório entre todas as minorias inofensivas.

A teoria da **privação relativa** defende que o importante não são as frustrações em si mesmas, mas o desvio entre o que se espera e o que se obtém. As privações relativas podem tomar várias formas. A **privação relativa intrapessoal** refere-se ao desvio entre as posições passada ou actual e aquela que se antecipa. É a privação de um ministro que perdeu o cargo e, de um dia para o outro, se encontra privado de um poder que muito apreciava. A **privação relativa interpessoal** é o desvio entre a posição de um indivíduo e a das outras pessoas. Poderia ser a do ministro destituído que se compara aos outros ministros ainda no activo. A **privação relativa inter-grupo** corresponde ao desvio entre a posição dos membros de um grupo e a dos membros de outros grupos. É a privação dos psicoterapeutas cujos clientes não podem beneficiar da segurança social, ao contrário dos clientes dos psiquiatras. Este último tipo de privação relativa é o mais susceptível de levar a movimentos de contestação (ver Guimond e Tougas, 1994, numa revista da literatura).

A hipótese de contactos entre grupos

A psicologia social conheceu um momento de glória em 1954, quando o Supremo Tribunal dos Estados Unidos declarou inconstitucional a segregação racial nas escolas. Os magistrados foram convencidos por psicólogos sociais de que a discriminação, os maus desempenhos escolares e a fraca auto-estima dos Negros americanos provinham da segregação nas escolas, isto é, da falta de contactos entre membros de grupos diferentes.

Os psicólogos não eram ingénuos a ponto de acreditarem que o simples contacto entre alunos brancos e negros chegaria para resolver os problemas. O seu testemunho relacionava-se com recomendações inspiradas pelo livro de Allport (1954), *The Nature of Prejudice*:

1. Os participantes dos dois grupos devem ter um estatuto igual no interior da situação de contacto.

2. As características dos membros do grupo desfavorecido com quem se estabelece contacto devem deitar por terra os estereótipos existentes relativos a eles.

3. A situação de contacto deve encorajar e até exigir uma cooperação com vista a um objectivo comum.

4. A situação de contacto deve ter um alto potencial de criação de laços, isto é, deve permitir que os indivíduos se conheçam como pessoas mais do que como membros estereotipados.

5. As normas sociais da situação de contacto devem favorecer a igualdade dos grupos e das relações intergrupos igualitárias.

Será talvez por preconceito que afirmamos que a **hipótese de contacto** reflecte o angelicalismo e o puritanismo protestante dos Americanos?

Por um lado, insiste na importância de tratar as pessoas como indivíduos e não como membros de um grupo. Por outro, baseia essa "individualização" na boa vontade e no conhecimento dos outros: a discriminação seria o resultado da ignorância e da preguiça (a problemática já estava presente no capítulo 2).

As condições de sucesso do contacto foram cuidadosamente testadas por Cook (1979) que, com Chein e Clark, foi um dos peritos que testemunhou perante o Supremo Tribunal dos Estados Unidos. Cook seleccionava pessoas racistas brancas (que, por exemplo, não entrariam numa piscina onde já nadavam Negros). Depois, fazia-as trabalhar, uma de cada vez, com duas outras pessoas, uma de pele branca e uma de pele negra. A Negra era competente e a Branca não tinha manifestamente qualquer preconceito contra os Negros. Com o tempo, a pessoa racista evoluía e os seus preconceitos diminuíam fortemente.

Uma primeira dificuldade da hipótese de contacto diz respeito à presença simultânea dessas suas cinco condições na vida real. As experiências de Cook foram efectuadas em laboratório, o que permite, por construção, controlar as variáveis perturbadoras. Na vida quotidiana, raramente se encontram o suporte institucional e a ausência de competição. Stroebe *et al.* (1988) encontraram essas condições no terreno, com estudantes americanos que vinham estudar em França e na Alemanha. Manifestamente, as autoridades académicas estimulam aquelas trocas e não há qualquer competição entre estudantes autóctones e estrangeiros, pois têm cada um o seu próprio programa e não serão concorrentes no mercado de trabalho. Apesar dessas condições ideais, os resultados não correspondem de modo nenhum aos esperados pela hipótese de contacto. No fim da estada, se é verdade que os estereótipos diminuem em comparação com o que eram no início, é também verdade que as atitudes se tornam mais negativas relativamente aos países hospitaleiros, sobretudo a França.

Um outro problema diz respeito à generalização. Quantas vezes ouvimos as pessoas dizer que não são racistas porque têm um amigo de tal ou tal "raça"? Em que medida o contacto com algumas pessoas do exogrupo muda os preconceitos e a discriminação para com o conjunto dos membros desse exogrupo? Um estudo já muito antigo revela que a tolerância nem sempre se generaliza às situações diferentes, mesmo que estejam em causa os mesmos indivíduos. Mineiros, brancos e negros, da Virgínia nos Estados Unidos, não mostravam qualquer discriminação nos lugares de trabalho mas não se frequentavam fora das horas de trabalho (Minard, 1952). Se, no caso dos mesmos indivíduos, a tolerância não se generaliza a situações diferentes, isso deve acontecer ainda menos quando se passa de um indivíduo particular a um conjunto de pessoas.

Hamilton e Bishop (1976) mostraram que a chegada de uma família estrangeira a um bairro residencial pode contribuir para uma redução dos preconceitos. Também mostraram que essa melhoria em nada se devia aos contactos privilegiados, mas ao facto de que as catástrofes temidas não tinham acontecido. Pelo contrário, todos nós sabemos que a chegada de grande número de estrangeiros a uma freguesia, urbana ou rural, provoca tensões. População local e recém-chegados atribuem-se reciprocamente a responsabilidade pelos incidentes que serão cada vez mais numerosos. Raramente as escolas mantêm uma população composta por metade de autóctones e metade de imigrados; depois de alguns meses, ou uns ou os outros vão-se embora. Na realidade, o contacto provoca muitas vezes situações que vão exactamente no sentido oposto daquilo que preconizaram os investigadores que testemunharam perante o Supremo Tribunal dos Estados Unidos.

Teoria do conflito real

Enquanto aquele processo estava a ser ganho no Supremo Tribunal dos Estados Unidos, Sherif e colaboradores (1961) organizaram vários acampamentos de férias na propriedade da Gruta dos Ladrões. Esses acampamentos destinavam-se a cerca de vinte adolescentes brancos de 11 e 12 anos, protestantes, cuidadosamente seleccionados. Com algumas variantes, o programa era o mesmo: por vezes, o acampamento começava com todos os jovens no mesmo grupo; quando a cultura de grupo estava instalada, com as suas normas e as suas redes de amizade (recorde o capítulo 6), Sherif repartia os adolescentes em dois grupos diferentes, perturbando, de propósito, as relações de amizade. Outras vezes, os grupos eram imediatamente formados, mas nenhum sabia da existência do outro grupo antes da formação de uma cultura de grupo.

A simples informação de que existe outro grupo, que há "nós" e "eles", é suficiente para instaurar um clima de hostilidade larvar que explode quando os investigadores passam à segunda fase do acampamento, com jogos de competição entre os dois grupos. Voam os insultos. Multiplicam-se os ataques às cabanas. É queimado um estandarte do grupo. Um líder que costumava ser eficaz em tempo de paz, deixa de o ser em tempo de guerra e é substituído. As amizades são exclusivas ao endogrupo. Proíbem-se os contactos com o outro grupo, um fenómeno a que Newcomb (1947) tinha chamado **hostilidade autística**.

Num terceiro tempo, Sherif introduz algumas actividades cooperativas de contacto: cinema, refeições em comum, etc. É completamente inútil: as refeições, por exemplo, transformam-se em batalhas em que a comida é o projéctil. Por fim, numa quarta fase, Sherif inventa jogos chamados de **cooperação supra-ordenada**, no sentido em que o êxito necessita da colaboração dos dois grupos. Por exemplo, o camião que traz a água para o acampamento fica preso na lama e são precisos todos os braços para o libertar. Essa estratégia restabelece a harmonia entre os dois grupos e reaparecem as antigas amizades. Aliás, podemos interrogar-nos se, no fim do acampamento, os jovens ainda formam dois grupos ou um único.

Os acontecimentos observados por Sherif não são de modo nenhum específicos dos adolescentes. Blake e Mouton (1962), bem como Diab (1970), verificaram-no com adultos. Eles mostram que o contacto, em si mesmo, não é de modo nenhum suficiente e pode, pelo contrário, suscitar problemas. Aliás, Sherif era um adversário convicto da hipótese de contacto. O problema da sua proposta é que ela induz as partes antagonistas à escolha de um inimigo comum. É bem conhecido que os Valões e os Flamengos nunca se sentem tão belgas como nos jogos (vitoriosos) da equipa nacional de futebol. Franceses e Alemães sentem-se verdadeiramente europeus face à má vontade dos Britânicos. Croatas e Bósnios juntam-se contra os Sérvios, etc.

Esta teoria foi baptizada por LeVine e Campbell (1972) de **teoria do conflito realista**, no sentido em que vivemos num mundo com recursos limitados onde, muitas vezes, as posses de um se fazem em prejuízo de outro.

A teoria da identidade social

Nos acampamentos de Sherif, a hostilidade entre grupos manifestou-se a partir do momento em que eles souberam da sua respectiva existência, isto é, antes de qualquer competição, o que significaria que o mundo de recursos desejados mas limitados que LeVine e Campbell referiram não seria de modo nenhum uma condição necessária para o viés pró-endogrupo e para a discriminação. Recorde também a experiência Klee-Kandinsky resumida no início deste capítulo: os jovens conheciam-se há muito tempo, não sabiam provavelmente quem eram Klee e Kandinsky, nem sabiam, de certeza, quem estava com eles no grupo Klee; no entanto, na altura de distribuírem os pontos para o seu grupo e para os "Kandinsky", preferiram ganhar menos do que era possível, mas mais do que os "outros".

Para explicar estes resultados e outros que veremos mais adiante, Tajfel vai elaborar a **teoria da identidade social** que se baseia na trilogia: **categorização, identidade e comparação**. Segundo Tajfel, a categorização em "eles" e "nós" é suficiente para criar um grupo. Uma vez membros de um grupo, os indivíduos procuram uma identidade social positiva. Para isso, compararam-se com outros grupos. Na experiência Klee-Kandinsky, chamada de situação de **grupo minimal**, as matrizes de pontos distribuídos pelo investigador constituem a única maneira de obter uma identidade social positiva. Portanto, as pessoas favorecerão o seu próprio

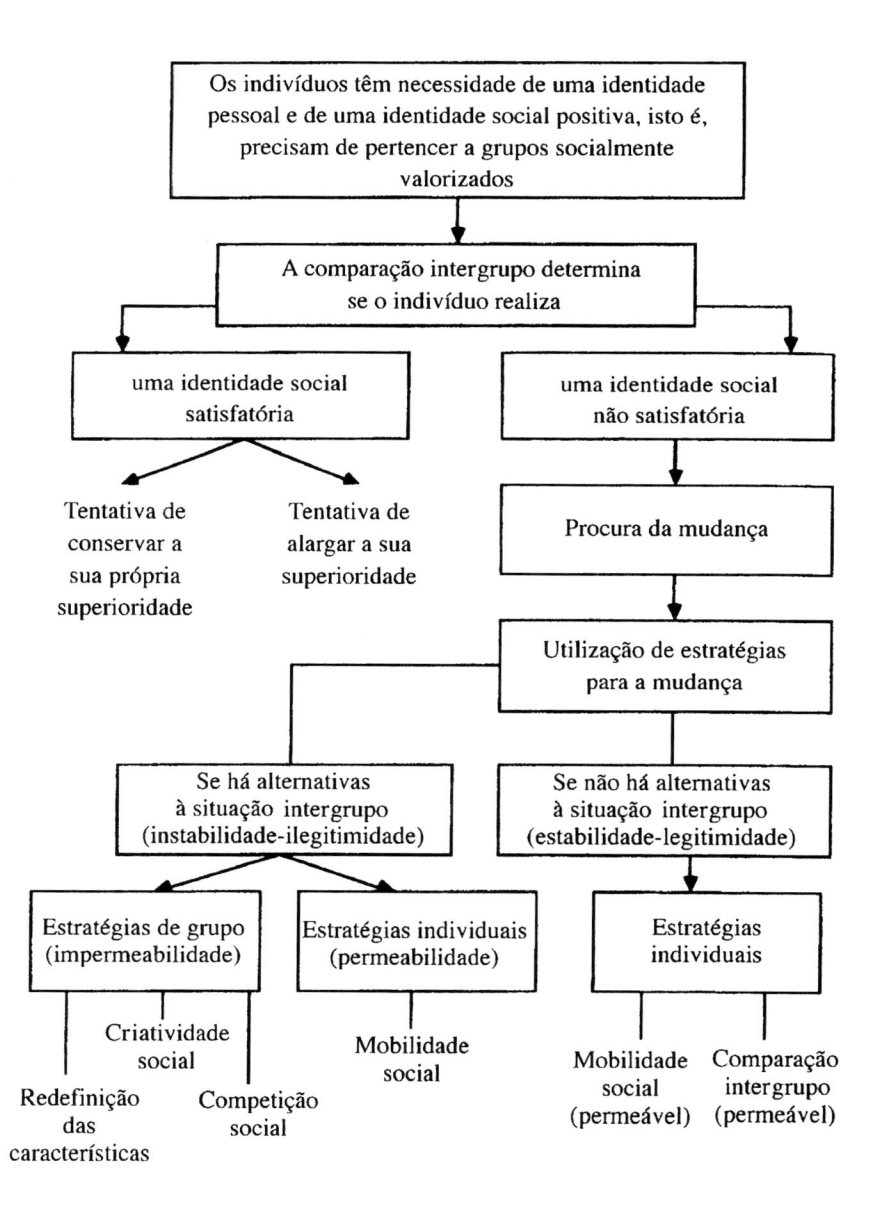

Figura 11.3 - Representação esquemática da Teoria da Identidade Social.

grupo, o que significa que o viés pró-endogrupo não seria uma manifestação contra outro grupo, mas a maneira de os indivíduos de um grupo se atribuírem uma imagem favorável como membros desse grupo preciso (ver a figura 11.3). Na vida quotidiana em que os pontos são substituídos por elementos mais essenciais, o viés pró--endogrupo não deixa indiferente o exogrupo e, portanto, é muito provável que se instale um fenómeno de escalada.

Evidentemente, nem sempre será possível obter uma identidade social positiva por comparação. Foi durante muito tempo o que se passou com as mulheres como grupo social, e também com os Negros nos Estados Unidos. A identidade social "negra" era tão negativa que, nos anos quarenta, se notava que as crianças negras gostavam mais de brincar com um boneco branco do que com um negro (Clark e Clark, 1947). Quando não se vislumbra qualquer mudança possível nas relações intergrupos, quando a situação é considerada legítima e eterna, como no caso das mulheres e dos Negros, a única maneira de obter uma identidade pessoal positiva é recorrer a estratégias individuais. As pessoas podem optar pela **mobilidade social**: por exemplo casando com uma pessoa do outro grupo, ou adoptando a língua do grupo dominante, como aconteceu na Bélgica, em Espanha ou no Canadá. Podem também utilizar a comparação intragrupo, comparando-se, dentro do seu próprio grupo, às pessoas socialmente mais infelizes ou mais humildes do que elas próprias. Foi assim que houve uma época em que o bom partido, num casamento americano negro, era uma pessoa com cor de pele o mais café com leite possível: quanto mais "branco" o casamento, mais o cônjuge se distanciava positivamente dos seus congéneres.

Quando as relações intergrupos parecem ilegítimas e instáveis e a mudança é possível, as pessoas têm duas opções. Podem escolher uma solução individual, como a mobilidade social, o que é muitas vezes o caso quando as fronteiras entre os grupos são permeáveis (Ellemers, 1993). Por exemplo, os plebeus têm poucas hipóteses de se tornarem de repente aristocratas, excepto no caso de terem dinheiro que chegue para comprar um título. A outra solução é a **mudança social**: já não se trata de "passar" para o outro grupo, como no caso da mobilidade social, mas de mudar enquanto grupo. A mudança social pode fazer-se de várias maneiras. Redefinindo as características julgadas desprestigiadoras do endogrupo: os dialectos são de novo valorizados, "Black is beautiful" e adopção de um "look afro-americano". Fazendo prova de criatividade social: grupos inferiorizados do ponto de vista económico podem decidir que é a cultura, e não o dinheiro, o elemento decisivo. Ou ainda pelo recurso à competição social: os grupos dominados procuram a mudança social pelo confronto.

O essencialismo psicológico

Em geral, distinguimos três grandes espécies de objectos: os objectos naturais, como as aves, o alho francês, as esmeraldas que são independentes da actividade humana; os objectos artificiais - as cadeiras, um cinzeiro, um computador – que foram fabricados pelo homem; e os objectos sociais, como os Jugoslavos, os extrovertidos, os perversos. Os objectos sociais têm a particularidade de corresponderem a categorias sociais arbitrárias. Até a categoria "Negro" em comparação com "Branco" é arbitrária no sentido em que nem todas as sociedades dispõem da cor "negra", ou "branca", no seu vocabulário.

Uma diferença fundamental entre os objectos naturais e os artefactos, é o seu poder de evocação. A partir da palavra ave, posso evocar uma infinidade de coisas: tem penas, ossos ocos, põe ovos, tem o sangue quente, glóbulos, etc. O que posso dizer de uma cadeira senão que serve para sentar? Nem mesmo que tem quatro pés. Essa diferença no potencial de evocação faz com que nos apoiemos em peritos para conhecer a natureza dos objectos naturais; os peritos é que podem dizer a diferença entre um lobo-tigre e um leopardo. Esse tipo de perito não existe para os artefactos; se alguém disser que é perito da natureza das cadeiras, será considerado excêntrico e com toda a razão. Por outros termos, as pessoas aceitam atribuir uma "essência" aos objectos naturais, mas não aos artefactos: a andorinha dos telhados terá uma essência particular que faz dela o que é e que a distingue não só de um morcego mas também de qualquer outra ave (Medin, 1989).

Enquanto as categorias sociais são fundamentalmente arbitrárias, já os objectos sociais tendem a ser tratados como naturais e a ver-se atribuída uma essência (Rothbart e Taylor, 1992; Yzerbyt *et al.*, 1997). O mais notável exemplo de **essencialismo**, bem como do seu carácter arbitrário, vem do processo de Valladolid, depois da descoberta da América. Seriam os Índios seres humanos? Para os Europeus, aquela pergunta equivalia a saber se tinham alma. Diz-se que os Índios respondiam à mesma pergunta com pesquisas anatómicas nos restos mortais dos Conquistadores. Para eles, a essência era de natureza biológica e não teológica. O essencialismo explica muitos conflitos contemporâneos de que evocaremos apenas um caso. No Ruanda e no Burundi, Hutus e Tutsis correspondia a diferenças, permeáveis, de estatuto económico. Os colonizadores entenderam-nas como diferenças de "direito de propriedade" (privilegiando os Hutus) e de genes (privilegiando os Tutsis). Com efeito, para explicarem as diferenças de número, tamanho e educação entre os dois grupos, os cientistas da época argumentaram que os Tutsis eram "Hamitas" originários da Etiópia que teriam tomado o poder pela persuasão e a astúcia, em prejuízo dos legítimos habitantes, os Hutus. Este essencialismo agradava particularmente ao pequeno clero de missionários flamengo cuja terra e língua tinham sofrido com o imperialismo francófono. Propagou-se facilmente e foi interiorizado pelos próprios interessados. É ele que justifica os crimes étnicos de hoje, na base de um essencialismo adicional, isto é, o "génio da língua": na sua maioria, os Hutus só falam francês e, portanto, são acarinhados pela França que desconfia dos Tutsis que, em grande parte, durante o exílio, aprenderam inglês (Braeckman, 1996).

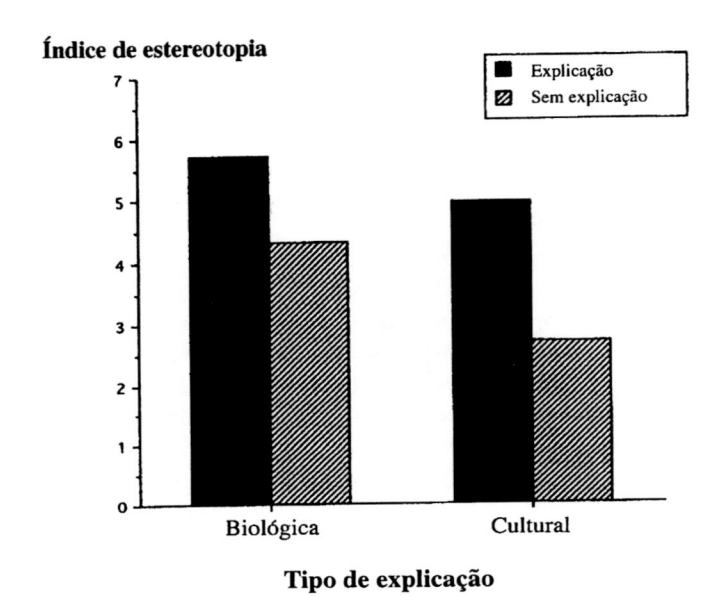

Índice de estereotopia

Legenda:
- ■ Explicação
- ▨ Sem explicação

Eixos: valores de 0 a 7. Categorias no eixo horizontal: Biológica, Cultural.

Tipo de explicação

Figura 11.4 - Índice de estereotipia em função do tipo de categoria e da explicação.

A ideia de essencialismo é ilustrada com clareza por uma experiência de Hoffman e Hurst (1990). Os participantes recebiam informações acerca de dois grupos que habitavam um planeta imaginário: os Ackmios e os Orinthios. Consoante a situação experimental, Orinthios e Ackmios eram de espécies diferentes ou só se diferenciavam geograficamente. Para todos os participantes, as informações deixavam claramente entender que a maioria dos membros de um grupo trabalhava fora da casa, enquanto os outros se ocupavam sobretudo das tarefas domésticas. No entanto, a sua personalidade não diferia consoante os grupos. Alguns participantes tinham que encontrar uma explicação para a diferença de comportamentos enquanto que outros passavam imediatamente à fase final da experiência que consistia em avaliar cada grupo relativamente a uma série de traços estereotípicos dos homens (que trabalham fora da casa e asseguram as necessidades da família) e das mulheres (que ficam em casa para tratar dos filhos). Os resultados estão indicados na figura 11.4. Vê-se que os traços são mais polarizados nos casos em que as pessoas foram estimuladas para encontrar uma explicação das diferenças e quando os grupos são de espécies diferentes, isto é, quando podem ser explicados por uma essência diferente.

Voltaremos mais adiante às implicações do essencialismo psicológico. Notemos, mais uma vez, que as pessoas se sentem particularmente à vontade para emitir um juízo quando dispõem de uma teoria adequada (Yzerbyt e Schadron, 1996).

À luz das teorias que acabamos de examinar, como se explicam as reacções de PL e de JP relativamente à França e à Alemanha, seja na altura em que os acontecimentos tiveram lugar, seja décadas mais tarde? A raiva de PL para com o dono do café francês pode ser entendida como a procura do bode expiatório; era mais fácil e menos perigoso atribuir as culpas àquele homem que não era muito generoso do que afrontar o exército alemão. No entanto, essa explicação não dá conta da persistência do sentimento de PL. Durante o resto da guerra, PL teve ocasião de se dar com muitos Alemães, alguns muito bons, outros nem tanto. Durante o mesmo período, teve poucos contactos com Franceses. Portanto, a hipótese do contacto não é inteiramente satisfatória. Talvez fosse a procura de uma identidade social positiva que estava em jogo? Com efeito, PL não fala muito bem francês, tendo como línguas maternas o valão e o alemão. A sua reacção poderia ser a do "homenzinho" com complexos. Do que não há dúvida, é que PL conferiu aos Franceses uma essência particular, tal como faz JP com os Alemães. O que é curioso no caso de JP, é a diferença que ele operou entre a colega belga que o denunciou e o casal alemão que o salvou. A colega que colaborou com os Alemães foi tratada de ovelha negra e isso não afectou de modo nenhum o sentimento patriótico de JP. O casal alemão foi considerado como uma excepção num povo assimilável à Gestapo. Na realidade, para ele, essa distinção entre "nós" e "eles" era provavelmente vital. Sem tal identidade social positiva, que teria ele podido fazer?

HOMOGENEIDADE DOS GRUPOS

Nos anos cinquenta, psicólogos experimentais identificados com o "New Look" renovaram a problemática da percepção introduzindo-lhe variáveis de motivação. Por exemplo, mostram moedas a crianças e pedem-lhes para avaliarem o seu diâmetro. Enquanto as crianças de meios ricos conseguem realizar a tarefa sem dificuldade, as crianças pobres sobreavaliavam o tamanho das moedas com mais valor. Não se pense que era de falta de vitaminas que sofriam, já que, com discos de cartão do mesmo tamanho das moedas, as suas avaliações eram idênticas às das crianças ricas. Tajfel (1959) não conseguiu reproduzir esses resultados em Inglaterra e atribuiu essa diferença à ausência de correlação entre o tamanho das moedas britânicas e o seu valor.

Tal hipótese fez avançar de um passo gigante a pesquisa sobre os estereótipos (Tajfel, 1969). Apesar de o primeiro teste parecer muito afastado da psicologia social.

Apresentam-se linhas verticais, uma de cada vez, e várias vezes, a três grupos de pessoas. As linhas têm todas um comprimento diferente e as pessoas têm de lhes avaliar a altura com o máximo de precisão possível. Para um grupo, as quatro linhas mais longas estão sistematicamente marcadas com A, enquanto a letra B está associada às quatro linhas mais curtas. Há portanto uma correlação entre categoria e comprimento. Um segundo grupo vê as mesmas linhas sem etiquetas. Para o terceiro grupo, elas são dispostas ao acaso, isto é sem relação com o comprimento real. As avaliações dos participantes dos dois últimos grupos são próximas da realidade. Não é o que acontece com os participantes do primeiro grupo que exageram a diferença entre a linha mais longa, B, e a mais pequena, A. Têm também tendência a subestimar as diferenças no interior dos grupos A e B.

Embora ao nível dos resultados ela não seja a mais convincente, esta experiência de Tajfel e Wilkes (1963) é a mais famosa ilustração de um fenómeno capital que consiste na tendência para sobreavaliar as diferenças entre grupos e as semelhanças no interior dos grupos (ver Krueger, 1992, e Wilder, 1986). A descoberta de Tajfel é também importante porque, de maneira exclusivamente cognitiva, renova a problemática teórica dos estereótipos. Troque as linhas por características de personalidade e terá uma explicação, pelo menos parcial, para os estereótipos; troque--as por teorias essencialistas e terá um começo de resposta para os conflitos inter-grupos. Como vimos no início do capítulo, Tajfel e os teóricos da Identidade Social interessaram-se sobretudo pelas diferenças entre os grupos sociais, enquanto outros investigadores, principalmente na Cognição Social, estudaram a homogeneidade no interior dos grupos e, mais especialmente, a assimetria da homogeneidade entre endogrupo e exogrupo. Com efeito, as pesquisas mostram muitas vezes que o exogrupo é percebido de maneira mais homógénea do que o endogrupo (ver Ostrom e Sedikides, 1992; Park, Judd e Ryan, 1991). Ver como semelhantes todos os membros de outro grupo inimigo, por exemplo, é, de uma certa maneira, apagar a individualidade dos seus membros. Perdendo dessa maneira o seu estatuto de pessoas singulares, eles podem ser objecto de preconceitos, de discriminações, de agressões. São numerosas as explicações propostas para esta assimetria.

De acordo com o modelo por exemplares (ver capítulo 2), a homogeneidade do exogrupo terá como causa o conhecimento mais aprofundado do endogrupo do que do exogrupo. Para avaliar o carácter chauvinista dos Franceses e dos Belgas, examino todos os Franceses e todos os Belgas de que me lembro. A homogeneidade do exogrupo resultaria de um conhecimento mais rico, mais complexo e mais diversificado do endogrupo do que do exogrupo (Linville, Fischer e Salovey, 1989). No entanto, a familiaridade não consegue explicar a assimetria entre homens e mulheres. Qualquer que seja o seu sexo, cada um de nós conhece provavelmente quase o mesmo número de mulheres e de homens. A única diferença residirá no facto de conhecermos pelo menos uma pessoa privilegiada num dos grupos: nós próprios. As pesquisas parecem contudo indicar que não é nem a familiaridade, nem o número de exemplares de que nos recordamos, nem a informação privilegiada sobre nós próprios, que constituem variáveis decisivas para explicar a homogeneidade do exogrupo.

Segundo uma hipótese recente (Park, Ryan e Judd, 1992), as pessoas organizam em **subgrupos** o seu conhecimento de uma categoria. Ora, as pessoas estarão mais motivadas para matizar o endogrupo do que o exogrupo, graduação que se traduziria por um maior número de subgrupos no primeiro do que no segundo. Se você é francês, por exemplo, será capaz de fraccionar a categoria Francês em mais subgrupos do que a categoria Belga ou Britânica. Esta organização em subgrupos tem vantagens funcionais indubitáveis. Por um lado, os subgrupos permitem defender a integridade da totalidade do grupo: "Engana-se no alvo, meu amigo, os Franceses de quem está a troçar são na realidade os Parisienses, isto é uma minoria". Por outro lado, a pluralidade dos subgrupos é uma arma contra os estereótipos: "Tenha cuidado, não faça generalizações apressadas, nem todos os Franceses são French lovers".

A **teoria da autocategorização** explica a assimetria de homogeneidade por uma diferença de nível de comparação. Ao avaliar o meu grupo, situo-me ao nível interpessoal e faço comparações entre mim e os outros membros do meu grupo. Descubro portanto muitas diferenças. Pelo contrário, ao avaliar um exogrupo, funciono a um nível intergrupo e comparo o meu endogrupo com aquele exogrupo particular. Dessa forma, não encontro muitas diferenças dentro desse exogrupo (Oakes, Haslam e Turner, 1994).

A homogeneidade do endogrupo é, por vezes, mais marcada do que a homogeneidade do exogrupo. Como se explica esse fenómeno e em que condições é que ele aparece? Baseando--se na teoria da identidade social, Simon (1992) emitiu a hipótese de a homogeneidade do endogrupo poder reforçar a auto-estima dos membros. Seria nomeadamente o caso quando o endogrupo constitui uma minoria. Nas circunstâncias "normais", as pessoas imaginam espontaneamente que pertencem à maioria e, portanto, concebem o seu grupo de modo diversificado. No entanto, noutros casos, são forçadas a admitir que pertencem à minoria. Ora, os trabalhos de Festinger e dos seus alunos sobre as pressões para a uniformidade mostraram que os grupos extremos são muitas vezes levados a cindir-se em grupúsculos ainda mais pequenos, porque a sua fragilidade não tolera a variedade; para esses grupos, a unanimidade é uma ordem categórica, o que explica, portanto, o efeito de homogeneidade endogrupal numa minoria quantitativa.

Também acontece nas minorias qualitativas que se percebam a si próprias como mais homógeneas do que a maioria. É o caso das minorias sem prestígio social que se vêem a si próprias pelo ponto de vista dos grupos mais prestigiados. É o caso das mulheres em relação aos homens. "Todas as mulheres dignas desse nome sabem cozinhar, com mais ou menos talento, enquanto a maioria dos homens sabe apenas pôr água a ferver; mas também temos de admitir que os melhores cozinheiros são homens". É a minha opinião enquanto homem; partilhada por outros homens... bem como por mulheres (Lorenzi-Cioldi, 1994).

REDUÇÃO DO VIÉS PRÓ-ENDOGRUPO, DA DISCRIMINAÇÃO E DOS CONFLITOS INTERGRUPOS

As páginas precedentes terão provavelmente deixado nos leitores a impressão de que os psicólogos se interessaram mais por perceber a escalada da tensão entre grupos do que por procurar evitá-la. Talvez a primeira abordagem seja mais fácil do que a segunda?

Descategorização, recategorização e categorizações cruzadas

Subjacente à hipótese do contacto, está a ideia de que é por ignorância que as pessoas põem os outros numa categoria (diferente da sua). Se as pessoas estivessem suficientemente informadas, verificariam a especificidade e riqueza de cada pessoa e, portanto, não procurariam encerrá-la numa categoria particular. Nessa maneira de ver, as categorias sociais são um mal que é preciso ultrapassar: "Somos todos cidadãos do mundo". Quando a hipótese do contacto foi formulada, estava-se, nos Estados Unidos, na época das Relações Humanas; aliás, vários peritos chamados a testemunhar no Supremo Tribunal dos Estados Unidos a favor do fim da segregação escolar pertenciam àquele movimento. A solução que preconizavam era **des--categorizar** (Miller e Brewer, 1984). Essa solução continua a ser defendida pelas pessoas que enaltecem o "colour-blindness", isto é, a cegueira face às diferenças de pigmentação da pele e outras características físicas. É uma solução possível em situação de laboratório ou, talvez, num acampamento de férias. Mas é pura e simplesmente irrealista e não funcional na vida corrente. Como já vimos, desde o início deste livro, categorizar é um processo indispensável ao funcionamento humano. Se há algo a pôr em causa, são as essências e os atributos ligados às categorias, não o processo de categorização. Vamos deixar de pensar, só porque são as ideias que provocam as guerras?

Face à ingenuidade da des-categorização, alguns autores propuseram a **recategorização**. Negros e Brancos dos Estados Unidos não passariam de cidadãos do mesmo país. "Flamengos e Valões são os nossos nomes, Belga é o nosso apelido", ouve-se, cada vez menos, na Bélgica. Tenhamos em conta que, quando são bem sucedidas, a descategorização e a recategorização não têm os mesmos efeitos. Ambas reduzem ou suprimem o viés pró-endogrupo, mas de maneira diferente; a descategorização remete o endogrupo para o nível do exogrupo, enquanto que a recategorização eleva o exogrupo para o nível do endogrupo (Gaertner *et al.*, 1993). Desse ponto de vista, portanto, a recategorização teria consequências mais positivas do que a descategorização. Foi, em fim de contas, a situação que Sherif alcançou no fim dos seus acampamentos de férias.

O problema com a recategorização é que ela só consegue reunir grupos em número limitado e que essa reorganização dos grupos sociais se realiza em geral no caso de ameaça externa. Face ao inimigo, fazemos um bloco.

Hewstone e Brown (1986; Brown, 1995) propuseram um modelo que retoma a maioria das recomendações originais da hipótese do contacto, ao mesmo tempo que evidencia a pertença grupal. Este modelo facilitaria a generalização à totalidade do exogrupo. No entanto, a generalização pode ser negativa se tiver sido desagradável a impressão deixada pelo contacto havido com os membros de um grupo. Este modelo é um compromisso hábil, mas continua a aguardar resultados que o confirmem para além da especulação. Por outro lado, neste modelo, que importâncias respectivas têm a descategorização e as categorias? O que é que faz com que um país dividido em federação se incline para o separatismo?

Os optimistas pensarão talvez que a solução há-de emergir com uma sociedade que, pela força das coisas, se irá tornar cada vez mais pluralista. Chegará um momento em que a partilha das características entre membros de vários grupos atingirá um ponto tal em que será difícil discriminar a favor de um grupo específico, porque ele já não será "puro". Os psicólogos falam, a esse propósito, de **categorizações cruzadas** (Vanbeselaere, 1991). Vejamos o caso simplista de Turcos e Alemães que se encontram, ou não, desempregados. Há quatro grupos possíveis e que se organizam consoante divergem em duas características (por exemplo, os Alemães desempregados e os Turcos não) ou que são semelhantes em uma das duas (por exemplo, todos os Alemães, ou todos os desempregados). Mesmo num caso tão simples, incluindo apenas duas vezes dois grupos, as previsões são complexas. Uma previsão, estritamente categorial, limita-se a considerar os quatro grupos como sendo entidades igualmente distintas; para cada indivíduo, Alemão ou Turco, desempregado ou não, há um endogrupo e três exogrupos. Em consequência, qualquer que seja o exogrupo, aparecerá um viés pró-endogrupo. Uma outra previsão afirma que as semelhanças intragrupos e as diferenças inter-grupos se equilibrarão e, portanto, a categorização cruzada eliminará qualquer viés. A terceira previsão distingue os grupos que diferem em duas características ou apenas numa; o viés seria máximo nos primeiros e menor nos segundos. Esta última previsão, que toma em conta as graduações, parece ser a mais segura do ponto de vista empírico. É conveniente, no entanto, ser prudente do ponto de vista das conclusões, pois não é possível reduzir a quatro células uma sociedade pluralista.

Conversão, contabilidade e subtipos

Se as tensões entre os grupos se alimentam de essências perniciosas e se estas dependem do conteúdo dos estereótipos, não seria possível reduzir as primeiras e assim influir nos últimos? O postulado de base é que os estereótipos serão ameaçados e eventualmente modificados pelas informações que os contradizem. No entanto, estas informações contraditórias podem apresentar-se de várias maneiras e suscitam reacções específicas que os psicólogos explicaram por três modelos.

A contradição pode vir de uma única pessoa. É provável que as atitudes em relação ao "tchador", o véu muçulmano, tenham evoluído na Bélgica desde que Nabela Benaissa se tornou um dos porta-vozes das famílias de crianças raptadas e vítimas de pedófilos. A esse propósito, os psicólogos falam de um modelo por **conversão**. A contradição pode também acontecer, pouco a pouco, a partir de um conjunto de pessoas. Face a essa constelação de características incoerentes com as expectativas, as pessoas reagiriam como **contabilistas**, recenseando o que entra na coluna das confirmações e na das incoerências. Por fim, as características incoerentes podem concentrar-se em algumas pessoas em vez de estarem disseminadas no conjunto do exogrupo. Falar-se-á de **subtipos** (é preciso não confundir com os subgrupos de que falámos a propósito da homogeneidade dos grupos).

Não há razão para duvidar de que a conversão existe. Basta pensar no carisma de Martin Luther King, ou na aura de Nelson Mandela. No entanto, nas situações controladas das pesquisas experimentais, esse fenómeno nunca apareceu. A constituição de subtipos é um meio excelente para evitar modificar o conjunto da visão do grupo. Permite enquistar as excepções. É o modelo contabilista que melhor explica as mudanças dos estereótipos. Quando a incoerência atinge muitas dimensões e abrange o conjunto de um grupo, torna-se cada vez mais difícil defender que ele possui as características que inicialmente lhe foram atribuídas. No entanto, como já vimos no segundo capítulo, as pessoas gastarão muita energia a tentar conservar intactas as suas teorias a propósito dos grupos. O que não é de admirar, pois uma teoria que mudasse constantemente deixaria de ter qualquer utilidade.

Um conjunto de estudos famosos mediu com a mesma metodologia os estereótipos acerca dos mesmos 10 grupos, na mesma universidade americana, em três épocas diferentes: nos anos trinta, quando Katz e Braly (1933) construíram a primeira medida válida de estereótipos, pouco depois da Segunda Guerra Mundial (Gilbert, 1951), e em 1967 (Karlins, Coffman e Walters, 1969). Nos 10 grupos havia Alemães, Japoneses e negros americanos. Os resultados mostram a simultânea estabilidade e a flexibilidade dos estereótipos. Com o tempo, os Alemães perdem o seu carácter científico (78%, 62%, 47%). O lado inteligente e trabalhador dos Japoneses (45% e 44%) diminui de modo drástico com a guerra (11% e 12%) mas retoma alguma importância em seguida (20% e 57%). Enquanto, em 1933, 84% dos negros americanos eram considerados como supersticiosos e 75% como preguiçosos, essas percentagens descem gradualmente, para atingir respectivamente 13% e 26% em 1967; paralelamente é-lhes reconhecido, cada vez mais, o sentido da música (26%, 33% e 47%).

Ressalta destes estudos que as interacções têm o poder de alterar os estereótipos. Quando os cientistas alemães começam a imigrar para os Estados Unidos, todos os Alemães são considerados como cientistas; após a guerra, os Estados Unidos retomarão a liderança nas ciências e, portanto, em 1967 os Alemães deixam de ser avaliados tão cientistas como em 1933 – aos olhos dos estudantes de Princeton. O caso dos Japoneses é óbvio: a guerra deu-lhes um golpe que não se revelou fatal e, aliás, existe hoje nos Estados Unidos o mito do asiático intelectualmente sobredotado. Felizmente, a imagem dos afroamericanos, como é correcto dizer hoje, evoluiu muito. Evolução que provavelmente é menos o resultado de mudança nas interacções com os negros do que das intervenções a favor dos negros. Afinal, também Sherif, que era um adversário do contacto enquanto tal, insistiu na importância das interacções. Em conclusão, verifica-se que os estereótipos e as qualidades das interacções se influenciam reciprocamente.

A reacção de PL para com os Franceses, a partir da sua interacção infeliz com o dono do café francês, é típica daquilo a que se chama a estereotipização. Neste caso, ela dá razão aos detractores dos estereótipos porque PL é responsável pelo conteúdo, absurdo, do seu estereótipo e da essência, nada lisonjeira, que atribuiu a um povo inteiro. Já JP foi apanhado na armadilha da sua interacção com o casal alemão; não podia comportar-se com aquelas pessoas da mesma forma como teria imaginado fazer com todos os Alemães; mas, como não o incomodava tratar desse modo o oficial da Gestapo, JP criou provavelmente um subtipo de Alemães para ter boas relações com o casal, talvez o de pais, desarmados, em todos os sentidos da palavra, e cujo filho foi enviado para a morte. Podemos lastimar o rancor de PL e de JP, mas as suas reacções são representativas. Atestam que um mundo sem categorias é uma utopia.

Justiça processual e poder

As interacções implicam partilha de bens materiais e simbólicos. A percepção de injustiça ao nível dessa partilha contribui muitas vezes para os conflitos entre grupos. O viés pró-endogrupo, a discriminação e os preconceitos contribuem para esse sentimento de injustiça. Por outro lado, uma repartição justa não é tão simples como parece à primeira vista (Azzi, 1994; Folger, 1984).

Vejamos o caso da Bélgica e, para simplificar, limitemo-la às duas comunidades, flamenga e francesa. A comunidade flamenga é numericamente mais importante e economicamente mais rica do que a comunidade francesa. Portanto, contribui com mais impostos para o Estado central. A comunidade flamenga tem também menos desempregados, menos idosos e doentes; fica, portanto, em proporção, menos cara do que a comunidade francesa.

De acordo com a **teoria da equidade** (Walster, Walster e Berscheid, 1978), a relação entre dois grupos será justa na medida em que os benefícios sejam proporcionais às contribuições de cada um. Portanto, na medida em que a comunidade flamenga paga mais impostos, deveria receber, em retorno, mais benefícios. Quer isso dizer, seguindo aquela lógica, que as crianças flamengas teriam direito a melhores escolas e a professores mais motivados porque mais bem pagos, do que as crianças francesas? Significa isso que a segurança social deveria ser mais generosa para os Flamengos do que para os Francófonos? Estes exemplos mostram que uma justiça baseada apenas na equidade, ou na proporcionalidade, põe problemas. Como mostrou a teoria da privação relativa, as pessoas reagem quando consideram estar a receber menos do que esperavam. Pode então acontecer que receber mais do que a proporcionalidade seja considerado injusto e que, inversamente, receber menos seja considerado justo. De facto, muitas partilhas requerem a igualdade em vez da equidade. É o caso dos bens simbólicos, como a educação ou a saúde, quando as pessoas desejam uma relação harmoniosa a longo prazo; fala-se, aliás, do direito à educação e à saúde para todos.

É também preciso distinguir justiça individual de colectiva. Num caso, protegem-se os direitos individuais, por exemplo os direitos dos desempregados e, no outro, reconhecem-se os direitos dos grupos enquanto tais, por exemplo os das minorias linguísticas ou religiosas. Existe uma relação entre os tipos de justiça, individual e colectiva, e os tipos de recursos, privados, muitas vezes materiais e divisíveis entre os indivíduos, ou colectivos, muitas vezes simbólicos e não divisíveis. Em geral, os recursos privados relevam da justiça individual e são partilhados proporcionalmente entre os grupos. Ao contrário, os recursos colectivos dependem da justiça colectiva e são regulados pela regra da igualdade (Azzi, 1992).

Acabámos de propor distinções muito claras, com regras precisas. Mas a realidade é muito menos nítida do que fizemos crer até agora. Com efeito, o recurso mais importante é o do poder. Este pode ser considerado um recurso privado, regulado pela proporcionalidade; na realidade, ao nível central do Estado belga, os parlamentares flamengos são mais numerosos do que os francófonos. O poder é também um recurso colectivo, regulado pela igualdade; esse aspecto igualitário está representado na Bélgica ao nível dos ministros federais. O que não impede os conflitos. Num caso como o da Bélgica, é inevitável que a maioria flamenga queira sempre fazer vencer a justiça individual e a proporcionalidade, com o pretexto "democrático" de que todas as pessoas são iguais. É perfeitamente normal que a minoria francófona reivindique a justiça colectiva e a igualdade.

Se se quiser evitar conflitos sangrentos ou o desmoronamento do Estado central é preciso encontrar regras de conduta – fala-se de **justiça processual** – que, ao nível da distribuição do poder, respeitem ao mesmo tempo a proporcionalidade e o direito da minoria. Se os parlamentares flamengos representassem 65% dos votos e a maioria simples (51%) fosse a regra, a comunidade flamenga ganharia sempre. Se fosse preciso uma maioria de dois terços, a comunidade francesa teria o direito de veto. Foi portanto encontrada uma solução; "estabelecer uma representação proporcional com uma maioria simples, mas exigir que essa maioria inclua votos de cada grupo. (...) Quando o parlamento tem de decidir relativamente aos interesses etno-linguísticos, a decisão, para ser adoptada, tem de ter o acordo da maioria dos representantes flamengos e da maioria dos representantes francófonos" (Azzi, 1994, p. 316).

A abordagem desta última secção do capítulo é muito diferente das que a antecederam. Ninguém negará a existência de conflitos na Bélgica. Cada comunidade tem à sua disposição como que um catálogo de estereótipos que têm tanto a ver consigo próprio como com a outra comunidade. Existem discriminações tanto nas nomeações de funcionários como na cooperação internacional. No entanto, um mínimo de regras processuais permite que cada comunidade conserve a sua identidade sem desencadear as tensões.

Os autores deste livro são belgas (ninguém é perfeito, como algumas pessoas dizem) e têm esperança de que este livro seja lido e utilizado fora do seu país. É verdade que para a justiça processual, a Bélgica é uma mina de ouro, mas ela não é o único caso. Pensemos na Europa. Também aí se encontraram processos eficazes, embora ainda haja muito para fazer. O actual direito de veto para um único país, em muitos casos o Reino Unido, mostra bem as deficiências do actual sistema.

Há por todo o lado cidades como Beirute, Bruxelas, Mostar, Jerusalém ou Toulon. Decididamente, é muito complicado encontrar o equilíbrio certo entre as semelhanças e as diferenças!

Conclusões
Experimentação e questões éticas

Caros leitores, neste livro demos o melhor de nós próprios, com a esperança de vos fazer partilhar o nosso entusiasmo pela psicologia social experimental. É claro que o panorama que oferecemos não é completo. Seleccionámos alguns temas em vez de outros. Podíamos ter falado, nomeadamente, do Eu, dos grupos, de liderança, da comunicação, das diferenças interculturais. A escolha corresponde mais às nossas preferências pessoais do que a um julgamento de valor. Nos limites desta obra, oferecer mais ter-nos-ia obrigado a tratar alguns temas de maneira superficial. Também tivemos que fazer opções no interior dos temas abordados. Retivemos os aspectos mais importantes, ao nosso ver. Não consagrámos nenhum capítulo a temas como o direito, a saúde ou o ambiente. Para não aumentar ainda mais o fosso entre a psicologia social aplicada e a outra, fundamental, preferimos, sempre que pertinente, sugerir aplicações.

Contrariamente a uma prática corrente nos nossos países, também optámos, propositadamente, por não alimentar polémicas (excepto agora!). Com efeito, elas interessam mais ao ego dos protagonistas e às discussões entre iniciados do que ao interesse dos leitores. No entanto, é possível que as páginas seguintes, consagradas à experimentação na psicologia social e às questões éticas que lhe estão associadas, criem alguma controvérsia. Se for construtiva, teremos atingido o nosso objectivo.

Somos contra os trabalhos conduzidos "para ver se" (ver se as músicas barrocas e românticas afectam de maneira diferente a memória, ver se as estudantes com olhos azuis ou verdes têm mais êxito nos exames orais do que as estudantes com olhos castanhos ou cinzentos). A nossa disciplina tem já dificuldades que cheguem para conseguir acumular conhecimento integrado; tudo o que aquele tipo de pesquisas consegue é acentuar o aspecto "mosaico" que alguns, como Sartre (1960), censuram à psicologia social experimental. Além disso, pensamos que qualquer experiência se deve basear numa hipótese com justificação teórica. Não queremos com isso dizer que a hipótese tem que ser necessariamente deduzida de uma teoria existente. Com efeito, ela pode resultar da intuição do investigador, ou de uma notícia do jornal, por exemplo, mas é recomendável que a sua apresentação tenha em conta as teorias disponíveis, nem que seja para a elas se opor. Os nomes de Schachter e de Festinger apareceram muitas vezes neste livro. Esses dois investigadores ilustram perfeitamente as perspectivas que preconizamos. Festinger costumava testar hipóteses formalmente deduzidas de uma teoria; Schachter preferia partir de uma observação que confrontava com as teorias existentes, na esperança de conseguir chegar a uma nova teoria. Por fim, assinalaremos que, sempre que possível, o "mais chique" é propor e testar uma hipótese capaz de decidir entre duas teorias concorrentes, ou de estabelecer os limites de cada uma.

Sem dúvida, a experimentação não é o único processo de testar hipóteses em psicologia social. Os métodos estatísticos também podem ser uma solução, mas eles são mais sofisticados e exigentes do que imaginam alguns dos seus utilizadores. A experiência é, sem dúvida, a via privilegiada. Aliás, os psicólogos sociais revelaram-se excelentes experimentadores, como prova a invenção do método dos cúmplices.

Três críticas têm sido feitas às experiências de laboratório: a trivialidade dos seus resultados, o seu carácter artificial e as questões éticas que levantam.

Depois de serem conhecidos os resultados de uma experiência, é fácil dizer que eles são evidentes. Imaginem que Milgram não tinha pedido aos psiquiatras para preverem os resultados das suas experiências, mas os tivesse confrontado directamente com os resultados. É provável que, sem dificuldades, alguns desses psiquiatras tivessem comentado a obediência generalizada que nenhum previu. Uma anedota será talvez suficiente para concluir este parágrafo sobre a trivialidade dos resultados. Pense em Hovland, o investigador que ficou célebre no campo da mudança de atitudes. Durante a II Guerra Mundial, dirigiu uma equipa de psicólogos que se reuniam regularmente com oficiais para discutir os resultados das suas pesquisas. Em cada reunião, um general criticava a trivialidade dos resultados e lastimava que o exército americano gastasse tanto dinheiro e tanto tempo para investigar o que qualquer pessoa com bom senso já sabia. No início de uma reunião, Hovland disse-lhe: "Se me dá licença, Senhor general, queria assegurar-me de que recebeu um relatório exacto das nossas pesquisas." Hovland pegou no relatório que o general tinha sublinhado com grandes riscos e folheou-o. "Há um erro; não tem o relatório certo. Aqui está." E pôs frente ao general um relatório cujos resultados eram exactamente o oposto dos que ele tinha qualificado como sendo triviais. Parece que o general percebeu perfeitamente a lição.

Segundo alguns críticos, o laboratório não é a realidade. Querem provavelmente dizer com isso que a realidade do laboratório é diferente da realidade em que pensam. O laboratório faz parte da realidade mas é verdade que, por construção, inclui uma dimensão artificial, pois o investigador tenta controlar algumas variáveis, tarefa muitas vezes impossível fora do laboratório. Criticar o carácter artificial do laboratório não é grande esperteza. O que saberíamos das leis da gravidade se nos tivéssemos limitado a observar massa de pão fermentada ou as folhas das árvores levadas pelo vento (Banaji e Crowder, 1989)? Em vez de atacar o aspecto artificial do laboratório, mais vale distinguir o realismo experimental e o realismo do mundo e analisar a possibilidade de generalização dos resultados experimentais fora do laboratório. No fim de contas, é essa generalização que interessa ao investigador. Por realismo experimental, entende-se uma situação que tem poucas hipóteses de ser encontrada tal e qual fora do laboratório mas na qual as pessoas estão muitos implicadas. Estão nesse caso, por exemplo, as experiências de Asch sobre o conformismo, ou as de Milgram sobre a obediência. O realismo do mundo, esse refere-se a situações quase idênticas àquelas que se encontram fora do laboratório. Os estudos sobre a mudança de atitudes são muitas vezes desse género: os participantes lêem um artigo escrito por alguém, perito, ou não, com bons ou maus argumentos, quase como aconteceria com a revista que lêem habitualmente.

Intrinsecamente, um realismo não é superior a outro. A escolha depende do que o investigador quer estudar, dos seus talentos e dos seus hábitos no que respeita à encenação experimental, e daquilo que aceita sacrificar ao rigor científico. É o objecto do trabalho que, em grande parte, dita o tipo de realismo a adoptar. Se o que está em causa são variáveis altamente motivacionais como o conformismo, a agressão ou a obediência a ordens sádicas, será preciso construir uma situação simultaneamente opaca, para que o participante não desconfie dos objectivos da pesquisa, e muito envolvente, a fim de o fazer adoptar o comportamento esperado. O realismo experimental é, nesse caso, indicado. Se o logro não for importante, como acontece muitas vezes na persuasão, optar-se-á por um realismo mundano. A escolha reflecte também a capacidade de encenação do investigador. Com efeito, uma experiência é sempre apenas uma encenação! Se o experimentador for mau encenador, não terá quaisquer resultados, qualquer que seja a correcção das hipóteses testadas (pense nas experiências sobre a dissonância cognitiva; sem talento, nunca o investigador conseguirá criar nos participantes um estado de dissonância cognitiva). Portanto, a eficácia de uma experiência depende ao mesmo tempo do valor da hipótese testada e da encenação. Por fim, o realismo experimental favorece a implicação dos participantes em detrimento da variância de erro, enquanto o realismo do mundo privilegia a estandardização à custa da implicação dos participantes. Uma experiência com papel e lápis ou com o computador permite controlar muito bem os eventuais factores de perturbação, incluindo os que têm origem no investigador, mas raramente é muito motivadora dos participantes. No oposto, com um cenário construído, o investigador é por vezes obrigado a improvisar e, em todos os casos, a ostentar uma série de variáveis susceptíveis de serem diferentemente interpretadas pelos sujeitos, o que aumenta a variância, mas seduz os participantes.

Qual será o realismo mais generalizável? O experimental ou o mundano? A resposta não é evidente. Estando o realismo mundano mais próximo da vida de todos os dias, ele deveria ser mais generalizável, mas se as pessoas não prestarem muita atenção ao que estão a fazer durante a experiência, as suas respostas têm poucas hipóteses de se generalizar a outras situações. Pelo contrário, o realismo experimental é altamente específico, e ainda que provavelmente nunca mais se volte a repetir, tem talvez a capacidade de revelar o íntimo dos participantes.

Uma solução que nos parece totalmente inútil é a de tentar reproduzir o mundo exterior no laboratório. Uma anedota convencerá mais facilmente do que muitos discursos. Durante um colóquio de psicologia ecológica, um de nós (JPH) assistiu à apresentação de um estudo em que o investigador tinha reproduzido no laboratório, com todo o pormenor, escritórios de funcionários. Os participantes trabalhavam durante o horário de trabalho, durante vários dias e todos os seus comportamentos eram filmados e gravados. O investigador estava manifestamente orgulhoso da validade ecológica do seu dispositivo, até à altura em que um ouvinte lhe perguntou: "E quando é que as pessoas iam à casa de banho?" O investigador teve a honestidade de responder que os participantes nunca tinham ido à casa de banho durante as horas de trabalho, mas, ao ouvir os risos que acolheram a sua resposta, percebeu perfeitamente que ela não convencia.

Se quer uma realidade exterior ao laboratório, saia do laboratório. Faça como Deconchy quando estuda os seus sujeitos ortodoxos. Siga o exemplo de Sherif com os acampamentos de férias. Ou, ainda melhor: se deixar o laboratório, não tente, a qualquer preço, fazer um trabalho que tivesse a possibilidade de realizar dentro do laboratório. Aproveite o terreno e o facto de não poder controlar todas as variáveis; fique atento aos factores específicos do terreno. Com efeito, quando conduz uma experiência em laboratório, decide das variáveis que é interessante manipular, medir e controlar. Se tudo acontecer exactamente como previu, não encontrará mais do que esperava. É diferente no terreno onde é impossível controlar tudo. Aposte nessa impossibilidade; talvez ela lhe traga surpresas agradáveis! Como exemplo que vale por todas as estatísticas, aqui está outra anedota. Quando as primeiras pesquisas de laboratório mostraram o impacto dos filmes violentos sobre o comportamento agressivo dos espectadores, a indústria televisiva acusou-as de manipulação. Como era moda (no fim dos anos 60), os investigadores foram para o terreno a fim de observar os comportamentos agressivos de grupos de adolescentes que acabavam de ver filmes violentos "normais" e já não gravados ou fabricados para as necessidades do estudo. Tal mudança de sítio não levou a uma mudança de perspectiva nos investigadores e os primeiros estudos no terreno concluíram, bem como as experiências de laboratório, que as pessoas eram influenciadas pelos filmes, individual e imediatamente (sem mediação). Quando Leyens et al., (1975) conduziram a sua pesquisa sobre adolescentes em dificuldade com a Justiça, tiveram que trabalhar com grupos já constituídos. Podiam-se distribuir aleatoriamente os grupos pelos vários filmes mas não se podiam distribuir os participantes pelos vários grupos. Leyens et al. mediram o grau de dominância dos indivíduos nos grupos e observaram que os jovens altamente dominantes reagiam desde o primeiro filme agressivo enquanto eram preciso vários dias para observar um aumento de agressão nos jovens mais dominados. Significava isso que os dominados precisavam de mais estimulações agressivas antes de reagirem, que eles imitavam os dominantes, ou que eles reagiam a estes últimos? Estas interrogações punham em questão a influência não mediatizada dos filmes sobre pessoas em grupo e estiveram na origem de uma nova corrente de pesquisas sobre os efeitos da audiência em matéria de violência nos *media*.

Na nossa opinião, a resposta mais apropriada à crítica da artificialidade consiste em fazer idas e voltas constantes entre o laboratório e o terreno. O terreno para as ideias novas; o laboratório, para a precisão. A resposta às questões éticas será muito mais circunstanciada, já que os problemas que levanta nos parecem muito mais fundamentais do que os da trivialidade ou do aspecto artificial.

Como puderam verificar várias vezes ao longo deste livro, participar numa experiência de laboratório não é necessariamente agradável. Muitas vezes, produzem-se acontecimentos desagradáveis; o sujeito tem de receber ou aplicar choques eléctricos, é saturado de bombardeamentos sonoros ou, pelo contrário, é privado de qualquer percepção durante várias horas, é insultado, etc. Muitas vezes também o facto de participar numa experiência revela-lhe aspectos da própria personalidade que talvez tivesse preferido ignorar: conformismo, agressividade ou apatia, por exemplo. Por fim, na maioria dos casos, o sujeito é sistematicamente enganado pelo investigador e pelos seus colaboradores: uma experiência sobre a obediência é apresentada como sendo sobre a aprendizagem, uma outra sobre a agressividade é disfarçada de estudo psico-fisiológico.

Um dos meios preconizados para contornar o obstáculo ético consiste em transferir os estudos do laboratório para o terreno, resposta comparável à que demos à crítica do carácter artificial. Vários exemplos foram dados em alguns capítulos deste livro. Em vez de serem observados em laboratório, os sujeitos foram-no em sítios tão "naturais" e diferentes como salas de espera, cafés, escolas, auto-estradas, exército, bibliotecas, etc. Na nossa opinião, recorrer ao terreno não resolve os problemas éticos. A pessoa que aceita participar num estudo de laboratório sabe que está a ser observada, mesmo que não saiba exactamente qual é o objecto da observação. Não é esse o caso da maioria das investigações no terreno em que a pessoa ignora que está a participar num estudo psicológico, não está consciente de ser submetida a manipulações experimentais e portanto não tem a possibilidade de recusar participar.

Uma outra solução, mais radical, foi proposta por alguns psicólogos. Trata-se do jogo dramático, também chamado jogo de papéis ou simulação: os sujeitos, informados do carácter fictício da experiência, agem *como se* ela fosse real. Vejamos o caso da experiência de Milgram: os participantes sabem que o aluno é um cúmplice que não recebe nenhum choque eléctrico, mas devem agir *como se* estivessem a dirigir verdadeiros choques a um participante ingénuo. Sejamos claros: essa abordagem não convence. Para ser válida, ela tem de reflectir o mais possível aquilo que fariam participantes "ingénuos" que ignorassem a fraude. A melhor ilustração dessa situação, na nossa opinião, foi fornecida pelo trabalho de Zimbardo *et al.* (1973), resumido no capítulo 6. Recorde que a experiência simula uma situação de prisão com estudantes nos papéis de guardas e de presos. Tinha sido programada para várias semanas, mas foi necessário interrompê-la ao fim de alguns dias, de tal maneira os protagonistas tinham entrado na pele da "personagem". Manifestamente, nenhum ganho ético foi obtido com esse jogo de papéis. A nossa outra crítica vem do próprio conteúdo deste livro, em que muitas vezes mostramos que "dizer aquilo que se faria" e "fazer aquilo que se acha que se faria" são duas coisas diferentes, da mesma maneira que "dizer por que se faria tal coisa" não é a mesma coisa que "fazer tal coisa por este motivo."

Se excluirmos tanto os estudos no terreno como os jogos de papéis, que solução resta? Respeitar algumas regras, pessoais, esperando que sejam partilhadas pelos eventuais comités de ética. Duas regras nos parecem fundamentais.

Em primeiro lugar, nunca se deve programar uma experiência sem ter a certeza de que a pessoa, depois de participar, sairá dela em tão bom estado como quando entrou. Essa regra é pessoal, pois baseia-se no que nos sentimos capazes de realizar durante a entrevista pós-experimental, ou *debriefing*, em inglês. Por exemplo, somos grandes admiradores das experiências de Milgram sobre a obediência. No entanto sempre nos opusemos a que elas sejam reproduzidas nos nossos laboratórios. Isto porque não temos a certeza de que uma entrevista pós-experimental consiga resolver os problemas levantados pelo comportamento dos participantes.

Nessa entrevista pós-experimental, é indispensável que o investigador, ou um dos seus colaboradores, informe cada pessoa dos objectivos verdadeiros da experiência, lhe revele o logro e explique os seus motivos, e ainda que lhe permita exprimir as suas reacções. Na nossa opinião, tal entrevista é parte integrante da experiência de que constitui um dos períodos mais importantes e delicados. O participante de uma experiência ajuda o investigador e tem o direito de saber o que é que o interessa realmente. Mas essa informação, só por si, não é suficiente: imagine que um participante conformista nas experiências de Asch é informado de que as avaliações de linhas que forneceu eram, na realidade, destinadas a medir a sua taxa de conformismo. Tal informação, se é única, vai provavelmente aumentar a sua confusão ou a sua cólera. Será então necessário explicar-lhe os motivos que tornaram necessário o recurso ao logro ("Na vida quotidiana, é extremamente raro encontrar uma maioria unânime que cometa sistematicamente erros nas avaliações dos tamanhos, então…"); essa etapa é primordial se queremos que a pessoa perceba o interesse da pesquisa e aceite ter sido enganada. Pode acontecer que essa notícia do logro a confunda ("Meu Deus, mostrei-me conformista e gregário") ou que ela menospreze essa informação porque ainda está marcada pelas primeiras impressões da experiência ("Vem agora dizer-me que não eram verdadeiros choques eléctricos porque viu o meu nervosismo…"); importa nesse caso ouvir as suas reacções e fazê-la perceber que se se mostrou conformista ou nervosa, por exemplo, é porque a situação foi construída de forma a privilegiar esses comportamentos.

A segunda regra respeita à informação ao participante antes da experiência começar. Este deve saber que participa num estudo, que pode interromper a sua participação quando quiser, sem causar prejuízos, e que o seu comportamento será tido em conta. Este último aspecto é o mais importante, mas o que significa precisamente? Este princípio corresponde mais ou menos ao "consentimento esclarecido", tal como é imposto, nomeadamente, pelo código ético da APA (American Psychological Association, 1982) a quem quer publicar nas suas famosas revistas. Algumas pessoas duvidam de que esse princípio se imponha fora dos Estados Unidos, mas podem ficar descansadas se lerem o código da APA. Aqui estão alguns extractos:

> "Salvo nas pesquisas de risco limitado, o investigador deve estabelecer, antes do início da pesquisa, um contrato claro, honesto e leal com os participantes, contrato que mencione claramente as obrigações e as responsabilidades de cada um."
> "Deve informar os participantes de todos os aspectos da pesquisa que podem influenciar o seu consentimento a participar e deve explicar todos os outros aspectos a respeito dos quais os participantes pedirem informações."
> "Há estudos cujas exigências metodológicas tornam necessária a dissimulação ou a mentira. Antes de desenvolver um estudo desse tipo, o investigador tem a responsabilidade muito particular de:
> 1) determinar se o recurso àqueles processos se justifica pela importância esperada do estudo nos planos científico, pedagógico ou da aplicação;
> 2) procurar se existem processos alternativos que não necessitem da dissimulação nem da mentira;
> 3) velar por que todos os participantes recebam as explicações suficientes o mais cedo possível."

Ao ler estes parágrafos, percebe-se que não é ingenuidade ou hipocrisia o que se espera dos investigadores, mas tão-somente decência. Na faculdade de psicologia da nossa universidade, temos a sorte de ter uma comissão de ética, composta de juristas, investigadores e profissionais a quem podemos submeter os planos das experiências quando temos dúvidas sobre o seu carácter ético. Não é um comité para autorizar, é uma comissão que dá opiniões. A responsabilidade pessoal do investigador mantém-se na íntegra, mas esclarecida por opiniões recebidas de várias fontes. É uma fórmula que poderia ser difundida com vantagem.

Quando um trabalho encena um logro, a noção de "consentimento esclarecido" respeita à entrevista pós-experimental. É verdadeiramente sobre este momento que repousa a ética de uma pesquisa em psicologia social. A entrevista pós-experimental só deverá ser dada por terminada se o participante tiver entendido claramente a pesquisa; se ele estiver, na medida do possível, satisfeito por ter participado; e se a imagem que tinha de si próprio não estiver de modo nenhum diminuída pela experiência. É destas condições, nomeadamente, que depende o futuro da psicologia social experimental junto do público.

BIBLIOGRAFIA

Abelson, R.P. (1976). Script processing in attitude formation and decision making. In J.S. Carroll & J.W. Payne (Orgs.), *Cognition and social behavior*. Hillsdale, N.J. : Erlbaum.

Abelson, R.P. & Prentice, D.A. (1989). Beliefs as possessions: A funtional perspective. In A.R. Pratkanis, S.J. Breckler & A.G. Greenwald (Orgs.), *Attitude structure and function* (361-381). Hillsdale, NJ: Erlbaum.

Abrams, D., Wetherell, M.S., Cochrane, S., Hogg, M.A. & Turner, J.C. (1990). Knowing what to think by knowing who you are: Self categorization and the nature of norm formation, conformity, and group polarization. *British Journal of Social Psychology*, 29, 97-119.

Adams, J. (1965). Inequity in social exchange. In L. Berkowitz (Org.), *Advances in experimental social psychology* (Vol. 2). Nova Iorque: Academic Press.

Adorno, T.W., Frenkel-Brunswik, E., Levinson, D.J. & Sanford, R.N. (1950). *The authoritarian personality*. Nova Iorque: Harper & Row.

Ainsworth, M.D., Bell, S.M. & Stayton, D.J. (1974). Infant-mother attachment and coal development: «Socialisation» as a product of reciprocal responsivness to signals. In M.P.M. Richards (Org.), *The integration of a child into a social world*. Londres: Cambridge University Press.

Ajzen, I. (1988). *Attitudes, personality, and behavior*. Milton Keynes, UK: Open University Press.

Ajzen, I. (1991). The theory of planned behavior. *Organizational Behavior and Human Decision Processes*, 50, 179-211.

Ajzen, I. (1996). The directive influence of attitudes and behavior. In P.M. Gollwitzer & J.A. Bargh (Orgs.), *The psychology of action* (385-403). Nova Iorque: Guilford.

Ajzen, I. & Fishbein, M. (1980). *Understanding attitudes and predicting social behavior*. Englewood Cliffs, NJ: Prentice-Hall.

Ajzen, I. & Madden, T.J. (1986). Prediction of goal-directed behavior: Attitudes, intentions, and perceived behavioral control. *Journal of Experimental Social Psychology*, 22, 453--474.

Alexander, C.N. Jr., Zucker, L.G. & Brody, C.L. (1970). Experimental expectations and autokinetic experiences: Consistency theories and judgmental convergence. *Sociometry*, 33, 108-122.

Allen, V.L. (1975). Social support for nonconformity. In L. Berkowitz (Org.), *Advances in experimental social psychology* (Vol. 18, 2-43). Nova Iorque: Academic Press.

Allen, V.L. & Levine, J.M. (1971). Social support and conformity: The role of independent assesment of reality. *Journal of Experimental Social Psychology*, 7, 48-58.

Allen, V.L. & Wilder, D.A. (1980). Impact of group consensus and social support on stimulus meaning : Mediation of conformity by cognitive restructuring. *Journal of Personality and Social Psychology, 39,* 1116-1124.

Allport, G.W. (1954). *The nature of prejudice.* Reading, MA: Addison-Wesley.

Allport, G.W. & Odbert, H.S. (1936). Trait names: A psycholexical study. *Psychological Monographs: General and Applied,* 47 (1, Whole N.º 211).

Altemeyer, B. (1988). *Enemies of freedoom: Understanding right-wing authoritarianism.* São Francisco: Jossey-Bass.

Altman, I., Taylor, D.A. & Wheeler, L. (1971). Ecological aspects of group behavior in social isolation. *Journal of Applied Social Psychology, 1,* 76-100.

American Psychological Association (1982). Ethical principles in the conduct of research with human participants. Washington, DC: APA.

Andersen, S.M. & Bem, S.L. (1981). Sex typing and androgyny in dyadic interaction: Individual differences in responsiveness to physical attractiveness. *Journal of Personality and Social Psychology, 41,* 74-86.

Anderson, C.A. (1989). Temperature and aggression: The ubiquitous effects of heat on the occurence of human violence. *Psychological Bulletin, 106,* 74-96.

Anderson, C.A. & Sedikides, C. (1991). Thinking about people: Contributions of a typological alternative to associationistic and dimensional models of person perception. *Journal of Personality and Social Psychology, 60,* 203-217.

Anderson, N. (1981). *Foundations of information integration theory.* Nova Iorque Acad. Press.

Aronson, E. & Carlsmith, J.M. (1963). Effect of the severity of threat on the devaluation of forbidden behavior. *Journal of Abnormal and Social Psychology, 66,* 584-588.

Aronson, E. & Linder, D. (1965). Gain and loss of esteem as determinants of interpersonal attractiveness. *Journal of Experimental Social Psychology, 1,* 156-171.

Aronson, E. & Mills, J. (1959). The effect of severity of initiation on liking for a group. *Journal of Abnormal and Social Psychology, 59,* 177-181.

Asch, S.E. (1940). Studies in the principles of judgments and attitudes. II Determination of judgments by group and by ego standards. *Journal of Social Psychology, 12,* 433-445.

Asch, S.E. (1946). Forming impressions of personality. *Journal of Abnormal and Social Psychology, 41,* 258-290.

Asch, S.E. (1952). *Social psychology.* Englewood Cliffs, NJ: Prentice-Hall.

Asch, S.E. (1955). Studies of independence and conformity: A minority of one against a unanimous majority. *Psychology Monographs, 70,* 1-70.

Asch, S.E. (1956). Opinions and social pressure. *Scientific American, 193 (3),* 31-35.

Asch, S.E. & Zukier, H. (1984). Thinking about persons. *Journal of Personality and Social Psychology, 46,* 1230-1240.

Axsom, D., Chaiken, S. & Yates, S. (1987). Audience response as a heuristic cue in persuasion. *Journal of Personality and Social Psychology, 53,* 30-40.

Ayeroff, F. & Abelson, R.P. (1976). ESP and ESB: Beliefs in personal success of mental telepathy. *Journal of Personality and Social Psychology, 34,* 240-247.

Azzi, A. (1992). Procedural justice and the allocation of power in intergroup relations: Studies in the U.S. and South Africa. *Personality and Social Psychology Bulletin, 18,* 736-747.

Azzi, A. (1994). Modes de resolution des conflits intergroupes. In R. Bourhis & J.-Ph. Leyens (Orgs.), *Perceptions, discrimination et relations intergroupes.* Bruxelas: Mardaga.

Banaji, M.R. & Crowder, R.G. (1989). The bankruptcy of everyday memory. *American Psychologist, 44,* 1185-1193.

Bancroft, J. & Backstrom, T. (1985). Premenstrual syndrome. *Clinical Endocrinology, 22,* 313-336.

Bandura, A. (1965). Influence of models' reinforcement contingencies on the acquisition of imitative responses. *Journal of Personality and Social Psychology, 1,* 589-595.

Bandura, A. (1971). *Social Learning Theory.* Nova Iorque: General Learning Press.

Bandura, A., Blanchard, E.B. & Ritter, B. (1969). The relative efficacy of desensitization and modeling approaches for inducing behavioral, affective and attitudinal changes. *Journal of Personality and Social Psychology, 13,* 173-199.

Bandura, A., Grusec, J.E. & Menlove, F.L. (1967). Vicarious extinction of avoidance behavior. *Journal of Personality and Social Psychology, 5,* 16-23.

Bandura, A. & Menlove, F.L. (1968). Factors determining vicarious extinction of avoidance behavior through symbolic modeling. *Journal of Personality and Social Psychology, 8,* 99-108.

Barry, H.H. III, Child, I.L. & Bacon, M.K. (1959). Relation of child training to subsistence economy. *American Anthropologist, 61,* 51-63.

Bartholomew, K. (1990). Avoidance of intimacy: An attachment perspective. *Journal of Social and Personal Relationships, 7,* 147-178.

Bastin, G. (1970). *Les techniques sociométriques.* Paris: PUF.

Batson, C.D. (1987). Prosocial motivation: Is it ever truly altruistic? In L. Berkowitz (Org.), *Advances in Experimental Social Psychology* (Vol. 20, 65-122). Orlando, FL: Academic Press.

Batson, C.D. (1991). *The altruism question: Toward a social-psychological answer.* Hillsdale, NJ: Erlbaum.

Batson, C.D. (1995). Prosocial motivation: Why do we help others? In A. Tesser (Org.), *Advanced social psychology.* Nova Iorque: McGraw-Hill.

Batson, S.D., Batson, J.G., Griffitt, C.A., Barrientos, S., Brandt, J.R., Sprengelmeyer, P. & Bayly, M.J. (1989). Negative-state relief and the empathy altruism hypothesis. *Journal of Personality and Social Psychology, 56,* 922-933.

Batson, C.D., Dyck, J.L., Brandt, J.R., Batson, J.G., Powell, A.L., McMaster, M.R. & Griffitt, C. (1988). Five studies testing two new egoistic alternatives to the empathy-altruism hypothesis, *Journal of Personality and Social Psychology, 55,* 52-77.

Beauvois, J.-L. & Joule, R.V. (1996). *A radical dissonance theory.* Londres: Taylor & Francis.

Beauvois, J.-L. (1995). *Traité de la servitude libérale: Analyse de la soumission.* Paris: Dunod.

Bem, D.J. (1967). Self-perception: An alternative interpretation of cognitive dissonance phenomena. *Psychological Review, 74,* 183-200.

Bem, D.J. (1972). Self-perception theory. In L. Berkowitz (Org.), *Advances in experimental social psychology* (Vol. 6, 1-62). Nova Iorque: Academic Press.

Berkowitz, L. (1972). Social norms, feelings and other factors affecting helping and altruism. In L. Berkowitz (Org.), *Advances in experimental social psychology* (Vol. 6). Nova Iorque: Academic Press.

Berkowitz, L. (1993). *Aggression: Its causes, consequences, and control.* Nova Iorque: McGraw Hill.

Berkowitz, L., Cochran, S.T. & Embree, M.C. (1981). Physical pain and the goal of aversively stimulated aggression. *Journal of Personality and Social Psychology, 40,* 687-700.

Berkowitz, L. & LePage, A. (1967). Weapons as aggression-eliciting stimuli. *Journal of Personality and Social Psychology, 7,* 202-207.

Berry, J.W. (1967). Independence and conformity in subsistence-level societies. *Journal of Personality and Social Psychology, 7,* 415-418.

Berry, S.H. & Kanouse, D.E. (1987). Physician response to a mailed survey : An experiment in timing of payment. *Public Opinion Quarterly, 51,* 102-114.

Berscheid, E. (1985). Interpersonal attraction. In G. Lindzey & E. Aronson (Orgs.), *The Handbook of Social Psychology*. Nova Iorque: Random House.

Berscheid, E. & Walster, E. R. (1969). *Interpersonal attraction*. Reading, Mass: Addison-Wesley.

Bickman, L. (1974). The social power of a uniform. *Journal of Applied Social Psychology, 4,* 47-61.

Bickman, L. & Kamzan, L. (1973). The effect of race and need ou belping behavior. *Journal of Social Psychology, 89,* 73-77.

Bierbrauer, G. (1979). Why did he do it? Attribution of obedience and the phenomenon of dispositional bias. *European Journal of Social Psychology, 9,* 67-84.

Billig, M. (1976). *Social psychology and intergroup relations.* Londres : Academic Press.

Binet, A. & Henri, V. (1894). De la suggestibilité naturelle chez les enfants. *L'année Psychologique, 1,* 404-406.

Blake, R.R. & Mouton, J.S. (1962). Overevaluation of own group's product in intergroup competition. *Journal of Abnormal and Social Psychology, 64,* 237-238.

Bless, H., Bohner, G., Schwarz, N. & Strack, F. (1990). Mood and persuasion: A cognitive response analysis. *Personality and Social Psychology Bulletin, 16,* 331-345.

Bornstein, R.F. (1989). Exposure and affect: Overview and meta-analysis of research, 1968--1987. *Psychological Bulletin, 106,* 265-289.

Bornstein, R.F., Leone, D.R. & Galley, D.J. (1987). The generalizability of subliminal mere exposure effects: Influence of stimuli perceived without awareness ou social behavior. *Journal of Personality and Social Psychology, 53,* 1070-1079.

Bourhis, R.Y., Gagnon, A. & Sachdev, I. (1994). Tout ce que vous avez toujours voulu savoir sur les matrices de Tajfel et que vous n'avez jamais osé demander... in J.C. Deschamps, J.F. Morales, D. Paez & H. Paicheler (Orgs.), *Identité sociale et catégorisation sociale: Perspectives actuelles.* Lausana: Delachaux et Niestlé.

Bowlby, J. (1969). *Attachment and loss* (Vol. 1). Londres: The Hogarth Press and the Institute of Psycho-Analysis.

Braeckman, C. (1996). *Terreur africaine: Burundi, Rwanda, Zaïre: Les racines de la violence.* Paris: Fayard.

Branscombe, N.R., Wann, D.L., Noel, J.G. & Coleman, J. (1993). In-group or out-group extremity: Importance of threatened social identity. *Personality and Social Psychology Bulletin, 19,* 381-388.

Breckler, S.J. (1984). Empirical validation of affect, behavior, and cognition as distinct components of attitudes. *Journal of Personality and Social Psychology, 47,* 1191-1205.

Brehm, J.W. (1956). Postdecision changes in the desirability of alternatives. *Journal of Abnormal and Social Psychology, 52,* 384-389.

Brehm, J.W. (1966). *A theory of psychological reactance.* San Diego, CA: Academic Press.

Brewer, M.B. (1988). A dual process model of impression formation. In T.K. Srull & R.S. Wyer (Orgs.), *Advances in social cognition* (Vol. 1, 1-36). Hillsdale, NJ: Erlbaum.

Brewer, M.B., Dull, V. & Lui, L. (1981). Perception of the elderly: Stereotypes as prototypes. *Journal of Personality and Social Psychology, 41,* 656-670.

Brown, J.D. & Smart, S.A. (1991). The self and social conduct: Linking self-representations to pro-social behavior. *Journal of Personality and Social Psychology, 60,* 368-375.

Brown, R. (1986). *Social psychology: The second edition.* Nova Iorque: Free Press.

Brown, R. (1995). *Prejudice: Its social psychology.* Oxford: Basil Blackwell.

Bryan, J. & Test, M.A. (1967). Models and helping: Naturalistic studies in aiding behavior. *Journal of Personality and Social Psychology, 6,* 400-407.

Burger, J.M. (1986). Increasing compliance by improving the deal: The that's-not-all technique. *Journal of Personality and Social Psychology, 51,* 277-283.

Burstein, E. & Worchel, P. (1962). Arbitrariness of frustration and its consequences for aggression in a social situation. *Journal of Personality, 30,* 528-540.

Bushman, B.J. & Geen, R.G. (1990). Role of cognitive-emotional mediators and individual differences in the effects of media violence on aggression. *Journal of Personality and Social Psychology, 58,* 156-163.

Byrne, D. (1971). *The attraction paradigm.* Nova Iorque: Academic Press.

Cacioppo, J.T. (1979). Efects of exogeneous changes in heart rate on the facilitation of thought and resistance to persuasion. *Journal of Personality and Social Psychology, 37,* 489-498.

Cacioppo, J.T., Marshall-Goodell, B.S., Tassinary, L.G. & Petty, R.E. (1992). Rudimentary determinants of attitudes: Classical conditionning is more effective when Prior knowledge about attitude stimulus is low than high. *Journal of Experimental Social Psychology, 28,* 207-233.

Cacioppo, J.T. & Petty, R.E. (1979). Effects of message repetition on cognitive response, recall, and persuasion. *Journal of Personality and Social Psychology, 37,* 97-109.

Cacioppo, J.T. & Petty, R.E. (1982). The need for cognition. *Journal of Personality and Social Psychology, 42,* 116-131.

Caetano, A., Vala, J. & Leyens, J.-Ph. (1996). *Status as a judgeability norm in person perception.* Texto não publicado, ICSTE, Lisboa.

Calder, B.J., Ross, M. & Insko, C.A. (1973). Attitude change and attitude attribution: Effects of incentive, choice, and consequences. *Journal of Personality and Social Psychology, 25,* 34-99.

Capozza, D., Dazzi, C. & Minto, B. (1996). Ingroup overexclusion: A confirmation of the effect. *International Review of Social Psychology, 9/1,* 7-18.

Caprara, G.V. (1986). Indicators of aggression: The dissipation-rumination scale. *Personality and Individual Differences, 7,* 763-769.

Carey-Trefzer, C.J. (1949). The results of a clinical study of war-damaged children who attended the Child Guidance Clinic, The Hospital for Sick Children, Great Ormond Street, Londres. *Journal of Mental Science, 95,* 335-399.

Casler, L. (1965). The effects of extra tactile stimulation on a group of institutionalized infants. *Genetic Psychology Monographs, 71,* 137-175.

Cattaneo, C. (1864). Dell'antitesi come metodo di psicologia sociale. *Il Politecnico, 20,* 262-270.

Cavior, N. & Dokecki, P.R. (1971). Physical attractiveness self-concept: A test of Mead's hypothesis. *Proceedings of the 79th Annual convention of the American Psychological Association, 6,* 319-320.

Chaiken, S. (1987). The heuristic model of persuasion. In M.P. Zanna, J.M. Olson & C.P. Herman (Orgs.), *Social influence: The Ontario Symposium* (Vol. 5, 3-39). Hillsdale, NJ: Erlbaum.

Chaiken, S., Axsom, D., Liberman, A. & Wilson D. (1992). *Heuristic processing of persuasive messages: Chronic and temporary sources of rule accessibility.* Texto não publicado. New York University, Nova Iorque.

Chaiken, S. & Eagly, A.H. (1976). Communication modality as a determinant of message persuasiveness and message comprehension. *Journal of Personality and Social Psychology, 34,* 605-614.

Chapman, L.J. & Chapman, J.P. (1967). Genesis of popular but erroneous diagnostie observations. *Journal of Abnormal Psychology, 72,* 193-204.

Chen, S.C. (1937). Social modification of the activity of ants in nest-building. *Physiological Zoology, 10,* 420-436.

Christiansen, K.O. (1974). The genesis of aggressive criminality: Implications of a study of crime in a Danish twin study. In J. de Wit & W.W. Hartup (Orgs.), *Determinants and origins of aggressive behavior*. Haia: Mouton.

Cialdini, R.B. (1988). *Influence: Science and practice* (2.ª Ed.). Glenview, IL: Scott, Foresman and Co.

Cialdini, R.B. (1995). Principles and techniques of social influence. In A. Tesser (Org.), *Advanced social psychology* (257-281). Nova Iorque: MacGraw-Hill.

Cialdini, R.B. & Ascani, K. (1976). Test of a concession procedure for inducing verbal, behavioral, and further compliance with a request to give blood. *Journal of Applied Psychology, 61,* 295-300.

Cialdini, R.B., Cacioppo, J.T., Bassett, R. & Miller, J.A. (1975). Lowball procedure for producing compliance: Commitment then cost. *Journal of Personality and Social Psychology, 36,* 463-476.

Cialdini, R.B., Darby, B.L. & Vincent, J.E. (1973). Transgression and altruism: A case for hedonism. *Journal of Experimental and Social Psychology, 9,* 502-516.

Cialdini, R.B., Reno, R. R. & Kallgren, C. A. (1990). A focus theory of normative conduct: Recycling the concept of norms to reduce littering in public places. *Journal of Personality and Social Psychology, 58,* 1015-1026.

Clark, K. B. & Clark, M.P. (1947). Racial identification and preference in Negro children. In H. Proshansky & B. Seidenberg (Orgs.), *Basic studies in social psychology*. Nova Iorque: Holt Rinehart & Winston.

Clark, M.S. & Pataki, S. (1995). Interpersonal processes influencing attraction and relationships. In A. Tesser (Org.), *Advanced social psychology*. Nova Iorque: MacGraw--Hill.

Clifford, M.M. (1975). Physical attractiveness and academic performance. *Child Study Journal, 5,* 201-209.

Coch, L. & French, J.R.P., Jr. (1948). Overcoming resistance to change. *Human Relations, 1,* 512-532.

Codol, J.-P. (1975). On the so-called superior conformity of the self behavior: Twenty experimental investigations. *European Journal of Social Psychology, 5,* 457-501.

Codol, J.-P. (1988). *Studies on self-centered assimilation processes*. Conferência proferida a 14 de Setembro de 1988 em Aix-en-Provence.

Coleman, J.F., Blake, R.R. & Mouton, J.S. (1958). Task difficulty and conformity pressures. *Journal of Abnormal and Social Psychology, 57,* 120-122.

Cook, S.W. (1979). Social science and school desegregation: Did we mislead the Supreme Court? *Personality and Social Psychology Bulletin, 5,* 420-437.

Cooper, J. & Fazio, R.H. (1984). A new look at dissonance theory. In L. Berkowitz (Org.), *Advances in Experimental Social Psychology* (Vol. 17, 229-266). San Diego, CA: Academic Press.

Copper, C., Mullen, B., Asuncion, A., Gibbons, P. Goethals, G.R., Riordan, C., Schroeder, D., Tice, D., Worth, L. (1991). Bias in the media: The subtle effects of a newscaster's smile. In B. Laczek (Org.), *Media effects*.

Corneille, O., Leyens, J.-Ph. & Yzerbyt, V.Y. (1997). *Judgeability concerns in the overattribution bias: A closer look at the characterization stage*. Texto não publicado. Université Catholique de Louvain, em Louvaina-a-Nova.

Cosmides, L. (1989). The logic of social exchange: Has natural selection shaped how humans reason? Studies with the Wason selection task. Cognition, 31, 187-276.

Cottrell, N.B. (1972). Social facilitation. In C.G. McClintock (Org.), *Experimental Social Psychology*. Nova Iorque: Holt, Rinehart and Winston.

Cottrell, N.B., Wack, D.L., Sekerak, G.J. & Rittle, R.H. (1968). Social facilitation of dominant responses by the presence of an audience and the mere presence of others. *Journal of Personality and Social Psychology, 9,* 245-250.

Cousins, S. (1989). Culture and selfhood in Japan and the U.S. *Journal of Personality and Social Psychology, 56,* 124-131.

Croizet, J.-C. & Claire, T.V. Extending the concept of stereotype threat to social class: The intellectual underperformance of students from low socioeconomic backgrounds. *Personality and Social Psychology Bulletin.*

Croyle, R. & Cooper, J. (1983). Dissonance arousal: Physiological evidence. *Journal of Personality and Social Psychology, 45,* 782-791.

Crutchfield, R.A. (1955). Conformity and character. *American Psychologist, 10,* 191-198.

Da Gloria, J. & de Ridder, R. (1977). Aggression in dyadic interaction. *European Journal of Social Psychology, 7,* 189-219.

Da Gloria, J. & de Ridder, R. (1979). Sex differences in aggression: Are current notions misleading? *European Journal of Social Psychology, 9,* 49-66.

Dardenne, B. & Leyens, J.-Ph. (1995). Confirmation bias as a social skill. *Personality and Social Psychology Bulletin, 21,* 1229-1239.

Darley, J.M. & Batson, C.D. (1973). «From Jerusalem to Jericho»: A study of situational and dispositional variables in helping bebavior. *Journal of Personality and Social Psychology, 27,* 100-108.

Darley, J.M. & Fazio, R.H. (1980). Expectancy confirmation processes arising in the social interaction sequence. *American Psychologist, 35,* 867-881.

Darley, J.M. & Gross, P.H. (1983). A hypothesis-confirming bias in labeling effects. *Journal of Personality and Social Psychology, 44,* 20-33.

David, B. & Turner, J.C. (1996). Studies in self-categorization and minority conversion: Is being a member of the outgroup an advantage? *British Journal of Social Psychology, 35,* 179-201.

Davidson, A.R. & Jaccard, J.J. (1979). Variables that moderate the attitude-behavior relation: Results of a longitudinal study. *Journal of Personality and Social Psychology, 37,* 1364--1376.

Davison, G.C., Tsujimoto, R.N. & Glaros, A.G. (1973). Attribution and the maintenance of behavior change in falling asleep. *Journal of Abnormal Psychology, 82,* 124-133.

DeBono, K.G. & Harnish, R.J. (1988). Source expertise, source attractiveness, and the processing of persuasive information: A functional approach. *Journal of Personality and Social Psychology, 55,* 541-546.

Deconchy, J.-P. (1971). *L'orthodoxie religieuse. Essai de logique psycho-sociale.* Paris: Editions ouvrières.

Deconchy, J.-P. (1980). *Orthodoxie religieuse et sciences humaines.* Paris-Haia: Mouton.

de Dreu, C.K.W. & de Vries, N.K. (1993). Numerical support, information processing and attitude change. *European Journal of Social Psychology, 23,* 647-662.

DeFleur, M.L. & Westie, F.R. (1958). Verbal attitudes and overt acts: An experiment on the salience of attitudes. *American Sociological Review, 23,* 667-673.

Denhaerinck, P., Leyens, J.-Ph. & Yzerbyt, V.Y. (1989). The dilution effect and group membership: An instance of the pervasive impact of out-group homogeneity. *European Journal of Social Psychology, 19,* 243-250.

Deschamps, J.-C. & Clémence, A. (1987). *L'explication quotidienne: Perspectives psychosociologiques.* Cousset, Suíça: Delval.

Deutsch, M. & Gerard, H.B. (1955). A study of normative and informational social influences upon individual judgment. *Journal of Abnormal and Social Psychology, 51,* 629-636.

Devine, P.G. (1989). Stereotypes and prejudice: Their automatic and controlled components. *Journal of Personality and Social Psychology, 56,* 5-18.

Di Giacomo, J.P. (1997). *Emergence et développement de la psychologie sociale.* Texto não publicado. Université de Lille III.

Diab, L.N. (1970). A study of intra-group and intergroup relations among experimentally produced small groups. *Genetic Psychology Monographs, 82,* 49-82.

Diener, E. (1980). Deindividuation: The absence of self-awareness and self-regulation in group members. In P. Paulus (Org.), *The psychology of group influence* (209-242). Hillsdale, NJ: Erlbaum.

Ditto, P.H. & Lopez, D.F. (1992). Motivated skepticism: Use of differential decision criteria for preferred and nonpreferred conclusions. *Journal of Personality and Social Psychology, 63,* 568-584.

Dodge, K. & Coie, J.D. (1987). Social information-processing factors in reactive and proactive aggression in children's peer groups. *Journal of Personality and Social Psychology, 53,* 1146-1158.

Dollard, J., Doob, L.W., Miller, N.E., Mowrer, O.H. & Sears, R.R. (1939). *Frustration and aggression.* New Haven, CT: Yale University Press.

Doms, M. & Van Avermaet, E. (1980). Majority influence, minority influence and conversion bebavior: A replication. *Journal of Experimental Social Psychology, 16,* 283-292.

Donnerstein, E. & Berkowitz, L. (1981). Victim reactions in aggressive erotic films as a factor in violence against women. *Journal of Personality and Social Psychology, 41,* 710-724.

Doob, A.N. & Gross, A.E. (1968). Status of a frustrator as an inhibitor of horn-honking response. *Journal of Social Psychology, 76,* 213-218.

Dovidio, J. & Gaertner, S. (1986). *Prejudice, discrimination, and racism.* Nova Iorque: Academic Press.

Dubois, N. (1994). *La norme d'internalité et le libéralisme.* Grenoble: P.U.G.

Duncan, B. (1976). Differential social perception and attribution of intergroup violence: Testing the lower limits of stereotyping Blacks. *Journal of Personality and Social Psychology, 34,* 590-598.

Eagly, A.H. & Chaiken, S. (1993). *The psychology of attitudes.* Fort Worth, FL: Harcourt Brace Jovanovich.

Eagly, A.H. & Steffen, V.J. (1986). Gender and aggressive behavior: A meta-analytic review of the social psychological literature. *Psychological Bulletin, 100,* 309-330.

Eagly, A.H., Wood, W. & Chaiken, S. (1978). Causal inferences about communicators and their effects on opinion change. *Journal of Personality and Social Psychology, 36,* 424-435.

Ebbesen, E.B. & Bowers, R.J. (1974). Proportion of risky to conservative arguments in a group discussion and choice shift. *Journal of Personality and Social Pycbology, 29,* 316-327.

Ellemers, N. (1993). The influence of social structure variables on identity management strategies. In W. Stroebe & M. Hewstone (Orgs.), *European Review of Social Psychology* (Vol. 4, 27-57). Chichester: Wiley.

Erber, R. & Fiske, S.T. (1984). Outcome dependency and attention to inconsistent information about others. *Journal of Personality and Social Psychology, 47,* 709-726.

Eron, L.D., Huesmann, L.R., Dubow, E., Romanoff, R. & Yarmel, P. (1987). Aggression and its correlates over 22 years. In D. Crowell, I. Evans & C. O'Donnell (Orgs.), *Chilhood aggression and violence.* Nova Iorque: Plenum.

Esser, J.K. & Lindoerfer, J.S. (1989). Groupthink and the space shuttle Challenger accident: Toward a quantitative case analysis. *Journal of Behavioral Decision making, 2,* 167-177.

Farrington, D. (1989). Early predictors of adolescent aggression and adult violence. *Violence and Victims, 4,* 79-100.

Faucheux, C. & Moscovici, S. (1967). Le style de comportement d'une minorité et son influence sur les réponses d'une majorité. *Bulletin C.E.R.P., 16,* 337-360.

Fazio, R.H. (1990). Multiple processes by which attitudes guide bebavior: The MODE model as an interpretative framework. In M.P. Zanna (Org.), *Advances in Experimental Social Psychology* (Vol. 23, 75-109). San Diego, CA: Academic Press.

Fazio, R.H., Effrein, E.A. & Falender, V.J. (1981). Self perceptions following social interaction. *Journal of Personality and Social Psychology, 41,* 232-242.

Fazio, R.H. & Zanna, M.P. (1981). Direct experience and attitude-behavior consistency. In L. Berkowitz (Org.), *Advances in Experimental Social Psychology* (Vol. 14, 161-202). San Diego, CA: Academic Press.

Fazio, R.H., Zanna, M.P. & Cooper, J. (1977). Dissonance and Self-perception: An integrative view of each theory's propre domain of application. *Journal of Experimental Social Psychology, 13,* 464-479.

Fein, S., Hilton, J.L. & Miller, D.T. (1990). Suspicion of ulterior motivation and the correspondance bias. *Journal of Personality and Social Psychology, 58,* 753-764.

Feldman, S.D. (1971). The presentation of shortness in everyday life-height and heightism in American society: Toward a sociology of stature. *Paper presented before the meetings of the American Sociological Association.*

Festinger, L. (1950). Informal social communication. *Psychological Review, 57,* 271-282.

Festinger, L. (1954). A theory of social comparison processes. *Human Relations, 7,* 117-140.

Festinger, L. (1957). *A theory of cognitive dissonance.* Stanford, CA: Stanford University Press.

Festinger, L. & Carlsmith, J. (1959). Cognitive consequences of forced compliance. *Journal of Abnormal and Social Psychology, 58,* 203-210.

Festinger, L. & Maccoby, N. (1964). On resistance to persuasive communications. *Journal of Abnormal and Social Psychology, 68,* 359-366.

Festinger, L., Pepitone, A. & Newcomb, T. (1952). Some consequences of de-individuation in a group. *Journal of Abnormal and Social Psychology, 47,* 382-389.

Festinger, L., Schachter, S. & Back, K. (1950). *Social pressures in informal groups: A study of human factors in housing.* Nova Iorque: Harper & Bros.

Fiedler, F.W. (1981). Leadership effectiveness. *American Behavioral Scientist, 24,* 619-632.

Fishbein, M. & Ajzen, I. (1974). Attitudes toward objects as predictors of single and multiple behavioral criteria. *Psychological Review, 81,* 59-74.

Fishbein, M. & Ajzen, I. (1975). *Belief, attitude, intention, and behavior: An introduction to theory and research.* Reading, MA: Addison-Wesley.

Fiske, S.T. & Leyens, J.-Ph. (1996). Let social psychology be faddish or, at least, heterogeneous. In C. McGarty & S.A. Haslam (Orgs.), *The message of social psychology.* Oxford: Basil Blackwell.

Fiske, S.T. & Neuberg, S.L. (1990). A continuum of impression formation from category based to individuating processes: Influences of information and motivation on attention and interpretation. In M.P. Zanna (Org.), *Advances in experimental social psychology* (Vol. 23, 1-74). Nova Iorque: Academic Press.

Foa, E.B. & Foa, U.G. (1980). Resource theory: Interpersonal bebavior as exchange. In K.J. Gergen, M.S. Greenberg & R.H. Willis (Orgs.), *Social exchange: Advances in theory and research.* Nova Iorque: Plenum.

Folger, R. (Org.) (1984). *The sense of injustice: Social psychological perspectives.* Nova Iorque: Plenum Press.

Fosterling, F. (1989). Models of covariation and attribution: How do they relate to the analogy of analysis of variance? *Journal of Personality and Social Psychology, 57,* 615-625.

Frank, M.G. & Gilovich, T. (1988). The dark side of self-and social perception: Black uniforms and agression in professional sports. *Journal of Personality and Social Psychology, 54,* 74-85.

Freedman, J.L. (1965). Long-term behavioral effects of cognitive dissonance. *Journal of Experimental Social Psychology, 1,* 103-120.

Freedman, J.L. (1984). Effect of television violence on aggressiveness. *Psychological Bulletin, 96,* 227-246.

Freedman, J.L. & Fraser, S.C. (1966). Compliance without pressure: The foot-in-the-door technique. *Journal of Personality and Social Psychology, 4,* 195-203.

Freedman, J.L. & Sears, D.O. (1965). Warning, distraction, and resistance to influence. *Journal of Personality and Social Psychology, 1,* 262-266.

Gaertner, S.L., Dovidio, J.F., Anastasio, A., Bachman, B. & Rust, M. (1993). The common ingroup identity model. Recategorization and the reduction of intergroup bias. *European Review of Social Psychology, 4,* 1-26.

Gamson, W.A., Fireman, B. & Rytina, S. (1982). *Encounters with unjust authority.* Homewood, IL: Dorsey Press.

Gerard, H.B. (1963). Emotional uncertainty and social comparison. *Journal of Abnormal Social Psychology, 66,* 568-573.

Gerard, H.B. & Rabbie, J.M. (1961). Fear and social comparison. *Journal of Abnormal Social Psychology, 62,* 586-592.

Gerard, H.B., Wilhelmy, R.A. & Conolley, E.S. (1968). Conformity and group size. *Journal of Personality and Social Psychology, 8,* 79-82.

Gewirtz, J.L. & Baer, D.M. (1958a). The effect of a brief social deprivation on behavior for a social reinforcer. *Journal of Abnormal Social Psychology, 56,* 49-56.

Gigerenzer, G. (1991). How to make cognitive illusions disappear: Beyond «heuristics and biases». In W. Stroebe & M. Hewstone (Orgs.), *European Review of Social Psychology* (Vol. 2, 83-115). Chichester: Wiley.

Gilbert, D.T. (1989). Thinking lightly about others: Automatic components of the social inference process. In J.S. Uleman & J.A. Bargh (Orgs.), *Unintended thought: Limits of awareness, intention, and control* (189-211). Nova Iorque: Guilford.

Gilbert, D.T. (1993). The assent of man: Mental representation and the control of belief. In D.M. Wegner & J.W. Pennebaker (Orgs.), *Handbook of mental control.* Englewood Cliffs, NJ: Prentice-Hall.

Gilbert, D.T., Giesler, R.B. & Morris, K.A. (1995). When comparisons arise. *Journal of Personality and Social Psychology, 69,* 227-235.

Gilbert, D.T. & Hixon, J.G. (1991). The trouble of thinking: Activation and application of stereotypic beliefs. Journal of Experimental Social Psychology, 60, 509-517.

Gilbert, D.T., Pelham, B.W. & Krull, D.S. (1988). On cognitive busyness: When person perceivers meet persons perceived. *Journal of Personality and Social Psychology, 54,* 733-740.

Gilbert, D.T. & Silvera, D.H. (1996). Overhelping. *Journal of Personality and Social Psychology, 70,* 678-690.

Gilbert, G.M. (1951). Stereotype persistence and change among college students. *Journal of Abnormal and Social Psychology, 46,* 245-254.

Gilovich, T. (1981). Seeing the past in the present: The effect of associations to familiar events on judgments and decisions. *Journal of Personality and Social Psychology, 40,* 797-808.

Girard, A. (1964). *Le choix du conjoint. Une enquête psycho-sociologique en France*. Paris: Presses Universitaires de France.

Gouldner, A.W. (1960). The norm of reciprocity: A preliminary statement. *American Sociological Review, 25*, 161-178.

Greenwald, A.G. (1968). Cognitive learning, cognitive response to persuasion, and attitude change. In A.G. Greenwald, T.C. Brock & T.M. Ostrom (Orgs.), *Psychological foundations of attitudes* (147-170). Nova Iorque: Academic Press.

Guimond, S. & Tougas, F. (1994). Sentiments d'injustice et actions collectives: La privation relative. In Bourhis, R.Y. et Leyens J.-Ph. (Orgs.), *Stéréotypes, discrimination et relations intergroupes*. Liège: Mardaga.

Hall, E. (1966). *The hidden dimension*. Garden City, NY: Doubleday.

Hamilton, D.L. & Bishop, G.D. (1976). Attitudinal and behavioral effects of initial integration of white suburban neighborhoods. *Journal of Social Issues, 32*, 47-67.

Harkins, S.G. & Petty, R.E. (1987). Information utility and the multiple source effect. *Journal of Personality and Social Psychology, 52*, 260-268.

Harlow, H.F. (1932). Social facilitation of feeding in the albino rat. *Journal of General Psychology, 41*, 211-221.

Harlow, H.F. & Novak, M.A. (1973). Psychopathological perspectives. *Perspectives in Biology and Medicine, 16*, 461-478.

Harlow, U.F. & Harlow, M.K. (1965). The affectional system. In A.M. Schrier, H.F. Harlow & F. Stollnitz (Orgs.), *Behavior of nonhuman primates* (Vol. 2). Nova Iorque: Academic Press.

Hatfield, E., Walster, G.W. & Piliavin, J.A. (1978). Equity theory and helping relationships. In L. Wispé (Org.), *Altruism, sympathy, and helping: Psychological and sociological principles*. Nova Iorque: Academic Press.

Haugtvedt, C.P. & Petty, R.E. (1992). Personality and persuasion: Need for cognition moderates the persistence and resistance of attitude changes. *Journal of Personality and Social Psychology, 63*, 308-319.

Haugtvedt, C.P., Petty, R.E. & Cacioppo, J.T. (1992). Need for cognition and advertising: Understanding the role of personality variables in consumer behavior. *Journal of Consumer Psychology, 1*, 239-260.

Hazan, C. & Shaver, P. (1990). Love and work: An attachment-theoretical perspective. *Journal of Personality and Social Psychology, 59*, 270-280.

Heider, F. (1958). *The psychology of interpersonal relationships*. Nova Iorque: Wiley.

Heider, F. & Simmel, M. (1944). An experimental study of apparent behavior. *American Journal of Psychology, 57*, 243-259.

Henchy, T. & Glass, D.C. (1968). Evaluation apprehension and the social facilitation of dominant and subordinate responses. *Journal of Personality and Social Psychology, 10*, 446-454.

Henry, E. (1991). Préjugés et tolérance au Canada. In *Le nouveau visage du Canada Incidence économique et sociale de l'immigration*. Otava: Conseil Economique du Planning Council of Metropolitan Toronto.

Hewstone, M. (1990). The ultimate attribution error: A review of the literature on intergroup causal attribution. *European Journal of Social Psychology, 20*, 311-355.

Hewstone, M. & Brown, R.J. (1986). Contact is not enough: An intergroup perspective on the contact hypothesis. In M. Hewstone & R.J. Brown (Orgs.), *Contact and conflict in intergroup discrimination* (1-44). Oxford: Blackwell.

Hewstone, M. & Jaspars, J. (1987). Covariation and causal attribution: A logical model of the intuitive analysis of variance. *Journal of Personality and Social Psychology, 53*, 663-672.

Higgins, E.T. (1996). Knowledge activation: Acessibility, applicability, and salience. In E.T. Higgins & A.W. Kruglanski (Orgs.), *Social psychology: Handbook of basic principles*. Nova Iorque: Guilford.

Hilton, D.J. & Slugoski, B.R. (1986). Knowledge-based causal attribution: The abnormal conditions focus model. *Psychological Review, 93*, 75-88.

Hilton, D.J., Smith, R.H. & Kim, S.H. (1995). The process of causal explanation and dispositional attribution. *Journal of Personality and Social Psychology, 68*, 377-387.

Himmelfarb, S. (1993). The measurement of attitudes. In A.H. Eagly & S. Chaiken. *The Psychology of attitudes* (23-87). Fort Worth: Harcourt Brace.

Hinkle, S. & Brown, R. (1990). Intergroup comparisons and social identity: Some links and lacunae. In D. Abrams & M.A. Hogg. (Orgs.): *Social identity theory: Constructive and critical advances*. Wheatsheaf: Harvester.

Hinsz, V.B. & Davis, J.H. (1984). Persuasive arguments theory, group polarization, and choice shifts. *Personality and Social Psychology Bulletin, 10*, 260-268.

Hoffman, C. & Hurst, N. (1990). Gender stereotypes: Perception or rationalization? *Journal of Personality and Social Psychology, 58*, 197-208.

Hofling, C.K., Brotzman, E., Dalrymple, S., Graves, N. & Pierce, C.M. (1966). An experimental study in nurse-physician relationships. *Journal of Nervous and Mental Disease, 143*, 171-180.

Hogg, M.A. & Turner, J.C. (1987). Intergroup behavior, self-stereotyping and the salience of social categories. *British Journal of Social Psychology, 26*, 325-340.

Hollander, E.P. (1985). Leadership and power. In G. Lindsey & E. Aronson (Orgs.), *The handbook of social psychology* (3.ª ed., Vol. 2, 485-537). Nova Iorque: Random House.

Hollander, E.P. & Julian, J.W. (1970). Studies in leader legitimacy, influence, and innovation. In L. Berkowitz (Org.), *Advances in experimental social psychology* (Vol. 5). Nova Iorque: Academic Press.

Hornstein, H.A., Fisch, E. & Holmes, M. (1968). Influence of a model's feeling about his behavior and his relevance as a comparison other on observers' helping behavior. *Journal of Personality and Social Psychology, 10*, 222-226.

Hornstein, H.A. (1970). The influence of social models on helping. In J.R. Macaulay & L. Berkowitz (Orgs.), *Altruism and helping behavior*. Nova Iorque: Academic Press.

Hovland, C.I., Janis, I.L. & Kelley, H.H. (1953). *Communication and persuasion: Psychological studies of opinion change*. New Haven, CT : Yale University Press.

Hovland, C.I. & Weiss, W. (1951). The influence of source credibility on communication effectiveness. *Public Opinion Quarterly, 15*, 635-650.

Huesmann, L.R., Eron, L.D., Lefkowitz, M.M. & Walder, L.O. (1984). The stability of aggression over time and generations. *Developmental Psychology, 20*, 1120-1134.

Humphrey, R. (1985). How work roles influence perception: Structural-cognitive processes and organizational behavior. *American Sociological Review, 50*, 242-252.

Insko, C.A., Drenan, S., Solomon, M.R., Smith, R. & Wade, T.J. (1983). Conformity as a function of the consistency of positive self-evaluation with being liked or being right. *Journal of Experimental Social Psychology, 19*, 341-358.

Isen, A.M. (1987). Positive affect, cognitive processes, and social behavior. In Berkowitz, L. (Org.), *Advances in Experimental Social Psychology* (Vol. 20). Nova Iorque, Academic Press.

Isenberg, D.J. (1986). Group polarization: A critical review and meta-analysis. *Journal of Personality and Social Psychology, 50*, 1141-1151.

Jacoby, J., Hoyer, W.D., Sheluga, D.A. (1980). *Miscomprehension of televised communications*. Nova Iorque: American Association of Advertising Agencies.

Janis, I. (1982). *Groupthink* (2.ª Ed.). Boston: Houghton Mifflin.

Janis, I. (1989). *Crucial decisions: Leadership in policymaking and crisis management.* Nova Iorque: Free Press.

Janis, I.L. & Feshbach, S. (1953). Effects of fear-arousing communication. *Journal of Abnormal and Social Psychology, 48,* 78-92.

Janis, I.L. & Terwilliger, R. (1962). An experimental study of psychological resistances to fear-arousing communication. *Journal of Abnormal and Social Psychology, 65,* 403-410.

Janoff-Bulman, R. (1979). Characterological versus behavioral self-blame: Inquiries into depression and rape. *Journal of Personality and Social Psychology, 37,* 1798-1809.

Jarymowicz, M. (1988). Distance perçue entre soi et autrui, et altruisme. *Revue internationale de psychologie sociale, 1,* 275-285.

Jaspars, J.M.F. (1983). The process of causal attribution in common sense. In M. Hewstone (Org.), *Attribution theory: Social and functional extensions* (28-44). Londres: Basil Blackwell.

Johnson, R.D. & Downing, L.L. (1979). Deindividuation and valence of cues: Effects on prosocial and antisocial behavior. *Journal of Personality and Social Psychology, 37,* 1532--1538.

Johnston, D.J. & Rusbult, C.E. (1989). Resisting temptation: Devaluation of alternative partners as a means of maintaining commitment in close relationships. *Journal of Personality and Social Psychology, 57,* 967-980.

Jones, E.E. (1964). *Ingratiation.* Nova Iorque: Appleton-Century-Crofts.

Jones, E.E. (1990). *Interpersonal perception.* San Francisco: Freeman.

Jones, E.E. (1990). Constrained behavior and self-concept change. In J.M. Olson & M.P. Zanna (Orgs.), *Self-inference processes. The Ontario symposium* (Vol. 6, 69-86). Hillsdale, NJ: Erlbaum.

Jones, E.E. & Davis, K.E. (1965). From acts to disposition: The attribution process in person perception. In L. Berkowitz (Org.), *Advances in experimental social psychology* (Vol. 2, 219-266). Nova Iorque: Academic Press.

Jones, E.E., Davis, K.E. & Gergen, K.J. (1961). Role playing variations and their informational value for person perception. *Journal of Abnormal and Social Psychology, 63,* 302-310.

Jones, E.E. & Harris, V.A. (1967). The attribution of attitudes. *Journal of Experimental Social Psychology, 3,* 1-24.

Jones, E.E. & Nisbett, R. (1972). The actor and the observer: Divergent perceptions of the causes of behavior. In E.E. Jones, D.E. Kanouse, H.H. Kelley, R.E. Nisbett, S. Valins & B. Weiner (Orgs.), Attribution: *Perceiving the causes of behavior* (79-94). Morristown, NJ: General Learning.

Joule, R.V. (1987). Tobacco deprivation: The foot-in-the-door technique versus the low-ball technique. *European Journal of Social Psychology, 17,* 361-365.

Joule, R.V. & Beauvois, J.-L. (1987). Internalité, comportement et explication du comportement. In J.-L. Beauvois, R.V. Joule, et J.-M. Monteil (Orgs.). *Perspectives cognitives et conduites sociales* (Vol. 1). Cousset: Delval.

Kalven, H. Jr. & Zeisel, H. (1966). *The American jury.* Londres: University of Chicago Press.

Kaplan, M.E & Miller, C.E. (1987). Group decision making and normative versus informational influence: Effects of type of issue and assigned decision rule. *Journal of Personality and Social Psychology, 53,* 306-313.

Karlins, M., Coffman, T.L. & Walters, G. (1969). On the fading of social stereotypes: Studies in three generations of college students. *Journal of Personality and Social Psychology, 13,* 1-16.

Katz, D. (1960). The functional approach to the study of attitudes. *Public Opinion Quarterly, 24,* 163-204.

Katz, D. & Braly, K.W. (1933). Racial stereotypes in one hundred college students. *Journal of Abnormal and Social Psychology, 28,* 280-290.

Katz, D. & Braly, K.W. (1935). Racial prejudice and racial stereotypes. *Journal of Abnormal and Social Psychology, 30,* 175-193.

Kelley, H.H. (1967). Attribution theory in social psychology. In D. Levine (Org.), *Nebraska symposium on motivation* (Vol. 15, 192-238). Lincoln: University of Nebraska Press.

Kelley, H. H. (1972). Causal schemata and the attribution process. In E.E. Jones, D.E. Kanouse, H.H. Kelley, R.E. Nisbett, S. Valins & B. Weiner (Orgs.), *Attribution: Perceiving the causes of behavior* (151-174). Morristown, NJ: General Learning Press.

Kelley, H.H. (1983). Epilogue: Perceived causal structures. In J. Jaspar, F. Fincham & M. Hewstone (Orgs.), *Attribution theory and research: Conceptual, developmental, and social dimensions.* Londres: Academic Press.

Kelley, H.H. & Thibaut, J. (1978). *Interpersonal relations.* Nova Iorque: Wiley.

Kelley, H.H., Thibaut, J.W., Radloff, R. & Mundy, D. (1962). The development of cooperation in the «minimal social situation». *Psychological Monographs, 76* (todo o n.° 538).

Kelman, H.C. (1958). Compiance, identification, and internalization: Three processes of attitude change. *Journal of Conflict Resolution, 2,* 51-60.

Kenrick, D.T. & MacFarlane, S.W. (1986). Ambient temperature and horn honking: A field study of the heat/aggression relationship. Environment and behaviour, 18, 179-191.

Kiesler, C.A. (1971). *The psychology of commitments: Experiments linking behavior to belief.* Nova Iorque: Academic Press.

Kiesler, C.A. & Kiesler, S. (1964). Role of forewarning in persuasive communications. *Journal of Abnormal and Social Psychology, 68,* 547-549.

Kiesler, C.A. & Pallak, M.S. (1975). Minority influence: The effect of majority reactionaries and defectors, and minority and majority compromisers, upon majority opinion and attraction. *European Journal of Social Psychology, 5,* 237- 256.

Kitayama, S., Markus, H.R., Tummala, P., Kurokawa, M. & Kato, K. (1990). *Culture and self-cognition.* Texto não publicado.

Kothandapani, V. (1971). Validation of feeling, belief, and intention to act as three components of attitude and their contribution to prediction of contraceptive behavior. *Journal of Personality and Social Psychology, 19,* 321-333.

Kraus, S.J. (1995). Attitudes and the prediction of behavior: A meta analysis of the empirical literature. *Personality and Social Psychology Bulletin, 21,* 58- 75.

Krosnick, J.A., Betz, A.L., Jussim, L.J. & Lynn, A.R. (1992). Subliminal conditioning of attitudes. *Personality and Social Psychology Bulletin, 18,* 152-162.

Krueger, J. (1992). On the overestimation of between-group differences. In M. Hewstone & W. Stroebe (Orgs.), *European Review of social psychology* (Vol. 3). Chichester: Wiley.

Kruglanski, A.W. (1989). The psychology of being «right»: The problem of accuracy in social perception and cognition. *Psychological Bulletin, 106,* 395-409.

Kruglanski, A. & Mackie, D. (1990). Majority and minority influence: A judgmental approach. In W. Stroebe and M. Hewstone (Orgs.), *European Review of Social Psychology* (Vol. 1). Nova Iorque: Wiley.

Kunst-Wilson, W.R. & Zajonc, R.B. (1980). Affective discrimination of stimuli that cannot be recognized. *Science, 207,* 557-558.

Kutner, B., Wilkins, C. & Yarrow, P.R. (1952). Verbal attitudes and overt behavior involving racial prejudice. *Journal of Abnormal and Social Psychology, 47,* 649-652.

Lalljee, M. & Abelson, R.P. (1983). The organization of explanations. In M. Hewstone (Org.), *Attribution theory: Social and functional extensions*. Oxford: Basil Blackwell.

Langer, E.J. (1975). The illusion of control. *Journal of Personality and Social Psychology, 32*, 311-328.

Langer, E.J. & Abelson, R.P. (1974). A patient by any other name... Clinician group differences in labeling bias. *Journal of Consulting Psychology, 42*, 4-9.

Langer, E., Blank, A. & Chanowitz, B. (1978). The mindlessness of ostensibly thoughtful action: The role of placebic information in interpersonal interaction. *Journal of Personality and Social Psychology, 36*, 635-642.

Langlois, J.H. & Roggman, L.A. (1990). Attractive faces are only average. *Psychological Science, 1*, 115-121.

LaPiere, R.T. (1934). Attitudes versus actions. *Social forces, 13*, 230-237.

Latané, B. (1981). The psychology of social impact. *American Psychologist, 36*, 343-356.

Latané, B. & Darley, J.M. (1970). *The unresponsive bystander: Why doesn't he help?* Nova Iorque: Appleton-Century-Crofts.

Latané, B. & Wolf, S. (1981). The social impact of majorities and minorities. *Psychological Review, 88*, 438-453.

LeBon, G. (1985). *Psychologie des foules*. Paris: PUF.

Lefkowitz, M.M., Eron, L.D., Walder, L.O. & Huesmann, L.R. (1977). *Growing up to be violent*. Nova Iorque: Pergamon.

Lepore, L. & Brown, R. (1997). Category and stereotype activation: Is prejudice inevitable? *Journal of Personality and Social Psychology, 72*, 275-287.

Lerner, M.J. (1980). *The belief in a just world: A fundamental delusion*. Nova Iorque: Plenum.

Lerner, M.J. & Simmons, C.H. (1966). Observer's reaction to the «innocent victim»: Compassion or rejection. *Journal of Personality and Social Psychology, 4*, 203-210.

Leventhal, H. (1970). Finding and theory in the study of fear communications. In L. Berkowitz (Org.), *Advances in experimental social psychology* (Vol. 5, 119-186). San Diego, CA: Academic Press.

Levine, R.A. & Campbell, D.T. (1972). *Ethnocentrism: Theories of conflict, attitudes and group behavior*. Nova Iorque: Willey.

Lewicka, M. (1988). On objective and subjective anchoring of cognitive acts: How behavioral valence modifies reasoning schemata. In W.J. Baker, L.P. Mos, H.V. Rappard & H.J. Stam (Orgs.), *Recent trends in theoretical psychology* (285-301). Nova Iorque: Springer-Verlag.

Lewin, K. (1943). Forces behind food habits and methods of change. *Bulletin of the National Research Council, 108*, 35-65.

Leyens, J.-Ph. (1977). La valeur cathartique de l'agression: Un mythe ou une inconnue? *Année Psychologique, 77*, 525-550.

Leyens, J.-Ph. (1983). *Sommes-nous tous des psychologues? Approche psychosociale des théories implicites de personnalité*. Bruxelas: Mardaga.

Leyens, J.-Ph. (1990). Jean-Paul Codol's approach to social psychology. When social cognition resembles social cognition more than social cognition resembles social cognition. *Revue Internationale de Psychologie Sociale, 3*, 253-272.

Leyens, J.-Ph., Camino, L., Parke, R.D. & Berkowitz, L. (1975). Effects of movie violence on aggression in a field setting as a function of group dominance and cohesion. *Journal of Personality and Social Psychology, 32*, 346-360.

Leyens, J.-Ph., Cisneros, T. & Hossay, J.E (1976). Decentration as a means for reducing aggression after exposure to violent stimuli. *European Journal of Social Psychology, 6*, 459-473.

Leyens, J.-Ph. & Dunand, M. (1991). Priming aggressive thoughts: The effect of the anticipation of a violent movie upon the aggressive behaviour of the spectators. *European Journal of Social Psychology, 21,* 507-516.

Leyens, J.-Ph. & Mahjoub, A. (1995). Les effets psychosociaux de la guerre chez les enfants et les adolescents. Une revue dos recherches empiriques. In S. Mansour (Org.), *L'enfant réfugié.* Paris: Syros.

Leyens, J.-Ph. & Parke, R.D. (1975). Aggressive slides can induce a weapons effect. *European Journal of Social Psychology, 5,* 229-236.

Leyens, J.-Ph. & Yzerbyt, V.Y. (1992). The ingroup overexclusion effect: Impact of valence and confirmation on stereotypical information search. *European Journal of Social Psychology, 22,* 549-569.

Leyens, J.-Ph., Yzerbyt, V.Y. & Bellour, F. (1993). Social judgeability and motivation: The ingroup overexclusion effect. In M.-F. Pichevin, M.-C. Hurtig & M. Piolat (Orgs.), *Studies on the self and social cognition.* World Scientific Publishing Co Pte Ldt, Singapura.

Leyens, J.-Ph., Yzerbyt, V.Y. & Corneille, O. (1996). The role of applicability in the emergence of the overattribution bias. *Journal of Personality and Social Psychology, 70,* 219-229.

Leyens, J.-Ph., Yzerbyt, V.Y. & Schadron, G. (1994). *Stereotypes and social cognition.* Londres: Sage.

Linde, T.F. & Patterson, C.H. (1964). Influence of orthopedie disability on conforming behavior. *Journal of Abnormal and Social Psychology, 68,* 115-118.

Linder, D.E., Cooper, J. & Jones, E.E. (1967). Decision freedom as a determinant of the role of incentive magnitude in attitude change. *Journal of Personality and Social Psychology, 6,* 245-254.

Linville, P.W., Fisher, G.W. & Salovey, P. (1989). Perceived distributions of the caracteristics of in-group and out-group members: Empirical evidence and a computer simulation. *Journal of Personality and Social Psychology, 57,* 165-188.

Linville, P.W. & Jones, E.E. (1980). Polarized appraisals of out-group members. *Journal of Personality and Social Psychology, 38,* 689-703.

Linz, D.G., Donnerstein, E. & Penrod, S. (1988). Effects of long term exposure to violent and sexually degrading depictions of women. *Journal of Personality and Social Psychology, 55,* 758-768.

Lorenz, K. (1969). *L'agression: Une histoire naturelle du mal.* Paris: Flammarion.

Lorenzi-Cioldi, F. (1994). *Les androgynes.* Paris: PUF.

Maass, A., Ceccarelli, R., Rudin, S. (1996). Linguistic intergroup bias: Evidence for in-group-protective motivation. *Journal of Personality and Social Psychology, 71,* 512-526.

Maass, A. & Clark, R.D. III. (1984). Hidden impact of minorities: Fifteen years of minority influence research. *Psychological Bulletin, 95,* 428-450.

Maass, A. & Clark, R.D. III. (1983). Internalization versus compliance: Differential processes underlying minority influence and confonnity. *European Journal of Social Psychology, 13,* 197-215.

Maass, A., Salvi, D., Arcuri, L. & Semin, C. (1989). Language use in intergroup contexts: The linguistic intergroup bias. *Journal of Personality and Social Psychology, 57,* 981-993.

Maccoby, E.E. & Jacklin, C.N. (1974). *The psychology of sex differences.* Stanford, CA: Stanford University Press.

Mackie, D.M. & Worth, L.T. (1991). «Feeling good but not thinking straight»: Positive mood and persuasion. In J.P. Forgas (Org.), *Emotion and social judgments* (201-220). Oxford: Pergamon.

MacNeil, M. & Sherif, M. (1976). Norm change over subject generations as a function of arbitrariness of prescribed norms. *J. of Personality and Social Psychology, 34,* 762-773.

Macrae, C.N., Milne, A.B. & Bodenhausen, G.V. (1994). Stereotypes as energy-saving devices: A peek inside the cognitive toolbox. *Journal of Personality and Social Psychology, 66*, 37-47.

Mahjoub, A. & Leyens, J.-Ph. (1995). The weapons effect among children living in an armed-conflict environment. In A. Mahjoub (Org.), *Approche psychosociale des traumatismes de guerre chez les enfants et adolescents palestiniens*. Tunis: Alif Editions de la Méditerranée.

Mann, L. (1981). The baiting crowd in episodes of threatened suicide. *Journal of Personality and Social Psychology, 41*, 703-709.

Manstead, A.S.R., Proffitt, C. & Smart, J.L. (1983). Predicting and understanding mothers' infant feeding intentions and behavior: Testing the theory of reasoned action. *Journal of Personality and Social Psychology, 44*, 657-671.

Marks, M.L., Mirvis, PH., Hackett, E.J., Grady, J.F. Jr. (1986). Employee participation in a quality control circle program: Impact on quality of work life, productivity, and absenteism. *Journal of Applied Psychology, 71*, 61-69.

Markus, H. (1977). Self-schemata and processing information about the self. *Journal of Personality and Social Psychology, 35*, 63-78.

Markus, H.R. & Kitayama, S. (1991). Culture and the self: Implications for cognition, emotion, and motivation. *Psychological Review, 98*, 224-253.

Markus, H.R. & Kunda, Z. (1986). Stability and malleability of the self-concept. *Journal of Personality and Social Psychology, 51*, 858-866.

Marques, J.M. & Yzerbyt, V.Y. (1988). The black sheep effect: Judgmental extremity towards ingroup members in inter- and intra-group situations. European *Journal of Social Psychology, 18*, 287-292.

Marques, J.M., Yzerbyt, V.Y. & Leyens, J.-Ph. (1988). Extremity of judgments towards ingroup members as a function of ingroup identification. *European Journal of Social Psychology, 18*, 1-16.

Martin, R. (1996). Minority influence and argument generation. *British Journal of Social Psychology, 35*, 91-103.

Maurer, K.L., Park, B. & Rothbart, M. (1995). Subtyping versus subgrouping processes in stereotype representation. *Journal of Personality and Social Psychology, 69*, 812-824.

McDougall, W. (1908). *An introduction to social psychology*. Londres: Methuen.

McAlister, A., Perry, C., Killen, J., Slinkard, L.A. & Maccoby, N. (1980). Pilot study of smoking, alcohol and drug abuse prevention. *American Journal of Public Health, 70*, 719-721.

McGill, A.L. (1989). Context effects in causal judgment. *Journal of Personality and Social Psychology, 57*, 189-200.

McGuire, W.J. (1964). Inducing reistance to persuasion: Some contemporary approaches. In L. Berkowitz (Org.), *Advances in experimental social psychology* (Vol. 1, 192-229). Nova Iorque: Academic Press.

McGuire, W.J. (1968). Personality and attitude change: An information-processing theory. In A.G. Greenwald, T.C. Brock & T.M. Ostrom (Orgs.), *Psychological foundations of attitudes* (171-196). Nova Iorque: Academic Press.

McGuire, W.J. (1969). The nature of attitudes and attitude change. In G. Lindzey & E. Aronson (Orgs.), *The handbook of social psychology* (2.ª ed., Vol. 3, 136-314). Reading, Mass.: Addison-Wesley.

McGuire, W.J. (1972). Attitude change: The information-processing paradigm. In C.G. McClintock (Org.), *Experimental social psychology* (108-141). Nova Iorque: Holt, Rinehart & Winston.

McGuire, W.J. (1989). The structure of individual attitudes and attitude systems. In A.R. Pratkanis, S.J. Breckler & A.G. Greenwald (Orgs.), *Attitude structure and function* (37--69). Hillsdale, NJ: Erlbaum.

McGuire, W.J. (1985). Attitudes and attitude change. In Lindzey, G. & Aronson, E. (Orgs.), *Handbook of social psychology* (3.ª ed., Vol. 2, 233-346). Nova Iorque: Random House.

Medcof, J.W. (1990). Peat: An integrative model of attribution processes. *Advances in experimental social psychology, 23,* 111-208.

Medin, D.L. (1989). Concepts and conceptual structure. *American Psychologist, 44,* 1469--1481.

Mednick, S.A., Gabrielli, W.F. & Hutchings, B. (1987). Genetic factors in the etiology of criminal behavior. In S.A. Mednick, T.E. Moffitt & S.A. Stack (Orgs.), *The causes of crime: New biological approaches*. Cambridge: Cambridge University Press.

Meeus, W.H. & Raaijmakers, Q.A. (1986). Administrative obedience: Carrying out orders to use psychological-administrative violence. *European Journal of Social Psychology, 16,* 311-324.

Merei, F. (1949). Group leadership and internalization. *Human Relations, 2,* 23-39.

Mettee, D. & Aronson, E. (1974). Affectiive reactions to appraisal from others. In T.L. Huston (Org.), *Foundations of interpersonal attraction*. Nova Iorque: Academic Press.

Mettee, D., Taylor, S.E. & Friedman, H. (1973). Affect conversion and the gain-loss effect. *Sociometry, 36,* 505-519.

Meumann, E. (1904). Haus-und-Schularbeit: Experimente an Kindem der volksschule. *Die Deutsche Schule, 8,* 278-303, 337-359, 416-431.

Meyerowitz, B.E. & Chaiken, S. (1987). The effects of message framing on breast self-examination attitudes, intentions, and behavior. *Journal of Personality and Social Psychology, 52,* 500-510.

Michotte, A. (1946). *La perception de la causalité*. Louvaina: Presses Universitaires de Louvain.

Milgram, S. (1970). The experience of living in cities. *Science, 167,* 1461-1468.

Milgram, S. (1974). *Soumission à l'autorité*. Paris: Calmann-Lévy.

Miller, D.T. & McFarland, C. (1987). Pluralistic ignorance: When similarity is interpreted as dissimilarity. *Journal of Personality and Social Psychology, 53,* 298-305.

Miller, D.T., Norman, S.A. & Wright, E. (1978). Distortion in person perception as a consequence of the need for effective control. *Journal of Personality and Social Psychology, 36,* 598-607.

Miller, J.G. (1984). Culture and the development of everyday social explanation. *Journal of Personality and Social Psychology, 46,* 961-978.

Miller, N.E. & Brewer, M.B. (1984). *Groups in contact: The psychology of desegregation*. Nova Iorque: Academic Press.

Minard, R.D. (1952). Race relationships in the Pocahontas coal field. *Journal of Social Issues, 8,* 408-420.

Mita, T.H., Dermer, M. & Knight, J. (1977). Reversed facial images and the mere exposure hypothesis. *Journal of Personality and Social Psychology, 35,* 597-601.

Monteil, J.-M. (1989). *Eduquer et former: Perspectives psycho-sociales*. Grenoble: Presses Universitaires de Grenoble.

Moscovici, S. (1976). *Social influence and social change*. Londres: Academic Press.

Moscovici, S. (1980). Toward a theory of conversion behavior. In L. Berkowitz (Org.), *Advances in Experimental Social Psychology* (Vol. 13, 209-239). Nova Iorque: Academic Press.

Moscovici, S. (1981). *L'âge des Foules*. Paris: Fayard.

Moscovici, S. (1985). Social influence and conformity. In G. Lindzey & E. Aronson (Orgs.), *Handbook of social psychology* (3.ª ed., Vol. 2, 347-412). Nova Iorque: Random House.

Moscovici, S. & Lage, E. (1976). Studies in social influence III: Majority versus minority influence in a group. *European Journal of Social Psychology, 6*, 149-174.

Moscovici, S., Lage, E. & Naffrechoux, M. (1969). Influence in a consistent minority on the responses of a majority in a color perception task. *Sociometry, 32*, 365-379.

Moscovici, S. & Mugny, G. (1983). Minority influence. In P.B. Paulus (Org.), *Basic group processes* (41-64). Nova Iorque: Springer Verlag.

Moscovici, S. & Personnaz, B. (1980). Studies in social influence V: Minority influence and conversion in a perceptual task. *Journal of Experimental Social Psychology, 16*, 270-282.

Moscovici, S. & Personnaz, B. (1986). Studies on latent influence by the spectrometer method I: The impact of psychologization in the case of conversion by a minority or a majority. *European Journal of Social Psychology, 16*, 345-360.

Moscovici, S. & Zavalloni, M. (1969). The group as polarizer of attitudes. *Journal of Personality and Social Psychology, 12*, 125-135.

Moser, G. & Levy-Leboyer, C. (1985). Inadequate environment and situation control: Is a malfunctioning phone always an occasion for aggression? *Environment and Behavior, 17*, 520-533.

Moyer, K.E. (1976). *The psychology of aggression*. Nova Iorque: Harper & Row.

Mucchi-Faina, A., Maass, A. & Volpato, C. (1991). Social influence: The role of originality. *European Journal of Social Psychology, 21*, 183-197.

Mugny, G. (1982). *The power of minorities*. Londres: Academic Press.

Mugny, G. & Papastamou, S. (1980). When rigidity does not fail: Individualization and psychologization as resistances to the diffusion of minorities innovations. *European Journal of Social Psychology, 10*, 43-61.

Mullen, B. (1986). Atrocity as a function of lynch mob composition: A self-attention perspective. *Personality and Social Psychology Bulletin, 12*, 187-197.

Mullen, B., Futrell, D., Stairs, D., Tice, D., Baumeister, R., Dawson, K., Riordan, C., Radloff, C., Goethals, G., Kennedy, J. & Rosenfeld, P. (1986). Newscatsres' facial expressions and voting behavior of viewers: Can a smile elect a president? *Journal of Personality and Social Psychology, 51*, 291-295.

Mummendey, A., Linneweber, V & Löschper, G. (1984a). Actor or victim of aggression: Divergent perspectives - divergent evaluations. *European Journal of Social Psychology, 14*, 297-311.

Mummendey, A., Linneweber, V. & Löscbper, G. (1984b). Aggression: From act to interaction. In A. Mummendey (Org.), *Social psychology of aggression: From individual behavior to social interaction*. Nova Iorque: Springer.

Mummendey, A. & Otten, S. (1989). Perspective specific differences in the segmentation and evaluation of aggressive interaction sequences. *European Journal of Social Psychology, 19*, 23-40.

Mummendey, A., Simon, B., Dietze, C., Gruenert, M., Haeger, G., Kesser, S., Lettgen, S. & Schaeferhoff, S. (1992). Categorization is not enough: Intergroup discrimination in negative outcome allocations. *Journal of Experimental Social Psychology, 28*, 125-144.

Murphy, G.L. & Medin, D.L. (1985). The role of theories in conceptual coherence. *Psychological Review, 92*, 289-316.

Murstein, B.l. (1972). Physical attractiveness and marital choice. *Journal of Personality and Social Psychology, 22*, 8-12.

Myers, D.G. & Arenson, S.J. (1972). Enhancement of dominam risk tendencies in group discussion. *Psychological Reports, 30*, 615-623.

Myers, D.G., Bach, P.J. & Schreiber, F.B. (1974). Normative and informational effects in group interaction. *Sociometry, 37,* 275-286.

Myers, D.G. & Bishop, G.D. (1971). The enhancement of dominant attitudes in group discussion. *Journal of Personality and Social Psychology, 20,* 386-391.

Myers, D.G. & Kaplan, M.F. (1976). Group-induced polarization in simulated juries. *Personality and Social Psychology Bulletin, 2,* 63-66.

Nadler, A. & Fisher, J.D. (1986). The role of threat to self esteem and perceived control in recipient reactions to aid: Theory development and empirical validation. In L. Berkowitz (Org.), *Advances in experimental social psychology* (Vol. 19). Nova Iorque: Academic Press.

Nemeth, C. (1977). Interactions between jurors as a function of majority vs. unanimity decision rules. *Journal of Applied Social Psychology, 7,* 38-56.

Nemeth, C. (1986). Differential contributions of majority and minority influence processes. *Psychological Review, 93,* 10-20.

Nemeth, C. (1995). Dissent as driving cognition, attitudes and judgments. *Social Cognition, 13,* 273-291.

Nemeth, C. & Chiles, C. (1988). Modelling courage: The role of dissent in fostering independence. *European Journal of Social Psychology, 18,* 275-280.

Nemeth, C., Mayseless, O., Sherman, J.W. & Brown, Y. (1990). Exposure of dissent and recall of information. *Journal of Applied Social Psychology, 58,* 429-437.

Nemeth, C., Swedlund, M. & Kanki, G. (1974). Patterning of the minority's respondes and their influence on the majority. *European Journal of Social Psychology, 4,* 53-64.

Nemeth, C., Wachtler, J. & Endicott, J. (1977). Increasing the size of minority: Some gains and losses. *European Journal of Social Psychology, 7,* 15-27.

Neuberg, S. L. (1989). The goal of forming accurate impressions during social interactions: Attenuating the impact of negative expectancies. *Journal of Personality and Social Psychology, 56,* 374-386.

Newcomb, T.M. (1943). *Personality and Social Change.* Nova Iorque: Dryden Press.

Newcomb, T.M. (1947). Autistic hostility and social reality. *Human Relations, 1,* 69-86.

Newcomb, T.M. (1961). *The acquaintance process.* Nova Iorque: Holt, Rinehart and Winston.

Newcomb, T.M. (1965). Altitude development as a function of reference groups: The Bennington study. In H. Proshansky & B. Seidenberg (Orgs.), *Basic studies in social psychology* (215-225). Nova Iorque: Holt, Rinehart & Winston.

Newtson, D. (1974). Dispositional inferences from effects of actions: Effects chosen and effects forgone. *Journal of Experimental Social Psychology, 10,* 489-496.

Niedenthal, P.M., & Cantor, N. (1986). Affective responses as guides to category-based inferences. *Motivation and Emotion, 10,* 217-232.

Nisbett, R.E. (1993). Violence and US regional culture. *American Psychologist, 48,* 441-449.

Nisbett, R.E., Caputo, C., Legant, P., & Maracek, J. (1973). Behavior as seen by the actor and as seen by the observer. *Journal of Personality and Social Psychology, 27,* 154-164.

Nisbett, R.E., & Ross, L. (1980). *Human inference: Strategies and shortcomings of social judgment.* Englewood-Cliffs, NJ: Prentice-Hali.

Nisbett, R.E., & Wilson, T.D. (1977). Telling more than we can know: Verbal reports on mental processes. *Psychological Review, 84,* 231-259.

Nisbett, R.E., Zukier, H., & Lemley, R.E. (1981). The dilution effect: Non-diagnostic information weakens the implications of diagnostic information. *Cognitive Psychology, 13,* 248-277.

Nuttin, J.M. (1985). Narcissism beyond Gestalt and awareness: The name letter effect. European Journal of Social Psychology, 15, 353-361.

Nuttin, J.M., Beckers, A., Leyens, J.-Ph. & Feys, J. (1997). *Prospects for an experimental analysis of evaluative and moral behavior in an intercultural context: Beyond interviews, questionnaires and paper and pencil measures.* Texto não publicado. Katholieke Universiteit van Leuven.

Oakes, P.J., Haslam, S. A. & Turner, J.C. (1994). *Stereotypes and social reality.* Oxford: Blackwell.

Olweus, D. (1979). Stability of aggressive reaction patterns in males: A review. *Psychological Bulletin, 86,* 852-875.

Olweus, D., Mattsson, A., Schalling, D. & Low, H. (1980). Testosterone, aggression, physical, and personality dimensions in normal adolescent males. *Psychosomatic Medecine, 42,* 253-269.

Orano, P. (1902). *Psicologia sociale.* Bari: Laterza.

Orvis, B.R., Cunningham, J.D. & Kelley, H.H. (1975). A closer examination of causal inference: The roles of consensus, distinctiveness, and consistency information. *Journal of Personality and Social Psychology, 32,* 605-616.

Osterhouse, R.A. & Brock, T.C. (1970). Distraction increases yielding to propaganda by inhibiting counterarguing. *Journal of Personality and Social Psychology, 15,* 344-358.

Ostrom, T.M. (1969). The relationship between the affective, behavioral and cognitive components of attitude. *Journal of Experimental Social Psychology, 5,* 12-30.

Ostrom, T.M. & Sedikides, C. (1992). Out-group homogeneity effect in natural and minimal groups. *Psychological Bulletin, 112,* 536-552.

Pallak, M.S., Cook, D.A. & Sullivan, J.J. (1980). Commitment and energy conservation. *Applied Social Psychology Annual, 1,* 235-253.

Park, B. (1986). A method for studying the development of impressions of real people. *Journal of Personality and Social Psychology, 51,* 907-917.

Park, B., Judd, C.M. & Ryan, C.S. (1991). Social categorization and the representation of variability information. In W. Stroebe & M. Hewstone (Orgs.), *European Review of Social Psychology* (Vol. 2, 211-245). Chichester: Wiley.

Park, B., Ryan, C.S. & Judd, C.M. (1992). Role of meaningful subgroups in explaining differences in perceived variability for in-group and out-group. *Journal of Personality and Social Psychology, 63,* 553-567.

Pavlov, I.P. (1927). *Conditioned reflexes.* Londres: Oxford University Press.

Peabody, D. (1967). Trait inferences: Evaluative and descriptive aspects. *Journal of Personality and Social Psychology Monograph, 7,* (todo o número 644).

Peeters, G. & Czapinski, J. (1990). Positive-negative asymmetry in evaluations: The distinction between affective and informational negativity effects. In W. Stroebe & M. Hewstone (Orgs.), *European Review of Social Psychology* (Vol. 1, 33-60). Nova Iorque: Wiley.

Perdue, C.W., Dovidio, J.F., Gurtman, M.B. & Tyler, R.B. (1990). «Us» and «them»: Social categorization and the process of intergroup bias. *Journal of Personality and Social Psychology, 59,* 475-486.

Pérez, J.A. & Mugny, G. (1987). Paradoxical effects of categorization in minority influence: When being an out-group is an advantage. *Europ. Journal of Social Psychology 17,* 157-169.

Pettigrew, T.F. (1979). The ultimate attribution error: Extending Allport's cognitive analysis of prejudice. *Personality and Social Psychology Bulletin, 5,* 461-475.

Pettigrew, T.F. Allport, G.W. & Barnett, E.O. (1958). Binocular resolution and perception of race in South Africa. *British Journal of Psychology, 49,* 265-278.

Petty, R.E. & Cacioppo, J.T. (1979). Effects of forewarning of persuasive intent and involvement on cognitive responses and persuasion. *Personality and Social Psychology Bulletin, 5,* 173-176.

Petty, R.E. & Cacioppo, J.T. (1980). Effects of issue involvement on attitudes in an advertising context. In G. Gorn & M. Goldberg.

Petty, R.E. & Cacioppo, J.T. (1984). The effects of involvement on responses to argument quantity and quality: Central and peripheral routes to persuasion. *Journal of Personality and Social Psychology, 46*, 69-81.

Petty, R.E. & Cacioppo, J.T. (1986). *Communication and persuasion: Central and peripheral routes to attitude change.* Nova Iorque: Springer-Verlag.

Petty, R.E., Cacioppo, J.T. & Goldman R. (1981a). Personal involvement as a determinant of argument-based persuasion. *Journal of Personality and Social Psychology, 41*, 847--855.

Petty, R.E., Harkins, S.G. & Williams, K.D. (1980). The effects of group diffusion of cognitive effort on attitudes: An information-processing view. *Journal of Personality and Social Psychology, 38*, 81-92.

Petty, R.E., Ostrom, T.M. & Brock, T. (1981b). *Cognitive responses in persuasion.* Hillsdale, NJ : Erlbaum.

Petty, R.E., Wells, G.C. & Brock T.C. (1976). Distraction can enhance or reduce yielding to propaganda: Thought disruption versus effort justification. *Journal of Personality and Social Psychology, 37*, 874-884.

Phillips, D.P. (1979). Suicide, motor vehicle fatalities, and the mass media: Evidence toward a theory of suggestion. *American Journal of Sociology, 84*, 1150-1174.

Phillips, D.P. (1980). Airplane accidents, murder, and the mass-media: Towards a theory of imitation and suggestion. *Social Forces, 58*, 1001-1024.

Phillips, D.P. (1986). Natural expeiriments on the effects of mass media violence on fatal aggression: Strengths and weaknesses of a new approach. In L. Berkowitz (Org.), *Advances in experimental social psychology* (Vol. 19, 207-249). Nova Iorque: Academic Press.

Piliavin, I.M., Rodin, J. & Piliavin, J.A. (1969). Good samaritanism: An underground phenomenon? *Journal of Personality and Social Psychology, 13*, 289-299.

Pratkanis, A.R., Greenwald, A.G., Leippe, M.R. & Baumgardner, M.H. (1988). In search of reliable presuasion effects: III. The sleeper effect is dead: Long live thee sleeper effect. *Journal of Personality and Social Psychology, 54*, 203-218.

Prentice, D.A. & Miller, D.T. (1993). Pluralistic ignorance and alcohol use on campus: Some consequences of misperceiving the social norm. *Journal of Personality and Social Psychology, 64*, 243-256.

Prentice-Dunn, S. & Rogers, R.W. (1989). Deindividuation and the self-regulation of behavior. In P. Paulus (Org.), *The psychology of group influence.* Hillsdale, NJ: Erlbaum.

Punamäki, R.L. (1987). Psychological stress responses of Palestinian mothers and their children on conditions of military occupation and political violence. *The Quaterly Newsletter of the Laboratory of Comparative Human Cognition, 9*, 76-84.

Rabbie, J.M. & Bekkers, F. (1978). Threatened leadership and intergroup competition. *European Journal of Social Psychology, 8*, 9-20.

Razran, G.H.S. (1940). Conditioned response changes in rating and appraising sociopolitical slogans. *Psychological Bulletin, 37*, 481.

Read, S.J. (1987). Constructing causal scenarios: A knowledge structure approach to causal reasoning. *Journal of Personality and Social Psychology, 52*, 288-302.

Reeder, G.D. & Brewer, M.B. (1979). A schematic model of dispositional attribution in interpersonal perception. *Psychological Review, 86*, 61-79.

Regan, D.T. (1971). Effects of a favor and liking on compliance. *Journal of Experimental Social Psychology, 7*, 627-639.

Reicher, S.D. (1987). Crowd behavior as social action. In J.C. Turner, M.A. Hogg, P.J. Oakes,

S.D. Reicher & M.S. Wetherell (Orgs.), *Rediscovering the social group: A self-categorization theory* (171-202). Oxford: Blackwell.

Reicher, S.D. (1996). «The Battle of Westminster»: Developing the social identity model of crowd behaviour in order to explain the initiation and development of collective conflict. *European Journal of Social Psychology, 26,* 115-134.

Reingen, D.H. (1978). On inducing compliance with requests. *Journal of Consumer Research, 5,* 96-102.

Reingen, D.H. (1982). Test of a list procedure for inducing compliance with a request to donate money. *Journal of Applied Psychology, 67,* 110-118.

Rhodes, N. & Wood, W. (1992). Self-esteem and intelligence affect influenceability: The mediating role of message reception. *Psychological Bulletin, 111,* 156-171.

Ric, F. (1996). L'impuissance acquise (learned helplessness) chez l'être humain: Une présentation théorique. *L'Année Psychologique, 96,* 677-702.

Rimé, B. (1989). Le partage social des émotions. in B. Rimé & K. Scherer (Orgs.), *Les émotions.* Lausanne: Delachaux et Niestlé.

Rogers, R.W. (1983). Cognitive and physiological processes in fear appeals and attitude change: A revised theory of protection motivation. In J.T. Cacioppo & R.E. Petty (Orgs.), *Social psychophysiology: A sourcebook.* Nova Iorque: Guilford Press.

Rohrer, J.H., Baron, S.H., Hoffman, E.L. & Schwander, F.V. (1954). The stability of autokinetic judgments. *Journal of Abnormal and Social Psychology, 49,* 595-597.

Rojahn, K. & Pettigrew, T.F. (1992). Memory for schema-relevant information: A meta-analytic resolution. *British Journal of Social Psychology, 31,* 81-109.

Rokeach, M. (1960). *The open and the closed mind.* Nova Iorque: Basic Books.

Rosenberg, M.J. (1960). An analysis of affective-cognitive consistency. In C.I. Hovland & M.J. Rosenberg (Orgs.), *Attitude organization and change* (15-64). New Haven, CT: Yale University Press.

Rosenberg, M.J. & Hovland, M.J. (1960). Cognitive, affective, and behavioral components of attitudes. In C.I. Hovland & M.J. Rosenberg (Orgs.), *Attitude organization and change* (1-14). New Haven, CT: Yale University Press.

Rosenberg, S. & Sedlak, A. (1972). Structural representations of implicit personality theory. Em L. Berkowitz (Org.), *Advances in experimental social psychology* (Vol. 6, 235-297). Nova Iorque: Academic Press.

Rosenhan, D.L. (1973). On being sane in insane places. *Science, 179,* 250-258.

Rosenhan, D.L. (1975). The contextual nature of psychiatric diagnosis. *Journal of Abnormal Psychology, 84,* 462-474.

Roskos-Ewoldsen, D.R. & Fazio, R.H. (1992). The acessibiliy of source likability as a determinant of persuasion. *Society for Personality and Social Psychology,* Inc., *18,* 19-25.

Ross, E.A. (1908). *Social psychology: An outline and a source book.* Nova Iorque: Macmilan.

Ross, L. (1977). The intuitive psychologist and his shortecomings: Distorsions in the attribution process. In L. Berkowitz (Org.), *Advances in experimental social psychology* (Vol. 10, 174-221). Nova Iorque: Academic Press.

Ross, L., Bierbrauer, G. & Hoffman, S. (1976). The role of attribution processes in conformity and dissent. *American Psychologist, 2,* 148-157.

Rothbart, M. & Hallmark, W. (1988). In-group and out-group differences in the perceived efficacy of coercion and conciliation in resolving social conflict. *Journal of Personality and Social Psychology, 55,* 248-257.

Rothbart, M. & Taylor, M. (1992). Category labels and social reality: Do we view social categories as natural kinds? In G. Semin and K. Fiedler (Orgs.), *Language, interaction and social cognition* (11-36). Londres: Sage.

Rusbult, C.E. (1983). A longitudinal test of the investment model: The development (and deterioration) of satisfaction and commitment in heterosexual involvements. *Journal of Personality and Social Psychology, 45,* 101-117.

Rusher, J.B. & Hammer, E.Y. (1996). Choosing to sever or maintain association induces biased impression formation. *Journal of Personality and Social Psychology, 70,* 701-712.

Sagar, H.A. & Schofield, J.W. (1980). Racial and behavioral cues in Black and White children's perceptions of ambiguously aggressive acts. *Journal of Personality and Social Psychology, 39,* 590-598.

Sagi, A. & Hoffman, M.L. (1976). Empathic distress in the newborn. *Developmental Psychology, 12,* 175-176.

Salancik, O.R. & Conway, M. (1975). Attitude inference from salient and relevant cognitive content about behavior. *Journal of Personality and Social Psychology, 32,* 829-840.

Salovey, P., Mayer, J.D. & Rosenhan, D.L. (1991). Mood and helping: Mood as a mediator of helping and helping as a regulator of mood. In M.S. Clark (Org.), *Prosocial behavior: Review of personality and social psychology* (Vol. 12). Newbury Park, CA: Sage.

Sanitioso, R., Kunda, Z. & Fong, G.T. (1990). Motivated recruitment of autobiographical memory. *Journal of Personality and Social Psychology, 59,* 229-241.

Sartre, J.P. (1960). *Esquisse d'une théorie des émotions.* Paris: Hermann.

Schachter, S. (1951). Deviation, rejection and communication. *Journal of Abnormal and Social Psychology, 46,* 190-207.

Schachter, S. (1969). *The psychology of affiliation.* Stanford, CA: Stanford University Press.

Schachter, S. & Singer, J. (1962). Cognitive, social, and physiological determinants of emotional state. *Psychological Review, 69,* 379-399.

Scher, S.J. & Cooper, J. (1989). Motivational basis of dissonance: The singular role of behavioral consequences. *Journal of Personality and Social Psychology, 56,* 899-906.

Schifter, D.E. & Ajzen, I. (1985). Intention, perceived control, and weight loss: An application of the theory of planned behavior. *Journal of Personality and Social Psychology, 49,* 843--851.

Schlenker, B.R. (1982). Translating actions into attitudes: An identity-analytic approach to the explanation of social conduct. In L. Berkowitz (Org.), *Advances in experimental social psychology* (Vol. 15, 151-181). Nova Iorque: Academic Press.

Schwarz, N. & Clore, G.L. (1988). How do I feel about it? Informative functions of affective states. In K. Fiedler & J. Forgas (Orgs.), *Affect, cognition, and social behavior.* Toronto: Hogrefe.

Segal, M.W. (1974). Alphabet and attraction: An unobstrusive measure of the effect of propinquity in a field setting. *Journal of Personality and Social Psychology, 30,* 654-657.

Seligman, M.E.P. (1975). *Helplessness: On depression, development and death.* São Francisco: Freeman.

Semin, G.R. & Fiedler, K. (1989). Relocating attributional phenomena within a language-cognition interface: The case of actors' and observers perspectives. *European Journal of Social Psychology, 19,* 491-508.

Shafer, M.A. (1980). Attributing evil to the subject, not the situation: Student reactions to Milgram's film on obedience. *Personality and Social Psychology Bulletin, 6,* 205-209.

Shavitt, S. (1989). Operationalizing the functional theories of attitudes. In A.R. Pratkanis, S.J. Breckler & A.G. Greenwald (Orgs.), *Attitude structure and function* (311-337). Hillsdale, NJ: Erlbaum.

Sherif, M. (1936). *The psychology of social norms.* Nova Iorque: Harper & Row.

Sherif, M. (1965). Influences du groupe sur la formation des normes et des attitudes. In A. Lévy (Org.), *Psychologie sociale. Textes fondamentaux* (Vol. 1). Paris: Dunod.

Sherif, M., Harvey, O.J., White, B.J., Hood, W.R. & Sherif, C.W. (1961). *Intergroup conflict and cooperation: The Robbers Cave experiment*. Norman: University of Oklahoma Book Exchange.

Sherif, M. & Sherif, C.W. (1964). *Reference groups*. Nova Iorque: Harper & Row.

Siegel, A.E. & Siegel, S. (1957). Reference groups, membership groups, and attitude change. *Journal of Abnormal and Social Psychology, 55*, 360-364.

Simon, B. (1992). *On the asymmetry in the cognitive construal of ingroup and outgroup: A model of egocentric social categorization*. Texto sob revisão.

Simpson, J.A. (1987). The dissolution of romantic relationships: Factors involved in relationship stability and emotional distress. *Journal of Personality and Social Psychology, 53*, 683-692.

Sinclair, R.C., Mark, M.M. & Clore, G.L. (1991). *Mood, misattribution, and persuasion: The informational impact of mood on processing strategy*. Texto não publicado, University of Alberta, Canadá.

Skeels, H. (1965). Adult status of children with contrasting early life experiences. *Monographs of the Society for Research in Child Development, 31*, n.º 3.

Skowronski, J.J. & Carlston, D.E. (1989). Negativity and extremity biases in impression formation: A review of explanations. *Psychological Bulletin, 105*, 131-142.

Smetana, J.G. & Adler, N.E. (1980). Fishbein's Value x Expectancy Model: An examination of some assumptions. *Personality and Social Psychology Bulletin, 6*, 89-96.

Smith, E.R. & Zaràte, M.A. (1990). Exemplar and prototype use in social categorization. *Social Cognition, 8*, 243-262.

Smith, M.B., Bruner, J.S. & White, R.W. (1956). *Opinions and personality*. Nova Iorque: Wiley and Sons.

Snyder, M. (1984). When belief creates reality. In L. Berkowitz (Org.), *Advances in experimental social psychology* (Vol. 18, 248-306). Nova Iorque: Academic Press.

Snyder, M. & DeBono, K.G. (1985). Appeals to image and claims about quality: Understanding the psychology of advertising. *Journal of Personality and Social Psycholgy, 49*, 586-597.

Snyder, M. & DeBono, K.G. (1987). A functional approach to attitudes and persuasion. In M.P. Zanna, J.M. Olson & C. P. Herman (Orgs.), *Social influence: The Ontario Symposium* (Vol. 5, 107-125). Hillsdale, NJ: Erlbaum.

Snyder, M. & DeBono, K.G. (1989). Identifying attitude functions: Lessons from personality and social behavior. In A.R. Pratkanis, S.J. Breckler & A.G. Greenwald (Orgs.), *Attitude structure and function* (339-359). Hillsdale, NJ: Erlbaum.

Snyder, M. & Ebbesen, E. (1972). Dissonance awareness: A test of dissonance theory versus self-perception theory. *Journal of Experimental Social Psychology, 8*, 502-517.

Snyder, M. & Swann, W.B. (1976). When actions reflect attitudes: The politics of impression management. *Canadian Journal of Behavioural Science, 34*, 1034-1042.

Snyder, M. & Swann, W.B. (1978). Hypothesis testing processes in social interaction. *Journal of Personality and Social Psychology, 36*, 1202-1212.

Snyder, M., Tanke, E.D. & Berscheid, E. (1977). Social perception and interpersonal behavior: On the self-fulfilling nature of social stereotypes. *Journal of Personality and Social Psychology, 35*, 656-666.

Snyder, M.L. (1974). The field engulfing the behavior: An investigation of attributing emotional states and dispositions. In Jones, E.E. (1979).

Snyder, M.L. & Jones, E.E. (1974). Attitude attribution when behavior is constrained. *Journal of Experimental Social Psychology, 10*, 585-600.

Sorrentino, R.M., King, G. & Leo, G. (1980). The influence of the minority on perception:

A note on a possible alternative explanation. *Journal of Experimental Social Psychology, 16*, 293-301.

Sousa, E. & Leyens, J.-Ph. (1987). A priori vs. spontaneous models of attribution: The case of gender and achievement. *British Journal of Social Psychology, 26*, 281-292.

Sperling, H.G. (1946). *An experimental study of some psychological factors in judgment.* MA thesis, New School for Social Research, Nova Iorque; resumido in S.E. Asch (1952).

Spitz, R.A. (1945). Hospitalism: An inquiry into the genesis of psychiatric conditions in early childhood. *Psychoanalytic Study of the Child, 1*, 53-74.

Srull, T.K. & Wyer, R.S. (1989). Person memory and judgment. *Psychological Review, 96*, 58-83.

Staals, C.K. & Staats, A.W. (1958). Attitudes establisbed by classical conditioning. *Journal of Abnormal and Social Psychology, 57*, 37-40.

Stangor, C. & McMillan, D. (1992). Memory for expectancy-consistent and expectancy-inconsistent social information: A meta-analytic review of the social psychological and social developmental literatures. *Psychological Bulletin, 111*, 42-61.

Staw, B.M. (1974). Attitudinal and behavioral consequences of changing a major organizational reward: A natural field experiment. *Journal of Personality and Social Psychology, 29*, 742-751.

Staw, B.M. & Ross, J. (1987). Behavior in escalation situations: Antecedents, prototypes, and solutions. *Research in Organizational Behavior, 9*, 39-78.

Steele, C.M. (1988). The psychology of self-affirmation: Sustaining the integrity of the self. *Advances in Experimental Social Psychology, 21*, 261-302. San Diego, CA: Academic Press.

Steele, C.M. & Aronson, J. (1995). Stereotype threat and the intellectual test performance of African Americans. *Journal of Personality and Social Psychology, 69*, 797-811.

Steele, C.M. & Liu, T.J. (1983). Dissonance processes as self-affirmation. *Journal of Personality and Social Psychology, 45*, 5-19.

Stoner, J.A.F. (1961). *A comparison of individual and group decisions involving risk.* Tese de doutoramento não publicada. M.I.T.

Strack, F., Martin, L.L. & Schwartz, N. (1988). Priming and communication: Social determinants of information use in judgement of life satisfaction. *European Journal of Social Psychology, 18*, 429-442.

Strauss, M.A. & Gelles, R.J. (1990). *Physical violence in American families: Risk factors and adaptation to violence in 8,145 families.* New Brunswick, NJ: Transaction,

Stroebe, W., Lenkert, A. & Jonas, K. (1988). Familiarity may breed contempt: The impact of student exchange on national stereotypes and attitudes. In W. Stroebe, A.W. Kruglanski, D. Bar-Tal & M. Hewstone (Orgs.), *The social psychology of intergroup conflict* (167--187). Berlim: Springer.

Strube, M.J., Turner, C.W., Cerro, D., Stevens, J. & Hinchey, F. (1984). Interpersonal agression and the type A coronary-prone behavior pattern: A theoretical distinction and practical implications. *Journal of Personality and Social Psychology, 47*, 839-847.

Sumner, W.G. (1906). *Folkways.* Nova Iorque: Ginn.

Suomi, S.J., Harlow, H.F. (1971). Abnormal social behavior in young monkeys. In J. Helmuth (Org.), *Exceptional infant: Studies in abnormalities* (Vol. 2). Nova Iorque: Brunner Mazel.

Suomi, S.J., Harlow, H.F. & McKinney, W.T. (1972). Monkey psychiatrists. *American Journal of Psychiatry, 128*, 41-46.

Tajfel, H. (1959). Quantitative judgment in social perception. *British Journal of Psychology, 50*, 16-29.

Tajfel, H. (1969). The cognitive aspect of prejudice. *Journal of Social Issues, 25*, 79-97.

Tajfel, H., Billig, M., Bundy, R. & Flament, C. (1971). Social categorization and intergroup behaviour. *European Journal of Social Psychology, 1*, 149-178.

Tajfel, H. & Wilkes, A.L. (1963). Classification and quantitative judgment. *British Journal of Psychology, 54*, 101-114.

Tarde, G. (1898). *Etudes de psychologie sociale*. Paris: V. Giard et E. Brière.

Taylor, S.E. (1989). *Positive illusions: Creative self-deception and the healthy mind*. Nova Iorque: Basic Books.

Taylor, S.E., Fiske, S.T., Etcoff, N.L. & Ruderman, A.J. (1978). Categorical bases of person memory and stereotyping. *Journal of Personality and Social Psychology, 36*, 778-793.

Teger, A.I. & Pruitt, D.G. (1967). Components of group risk taking. *Journal of Experimental Social Psychology, 3*, 189-205.

Tesser, A. (1980). Self-esteem maintenance in family dynamics. *Journal of Personality and Social Psychology, 39*, 77-91.

Tesser, A. & Cornell, D.P. (1991). On the confluence of self processes. *Journal of Experimental Social Psychology, 27*, 501-526.

Tetlock, P.E. (1985). Accountability: A social check on the fundamental attribution error. *Social Psychology Quarterly, 48*, 227-236.

Titchener, E.B. (1910). A text-book of psychology (rev. ed.). Nova Iorque: Macmillan.

Toch, H. & Lizotte, A.J. (1992). Research and policy: The case of gun control. In P. Suedfeld & P.E. Tetlock (Orgs.), *Psychology and social policy*. Nova Iorque: Hemisphere Publishing.

Triandis, H.C. (1977). *Interpersonal behavior*. Monterey, CA: Brooks/Cole.

Triplett, N.D. (1898). The dynamogenic factor in pacemaking and competition. *American Journal of Psychology, 9*, 507-533.

Trope, Y. & Liberman, A. (1996). Social hypothesis testing: Cognitive and motivational mechanisms. In E.T. Higgins & A.W. Kruglanski (Orgs.), *Social psychology: Handbook of basic principles*. Nova Iorque: Guilford.

Turner, C.W. & Leyens, J.-Ph. (1992). The weapons effect revisited: The effects of firearms on aggressive behavior. In P. Suedfeld & P.E. Tetlock (Orgs.), *Psychology and social policy*. Nova Iorque: Hemisphere Publishing.

Turner, C.W., Simons, L.S., Berkowitz, L. & Frodi, A. (1977). The stimulating and inhibiting effects of weapons on aggressive behavior. *Aggressive Behavior, 3*, 355-378.

Turner, J.C. (1991). *Social influence*. Milton Keynes: Open University Press.

Turner, J.C., Hogg, M.A., Oakes, P.J., Reicher, S.D. & Wetherell, M.S. (1987). *Rediscovering the social group: A self-categorization theory*. Oxford: Blackwell.

Tversky, A. (1977). Features of similarity. *Psychological Review, 84*, 327-352.

Tversky, A. & Kahneman, D. (1983). Extensional versus intuitive reasoning: The conjunction fallacy in probability judgment. *Psychological Review, 90*, 293-315.

Uleman, J.S. (1989). A framework for thinking intentionally about unintended thought. In J.S. Uleman & J.A. Bargh (Orgs.), *Unintended thought: Limits of awareness, intention, and control* (425-449). Nova Iorque: Guilford.

Vala, J., Monteiro, M.B. & Leyens, J.-Ph. (1988). Perception of violence as a function of observer's ideology and actor's group membership. *British Journal of Social Psychology*, 231-237.

Vallone, R.P., Ross, L. & Lepper, M.R. (1985). The hostile media phenomenon: Biased perception and perception of media bias in coverage of the «Beirut Massacre». *Journal of Personality and Social Psychology, 49*, 577-585.

Van Overwalle, F.. Dispositional attributions require the joint application of the methods of difference and agreement. *Personality and Social Psychology Bulletin*.

Verplanken, B., Aarts, H., van Knippenberg, A. & van Knippenberg, D. (1994). Attitude versus general habit: Antecedents of travel mode choice. *Journal of Applied Social Psychology, 24,* 285-300.

Vinokur, A. & Burnstein, E. (1974). Effects of partially shared persuasive arguments on group-induced shifts: A group-problem-solving approach. *Journal of Personality and Social Psychology, 29,* 305-315.

Vinokur-Kaplan, D. (1978). To have or not-to-have another child: Family planning attitudes, intentions, and behavior. *Journal of Applied Social Psychology, 8,* 29-46.

Wallach, M.A. & Kogan, N. (1959). Sex differences and judgment processes. *Journal of Personality, 27,* 555-564.

Wallon, H. (1946). Le rôle de l'autre dans la conscience du moi. *Journal of Egyptian Psychology,* reproduzido na Enfance, Número spécial, 1959, 279-286.

Walster, E., Walster, G.W. & Berscheid, E. (1978). *Equity, Theory and Research.* Boston: Allyn and Bacon.

Watts, W.A. & Holt, L.E. (1979). Persistence of opinion change induced under conditions of forewarning and distraction. *Journal of Personality and Social Psychology, 37,* 778-789.

Webster, D.M. (1993). Motivated augmentation and reduction of the overattribution bias. *Journal of Personality and Social Psychology, 65,* 261-271.

Weiner, B. (1985). An attributional theory of achievement motivation and emotion. *Psychological Review, 92,* 548-573.

Wells, G.L. & Petty, R.E. (1980). The effects of overt headmovements on persuasion: Compatibility and incompatibility of responses. *Basic and Applied Social Psychology, 1,* 219-230.

Wicklund, R.A. & Brehm, J.W. (1976). *Perspectives on cognitive dissonance.* Hillsdale, NJ: Erlbaum.

Wilder, D.A. (1977). Perception of groups, size of opposition, and social influence. *Journal of Experimental Social Psychology, 13,* 253-268.

Wilder, D.A. (1986). Social categorization: Implications for creation and reduction of intergroup bias. In L. Berkowitz (Org.), *Advances in experimental social psychology* (Vol. 19). Nova Iorque: Academic Press.

Wilder, D.A. (1990). Some determinants of the persuasive power of in-groups and out-groups: Organization of information and attribution of independence. *Journal of Personality and Social Psychology, 59,* 1202-1213.

Winch, R.F. (1958). *Mate selection: A study of complementary needs.* Nova Iorque: Harper.

Worchel, S. (1974). The effects of three types of arbitrary thwarting on the instigation of aggression. *Journal of Personality, 42,* 301-318.

Worchel, S., Andreoli, V.A. & Folger, R. (1977). Intergroup cooperation and intergroup attraction: The effect of previous interaction and outcome of combined effort. *Journal of Experimental Social Pychology, 13,* 131-140.

Worth, L.T. & Mackie, D.M. (1987). Cognitive mediation of positive affect in persuasion. *Social Cognition, 5,* 76-94.

Wrightsman, L.S. Jr. (1960). Effects of waiting with others ou changes in level of felt anxiety. *Journal of Abnormal Social Psychology, 61,* 216-222.

Yzerbyt, V.Y., Coull, A. & Rocher, S.J. (1995). *The cognitive costs of «refencing»: The role of atypicality judgments in the maintenance of stereotypes.* Texto não publicado. Université Catholique de Louvain, em Louvaina-a-Nova.

Yzerbyt, V.Y., Leyens, J.-Ph. & Bellour, F. (1996). The ingroup overexclusion effect: Identity concerns in decisions about group membership. *European Journal of Social Psychology, 25,* 1-16.

Yzerbyt, V. Y., Leyens, J.-Ph. & Schadron, G.. Social judgeability and the dilution of stereotypes: The impact of the nature and sequence of information. *Personality and Social Psychology Bulletin.*

Yzerbyt, V.Y., Rocher, S.J. & Schadron, G. (1997). Stereotypes as explanations: A subjective essentialistic view of group perception. In R. Spears, P. Oakes, N. Ellemers & A. Haslam (Orgs.), *The psychology of stereotyping and group life* (20-50). Oxford: Basil Blackwell.

Yzerbyt, V.Y. & Schadron, G.H. (1996). *Connaître et juger autrui: Une introduction à la cognition sociale.* Grenoble: Presses Universitaires de Grenoble.

Yzerbyt, V.Y., Schadron, G., Leyens, J.-Ph. & Rocher, S. (1994). Social judgeability: The impact of meta-informational cues on the use of stereotypes. *Journal of Personality and Social Psychology, 66,* 48-55.

Zajonc, R.B. (1965). Social facilitation. *Science, 149,* 269-274.

Zajonc, R.B. (1967). *Psychologie sociale expérimentale.* Paris: Dunod.

Zajonc, R.B. (1968). Attitudinal effects of mere exposure. *Journal of Personality and Social Psychology Monograph Supplement, 9,* 1-27.

Zajonc, R.B., Heingartner, A. & Herman, E.M. (1969). Social enhancement and impairment of performance in the cockroach. *Journal of Personality and Social Psychology, 13,* 83--92.

Zanna, M.P. & Cooper, J. (1974). Dissonance and the pill: An attribution approach to studying the arousal properties of dissonance. *Journal of Personality and Social Psychology, 29,* 703-709.

Zebrowitz, L.A. (1990). *Social perception.* Milton Keynes: Open University Press.

Zillmann, D. (1983). Arousal and aggression. In R.G. Geen & E. Donnerstein (Orgs.), *Aggression: Theoretical and empirical reviews, Vol. 1: Theoretical and methodological issues.* Nova Iorque: Academic Press.

Zimbardo, P.G. (1970). The human choice: Individuation, reason, and order versus deindividuation, impulse, and chaos. *In* W.J. Arnold & D. Levine (Orgs.), *Nebraska Symposium on Motivation 1969* (Vol. 17, 237-307). Lincoln: University of Nebraska Press.

Zimbardo, P.G. (1971). *The Stanford prison experiment,* texto de uma conferência com diapositivos.

Zimbardo, P.G., Banks, W.C., Haney, C. & Jaffe, D. (1973). The mind is a formidable jailer: A Pirandellian prison. *The New York Times Magazine,* 38-60.

ÍNDICE